怪談秋

编委会

主 任 关爱和 刘增杰

委 员（以姓氏笔画为序）

马小泉 白春超
关爱和 任 光
刘增杰 刘进才
刘 涛 刘小敏
朱秀梅 张云鹏
张先飞 李国平
李 敏 沈红芳
杨萌芽 杨站军
孟庆澍 侯运华
胡全章 郝魁峰
高恒文 袁喜生
解志熙 靳宇峰

总校阅 任 光

任访秋文集 ⑥

现代文学研究

河南大学出版社
·郑州·

图书在版编目(CIP)数据

任访秋文集.现代文学研究/任访秋著.—郑州：河南大学出版社，2013.7(2018.6重印)
ISBN 978-7-5649-1288-8

Ⅰ.①任… Ⅱ.①任… Ⅲ.①任访秋(1909～2000)—文集 ②中国文学—现代文学—文学研究 Ⅳ.①I217.2

中国版本图书馆 CIP 数据核字(2013)第 158564 号

责任编辑	陈林涛　田丽贞
责任校对	吴红霞
封面设计	翟淼淼

出　版	河南大学出版社
	地址：郑州市郑东新区商务外环中华大厦2401号　邮编：450046
	电话：0371—86059701(营销部)　网址：www.hupress.com
排　版	河南新华印刷集团有限公司
印　刷	河南瑞之光印刷股份有限公司
版　次	2013年7月第1版　　印次　2018年6月第3次印刷
开　本	710mm×1000mm　1/16　　印张　30
字　数	404千字　　插页　2
定　价	120.00元

(本书如有印装质量问题，请与河南大学出版社营销部联系调换)

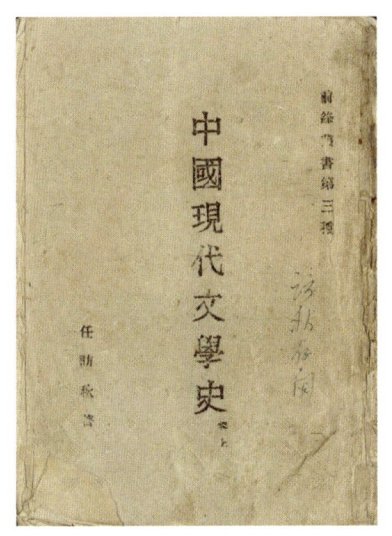

1944年前锋报社印行的《中国现代文学史》上卷

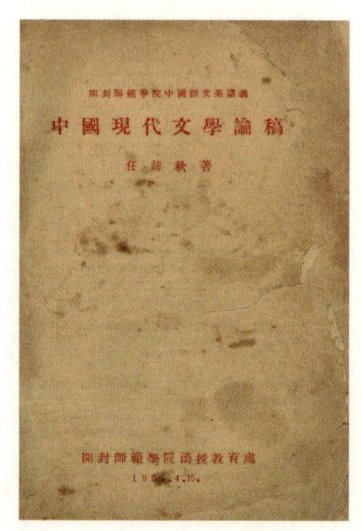

1957年中国现代文学论稿铅印本

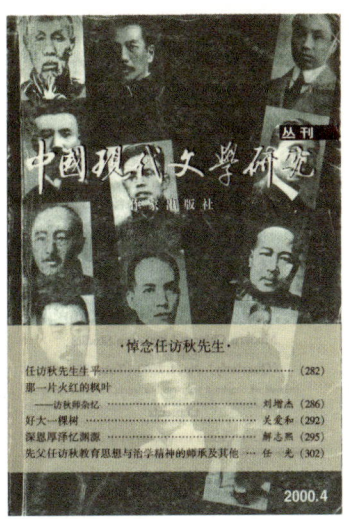

2000年中国现代文学研究丛刊推出悼念任访秋先生专栏

在任访秋先生学术思想的影响下,河南大学现代文学研究成果卓著

凡　例

一、《任访秋文集》收入作者1920年代末以来的作品，包括专著、论文、序跋、回忆性散文、日记以及部分未刊稿。文集大致按内容分为七编，分别是古代文学研究、近代文学研究、现代文学研究、鲁迅研究、未刊著作三种、集外集和日记。

二、已经发表和出版的作品，以初次发表的报刊和初版本为依据收录，首次出版的日记及未刊稿，均按原件收录，除明显错误外，原则上不做任何改动。每编之首加《出版说明》对该编著作的发表情况、版本沿革等问题作必要交代。

三、文集各卷所收著作，除个别技术处理外，根据不同情况，分别按内容性质或出版时间先后排序；未经结集的文章，以发表或写作时间先后排序。

四、原文中读之疑似不通，或疑有误而不知所误为何者，一仍其旧，不作改动，加注释说明；原文偶有印刷缺漏，不妄自以意添增，加注释说明；个别字迹不可辨识的，用□标识。

五、编制《任访秋先生生平著作系年》、《任访秋先生著作分类目录》作为附编置于末卷。

出 版 说 明

本编收录了作者有关现代文学研究的两部论著。其中《中国现代文学史（上卷）》作为"前锋丛书"第三种，1944年由河南南阳前锋报社印行，繁体竖排，嵇文甫作序。当时因时局动荡、物资匮乏，用纸极差，印数甚少，至今已保存无多。随后南阳沦陷，下卷的出版已不可能，甚至原稿也在战火中丢失。《中国现代文学论稿》作为开封师院中国语文系的讲义，是1957年由师院函授教育处铅印，繁体横排。此次出版整理一并以简体字排印，参考了作者当时的勘误记录，只对其中明显的文字错误作了更正。

目　　录

中国现代文学史（上卷）

序 ·· 嵇文甫（1）

第一编　文学革命运动的前夜
- 第一章　清末民初的政治 ···（3）
- 第二章　清末民初的思想 ···（6）
  - 第一节　绪言 ··（6）
  - 第二节　严几道所介绍的西方学术 ································（7）
  - 第三节　康、梁的变法维新与复辟尊孔论 ······················（10）
  - 第四节　章炳麟的反儒家论 ··（15）
  - 第五节　张之洞的中学为体西学为用论 ························（18）
  - 第六节　余论 ···（19）
- 第三章　清末民初的文学 ··（20）
  - 第一节　诗 ··（20）
  - 第二节　小说 ···（22）
  - 第三节　散文 ···（24）
  - 第四节　翻译文学 ···（29）
  - 第五节　余论 ···（33）

第二编　文学革命运动
- 第一章　运动的始末 ··（35）

第一节 原因 …………………………………………… (36)
第二节 经过 …………………………………………… (44)
　　甲 新文学运动的讨论期 ……………………… (44)
　　乙 新旧两派的论战期 ………………………… (56)
第三节 革命运动的成功 ……………………………… (72)
第二章 对这次革命运动的总检讨 ……………………… (74)
第三章 伴着文学革命运动而产生的诸问题 …………… (78)
第一节 整理国故运动 ………………………………… (78)
第二节 征集民间文学运动 …………………………… (84)
第三节 国语统一运动 ………………………………… (87)

第三编　新文学之萌芽与成长
第一章 时期的划分 ……………………………………… (91)
第二章 初期试作的时代(民国六年至民国九年) ……… (94)
第一节 诗歌 …………………………………………… (94)
　　甲 理论的商讨 ………………………………… (94)
　　乙 创作 ………………………………………… (97)
第二节 小说 …………………………………………… (99)
　　甲 理论的商讨 ………………………………… (99)
　　乙 创作 ………………………………………… (100)
第三节 戏剧 …………………………………………… (101)
　　甲 理论的商讨 ………………………………… (101)
　　乙 创作 ………………………………………… (103)
第四节 翻译 …………………………………………… (103)
第五节 本期作品的特色 ……………………………… (104)
第三章 自然主义与浪漫主义的时代(民国十年至民国十四年) ……………………………………………………… (105)
第一节 时代背景 ……………………………………… (105)
第二节 新文学会社的产生 …………………………… (106)
　　甲 文学研究会 ………………………………… (106)

乙　创造社…………………………………………（110）
　　丙　语丝社…………………………………………（114）
　　丁　上海戏剧协社…………………………………（116）
　　戊　其他非纯文艺会社的组织……………………（117）
　第三节　创作……………………………………………（118）
　　甲　诗歌……………………………………………（118）
　　乙　小说……………………………………………（137）
　　丙　戏剧……………………………………………（144）
　　丁　散文……………………………………………（146）
　第四节　本期作品的特色………………………………（148）
参考书目举要………………………………………………（150）

中国现代文学论稿

第一章　绪论………………………………………………（157）
　第一节　学习现代文学的目的…………………………（157）
　第二节　学习现代文学的方法…………………………（159）
　第三节　现代文学的特点………………………………（161）
　第四节　现代文学在发展中的两个时期五个阶段……（164）
第二章　无产阶级思想领导的五四文学革命运动………（170）
　第一节　文学革命运动发生的原因……………………（170）
　第二节　文学革命运动的发生与发展…………………（173）
　第三节　五四文学革命是无产阶级思想领导的………（174）
第三章　从一九一七年到一九二七年在无产阶级思想领导下
　　　　彻底地反帝反封建的新文学运动的起来…………（184）
　第一节　新的形势………………………………………（184）
　第二节　新的方向………………………………………（186）
　第三节　新的斗争………………………………………（196）
第四章　左翼作家联盟成立前后无产阶级文艺运动（上）
　　　　………………………………………………………（200）

第一节　"革命文学"运动的起来与文学阶级性的论战
　　　………………………………………………………………（200）
　　第二节　左翼作家联盟的成立和它在中国无产阶级文艺
　　　　　　运动的开展上的历史意义………………………（208）
第五章　左翼作家联盟成立前后无产阶级文艺运动（下）
　　…………………………………………………………………（214）
　　第一节　无产阶级文艺运动在左联领导下的逐步发展与
　　　　　　壮大………………………………………………（214）
　　第二节　苏区文艺………………………………………（235）
第六章　左联成立前后的文学创作………………………（238）
　　第一节　革命的浪漫主义运动…………………………（238）
　　第二节　批判的现实主义创作的发展…………………（240）
　　第三节　社会主义现实主义创作的萌芽与发展………（243）
　　第四节　这一阶段创作的特点…………………………（246）
第七章　抗日战争前期的文学发展………………………（248）
　　第一节　抗日文学运动展开后在理论上的论争………（248）
　　第二节　从一九三七年到一九四二年这几年间抗日文学
　　　　　　在创作上的表现与发展………………………（256）
第八章　鲁迅………………………………………………（259）
　　第一节　伟大的战斗者的一生…………………………（259）
　　第二节　从革命的民主主义到马克思列宁主义………（262）
　　第三节　创作——小说、散文诗、杂文………………（265）
　　第四节　从现实主义（革命的浪漫主义）到社会主义的现
　　　　　　实主义……………………………………………（278）
　　第五节　中国新文学的奠基人与"中国文化新军的最伟
　　　　　　大和最英勇的旗手"…………………………（280）
第九章　郭沫若……………………………………………（283）
　　第一节　生平……………………………………………（283）
　　第二节　由争取自由与个性解放到鼓吹无产阶级的社会

　　　　　革命……………………………………………………(285)
　　第三节　自始至终贯穿着高度爱国主义思想……………(289)
　　第四节　由革命的浪漫主义到社会主义现实主义…………(291)
第十章　瞿秋白………………………………………………(294)
　　第一节　生平………………………………………………(294)
　　第二节　文艺批评上卓越的贡献…………………………(295)
　　第三节　创作与翻译………………………………………(298)
　　第四节　对无产阶级文艺运动所起的巨大作用…………(300)
第十一章　茅盾………………………………………………(302)
　　第一节　生平………………………………………………(302)
　　第二节　创作的两个时期…………………………………(303)
　　第三节　《子夜》……………………………………………(313)
　　第四节　创作方法与写作特点……………………………(317)
第十二章　批判的现实主义作家……………………………(323)
　　第一节　叶绍钧……………………………………………(323)
　　第二节　老舍………………………………………………(328)
　　第三节　巴金………………………………………………(334)
　　第四节　曹禺………………………………………………(342)
第十三章　反映抗日战争与歌颂抗日战争的作家…………(350)
　　第一节　艾青………………………………………………(350)
　　第二节　沙汀………………………………………………(358)
　　第三节　夏衍………………………………………………(367)
第十四章　具有划时代意义的毛主席在延安文艺座谈会上
　　　　　的讲话………………………………………………(375)
　　第一节　延安文艺座谈会召开的原因……………………(375)
　　第二节　座谈会前文坛所曾经提出与存在的问题………(375)
　　第三节　文艺讲话的现实基础……………………………(377)
　　第四节　毛主席总结性讲话的伟大成就…………………(378)
　　第五节　毛泽东文艺方向的正确性及其伟大意义………(384)

第十五章	一九四二年后解放区与国统区文艺的发展	(386)
第一节	解放区文艺的发展	(386)
第二节	国统区文艺的发展	(390)
第十六章	中华人民共和国成立后人民文学的新发展	(396)
第一节	全国解放后新形势的发展	(396)
第二节	文艺理论与政策	(398)
第三节	创作上的新成就	(411)
第四节	所以有这种新气象与新成就的原因	(415)
第十七章	社会主义现实主义的人民诗人	(417)
第一节	李季	(417)
第二节	贺敬之　丁毅	(424)
第十八章	社会主义现实主义的人民小说作家(上)丁玲	(431)
第一节	作品的三个时期	(431)
第二节	反映农民反封建的革命运动土地改革的杰作《太阳照在桑乾河上》	(439)
第三节	从批判的现实主义到社会主义现实主义	(448)
第十九章	社会主义现实主义人民小说家(下)赵树理	(451)
第一节	生平	(451)
第二节	两个时期的代表作品	(452)
第三节	写作特点与艺术成就	(460)
第四节	赵树理作品的出现在中国人民文学的发展上的巨大意义	(462)
第二十章	总结	(464)
第一节	中国革命与中国现代文学	(464)
第二节	马克思列宁主义、毛泽东文艺思想、中国共产党与中国现代文学	(465)
第三节	中国古典文学、民间文学、外国文学特别是苏联文学与中国现代文学	(467)
第四节	总结过去,展望将来	(467)

序

嵇文甫

访秋的《中国现代文学史》出版了。当我把他的原稿一气读完以后,觉得这是活生生的一部文学革命史,数十年来中国文学发展的各种动态,原原本本的展在我们的面前。

回想文学革命初爆发的时候,好像是很突然的。从当时一般守旧者看来,那不过是几个狂人随意瞎喊,它将如飘风暴雨一样,霎时间就过去了。然而事实何如呢?我们眼看着新文学运动日益开展,眼看着新文学无论在创作方面,在理论方面,都日益充实健壮起来,而显示其光明前途。历史证明了一切对于新文学的诅咒都不过徒劳而已。其实文学革命本由长期孕育而来。当初几个倡导者都是从整个文学进化史上,找出他们的理论根据,认为这一次文学革命是历史的必然。他们的工作,实际上是和清末文学界发展的趋势,一系相连的。大概文至梁任公,诗至黄公度,已经在旧文学中来了个彻底大解放,接近着国语文学的边缘,严几道、林琴南的翻译,虽然他们仍使用着古文,虽然林氏后来竟成为反对文学革命的代表人物,但实际上他们都作了新文学运动的前驱。历史上的因果是错综倚伏的,只要把清末文学界的动向细细加以研究,就知道五四以来的文学革命实非偶然。

自然,文学革命直到现在也还不能算是完成,而其当初理论的偏激,作品的幼稚,更是无可讳言的。然而大体说来,我们实在不能否认它的步步前进。二十多年的进步,使中国文学和世界文坛密切接触,无论在创作方面,在理论方面,都早非"吴下阿蒙"了。即使撇开它和世界文坛的关系,而单就中国文学遗产的承受来说,这二十多年整理和发扬的辉煌成绩,实远非过去任何时代所能比。随着中国民族复兴的机运,眼看要出现一个文学史上伟大的新时代。假使在这时候还发斯文将丧之叹,实在不能不说是无病呻吟。

闲话少说,还是请读者从这部新著中,直接领取一切吧。

卅三年四月二十四日

中国现代文学史（上卷）

第一编 文学革命运动的前夜

第一章 清末民初的政治

清代本是以异族入主中华,政府方面,当时深恐怕汉族不肯俯首帖耳,受他的驱策,所以当开国以后,在政策上,对汉人不惜处心积虑,竭力地来摧挫压抑,以期销尽他们的英爽豪迈之气,康、雍、乾三朝的文字狱,就是这种政策的具体表现。其结果是,气节之士,多半从事于考据之学,而不肯臣事伪朝;恭顺之徒,则甘愿低首下心,以供其奴役。所以自乾隆以后政治就日趋腐败,试一读道光年间龚定庵之论,所谓:"缚草为形,实之腐肉,教之拜起,以充满于朝市。"(《与人笺五》)龚氏还说:"气者,耻之外也。耻者,气之内也。积百年之力,以震荡摧锄天下之廉耻,既破,既弥,既夷,顾乃席虎视之余荫,一旦责有气于臣,不亦莫乎!"(《觇耻》)

可知当时一般在朝的士大夫,是如何的阘茸谄媚而无耻了。所以定庵就预言道:"然而起视其世,乱亦竟不远矣!"(《乙丙之际箸议第九》)果然不出所料,当他死后没过十年,太平军可在桂平发难了。(按:定庵卒于道光辛丑,即一八四一年。太平军起兵于道光庚戌末,即一八五一年初。)当四方响应,太平军北进,势如破竹,清政府当时要不赖以曾、左一部分汉臣的竭力效命,恐怕待不到辛亥,早就倾覆了。

太平军之外,一时还有"捻匪"与"回乱",糜烂之区,几遍全国。内忧之余,益以外患。咸丰八年(一八五八)英、法乘太平军之乱,联军攻大沽,于是清政府遂与之有《天津条约》的缔结,过了二年,咸丰十年(一八六〇),英、法联军又陷天津,进逼北京,因之又有《北京条约》的缔结。从此,外人深知中国实力之薄弱,于是逐步侵略。光绪甲申(一八八四)有中法之役,甲午(一八九四)又有中日之役。这几次战争,可以说没一次不失败。而所订的条约,又没一次不是割地赔款,丧权辱国的。尤其是在甲午之后,一时国势之危殆,正如康有为上德宗书中所说"分割之图,传遍大地,擘划详明,绝无隐讳"。因之,有识之士都觉得,长此以往,亡国灭种之祸,就在目前。于是有的主张革命,如,国父即于纪元前十八年(甲午),在日本创立兴中会,以"驱除挞虏,恢复中华"相号召。有的主张变法,如,康有为即于甲午之次年,公车上书,请求改制。这两派,分道扬镳。到后来,康派主张颇为德宗所嘉纳,遂接受他们的计划,决意变法。不料为慈禧及一般满洲大臣所阻止,因之遂酿成戊戌的剧变。康氏同他的弟子梁启超都逃亡海外,得免于死。

变法一派的企图,既已失败,于是益发促成了革命派势力的扩大。加以清廷昏聩,相信"拳匪"可以扶清灭洋,于是予以优容,任其猖獗,不到两年功夫,可又酿成了庚子联军的大祸。从此清政府对人民的威信可以说完全扫地了。

至于士大夫阶级,虽经曾、左等的倡导诱掖,力挽颓风,但较之道光年间,定庵之所指谪者,只有过之而无不及。曾氏给彭丽生的信中道:"足下称今日不可救药之端,惟在人心陷溺,绝无廉耻云云。国藩私见,实与贤者相吻合。窃尝以为无兵不足深忧,无饷不足痛哭,独举目斯世,求一攘利不先,赴义恐后,忠愤耿耿者,不可亟得。或仅得之,而又屈居卑下,往往抑郁不伸,以挫,以去,以死。而贪饕退缩者,果骧首而上腾,而富贵,而名誉,而老健不死,此其可为浩叹者也!"曾氏又在与刘孟容书中说:"国藩入世已深,厌阅一种宽厚论说,模棱气象,养成不黑不白、不痛不痒之世界,误人家国,已非一日。偶有所触,则轮困肝胆,又与掀振一番。"

所以当时的一般中兴功臣,只不过延续了清室一息的寿命,并不能使他转弱而为强。等到康、梁一辈人出来后,他们认为政治的腐败,士风的日偷,主要是由于制度的不切时宜,于是主张应"尽革旧俗,一意维新,大召天下才俊,议筹款变法之方。采择万国律例,定宪法公私之分"(《有为上德宗皇帝书》)。倘若清室当时果能如康氏所言,一一地予以实施,也未始不是一剂起死回生之方。无如在朝的那般昏庸的大臣,见不及此,而竭力地从中破坏,结果只成昙花一现。待到庚子之役以后,清廷虽想变法,借以收拾人心,但为时已经晚了。

可是就在当时内忧外患交相煎迫的情形之下,反惊醒了汉民族一大部分人的迷梦。在对清政府失望之余,于是相率都走向了革命的一途。当国父最初倡导革命的时候,有许多人还不免加以揶揄与诋毁。可是自从庚子之役以后,一般人对国父所领导的团体加入的渐渐的多了,革命的浪潮,也就一天天地继长增高起来。终于在辛亥年(一九一一)八月,革命军起义于武昌,一时各省响应,不数月间,竟把二百六十年的异族专制政府推翻了。中国历史,从此遂得揭开了新的一页。

民国建立后,国父就第一任临时大总统之职,但因革命势力之薄弱,与北洋军人势力之强大,就任不久,即行辞职。遂由逊清旧臣袁世凯继任,袁氏当国后,专以排斥异己,树立个人势力为职志。对于内政外交,毫无建树之可言。加以野心勃勃,听从幕府中一部分政客的怂恿,竟不惜倒行逆施,阴谋帝制。当时日本深知袁氏的野心,所以就在民国四年向中国提出二十一条,以作要挟。袁氏为实现个人的鬼蜮伎俩,竟然不顾一切的予以承认。嗣后未几数月,终于下令实行帝制,改翌年为洪宪元年。

袁氏的帝制消息传出后,马上就引起了蔡锷、唐继尧等举兵云南的反响。接着西南各省,又相继宣布独立。袁氏看大势已去,无可挽回,遂以忧愤而死。

袁氏死后,继任者为黎元洪。但未隔一年,张勋等又有复辟之举,但不久就为段祺瑞所讨平。黎元洪去职,冯国璋代理。自此以后,就形成军人割据,自成区划的局面。而自相攻伐,内战连年的恶根,也就是从这个时候种下的。

所以辛亥革命,虽然说在政治制度上是一个大变革,对人民说是一个大解放;但因为准备的不够,而成功得也太迅速,因之政治上一般人物仍不外是清末的那般腐败的官僚和政客,于是一切的新猷,不过换汤不换药,并无若何成效。加以军阀的割据,人人为扩充个人实力计,竟不惜招纳匪徒。从此乡里无赖,遂视为匪为"终南捷径"。而人民在土匪蹂躏,与军阀剥削之下,真可说如水之益深,火之益热。

统观从太平军的起兵到民国成立之初这六十多年间,中国无一刻不是在动荡之中度过的。内而从太平军、"捻匪"、"回乱",到"拳匪",外而从英法联军之役、甲午之役、庚子之役,到日、俄之役,真是一波未平,一波又起。在这样剧烈的变化中,其影响于人心之深而且巨,也就不问可知了。

第二章　清末民初的思想

第一节　绪　言

关于清末民初政治上的演变情形,已略如上述。至于思想方面,同它可以说是互为表里的。自道、咸以后,一些高明之士,已深知西方学术确乎有胜过我国的地方,似乎不当再深闭固拒,应该是急起直追了。

当时首先是左宗棠,于同治五年(一八六六)奏请在福建设立船政局。其次是李鸿章,于光绪二年(一八七六)奏请派遣学生,留学英、法,学习机械制造工业。刘铭传于光绪六年(一八八〇),奏请试办铁路。但这只不过是在物质建设上想效法西洋而已。

及至那般被送出洋的学生归国后,其中对西方情形知道较清,对西方学术研究较精的,像严几道这样的人,就初则著论赞扬西方的文化,认为不只是科学驾乎我国而上之,就连政治、经济,甚而至于法律、道德、风俗、习惯等,其超乎我国也不知有多少倍。继而又把西洋学术界的名著,依次地介绍于国人。于是思想界受到这样新的刺激,因之遂为之一变。

其次康、梁师弟因生长西南,毗近海滨,习闻外事。后又得严氏的译著,加以参证,因之遂益信变法为时势所不容缓者。

至于当时民族思想色彩比较浓厚的一部分人,就把当时政治上的黑暗与外交上的失败,认为完全由于清政府的昏聩腐败有以致之。因为对清政府的不满,于是又感到一般人之所以不敢从事革命运动的原因,大半系拘泥于"纲伦"之义的缘故。于是遂对于传统的儒家思想,作最猛烈的攻击。当时代表这一派的人物,是谭嗣同同章炳麟。

此外还有在朝的一二有识之士,一方面觉得政治、军事教育等设施,似已不容再循旧贯,但政体又不便轻易予以改革。至于几千年来儒家所传下来的纲常名教,更是神圣不可侵犯,应该竭力加以维护的。当时代表这一派的是张之洞。

总观清末的思想界,大致可分为下列数派:

一、严复所介绍的西方学术。

二、康梁的变法维新,与复辟尊孔论。

三、章炳麟的反儒家论。

四、张之洞的中学为体,西学为用论。今依次分叙于后。

第二节 严几道所介绍的西方学术

严几道早年留学于英国伦敦,他受达尔文(《物种原始》)、赫胥黎(《天演论》)及斯宾塞(《群学肄言》)的影响最深。平生的所有的主张,没有不是以《天演论》作出发点的。惟其是如此,所以当他刚刚的回国以后,看到政治上的腐败,同人民智识程度的落后,于是就把自己从欧洲所得到的民治主义与科学,草为论著,藉作发聋振聩的药石。

及至他的言论一出,遂风靡一时。对当时衰老锢蔽的社会,颇收到不少荡涤廓清之效。就中最富于民治精神的文字,是《辟韩》一文。里边有极端大胆的话,即如:

> 秦以来之为君,正所谓大盗窃国者耳。……既已窃之矣,又惴惴然恐其主之或觉而复之也,于是坏民之才,散民之力,漓民之德。斯民也,固斯天下之真主也,必弱而愚之,使其常不觉,常不足以有为,而后吾可以长保所窃而永世。……此庄周所以有胠箧之说也。是故西洋之言治者曰:"国者,斯民之公产也,王侯将相者,通国之公仆隶也。"而中国之尊王者曰:"天子富有四海,臣妾亿兆。"臣妾者,其文之故训犹奴虏也。夫如是则西洋之民,其尊且贵也,过于王侯将相,而我中国之民,其卑且贱,皆奴产子也。

这篇文章最初刊于天津《直报》,后来梁任公又转载到他在上海所办的《时务报》上。当时张之洞看见后,深恶痛绝,认为这简直是洪水猛兽,命屠仁守作《辟韩驳议》。同时还想处以极刑,赖郑孝胥的转圜,才算了结。(王蘧常《严谱》页三〇)从这里可知这篇文章在当时的反响,是怎样的大了。

其次是对于旧学的攻击,与对科学的鼓吹。他在《救亡决论》中道:今日不变法则必亡,变法将何先,曰莫亟于废八股。八股有三大害:曰锢智慧,曰坏心术,曰滋游手。……推而论之,"举凡汉学宋学,词章小道,皆宜且束高阁也","盖欲救中国之亡,则虽尧、舜、周、孔生今,舍班孟坚所谓通知外国事者,其道莫由。而欲通知外国事,则舍西学洋文不可,舍格致亦不可"。

后来他译穆勒(John Stuart Mill)的《自由论》(On Liberty),在译例中说:

> 须知言论自由,只是平实地说实话,求真理。一不为古人所欺,二不为权势所屈而已。使理真事实,虽出自仇敌,不可废也。使理谬事诬,虽以君父,不可从也。此之谓自由。亚理斯多德常言:"吾爱吾师柏拉图,胜于余物。然吾爱真理,胜于吾师。"即此

义耳。盖世间一切法,惟至诚大公,可以建天地不悖,俟百世不惑。未有不重此而得为圣贤,亦未有倍此而终不败者也。使中国民智民德而有进今之一时,则必自宝爱真理始。

后又曾在《与〈外交报〉主人论教育书》中,论及科学之重要云:

今世学者为西人之政论易,为西人之科学难。政论有骄嚣之风,如自由、平等、民权、压力、革命皆是。科学多朴茂之意。且其人既不通科学,则其政论必多不根,而于天演消息之微,不能喻也。此未必不为吾国前途之害。故中国此后教育,在宜著意科学,使学者之心虑沈潜,浸渍于因果实证之间,庶他日学成,有疗病起弱之实力,能破旧学之拘挛,而其于图新也审,则真中国之幸福矣。(《严几道文钞》卷四)

所以他之提倡科学,不只注意到普通的应用,而且特别地重视其精神与态度的影响。这在当时,真可说是先觉之言。所以后来蔡子民批评他当时的主张大旨,是"尊民叛君,尊今叛古"。(《五十年来之中国哲学》)

他在当时给予社会的影响,除了言论外,就是他的译著了。他于光绪二十二年丙申(一八九六),译赫胥黎(Thomas Henry Huxley)的《天演论》(Evolution and Ethics),二十四年戊戌(一八九八),译斯密斯亚丹(Adam Smith)的《计学》(An Inguing into The Nature and Cuases of The Wealth of Nations)(后此书易名《原富》),二十五年己亥(一八九九),译约翰·穆勒的《自由论》(后易名为《群己权界》),二十六年庚子(一九〇〇),译约翰·穆勒《名学》(System of Logic),二十八年壬寅(一九〇二),译孟德斯鸠(Montes guien)的《法意》(Spirit of low)、斯宾塞的《群学肄言》及甄克思(Edward Jenks)的《社会通诠》(A short History of politics)。在这些译著中,《天演论》问世较早,而影响也最大。胡适的《中国中古思想史讲演稿》中曾说:"当我在中国公学读书时因为严幼陵先生翻译了一部《天演论》,于是'物竞天择'的话,就成了很时髦的学说。而最足代表当时思想的是,我的表兄姓孙而起名叫'竞存',又有一位表弟起名叫'天择',而我呢,起名叫'适',即'物竞天择适者生存'的意思。"这很可以看到《天演论》一书出版后,其影响于社会是如何的大了。

总之,严氏在我国的思想史上,可以说是提倡民主精神与科学精神最早的一人,虽然说他到了晚年,因为对整个历史的动向认识不清,而仍拘泥于其所守之进化观,反对革命,甚至于党于袁氏,不免有点顽固。但他在当时勤勉不懈地从事译述,把西方学术的真面目,介绍给国人,使一般人了解什么是民主,什么是科学,同时无形中为后来从事新文化运动者作一个开路的先锋,这种功劳,毕竟是不可没的。

第三节　康、梁的变法维新与复辟尊孔论

康、梁师弟的声名,自从戊戌政变以后,一时传遍全国,就是一般妇人孺子,几乎没有不晓得的。尤其是任公,从事于笔政者几十年,他的影响,较乃师更大。不过他们二位在思想方面,早年虽没什么出入,可是到了晚年,就不免有点大相径庭,所以现在把他们分开来论一下。

首先是康长素。任公《清代学术概论》中说他"万事纯任主观,自信力极强"。这很足以道出其学术思想之所以有如斯之成就与变化的所以然。盖长素生当乾嘉考证学极盛之后,一般人对于训诂名物之学,已感到相当的厌倦。同时恰巧又碰到当时内政外交都在变的时候。长素盱衡时事,思有所以自效,于是抛弃了琐碎的训诂名物之学,而从事于微言大义的搜索。舍"实事求是",而趋向"经世致用",自是必然的一种结果。

按,经学自西汉以后就有今古之分。今文重"致用",古文主"求是"。长素为"致用"计,故高标公羊家三统三世之说(彼谓孔子托古改制,正所以说明他也是托古改制)。关于这类著述,有《春秋董学考》、《春秋笔削大义微言考》。同时又因要抬高今文经说的地位,故不能不从而推翻古文派的经说。于是遂以古文经说,甚而至于就连古文经,都认为系刘歆所伪造,这种著述,有《新学伪经考》。

至于说到"致用",长素因看到西方各国之所以强,完全因为政治制度比我国进步的缘故,于是就锐意提倡变法。至作为他的变法的理论根据的,则为其《孔子改制考》与《大同书》。前一书的内容,大致是说《春秋》是孔子为要改制而创作的书,不仅是《春秋》,就连其他各经也都是孔子作的。后人谓孔子删述经籍,完全是极错谬的说法。其次,孔子因为要改制,故不能不论之于古。尧舜一流人物,都是孔子所假托的。这些人有没有,都很成问题。即令有,这些人也都是极平常的人物。至于经典中所讲的关于这些人的盛德大业,完全是孔子理想上所构成的。后一书的内容,是根据《孔运》一文,与《春秋》三世的说法相比附,遂敷演成书。其目的在破除九界,而泯灭人类间的一切隔阂。

以上所说的这几部书,出版以后,举世为之震骇。清政府甚至下令予以焚毁。梁任公批评这些书道:

若以《新学伪经考》比飓风,则此二书者,其火山大喷火也,其大地震也。(《清代学术概论》)

又道:

近人祖述何休以治《公羊》者,若刘逢禄、龚自珍、陈立辈,皆言改制,而有为之说,实与彼异。有为所谓改制者,则一种政治革命、社会改造的意味也。

从这里,则长素当年对于旧社会的厌弃与对新社会的憧憬之情,可以想见了。

至长素在政治上所主张的变法维新之论,从他上德宗皇帝的万言书中,颇可以见其梗概。他道:

观万国之势,能变则存,不变则亡。全变则强,小变仍亡。……方今之病,在笃守旧法而不知变。……夫物新则壮,旧则老;新则鲜,旧则腐;新则活,旧则板;新则通,旧则滞:物之理也。法既积久,弊必丛生。故无百年不变之法。

他当时态度之勇决,持论之剽悍,表现得不是很清楚吗?迨戊戌政变后,他已往所规划者,都已成了"明日黄花"。不转眼,而清社又覆。至他当日所主张的，因时事之所趋，多已见之于实施。这时的长素，因为当日反对革命的缘故，同时又感于德宗的知遇之恩，于是遂居然以逊清的遗老自居了。在这样的情形下，按说他应该销声匿迹，潜身引退才是。可是他的政治野心，并不因为时移事变，与夫自己的老迈而有所衰损与颓唐。加以民初政治的混乱，比着清末，也所胜无几。而逊清遗孽，如张勋等，因亦为眷怀皇室者。于是长素有此同调，因之遂有所谓保皇与复辟之举。可是回视当时的思想界，因受戊戌以来新学说新思想的浸溉，一般人没有不认为，效法西洋为目前当务之急的。此等复辟保皇之举，除少数的遗老表示同情外，至于大多数的国民，没有不认为是丧心病狂的。长素看到这种情形，不能不作文字上的辩解与宣传。因之就有《不忍》杂志的刊行。其言论大旨，首在针砭国人一惟趋新的谬误。他在《中国还魂论》中道：

夫立国各有本末，不能以欧、美之良法，举而行之于我，遂为良法也。虽有佳肴，苟非习于其俗，不能适口也；虽有美寝，苟非习于其俗，不能安卧也；虽有美服，苟非习于其俗，不能适体也。

他认为，多行欧美一新法，则增中国一大害。此其明效大验，虽有苏、张之舌，不能为之辩护。又道：

废科举而用学校……其愚闭乔僿，殆甚于八股之时。而八股之士，尚日诵先圣之经，得以淑身而善俗；今学校之士，则并圣经而不读。于是中国数千年之教化扫地。而士不悦学，惟知贪利纵欲，无所顾忌，若禽兽然。（同上）

同时又为《中国颠危误在全法欧美而尽弃国粹说》、《共和评议》等文，对当时的政体、制度、礼俗、教化，靡不加以猛烈之攻击。其目的，一言以蔽之，不外斥新与笃旧而已。

其次是竭力地提倡孔教，他道：

今之人，不自爱国，乃并数千年之文明教化，与其无量数圣哲之心肝，豪杰之骨血，而先灭之欤？彼以孔教为可弃，岂知中国一切文明，皆与孔教相系相因。若孔子教可弃也，则一切文明随之而尽也，即一切种族随之而灭也。（《孔教会序》二）

又道：

> 夫所谓中国之国魂者何？曰孔子之教而已。孔子之教，自人伦物理，国政天道，本末精粗，无一而不举也。(《中国学会报题辞》)

因此长素很想变孔学为孔教，奉孔子为教主，像耶教中的基督一样。梁任公曾说：有为"误认欧洲之尊景教，因治强之本，故恒欲侪孔子于基督，乃杂引谶纬之言以实之"(《清代学术概论》)。

实际这并不是一时的偶然，试就西汉今文家对孔学的解释来看，那么长素之想变孔学为孔教，乃是渊源自有，丝毫不足为怪的。

当代批评长素之学的，像钱宾四的学术史，说长素之所以有这样两极端的论调，是由于他的领袖欲至高，自信力至强之故。这与任公的说法很相同，自然不为无理。不过还不能十分的说明其所以然。我觉得除此之外，政治野心(此虽与领袖欲相近，但并不全同)，实为其主因。盖长素受西汉今文家的影响至深，他把孔子看作一位极端的热心政治者，所以就认为孔子之删述六经纯然为的是托古改制之故。按他的说法，孔子是以六经为手段，而以"改制"为目的(实际即满足其政治的欲望)。孔子既可以为"改制"而"托古"，那么他又胡不可以为改制而托西呢？所以他早年的变法维新之论，不过是他藉以作为实现个人政治野心的手段罢了。及时移事变，他的政治野心并未死，为卷土重来计，不惜冒天下之大不韪，倡为保皇，借机复辟。于是乎言论不得不为之一变。从表面上看，这种变化，似乎不免于前后判然，自相矛盾。可是我们要从他的"托古"、"改制"之见来看，那么他也自有他的一套一贯之道呵。

其次是梁任公，他的政治生活，在清末的时候，完全同乃师所走的道路相同。乃至辛亥以后，两人就分道扬镳了。任公不但不再倡保皇的论调，而且参加了民国新政府的组织。后来又曾同他的弟子蔡锷，当洪宪帝制的时候，作倒袁之举，起义于云南。至于他的思想，长素为一纯粹的今文经学家，可是任公则不然。他虽受乃师的影响甚深，但其言论行动，似乎得力于陆王者，为独多。盖陆王之学，最富

于革命精神,勇于推翻旧文化,而接受新文化。任公承袭此种精神,而又加以发扬,他曾自评其学道:

> 启超之在思想界,其破坏力确不小,而建设则未有闻。晚清思想界之粗率浅薄,启超与有罪焉。启超常称佛说,谓"未能自度,而先度人,是为菩萨发心"。故其生平著作极多,皆随有所见,随即发表。彼尝言:我读到"性本善",则教人以"人之初"而已。殊不思"性相近"以下尚未读通,恐并"人之初"一句亦不能解。以此教人,安见其不为误人?启超平素主张,谓:须将世界学说为无制限的尽量输入,斯固然矣;然必所输入者确为该思想之本来面目,又必具其条理本末,始能供国人切实研究之资,此其事非多数人专门分担不能。启超务广而荒,每一学稍涉其樊,便加论列,故其所述著,多模糊影响笼统之谈,甚者纯然错误,及其自发现而自谋矫正,则已前后矛盾矣!平心论之,以二十年前思想界之闭塞萎靡,非用此种卤莽疏阔手段,不能烈山泽以辟新局。就此点论,梁启超可谓新思想界之陈涉。(《清代学术概论》)

此论可谓既客观而又平实。盖任公生当同光之际,那时一方面西方的新思潮汹涌而来,而时代也正当将变未变之时。旧有文化,可以说千疮百孔,其弱点,已暴露而无余。可是西洋的文化,还没有大量的输入,也不知道哪一些对中国最为适宜,所以任公在这个时候,纯以个人良知之见,因时之变,而为之抉择。一面从事于新思潮的介绍,所以晚清一般人之所以能够略知亚理斯多德、培根、笛卡尔、斯宾挪莎、康德、卢梭、霍布士诸家学说的梗概,在最初,没有不是得之于他的论著的。另一面,又为对旧文化的破坏,举凡政体、制度,以及风俗、习惯,无不加以针砭与攻击。同时又因为他的"笔锋常带情感",所以思想界遂为之望风披靡,随声附和。严幼陵曾在《与熊纯如书》中道:

> 任公妙才,下笔不能自休。自《时务报》发生以来,前后所主任杂志几十余种,而所持宗旨,则前后易观者甚众。然此犹有良知进行之说为之护符。顾而至于主暗杀,主破坏,其笔端又有魔

力,足以动人。主暗杀,则人因之而偶然暗杀矣。主破坏,则人又群然争为破坏矣。敢为非常可喜之论,而不知其种祸无穷。

这虽是不满意于任公的话,可是任公议论,在当时风靡一时的情形,也就可想而知了。

至康梁二人的思想,虽然不免于武断灭裂,或偏颇疏谬,可是他们对中国学术界的影响,实在是不容我们忽视的。任公批评长素道:

《伪经考》既以诸经中一大部分为刘歆所伪造,《改制考》复以真经之全部分为孔子托古之作,则数千年来共认为神圣不可侵犯之经典,根本发生疑问,引起学者怀疑批评的态度。(《清代学术概论》)

又道:

(有为)虽极力推挹孔子,然既谓孔子之创学派与诸子之创学派,同一动机,同一目的,同一手段,则已夷孔子于诸子之列。所谓"别黑白定一尊"之观念,全然解放,导人以比较的研究。

(同上)

至于任公个人,他自评说,"无成见之故,往往徇物而夺其所守,其创造力不逮有为"。可是反过来说,也就因为他太无成见之故,所以态度比较客观,一面介绍西方之新学术,一面批判中国的旧学术。因为介绍西方新学术的缘故,于是才使从事于国学的研究者,得到一参考比较的机会。于是新方法与新观点,就从此渐次的产生了出来。又因为有了新方法与新观点,所以对于我国固有文化的价值,才能够有一个重新的估定,所以新文化运动中所谓"重新估定一切价值"之风,实远自任公开之。

总之,专就他们师弟二人而论,在这一个过渡的时代,就魄力同创造两点来说,弟子当然远不及其师。可是要就结束旧时代与开辟新时代来说,那么老师对弟子就不免要甘拜下风了。

第四节 章炳麟的反儒家论

严幼陵的《辟韩》虽对于历来儒者所倡导的君臣一伦的谬见,深加驳斥,可是尚未涉及其他各伦也。后来谭嗣同的《仁学》出,里边对于异族专制的残酷,以及儒家所尊奉的纲常名教的流毒,真揭发得淋漓尽致。他那种深恶痛绝之情,实千百倍于幼陵,可是虽然如此,尚未诋訾孔子也。至章太炎的《诸子学略说》出,始对孔子与儒家作最猛烈之攻击。

现在就他这篇文章的大旨而论,他把孔看作:(一)是一位热中利禄之士。(二)是一位最变诈的人(田常弑齐君,孔子实为之主谋,沐浴请讨的话,明知哀公不听,特故意借此以自文)。(三)开后来儒者兼为纵横的先声。(四)他所称道的中庸之行,实乃国愿,其流弊实过于所谓乡愿。(五)他本为老子的弟子,后竟背之,所以老子出关,作《道德经》以发其覆。最后章太炎又总论儒家道:

> 用儒家的道德,故艰苦卓厉者绝无,而冒没奔竞者皆是。俗谚有语:"书中自有千钟粟",此儒家必至之弊,贯于征辟科举之世,而无乎不遍者也。用儒家之理想,故宗旨多在可否之间,论议止于函胡之地。彼耶稣天方教崇奉一尊,其言在堵塞人之思想,而儒术之害,则在涫杀乱人之思想。此程、朱、陆、王诸家所以有权而无实也。(《诸子学略说》)

另外,他还有《驳建立孔教议》,他对孔子的评骘最平实而精辟。文中大意:(一)中国未有宗教,孔子亦不语怪力乱神。今见欧洲之有耶教,而亦欲效颦,实无异素无疮痏,无故灼以成瘢。(二)学校诸生,所以尊孔子者,犹匠师之奉鲁班,缝人之奉轩辕。……各尊其师,思慕反本,本不以神祇鬼神事之。(三)孔子之所以为中国斗杓者,在制历史,布文籍,振学术,平阶级而已。总是四者,孔子于中国为保民开化之宗,不为教主。(四)以德化则非孔子所专,宗教则为孔子所弃。今忘其所以当尊,而不以为尊者奉之,适足以玷阙里之堂,污泰山之迹耳(除条目为笔者所分别,余均为章氏原文)。

就前边所论各节看来,可知太炎对孔子及儒教深能洞悉精微。他看孔子不过是一个史学家与教育家。论他的行谊,并非绝无可议。谈到学术,也不见得完全适于当代。可是竟有一些人奉之如万能,要尊之为教主,可以说荒谬到极点了。

按说太炎是清末的一位朴学大师,而朴学乃是以治经为主的。以一个治经的学者,来反对儒家,未免令人惊诧。其实我们试对清代朴学作一番详细的考察,就可以晓得这是极无足怪的事。按朴学的精神,是客观的实事求是。所用的方法,是科学的,重证据,破偶像。它的发展历程最初是反王学,像顾宁人。进一步,则反程朱,像戴东原。最后终至于反孔子,像章太炎。这一派学问,其反对的对象,由陆王而程朱,而孔子,就好像大江之归海,大有不达目的而不止之势。这是学术史上一桩极其有味的事。

其次,太炎思想受道家的影响极深,他既尊奉老庄,那么回视儒家,自不免要觉得它的狭隘与促迫,轻廉退,而慕势位,这是他反儒家的第二个原因。

再次,太炎的民族观念最为浓厚,所以他早年因为排满,几次被逮。但当时孔教已为清室所利用,一般士大夫深泥于"纲伦"之见,故革命运动,深受其阻碍,故为革命计,不能不反儒家。这是第三个原因。

再次,太炎治经,宗古文,这派对孔子的态度,本与今文派把孔子当作素王者不同。加以与太炎同时的康长素,乃是一位宗奉今文的经学家,他主张变法、保皇,并主张以孔教为国教。可是他的一生行为,最为太炎所不取。所以太炎文中对儒家末流之弊,讲得非常的痛切,这都是有所为而发的,这是他反儒家的第四个原因。

所以太炎早年的反儒家,实有其学术的、思想的、政治的原因,决非出自于轻率的冲动。虽然说太炎晚年思想略有转变,已不再谈反孔,甚至于割弃《诸子学略说》一文,而不列诸晚年所刊的丛书之中。可是这种思想,对社会发生了极大的影响。以后五四运动前后吴(虞)陈(独秀)等所倡导的反孔教运动,实为承太炎之论而起者。所以研究思想史的,对这种因果关系,与递嬗的痕迹,似乎是不应该轻忽的。

第五节　张之洞的中学为体西学为用论

当严幼陵正在介绍西方学术、康梁师弟主张变法、而谭嗣同痛斥"纲伦"、章太炎盛倡排满之际,而张香涛的《劝学篇》问世了。张氏当时是清政府的要员,他的言论自然不能同于当时一般的在野学者与思想家。不过他在学术上受湘乡、合肥的影响很深,所以对于当时的新旧两派之见,不偏袒任何一方。比较的,还能够就事论事,而折中于二者之间,大的见解大致以儒家思想为正宗,《宗经篇》中道:

> 盖圣人之道,大而能博,因材因时,言非一端,而要归于中正。故九流之精,皆圣学之所有也。九流之病,皆圣学之所黜也。

他宛然以儒家思想为主,所以在伦纪方面,自然仍主三纲五常之说。《明纲》篇认为人禽之别,华夷之辨,胥赖于此。所以他对当时那些主张维新,盛倡"民权"、"平权"之说的,深加驳斥。可是,他对于一切事物,并不主张墨守,而认为须效法西洋。他论当时一般迂儒的拘执道:

> 李文忠尝开同文馆,刊公法格致各书矣,以次推行,宜可得无数使绝国、识时务之才。然而曲谨自好者,相戒不入同文馆,不考总署章京。京朝官讲新学者,阒然无闻。何也?劫于迂陋群儒之谬说也。夫以勋臣元老,名德重臣,尚不免为习非胜是之谈所挠,而不睹其效,是亦可痛可惜者矣。(《变法》)

又道:

> 今之排斥变法者大率三等。一为泥古之迂儒,泥古之弊易知也。一为苟安之俗吏,盖以变法必劳思,必集费,必择人,必任事,其与昏惰偷安,徇情取巧之私计,皆有不便,故藉书生泥古之谈,以文其猾吏苟安之智,此其隐情也。至问以中法之学术治理,则皆废弛欺饰而一无所为。所谓守旧,岂足信哉?又一为苟求之谈士。夫近年仿行西法而无效者,亦诚有之,然其故有四。一、人顾其私,故止为身谋而无进境,制造各局,出洋各员是也。

> 此人之病,非法之病也。一、爱惜经费,故左支右绌而不能精,船政是也。此时之病,非法之病也。一、朝无定论,故旋作旋辍而无成效,学生出洋、京员游历是也。此浮言之病,非法之病也。一、有器无人,未学工师而购机,未学舰将而购舰,海军、各制造局是也。此先后失序之病,非法之病也。(《变法》

所以他力主变法道:

> 夫不可变者,伦纪也,非法制也;圣道也,非器械也;心术也,非工艺也。(同上)

以上都足证香涛之有洞悉时务之明。至于当时的中西之争,与新旧之争,他持的纯粹是调和论。《会通篇》中道:

> 今日新学、旧学互相訾謷,若不通其意,则旧学恶新学,姑以为不得已而用之,新学轻旧学,姑以为猝不能尽废而存之。终古柄凿,所谓疑行无名、疑事无功而已矣。

又道:

> 然则如之何?曰中学为内学,西学为外学,中学治身心,西学应世事。不必尽索之于经文,而必无悖于经义。如其心圣人之心,行圣人之行,以孝弟忠信为德,以尊主庇民为政,虽朝运汽机,夕驰铁路,无害为圣人之徒也。如其昏惰无志,空言无用,孤陋不通,傲很不改,坐使国家颠陨,圣教灭绝,则虽弟佗其冠,冲淡其辞,手注疏而口性理,天下万世皆将怨之詈之,曰此尧、舜、孔、孟之罪人而已矣。(同上)

这就是后来人所称道的"中学为体,西学为用"论。要说起来,在当时的思想界,这种主张,当然不会收到摧陷廓清之功。可是,以南皮的声势地位,对当时的一般迂儒俗吏们,也未始没有转移他们观念的作用呵。

第六节 余 论

就以上所述各家思想而论,不管是介绍西方学术也好,攻击中国学术也好;尊孔也好,反孔也好;或者是折中中西也好。反正都是象征着这是一个动荡的时代。也就是说,原有的学术思想,同基于原有的学术思想所产生的政治、制度、法律、道德,都已失去了它们的时效,同时也都失去了它们的尊严。这在这种各是其所是、各非其所非、议论纷纷、莫衷一是的情况下,很分明的,是在期待着一个新时代的到来。所谓新的时代就是要根据一客观的标准,而给他们一个批判与别择。而这一个时代,终于是到来了。此时代为何?即新文化运动所展开之新局面是也。

第三章　清末民初的文学

第一节　诗

清末的诗坛,复古的风气很盛,当时的一般作家有宗元白温李的,像樊增祥、易顺鼎;有法黄山谷的,像陈宝琛及其子三立;有追步六朝的,像王闿运;有别择各家,不主故常的,像郑孝胥。他们虽然说都曾知名一时,而能够领导一部分作者,但大抵陈陈相因,很难脱去前人的蹊径。当时只有一二人,因看到诗歌已走到山穷水尽的地步,非得予以变革不可,于是他们就想尽力来打破以往诗歌的旧躯壳。这一二人为谁?就是下边所要讲的黄遵宪同夏曾佑。

黄遵宪本是一个外交家,他曾历任日本、新加坡、旧金山等地的外交官。他因为在国外的时候很久,同时又与康长素、梁任公都是很好的朋友,所以他很受到一些新风气的鼓荡。因之他的见解,就非常的新颖。他对创作很不同意于那般因袭同模拟的作者。这一点,可以说与长素任公的变法维新,是互为消息的。他道:

> 大块凿混沌,浑浑旋大圜。隶首不能算,知有几万年?羲轩造书契,今始岁五千。以我视后人,若居三代先。俗儒好尊古,日日故纸研,六经字所无,不敢入诗篇。古人弃糟粕,见之口流涎。沿习甘剿盗,妄造丛罪愆。黄土同抟人,今古何愚贤?即今忽已古,断自何代前?(《杂感五首其二》)

他因为了解时代,是时时在变的,后人不应模拟古人,更无须模拟古人。所以他写诗主张用当时的语言,来说自己的话。他说:

我手写吾口,古岂能拘牵。即今流俗语,我若登简编,五千年后人,惊为古斓斑。(同上)

不但如此,还要力破前人的旧形式,他说:

人各有面目,正不必与古人相同。吾欲以古文家抑扬变化之法作古诗,取骚选乐府歌行之神理入近体诗。其取材,以群经、三史、诸子、百家及许、郑诸注为词赋家不常用者;其述事,以官书、会典、方言、俗谚及古人未有之物、未辟之境,举吾耳目所亲历者,皆笔而书之。要不失为以我之手,写我之口云。(黄遵宪跋中引语,出自黄遵楷《辛亥印本跋》,见《黄遵宪全集上》)。

其作品足以代表前一类的,如《山歌》《己亥杂诗》;足以代表后一类的,如《都诵歌》《赤穗四十七义士歌》《以莲菊桃杂供一瓶作歌》,都是极好的例证。

夏曾佑是近代的一位史学家,他不是以诗知名的。但在戊戌变法那一个时期,他也是一个醉心变法维新的人物,他与任公复生往来极密。他的诗中颇喜羼入一些新的名词。当时他们那一般的朋友们,在这方面,简直成为一种风气。即如他《赠任公诗》云:

壬辰在京师,广座见吾子。草草致一揖,仅足记姓氏。洎乎癸甲间,相见望衡宇。春骑醉莺花,秋灯狎图史。冥冥兰陵门,万鬼头如蚁。修罗举只手,阳乌为之死。袒裼往暴之,一击类执豕。酒酣掷杯起,跌宕笑相视。颇谓天地间,差足快吾意。夕烽从东来,孤帆共南指。再别再相见,便已十年矣。吾子尚青春,英声乃如此。嗟嗟吾党人,视此为泰否。

梁任公《饮冰室诗话六〇》中说:

盖当时所谓新诗者,颇喜挦扯新名词以自表异。丙申、丁酉间,吾党数子,皆好作此体。提倡之者为夏穗卿(曾佑),而复生(谭嗣同)亦慕嗜之。……其《金陵听说法》云:"纲伦惨以喀私德(Caste),法会盛于巴力门(Parliament)。"穗卿赠余诗云:"帝杀黑龙才士隐,书飞赤鸟太平迟。"又云:"有人雄起琉璃海,兽魄蛙魂龙所徙。"……当时吾辈方沉醉于宗教……故《新约》字面,络绎笔端焉。

可知当时穗卿同任公他们那一般朋友们也很想作一番诗界革命的功业,不过他们走的这条道路,不大正确,所以终究是归于失败。只有黄公度倒是给后来的新文学运动以不小的影响。

第二节 小 说

我国的章回小说,在宋代才萌芽,元明两代,很有一些杰出的巨作,不过大半都还是沿袭前人的故事,而加以润色、修饰,缺乏独创的精神。到了清代,真可说是登峰造极了。从《红楼梦》、《镜花缘》下至《儒林外史》与《儿女英雄传》,一则脱去了前人说教的意味;二则所写的故事,不管是出于现实或理想,大都能自出机杼。所以这一时期的小说,就一般来说是可以驾乎元明而上之的。到了晚清,在小说方面,颇有盛极而衰之势。比较有几部略为成功的作品,大抵是沿《儒林外史》一派而来的。鲁迅在他的《中国小说史略》中曾论到这一个时期的作品道:

光绪庚子(一九〇〇)后,谴责小说之出特盛。盖嘉庆以来,虽屡平内乱(白莲教、太平天国、捻、回),亦屡挫于外敌(英、法、日本)。细民暗昧,尚啜茗听平逆武功,有识者则已翻然思改革,凭敌忾之心,呼维新与爱国,而于"富强"尤致意焉。戊戌变政既不成,越二年即庚子岁而有义和团之变,群乃知政府不足与图治,顿有掊击之意矣。其在小说,则揭发伏藏,显其弊恶,而于时政,严加纠弹,或更扩充,并及风俗。虽命意在于匡世,似与讽刺小说同伦,而辞气浮露,笔无藏锋,甚且过甚其辞,以合时人嗜好,则其度量技术之相去亦远矣,故别谓之谴责小说。其作者,则南亭亭长与我佛山人名最著。

当时作者,除南亭亭长、我佛山人二人外,在作风上与他们不甚相同,尚有刘鹗与曾朴二人,也很知名。今分述此四人于后。

南亭亭长是李宝嘉伯元的笔名。他著有《官场现形记》及《文明小史》，都是谴责时事的作品。就中以前一书尤为风行。他自称他那部书是做官教科书。他说：前半部是专门指摘做官的坏处，叫他们读了，知过必改。后半部，方是教导他们做官的法子。如今把这后半部烧了，只剩了前半部。光有前半部，不像本教科书，倒像部《封神榜》、《西游记》，妖魔鬼怪，一切都有。作者便把官场的黑暗、腐败、卑鄙、无耻、骄奢、苛暴，都刻画得穷形尽相。胡适称他为"大清国官（僚）活动写真"。又说他"替中国制度史留下无数绝好的资料"，的确一点也不错。所以在技巧上，虽不免如鲁迅所说的"辞气浮露，笔无藏锋"，文学的价值似不甚高，但对历史上说，要是研究清末的官制与宦场的情形的话，它倒是一部很值得参考的书。

　　吴沃尧，字趼人。因他住在广东的佛山镇，所以他自称我佛山人。光绪二十九年（一九〇三），梁任公在日本创办《新小说》，他就开始在那上边发表他的长篇小说《二十年目睹之怪现状》及《九命奇冤》，于是名声大噪。后续有《恨海》及《胡宝玉》二种问世，就中尤以前二部为最脍炙人口。

　　《二十年目睹之怪现状》，其性质与《官场现形记》同，亦为谴责之作，惟描写范围较广，官商士绅都包括在内。书中以"我"字为线索，故较李书为紧凑。至《恨海》与《九命奇冤》二书，前者写婚姻问题，后者写官吏的贪污与人情的险诈。其技术，已比前一书更为进步，成为一种有组织、有布局的新体小说。至吴著之所以优于李著的原因，胡适之先生说得最好：

　　　　吴沃尧曾经受过西洋小说的影响，故不甘心做那没有结构的杂凑小说。他的小说都有点布局，都有点组织。这是他胜过同时一般作家之处。（《五十年来之中国文学》）

　　刘鹗，字铁云，著有《老残游记》，书中以一个号老残的作主人公，写他在游历中的一切见闻。实际老残，就是作者的托名。因为借游历来发抒自己的对社会的观察同见解，所以牵涉的问题很多。如娼妓问题、治河问题、政治问题。有些见解故不免于荒诞，但也有极卓特的。至于说到技巧,则作者尤其是擅长于描写,像第二回写白妮说书、第十二回写黄河打冰,都是极漂亮、极生动的妙文章。

曾朴,字孟朴,著有《孽海花》一书,共二十四章,以洪钧与傅彩云(即赛金花)二人为线索,写清末三十年间的遗闻遗事,里边对于当时一些达官贵人,颇多嘲弄的话,甚至于过甚其词,不免犯谴责小说的通病。不过作者深通法国文学,其作品自亦受其影响不小,所以在结构上,严密紧凑,确是他的独到之处。

清末小说,由谴责一路,渐演而为黑幕。专以揭发别人的阴私,甚至借报私仇,已失去了文学的意义,这可以说是自郐而下,不足称述了。

第三节 散　　文

清末散文,与当时的思想,可以说是互为表里。有守旧的桐城与选派,也有革新的新民丛报与甲寅派。在当时的许多作家中,其作品影响较大的,则为吴汝纶、章炳麟、梁启超、章士钊诸人,今分述如次。

吴汝纶,字挚甫,桐城人。他是清末桐城派作家中最有声望的一个。我们知道桐城派自方姚以后,虽继起者一时颇不乏人,但魄力较小,中间大有渐趋中衰之势。自曾国藩以中兴名臣出而提倡桐城派的古文,盛推姚姬传说:"国藩之粗能文字,自姚先生启之也。"于是海内向风。故曾氏幕府中,颇多能文之士,如郭嵩焘、黎庶昌、张裕钊、薛福成、俞樾、吴汝纶等,均曾为其门下士。他们的文章,可以王选《续古文辞类纂》中见之。就中寿数最高,而影响最大的,就数着这位挚甫老先生了。他在当时一般的古文作家中,思想较新,造诣亦深。严复同林纾都曾经从他学过古文。尤其是严复,每译成一书后,总要请他校阅,作序。不过他的成见,有时也相当的深。他认为《古文辞类纂》为千载不可废之书。他说:《古文辞类纂》一书,二千年高文,略具于此,为六经后之第一书。此后必应改易西学,中学浩如烟海之书,行当废去。独留此书,可令周孔遗文,绵延不绝。林严二人,就深中此毒,所以成为以后文学革命时反动分子中之最有力者。不过,时代是前进的,旧的形式不能适应新的内容的时候,必然的要被淘汰。幼陵是一个提倡天演论的学者,而独不解此,真所谓"明者能见千里而不能自见其眉睫"呵。

章炳麟在清末的反儒家思想,在前边已经讲过了。至于他在文学方面,造诣也很深邃。他对散文,别具见地,于并世的作者,多致不满。他说:

> 并世所见,王闿运能尽雅,其次吴汝纶以下,有桐城马其昶为能尽俗。下流所仰,乃在严复、林纾之徒。复辞虽饬,气体比于制举,若将所谓曳行作姿者也。纾视复又弥下,辞无涓选,精采杂汙,而更浸润唐人小说之风;夫欲物其体势,视若蔽尘,笑若龋齿,行若曲肩,自以为妍,而只益其丑也。与蒲松龄相次,自饰其辞,而只敬之,曰此真司马迁、班固之言。(《与人论文书》)

他于历代文章,独推魏晋名理之文。他说:

> 夫雅而不核,近于诵数,汉人之短也;廉而不节,近于强钳,肆而不制,近于流荡,清而不根,近于草野,唐宋之过也;有其利无其病者,莫若魏晋。(《国故论衡·论式》)

> 效唐宋之持论者,利其齿牙,效汉之持论者,其诵多记,斯已给矣;效魏晋之持论者,上不徒守文,下不可御人以口,必先豫之以学。(同上)

这在积极方面,自然是提倡有见解、有内容的文章。而消极方面,则对唐宋之空疏,与六朝的浮靡,均有所非议。此实开后来钱(玄同)、刘(半农)诸公攻击桐城与选派的先河。其次,在偶然之中,他给后来文学革命以很大的影响的,一是他的《新方言》一书,他在这书的序中说:

> 余少窥杨许之学,好尚论古文,于方言未遑暇也。中更忧患,悲文献之衰微,诸夏昆族之不宁壹,略擂殊语,微之古音,稍稍得其觿理,盖有诵读占毕之声,既用唐韵,俗语犹不远古音者。有通语既用今音,一乡一州犹不远唐韵者。有数字同从一声,唐韵已来,一字转变,余字则犹在本部,而俗语或从之俱变者。远

陌纷错,不可究理,方举其言,不能征其何字,曷足怪乎!

又在《论汉字统一会》中说:

> 若综其实,则今之俚语,合于《说文》、《三仓》、《尔雅》、《方言》者正多。双声相转,而字异其音。邻部相移而字异其韵,审知条贯,则根柢豁然可求。余是以有《新方言》之作。(别录二)

这是说现在民间的俚语,有许多是与古语相同的。其次是他在民国元年(一九一二)在浙江教育会欢迎会的演说,他说"将来语言统一以后,小学教科书不妨用白话来编"。这都给后来文学革命运动打下了极有力的根基。据后来钱玄同讲,他在五四前后所以参加胡陈的行列,而极力主张白话的原因,就是受了章先生的影响。他说:

> 章先生于一九〇八年著了一部《新方言》,他说,"考中国各地方言,多与古语相合"。那么古代的话也就是现代的话,现在所谓古文,倒不是真古,不如把古语去代替所谓古文,反能古今一体,言文一致,这在现在看,虽然觉得他的话不能通行,然而我得了这"古今一体,言文一致"之说,便绝对不敢轻视现代的白话,从此便种下后来提倡白话的根。民国元年(一九一二)一月,章先生在浙江省教育会欢迎会上演说,他曾经说过,"教育部对于小学删除读经,固然很对。但外国语与修身亦应删去。历史宜注重将来,语言统一后,小学教科书不妨用白话来编"。我对于白话文的主张,实在植根于那个时候,大部分是受了章先生的影响。(《文化与教育》二七期梦飞《记钱玄同先生关于语文问题谈话》)

至于章氏的文章,自是近代古文中难得的佳作。其所以写得如此的好的原因,胡适说得最好:

> 章炳麟的文章,所以能自成一家,也并非因为他模仿魏晋,只是因为他有学问做底子,有识理做骨格。《国故论衡》里文章,如《原儒》、《原文》……皆有文学的意味。……《检论》里……如《清儒篇》,真是近代难得的文章。(《五十年来之中国文学》)

唯其如此,所以章氏的文章,最难学。他的弟子虽然很多,但他的文章,确没有传人,结果是,不能不说他是及身而绝了。

梁启超的思想,在前边已经叙述过。他在文学上,可以说是近代创造新文体的第一人。他早年的文章,曾经过一个桐城时代,后来不满意了,又回复到汉魏六朝,从这里,一转,遂又趋于解放。他曾自述其八岁学为文、九岁能缀千言、十二岁应试学院,为文经过,道:

> 日治帖括,虽心不慊之,然不知天地间于帖括外,更有所谓学也,辄埋头研钻。……家贫,无书可读,惟有《史记》、《纲鉴易知录》一。王父、父日以课之,故至今《史记》之文,能成诵八九。父执有爱其慧者,赠以《汉书》一、姚氏《古文辞类纂》,则大喜,读之卒业焉。(《三十自述》)

他四十八岁时,作《清代学术概论》,又自叙其作文经过道:

> 启超夙不喜桐城派古文,幼年为文,学晚汉魏晋,颇尚矜炼,至是自解放,务为平易畅达,时杂以俚语韵语及外国语法,纵笔所至不检束,学者竞效之,号新文体。老辈则痛恨,诋为野狐。然其文条理明晰,笔锋常带情感,对于读者,别有一种魔力焉。

这种时杂俚语、韵语及外国语法,实是给中国散文一个大的解放。后来胡适批评他道:

> 梁启超最能运用各种字句语调来做应用文章。他不避排偶,不避长短,不避诗词的典故,不避日本输入的新名词。因此,他的文章最不合"古文义法",但他的应用的魔力也最大。(《五十年来之中国文学》)

钱玄同也说:

> 梁任公先生实为近来创造新文学之一人。虽其政论诸作,因时变迁,不能得国人全体之赞同;即其文章,亦未能尽脱帖括蹊径;然输入日本文之句法,以新名词及俗语入文,视戏曲小说与论记之文平等……此皆其识力过人处。鄙意论现代文学之革新,必数及梁先生。(《与陈独秀书》)

从胡钱二公看来,可知在当时任公为求得革新的效果,势不能不先从事于文体的革新,有了这样解放的新文体,然后才能"纵笔所至","言所欲言。任公在清末民初之所以能够成为思想界之权威者,大部分的原因,不能不归功于他那种无所检束而笔锋常带情感的新文体。

章行严,字士钊,早年留学英国伦敦,研究社会科学。归国后,与高一涵、陈独秀等办《甲寅》杂志。内容以讨论政治问题为多。士钊受西洋逻辑学与文法的训练很深,为文以论理为骨格,有文法作准绳,所以文章简练而精密。他自述其为文的经验道:

愚于文实无功力可言,其粗解秉笔,记事述意,不大虞竭蹶者,亦所作凭天事为多。且移用远西词令,隐为控纵而已。(《文论》)

又道:

然则为文之道奈何?曰:凡句之未慊于意者,勿著于篇;凡字之未明其用者,勿厕于句。力戒模糊,鞭辟入里。洞然有见于文境意境,是一是二。如观游涧之鱼,一清见底。如审当檐之蛛,丝络分明,庶乎近之。愚有志乎是,宁语已逮。然文中不著不了之语,命意遣词,所定腕下,必遵律令。不轻滑过,卒而见质,意在而口不能言其故者,甚罕。(同上)

文中所谓"移用远西词令,隐为控纵",所谓"命意遣词,所定腕下,必遵律令",即指逻辑与文法而言。所以罗家伦说他是"集逻辑文之大成"。又道:

政论的文章,到那个时候趋于最完备的境界。即以文体而论,则其论调既无"华夷文学"的自大心,又无"策士文学"的浮泛气。而且文字的组织上,又无形中受了西洋文法的影响,所以格外觉得精密。(《近代中国新文学思想之变迁》)

当时还有一些政论家,如黄远庸、李大钊、高一涵、陈独秀等都是这一派的作家。不过后来新文学运动发生后,有的成为革命的急先锋,有的也跟着时代转变了。惟独章氏,坚守古文的壁垒,作了无数文字上的论争,这只有待诸下文再说了。

统观这一时期散文的趋势,大致说来,比诸过去,不外有这几种特点。

一、求实用,弃空谈。不管谈时务也好,谈学问也好,而其目的在矫正过去八股文及桐城文的空疏。

二、文体渐趋解放,打破过去格律义法的束缚,而自由抒写,使之与一般读者接近。

三、讲求逻辑与文法,因为受到西洋文学的影响,所以才产生出那种论理缜密、词句切当的文章来。

第四节 翻 译 文 学

这一时期的翻译文学,于诗歌,则有苏玄瑛;于小说,则有林纾、鲁迅兄弟;于散文,则有严复。

苏玄瑛,字子穀,广东香山人。幼治英文,于中文非所素习,后因与章炳麟、黄侃、陈独秀、章士钊等游,才从事译作。英国诗人像拜伦(Lord Byron)、彭斯(Robent Burno)同雪莱(B. Shellay)诸人的作品,他都介绍过。这些作品有的因经过章黄两人的润色,所以虽然仍保持有原作的慷慨激昂(《哀希腊》)或缠绵悱恻(《去国》)的风味,但喜用僻字,令读者颇有艰涩之感。他当时也颇以译事自诩,谓"按文切理,语无增饰。陈义悱恻,事辞相称"。至他对译事的见解,见于他的《与高天梅书》。他道:

> 衲尝谓拜伦足以贯灵均、太白。师梨足以合长吉、义山。而莎士比亚、弥尔敦、田尼孙以及美之郎、弗劳诸子,只可与杜争高下,此其所以为国家诗人,非所语于灵界诗翁也。近世文人,均以为泰西文学精华,尽集林、严二氏故纸堆中。嗟夫!何我国文风不竞之甚也。严氏诸译,衲均未经目,林氏说部,衲亦无暇观之。惟《金塔剖尸记》、《鲁滨孙飘流记》二书,以少时曾读其原文,故曾诵之,甚为佩服。余如《吟边燕语》,《不如归》,均译自第二人手,不谙英语,可谓译自第三人手,所以不及万一。甚矣!译事之难也。……衲谓凡治文学,须精通其文字。盖瞿德逢人,

必劝之治英文,此语专为拜伦之诗而发。夫以瞿德之才,岂未能译拜伦之诗,以非其本真耳。

曼殊以中国古诗体,译英诗,虽曰介绍,实际不如说是创作。因为风格虽极温婉有致,耐人寻味,但是与原作相去已大相径庭了。曼殊而外,尚有辜鸿铭、马君武、刘半农等,均曾译有英诗,惟数极少,不须赘述了。

林纾,字琴南,别署冷红生。清光绪壬午(一八八二)年举人。他曾担任过京师大学堂的教习,后来因偶然翻译小仲马的《茶花女遗事》,一时颇为世人所传诵,于是译书的兴趣大增。因之继续翻译,平生译成的书,前后凡一百五十六种。出版的,则有一百三十二种。这一百五十六种里边,以英国作家的作品为最多,共九十三种;其次法,二十五种;再次美,十九种;再次俄,六种。外如希腊、比利时、瑞士、西班牙、日本诸国,各得一二种。其未注明国籍与作者的,尚有五种。出版处十之八九是商务。文明、中华二书局,不过才一二种而已(郑振铎《林琴南先生》)。

林氏所译作品,其出自著名作家的,才不过六七十种。余则大半出自于二三流的作家。其所以如此,全由于林氏不懂原文,而口述的人对于文学也没有深邃的造诣的缘故。所以对于作品的优劣,毫无选择。同时内容也大半删节割裂,失去了原书的本来面目。就像莎士比亚的《亨利第四》、《亨利第六》、《凯撒遗事》及易卜生的《群鬼》,均由戏剧改成了小说,迥然另成一部新著。而原文的美妙,与剧中人物的重要对话,都无形中消失了。这种错谬的责任,大半固应让口译的人去负,可是林氏不懂原文,实是他译事失败的主因。林氏自己也深知他的译著,说不上尽善尽美,所以他说:"鄙人不审西文,但能笔述。即有讹误,均出不知。"这话说得多么沉痛啊。不过在他这许许多多的译著中,也未始没有较为完美的,像西万提司的《魔侠传》、狄更司的《贼史孝女耐儿传》、史格德的《撒克逊劫后英雄略》,均与原作相差无几。沈雁冰曾说,《撒克逊劫后英雄略》除有几处小错误外,颇能保持原文的情调。译文中的人物,也描写得与原文中的人物完全相同。

至林氏的译著,对中国近数十年来文坛上的影响,大致有三:(一)国人自读林氏译著后,才知道西方文学中也有杰出的作品,从此不再固步自封。(二)前人对小说大抵存鄙视的观念,从林氏风行以后,小说地位渐因之而提高。(三)近代小说作家,及翻译家,多半曾受有林氏的影响。周作人氏《点滴序》中说:

我从前译小说,很受林琴南先生的影响。

又《关于鲁迅之二》中说:

在南京的时候,豫才就注意严几道的书。……其次是林琴南,自《茶花女遗事》出后,随出随买。

林氏以后,虽然反对文学革命,被人目为老顽固。但他早年努力翻译之功,是不容一笔抹煞的。

鲁迅兄弟是继林琴南而译外国小说的。周作人在《关于鲁迅之二》中说:

办杂志不成功,第二步的计划是来译书。翻译比较通俗的书卖钱是别一件事,赔钱介绍文学又是一件事,这所说的自然是属于后者。结果经营了好久,总算印出了两册《域外小说集》。第一册有一篇序言,是豫才的手笔,说明宗旨云:"《域外小说集》为书,词致朴讷,不足方近世名人译本。特收录至审慎,移译亦期弗失文情。异域文术新宗,由此始入华土。使有士卓特,不为常俗所囿,必将犁然有当于心,按邦国时期,籀读其心声,以相度神思之所在。则此虽大海之微沤欤,而性解思维,实寓于此,中国译界亦由是无迟暮之感矣。己酉(清宣统元年,一九〇九)正月十五日。"

但这书,第一册印行后,在东京只卖去了二十一册,在上海也只卖去了二十册上下。第二册的销路同第一册一样。周氏兄弟是懂外国文的,笔致也极隽妙,能保持原作固有的风格。但因用古文翻译,对当时的影响,竟如此的微弱。这一部分固由于他们当时的声名还不很高,不能引起读者的注意。而文字的难解,也不能说不是一个主要的原因。

严复的译著,在清末思想界的影响,已经叙过。至他在文学上的价值,也是很值得注意的。因为严氏是介绍西方学术最早的一人,同时他对于译事,又是异常的审慎。因之他给后来的翻译界,树立了不少的典则。首先他标举出翻译上的三原则。他在《〈天演论〉译例言》中说:

> 译事三难:信、达、雅。求其信已大难矣。顾信矣不达,虽译犹不译也,则达尚焉。海通以来,象寄之才,随地多有,而任取一书,责其能与斯二者,则已寡矣。其故在浅尝,一也;偏至,二也;辨之者少,三也。……

又道:

> 《易》曰:"修辞立诚。"子曰:"辞达而已。"又曰:"言之无文,行之不远。"三者乃文章正规,亦即为译事楷模。故信达而外,求其尔雅。……

其次是他对每一个名词的翻译,非常的审慎。他在《天演论》译例中道:

> 新理踵出,名目纷繁,索之中文,渺不可得。即有牵合,终嫌参差。译者遇此,独有自具衡量,即义定名。顾其事有甚难者,即如此书上卷《导言》十余篇,乃因正论理深,先敷浅说,仆始翻"卮言",而钱塘夏穗卿曾佑病其滥恶,谓内典原有此种,可名"悬谈"。及桐城吴丈挚甫汝纶见之,又谓"卮言"既成滥词,"悬谈"亦沿释氏,均非能自树立者所为,不如用诸子旧例,随篇标目为佳。穗卿又谓:如此则篇自为文,于原书建立一本之义稍晦。而悬谈、悬疏诸名,悬者系也,乃会摄精旨之言,与此不合,必不可用。于是乃依其原目,质译"导言",而分注吴之篇目于下,取便阅者。此以见定名之难,虽欲避生吞活剥之诮,有不可得者矣。他如"物竞"、"天择"、"储能"、"效实"诸名,皆由我始。一名之立,旬月踟蹰。我罪我知,是存明哲。

这可见他当时译书的情形,对于一名之立,有问题时,还要与朋友商酌。因为他立定那样的原则,又有那样不苟且敷衍的态度,因之他的译著,才有着最高的价值。所以当时吴汝纶就极端推服他的译笔之美妙,曾说:

> 今西书虽多新学,顾吾之士,以其时文、公牍、说部之词,译而传之,有识者方鄙夷而不之顾,民智之瀹何由?此无他,文不足焉故也。文如几道,可与言译书矣。……今赫胥氏之道,……严子一文之,而其书乃骎骎与晚周诸子相上下。然则文顾不重耶?(《〈天演论〉序》)

严译的书,像《天演论》、《群学肄言》、《群己权界》,原书本自有他们文学上的价值,而严氏古文的修养,又相当的深,而翻译时又非常的审慎,无怪乎他的译著问世之后,能够那样的风行一时了。

第五节 余 论

这一时期的文学,就以上所述的而论,我们可以看出它是有着这样的趋势:

一、在诗歌上,已无新的路径可走。变来变去,总逃不出古人的窠臼。这时比较有点特识的作家,像黄公度,已经有意的要想打破旧的束缚,期望着建造一个新的诗坛。

二、小说方面,那些从谴责而趋于黑幕的作品,也到了山穷水尽的地步,似乎也非得另转一个方向不可。

三、散文因为整个环境的剧变,古文骈体都已不能够适应时代的需要。于是才产生出像梁任公的那样极端解放的新文体。

四、翻译界,林译本身就是失败。苏诗、严文,同周氏兄弟的小说比较,算是成功的译品。但因为运用古体和古文,毕竟不易作到十分信的地步。而且字句艰深,所以影响不能够怎么普遍。

这一切都象征着这是一个过渡的时代。同时又很类似这一时期的政治同思想。戊戌变法、康梁的维新、张之洞的"中学为体西学为用"论,都可说是改良,而不是革命。但旧的制度与思想之不适于新时代,已是不成问题的了。文学又何尝不是这样呢?黄公度的诗、梁任公的文,不都是改良吗？他们只不过觉得旧的不行,但还没有把旧的整个推翻而重新建立新的之勇气。但能够这样,就已经是难得而可贵了。时代是渐进的,所以发展到一个相当的时期,革命运动就终于爆发了。

第二编 文学革命运动

第一章 运动的始末

　　文学革命是我国文学史上一个划时代的运动,就以往的文学史来看,文体虽是常常的在变动着,但大半是不自觉的,无意识的,一方面因袭着旧的轨范,一方面创造着新的形式。就中比较看,争执得最烈的,是唐代韩昌黎的复古运动,同明代公安派的革新运动。但他们都比不上这一次的规模来得伟大。因为他们所争论的只不过是形式上的问题,至于这次,不但是把文言推翻而代以白话,而且把旧有的文学上的格律都打破了;这还不算,小说,同戏曲,简直是根本截断了旧的源头,而整个的迎接了西洋的潮流。至于内容上巨大的变化,那更是前人所梦也梦不到的事。

　　我们要知道,社会的惰性是极大的。有人革新,就有人守旧。你说那不适用,他偏要说那是国粹。因为这种关系,于是论争就来了。也就因为论争,才能把文学上的诸问题研究到最清楚、最彻底的地步。目下我们是处在二十年之后,可是当日参加论战的诸公,有的虽然尚健在,而有的已经去世。我们应该尽可能的来给它以客观的论述。

第一节　原　　因

历史上所有运动的发生,都不是偶然的。只要详加研讨,就可找出它的客观的原因来。这次的文学革命运动,当然也不能够例外,一样地有它的远因与近因。先就远因来说,约有下列五端。

一、旧文学之弊,已达到极点,有眼光的学者,早就想予以改革。我们试看清末同光以来的诗坛同文坛,就可以晓得它们是如何的贫窭了。诗不出涪翁,词不出梦窗,文不出方、姚。辗转祖述,终难脱去前人的窠臼。于是这时比较有点见识的人,就想来一个变革。诗人黄公度,就是一个很好的代表。他不独在创作上去破除陈套,而且在理论上,也有着改革的主张。他在《与丘菽园书》中说:

　　弟以著述自娱,亦无聊之极。思少日喜为诗,谬有别创诗界之论。然才力薄弱,终不克自践其言。譬之西半球新国,弟不过独立风雪中清教徒之一人耳。若华盛顿、哲非逊、富兰克林,不能不属望于诸君子也。诗虽小道,然欧洲诗人,出其鼓吹文明之笔,竟有左右世界之力。仆老且疾,无能为役矣,执事其有意乎?

他以诗坛上的革命领袖,期望于他的友人。实际他也已经作出来一部分的成绩了。他模仿民歌的形式,作《新嫁娘》诗。他采取新的材料,作《今别离》、《海行杂感》等诗。他不在那里学什么工部同涪翁,他只毫无拘束的,来写自己的情绪同见解。他大声地宣示,要"我手写吾口",这种精神,绝非与他并世的诸作家所能够企及的。至他对于散文,也曾作过这样的预测,他认为:"周秦以下,文体屡变,逮夫近世,章疏移檄,告谕批判,明白晓畅,务期达意。其文体绝为古人所无,若小说家言,更有直用方言以笔之于书者。则语言文字,几几乎复合矣。余又乌知夫他日者,不更变一文体,为适用于今,通行于俗者乎?"我们不能不惊叹公度的眼光之远大,使他晚死几年,一定会是一个响应文学革命的急先锋。

二、时代已变,旧文学已不能适应新时代的需要。中国自鸦片战争之后,清廷觉悟到自己力量的薄弱,于是派遣留学生,讲求洋务,于是西洋的哲学、文学、政治、经济等学,遂随声光化电之学以俱来。可是这时的散文,整个的为桐城派所笼罩。那时一些学者,仍然在讲求古文义法,不是说这语不能入文,就是说那语不能入文。试问这样的新学术、新思想,将怎样去提倡,将怎样去撰述?所以就有一种大胆而卓特的作者,干脆不理他那一套,而给散文来一个大大的解放。代表这派的人,就是梁任公。他的文章是纵笔所至,不加检束,居然风靡一时。老辈尽管痛骂,诋为野狐,而一般青年则拼命的去学。从此可见时机已至,任你怎么的阻挡,也是阻挡不着的。

三、言文一致的要求。在清末,由于国势的危弱,于是有识之士,从而探究其原因,都认为主要是由于民智之低落。而启钥民智,必从普及教育入手。至教育之工具,则为文字。但中国古文至为艰深,学习非易,于是比较进步的学者,就主张改文言为白话。章太炎于民元在浙江教育会讲演,当时他就主张"语言统一后,小学教科书,不妨用白话来编"(详见前编三章三节)。同时刘师培在他的《论文杂记》中(见《国粹学报》第一期文编),也有近于章文主张的话。他说:

> 英儒斯宾塞耳有言,"世界愈进化,则文字愈退化"。夫所谓退化者,乃由文趋质,由深趋浅耳。及观之中国文学,则上古之书,印刷未明,竹帛繁重,故力求简质,崇用文言。降及东周,文字渐繁,至于六朝,文与笔分。宋代以下,文词益浅,而儒家语录以兴。元代以来,复盛兴词曲。此皆语言文字合一之渐也。故小说之体,即由是而兴。而《水浒传》、《三国演义》诸书,已开俗语入文之渐。陋儒不察,以此为文字之日下也。然天演之例,莫不由简趋繁,何独于文学而不然?故世之讨论古今文字者,以为有浅深文质之殊。岂知此正进化之公理哉。故就文字之进化公理言之,则中国自近代以来,必经俗语入文之一级。昔欧洲十六世纪,教育家达泰氏,以本国语言用于文学,而国民教育以兴。盖文言合一,则识字者日益多。以通俗之文推行书报,凡世之稍识字也,皆可家置一编,以助觉民之用,此诚近今中国之急务也。然古代文词岂宜骤废?故近日文词宜区二派:一修俗语,以启渝

齐民；一用古文，以保存国学。庶前贤矩范赖以仅存。

此论虽有点近于后来的折中派，但彼明了白话的时代需要，同时对宋元以来之语录及词曲小说，认为是文学进化过程中必然趋势，这已经是极其难能了。可惜的是，他的见解还不够彻底，而仍不免要迁就旧时代。但是从这里，就益发可以证明言文合一的需要，是如何的迫切了。

四、对于方言的重视。章太炎在清末，曾著《新方言》一书，里边曾论到中国方言多与古语相合，那么古代的话，就是现代的话。现代的古文，倒不是真古。不如把古语代替所谓古文，反能够古今一体，言文一致。其详已见前编。钱玄同先生受到他这种启示，因之使他成为文学革命运动中攻击旧文学最力的一员。

五、受西方文学观的影响。中国过去一向对文学的认识是极模糊的（齐梁时期当作别论），真的文学作品与伟大的文学作家，不为世人所推崇。反之，一般所恭维的，倒是那些作应世文章的韩、柳、方、姚一辈人。说到属于纯文学的戏曲同小说，被那般卫道的先生们作贱得简直一文不值。但到了清末，有一部分受过西洋文学陶冶的人，他们的看法，就迥然不同了。最早提高小说价值的，就是梁任公。他在《新民丛报》的《论小说与群治之关系》中道：

> 今日欲改良群治，必自小说界革命始；欲新民，必自新小说始。故欲新道德，必新小说；欲新宗教，必新小说；欲新政治，必新小说；欲新风俗，必新小说；欲新学艺，必新小说；乃至欲新人心，欲新人格，必新小说。何以故？小说有不可思议之力支配人道故。

所以在一九○三年（清光绪二十九年），他就创办《新小说》。写《二十年目睹之怪现状》的吴沃尧，就是最初在这上边发表作品的一位作者。当时的影响，可以从民国十七年《孽海花》的作者曾孟朴给胡适的信中看到。他说：

> 那时候，大家很兴奋的崇拜西洋人，但只崇拜他们的声光化电，船坚炮利；我有时谈到外国诗，大家无不瞠目挢舌，以为诗是

中国的专有品,蟹行蚓书,如何能扶轮大雅,以为说神话罢了;有时讲到小说戏剧的地位,大家另有一种见解,以为西洋人的程度低,没有别种文章好推崇,只好推崇小说戏剧……最好笑有一次,我为办学校和本地老绅士发生冲突,他们要禁止我干预学务,联名上书督抚,说"某某不过一造作小说淫辞之浮薄少年耳,安知教育?"竟把研究小说,当作一种罪案。

不久《新民丛报》出来了,刊行了一种《新小说》杂志,又发表了一篇《小说有关群治》的论文,似乎小说的地位,全仗了梁先生的大力,增高了一点。(《胡适文存》三集)

除任公外,还有一位王静庵。他居东多年,对德国哲学造诣极深,同时受西洋文学观的影响也很大。他早年致力于文学,在他的《静庵文集》中论文学的文字很多。他当时也深有慨于世人之轻视文学,他说:

生百政治家,不如生一大文学家。何则?政治家与国民以物质上之利益,而文学家与以精神上之利益。夫精神之于物质,二者孰重?且物质上之利益,一时的也;精神上之利益,永久的也。前人政治上所经营者,后人得一旦而坏之。至古今之大著述,苟其著述一日存,则其遗泽且及于千百世而未沫。故希腊之有鄂谟尔也,意大利之有唐旦也,英吉利之有狭斯丕尔也,德意志之有格代也,皆其国人人之所尸而祝之,社而稷之者,而政治家无与焉。何则?彼等诚与国民以精神上之慰藉,而国民之所恃以为生命者,若政治家之遗泽,决不能如此广且远也。试问我国之大文学家,有足以代表全国民之精神,如希腊之鄂谟尔,英之狭斯丕尔,德之格代者乎?吾人所不能答也。其所以不能答者,殆无其人欤?抑有之,而吾人不能举其人以实之欤?二者必居一焉。由前之说,则我国之文学,不如泰西。由后之说,则我国之重文学,不如泰西;前说我所不知,至后说,则事实较然,无可讳也。我国人对文学之趣味如此,则于何处得其精神之慰藉乎?(《教育偶感四则·文学与教育》)

同时他又解释中国所以不能产生伟大作品的原因,也由于世人对文学观念的错误故。他说:

"自谓颇腾达,立登要路津。致君尧舜上,再使风俗醇。"非杜子美之抱负乎?"胡不上书自荐达,坐令四海如唐虞。"非韩退之之忠告乎?"寂寞已甘千古笑,驰驱犹望两河平"。非陆务观之悲愤乎?如此者,世谓之大诗人矣。至诗人之无此抱负者,与夫小说、戏曲、图画、音乐诸家,皆以侏儒倡优自处,世亦以侏儒倡优畜之。所谓"诗外尚有事在","一命为文人,便无足观",我国人之金科玉律也。呜呼!美术之无独立之价值也久矣!此无怪历代诗人,多托于忠君爱国,劝善惩恶之意,以自解免。而纯粹美术上之著述,往往受世之迫害,而无人为之昭雪者也。(《论哲学家及美术家之天职》)

又道:

更转而观诗歌之方面,则咏史、怀古、感事、赠人之题目,弥满充塞于诗界。而抒情、叙事之作,什佰不能得一。其有美术上之价值者,仅其写自然之美之一方面耳。甚至戏曲、小说之纯文学,亦往往以惩劝为怀。其有纯粹美术上之目的者,世非惟不知贵,且加贬焉。(同上)

所以王氏于一九〇四年(光绪三十年)发表其《红楼梦评论》一文,盛推此书谓可与德文豪哥德之《浮士德》比美。于民国元年(一九一二)又完成其《宋元戏曲史》,书中盛推元剧之文章,谓"元曲之佳处何在?一言以蔽之,曰自然而已矣。古今之大文学,无不以自然胜,而莫著于元曲"(《宋元戏曲史》元剧之文章)。以上这些话,都足以发聋振聩,而转移一世之视听。到后来像林琴南以一古文家能来从事翻译外国的戏曲小说,就足证戏剧小说在当时经过一部分人的提倡,世人已不复以"小道"视之了。

至于近因,则为《新青年》杂志社所倡导的思想革命。此种革命工作,一方面为对于西方民治主义与科学为系统的正确的介绍,一方面又以此种精神与态度,为对中国传统的政治、思想、宗教,以及风俗、习惯等作全盘的破坏。

关于前者,陈独秀在《新青年》创刊号中第一篇文章《敬告青年》中,首先就提出民治主义的精神与科学的态度为青年所立当注意者。他于标举"自主的而非奴隶的"一项中云:

> 自人权平等之说兴,奴隶之名,非血气所忍受。世称近世欧洲历史为"解放历史":破坏君权,求政治之解放也;否认教权,求宗教之解放也;均产说兴,求经济之解放也;女子参政运动,求男权之解放也。解放云者,脱离夫奴隶之羁绊,以完其自主自由之人格之谓也。……我有心思,自崇所信。……一切权利,一切信仰,唯有听命各自固有之智能,断无盲从隶属他人之理。

此为极端的个人主义,而所谓民主主义,实以此个人主义为基础者。其次,又在该文"科学的而非想像的"一条中道:

> 近代欧洲之所以优越他族者,科学之兴,其功不在人权说下,若舟车之有两轮焉。今且日新月异,举凡一事之兴,一物之细,罔不诉之科学法则,以定其得失从违;其效将使人间之思想云为,一遵理性,而迷信斩焉,而无知妄作之风息焉。国人而欲脱蒙昧时代,羞为浅化之民也,则急起直追,当以科学与人权并重。

不过,我国是有着传统的思想与道德、国有的宗教与习惯的。西方的民治主义与科学虽好,但到中国来因为与旧有的文化颇多抵触,所以并不发生大的效力。当时中国的政体,虽已改为民主立宪,而实际军阀的专横,比诸专制有过之而无不及。同时在一些头脑昏聩的人的脑中,时时还盼望着帝制的复活。因之有张勋、康有为的复辟运动与袁世凯的帝制运动。这一切一切,都在教训着当时一般提倡新思想者,就是说,旧的不破坏,而新的是建设不起来的。加以民国四年民国五年,即《新青年》发刊那一个时期,孔教会的活动非常利害,同时康有为又上书黎、段二人,主张定孔教为国教,列到宪法里边。于是新青年社一般人,深觉破坏与建设,非同时并进不可。而破坏之最大目标,即伦纪问题。而伦纪之所赖以存续的,即儒家思想。所以

陈独秀在《敬告青年》一文中,就大声疾呼道:

> 固有之伦理、法律、学术、礼俗,无一非封建制度之遗,持较晰种之所为,以并世之人,而思想差迟,几及千载。尊重廿四朝之历史性,而不作改进之图;则驱吾民于二十世纪之世界以外,纳之奴隶牛马黑暗沟中而已,复何说哉!……吾宁忍过去国粹之消亡,而不忍现在及将来之民族,不适世界之生存而归削灭也。

他又于《吾人之最后之觉悟》一文中道:

> 盖共和立宪制,以独立、平等、自由为原则,与纲常阶级制为绝对不可相容之物,存其一必废其一。……继今以往,国人所怀疑莫决者,当为伦理问题。此而不能觉悟,则前之所谓觉悟者,非彻底之觉悟,盖犹在惝恍迷离之境。吾敢断言曰:伦理的觉悟,为吾人最后觉悟之最后觉悟。

由是在《新青年》中接二连三刊载了许多反孔教的文章,如易白沙的《孔子评议》,陈氏的《驳康有为致总统总理书》、《孔子之道与现代生活》、《再论孔教问题》、《宪法与孔教》,吴虞的《读〈荀子〉书后》、《儒家主张阶级之害》、《儒家大同之义本于老子说》、《礼论》、《消极革命之老庄》,等等。这些大旨,不外是说孔子的时代与现代的时代不同,孔子时那一套主张,已不适宜于现代。社会倘还要尊重它,则所得到的完全是恶影响,所以为使民族继续生存于世界,非推翻孔教不可。其实这些话,大半章太炎在清末已经说过(见前编),态度方面,也并不比章氏为勇决。不过清末与民初的时代不同,因之章氏的议论,在清末并没有发生多大的影响,可是陈、吴等的议论,在民初倒引起了轩然的大波。

至于文学革命与思想革命,又有啥关系呢?我们知道中国过去的文学观,几乎长时期的是在儒家思想的支配之下。唐宋八家之所以被后人尊为不祧之宗者,就因为他们所倡的口号是"文以载道"的原因。所以古文实赖儒家思想以取得文坛优越的地位。而戏曲小说之所以被目为诲淫诲盗的邪僻之书者,也因为里边所讲的一套,与儒家思想不相适合之故。当陈氏等高倡思想革命的时候,适于斯时,胡适发表了他的《文学改良刍议》一文。在胡氏的意思,不过是提出这个问题好让国人来加以商讨。可是这篇东西让陈独秀一看,他就觉得意义非常的重大,马上写了一篇《文学革命论》。他的态度非常的积极而坚决,有点简直近于武断。其所以如此者,即他深深看到孔教与旧文学是相依为命的。欲实施民治主义,必须推翻孔教。但欲推翻孔教,非先从打倒陈腐的旧文学不为功。所以当时陈氏就直然的这样说:

  今欲革新政治,势不得不革新盘踞于运用此政治者精神界之文学。使吾人不张目以观世界社会文学之趋势,及时代之精神,日夜埋头故纸堆中,所目注心营者,不越帝王、权贵、鬼怪,神仙与夫个人之穷通利达。以此而求革新文学,革新政治,是缚手足而敌孟贲也。(《文学革命论》)

所以打倒传统思想,与文学革命工作,是一而二,二而一的事。新的文学必须有新的思想内容,才能充实。同时新的思想,也必须有新文学的形式,才能传播愈速。所以后来那一般守旧的老先生,他们之所以反对白话文学,并不纯粹是为维持古文的寿命,而主要的原因还是卫道。

总之,这次文学革命之能成功为一种运动,是基于思想革命。而思想革命之所以发生,则由于介绍民治主义与科学。陈独秀的《新青年罪案之答辩书》中说得好:

  本志同仁本来无罪,只因拥护那德谟克拉西(Democracy)和赛因斯(Science)两位先生,才犯了这几条滔天的大罪。要拥护那德先生,便不得不反对孔教、礼法、贞节、旧伦理、旧政治;要拥护那赛先生,便不得不反对旧艺术、旧宗教;要拥护德先生又要拥护赛先生,便不得不反对国粹和旧文学。大家平心细想,本志除了拥护德赛两先生之外,还有别项罪案没有呢?

这虽是一种答辩的文字,我们也可以把它当作对这次文学革命运动原因的解说。

第二节　经　　过

甲　新文学运动的讨论期

从民国六年一月刊行的二卷五号《新青年》中载出胡适的《文学改良刍议》一文起,直到民国八年底的《新青年》六卷六号止,这中间披露了很多讨论文学改革的文字,最重要的有胡适的(一)《文学改良刍议》、(二)《历史的文学观念论》(六年五月三卷三号)、(三)《与陈独秀书》(三卷三号)、(四)《与钱玄同书》(七年一月四卷一号)、(五)《建设的文学革命论》(七年四月四日四卷四号)、(六)《新文学运动之讨论》(七年八月五卷二号)、(七)《进化观念与戏剧改良》(七年十月五卷四号),陈独秀的《文学革命论》(六年二月二卷六号),钱玄同的(一)《与陈独秀书》(二卷六号)、(二)《再与陈独秀书》(六年三月二卷一号)、(三)《与陈独秀书》(六年七月三卷五号)、(四)《与陈独秀书》(六年八月三卷六号)、(五)《与胡适之书》(三卷六号)、(六)《答胡适书》(七年一月四卷一号)、(七)《与刘半农书》(四卷一号)、(八)《论翻译》(七年二月四卷二号)、(九)《尝试集序》(四卷二号)、(十)《句读符号》(四卷二号),刘半农的(一)《我之文学改良观》(三卷三号)、(二)《诗与小说精神的革新》(三卷五号)、(三)《应用文之教授》(七年一月四卷一号)、(四)《答钱玄同书》(四卷一号),傅斯年的(一)《文学革新申义》(四卷一号)、(二)《文言合一草议》(四卷二号),周作人的《人的文学》(七年十二月五卷六号),曾毅的《与陈独秀书》(六年四月三卷二号),方孝岳的《我之改良文学观》(三卷二号),一共约二十余篇。现在不妨就根据这些文字,来对他们当时所讨论的问题作一番检讨。

一、文学革命的理论根据

(1)历史的文学观念论。胡适说:

居今日而言文学改良,当注重"历史的文学观念"。一言以蔽之,曰:一时代有一时代之文学。此时代与彼时代之间,虽皆有承前启后之关系,而决不容完全抄袭;其完全抄袭者,决不成为真文学。愚惟深信此理,故以为古人已造古人之文学,今人当造今人之文学。……纵观古今文学变迁之趋势……白话之文学,自宋以来,虽见屏于古文家,而终一线相承,至今不绝。……岂不以此为吾国文学趋势,自然如此,故不可禁遏而日以昌大耶?……吾辈之攻古文家,正以其不明文学之趋势而强欲作一千年、二千年以上之文。此说不破,则白话文学无有列为文学正宗之一日。而世之文人将犹鄙薄之,以为小道邪径而不肯以全力经营造作之。……夫不以全副精神造文学而望文学之发生,此犹不耕而求获,不食而求饱也,亦终不可得矣。(施耐庵、曹雪芹诸人所以能有成者,正赖其有特别胆力,能以全力为之耳)。(《历史的文学观念论》)

这种一时代有一时代的文学的话,清人焦循(《易余篇录》)、顾炎武(《日知录》)都曾经说过。再上而明代的袁中郎,因为反王、李之复古运动,对于这种道理,也曾详为发挥。不过在这个时候,这种理论更能动人。以往在闭关的时代,政治社会纯粹是封建时代的,所以古文为少数文人的专利品。但到了五洲交通,由专制而变为共和的民国时代,当然要让一般人都能有运用文字工具的能力、欣赏文学的权利。这样的话,白话自较古文为便利,又何况古文为前代的陈语言,已经不适于表现现时的人情物理了呢。

(2)白话文在创作上已有极伟大的成就。胡适《文学改良刍议》中不避俗语俗字一项中云:

吾惟以施耐庵、曹雪芹、吴趼人为文学正宗,故有"不避俗字俗语"之论也。盖吾国言文之背驰久矣。自佛书之输入,译者以文言不足以达意,故以浅近之译之,其体已近白话。其后佛氏讲义语录尤多用白话为之者,是为语录体之原始。及宋人讲学以白话为语录,此体遂成讲学正体(明人因之)。当是时,白话已久入韵文,观唐宋人白话之诗词可见也。及至元时,中国北部已在异族之下三百余年矣(辽金元)。此三百年中,中国乃发生一种通俗行远之文学。文则有《水浒》、《西游》、《三国》……之类，戏曲则尤不可胜计。……以今世眼光观之，则中国文学当以元代为最盛；可传世不朽之作，当以元代为最多；此可无疑也。当是时，中国之文学最近言文合一，白话几成文学的语言矣。使此趋势不受阻遏，则中国几有——"活文学出现"，而但丁、路德之伟业……几发生于神州。不意此趋势骤为明代所阻，政府既以八股取士，而当时文人如何、李七子之徒，又争以复古为高，于是此千年难遇言文合一之机会，遂中道夭折矣。然以今世历史进化的眼光观之，则白话文学之为中国文学之正宗，又为将来文学必用之利器，可断言也。

(3) 废去古文，采用当时流行语言，在西(洋)文学史上已有先例。胡适道：

> 欧洲中古时，各国皆有俚语，而以拉丁文为文言，凡著作书籍皆用之，如吾国之以文言著书也。其后意大利有但丁(Dante)诸文豪，始以其国俚语著作。诸国踵兴，国语亦代起。路德(Luthor)创新教始以德文译《旧约》、《新约》，遂开德文学之先。英、法诸国亦复如是。今世通用之英文《新旧约》乃一六一一年译本，距今才三百年耳。故今日欧洲诸国之文学，在当日皆为俚语。迨诸文豪兴，始以"活文学"代拉丁之死文学；有活文学而后有言文合一之国语也。(《文学改良刍议》)

胡氏一面就一般文学演讲之情况，与中国文学发展之趋势，一面又参以欧洲文学史上之先例，而确定以后中国文学应以白话为正宗，以期达到言文合一的目的。

二、对旧文学的破坏

根据上述三项的理论，于是在建设国语的文学之前，势不能不予古文学以猛烈的攻击。所谓革命工作，必须先破坏，然后才能谈建设也。至破坏方面的最重要者：

(1) 不摹仿古人。胡适在《文学改良刍议》中道：

> 文学者，随时代而变迁者也。一时代有一时代之文学；……

因时进化,不能自止。唐人不当作商周之诗,宋人不当作相如、子云之赋。——即令作之,亦必不工。逆天背时,违进化之迹,故不能工也。……今日之中国,当造今日之文学,不必摹仿唐宋,亦不必摹仿周秦也。……观今之"文学大家",文则下规姚、曾,上师韩、欧;更上则取法秦汉魏晋,以为六朝以下无文学可言……即令神似古人,亦不过为博物院中添几许"逼真赝鼎"而已,文学云乎哉!

这是针对古文学而发的,试问当时的古文家不论选派同桐城派,有几人不作古人的奴隶呢?胡氏的话还比较和平,到了陈独秀的《文学革命论》出,几乎是拿冲锋陷阵的姿态,对古文学作那种扫荡廓清的工作。他在破坏方面主张:

推倒雕琢的阿谀的贵族文学……推倒陈腐的铺张的古典文学……推倒迂晦的艰涩的山林文学……

他批评当时的文坛道:

今日吾国文学,悉承前代之弊:所谓"桐城派"者,八家与八股之混合体也;所谓"骈体文"者,思绮堂与随园之四六也;所谓"江西派"者,山谷之偶像也。求夫目无古人,赤裸裸的抒情写世,所谓代表时代之文豪者,不独全国无其人,而且举世无此想。

这种攻击,因为非常的彻底,所以很快的就引起了古文学家的反攻。

(2)废律废骈联。胡适《文学改良刍议》中道:

排偶乃人类言语之一种特性,故虽古代文字,如老子孔子之文,亦间有骈句。如:"道可道,非常道;名可名,非常名。"……"食无求饱,居无求安。"……然此皆近于语言之自然,而无牵强刻削之迹;尤未有定其字之多寡,声之平仄,词之虚实者也。至于后世文学末流,言之无物,乃以文胜;文胜之极,而骈文、律诗兴焉,而长律兴焉。骈文、律诗之中非无佳作,然佳作终鲜。所以然者何?岂不以其束缚人之自由过甚之故耶?(长律之中,上下古今,无一首佳作可言也)今日而言文学改良,当"先立乎其大者",不当枉废有用之精力于微细纤巧之末:此吾所以有废骈废律之说也。(《文学改良刍议》)

陈独秀《文学革命论》中,也论到这,他说:

> 齐梁以来,风尚对偶,演至有唐,遂成律体。无韵之文,亦尚对偶。《尚书》、《周易》以来,即是如此。……东晋而后,即细事陈启,亦尚骈俪。演至有唐,遂成骈体。诗之有律,文之有骈,皆发源于南北朝,大成于唐代。更进而为排律,为四六。此等雕琢的阿谀的铺张的空泛的贵族古典文学,极其长技,不过如涂脂抹粉之泥塑美人,以视八股试帖之价值,未必能高几何。可谓为文学之末运矣!

钱玄同《与陈独秀书》中也说:

> 一文之中,有骈有散,悉由自然。凡作一文,欲其句句相对,与欲其句句不相对者,皆妄也。桐城派人鄙夷六朝骈偶,谓韩愈作散文,为古文之正宗。然观愈之《原道》一篇,起首"仁"、"义"二句与"道"、"德"二句相对。下文云"仁与义为定名,道与德为虚位"。又云"故道有君子小人,而德有凶有吉"。皆骈偶之句也。阮元以孔子作《文言》为骈文之祖,因谓文必骈俪。……则当诘之曰,然则《春秋》,一万八千字之经文,亦孔子所作,何缘不作骈俪?岂文才既竭,有所谢短乎?弟以为今后之文学,律诗可废,以其中四句必须对偶,且须调平仄也。若骈散之事,当一任其自然,如胡先生所谓"近于语言之自然而无牵强刻削之迹者",此等骈句,自在当用之列。

这种主张悉由自然而反对做作之论,是最正确不过的。

(3)不用典。胡适《文学改良刍议》中道:

> 今依江君(江亢虎)之言,分典为广狭二义。……广义之典,其实非吾所谓典也。狭义之典,吾所主张不用者也。……狭义之典亦有工拙之别,其工者偶一用之,未为不可,其拙者则当痛绝之。

胡适说,用典之拙者:

1. 比例泛而不切,可作几种解释,无确定之根据,如王渔洋《秋柳》。

2. 僻典使人不解。

3. 刻削古典成语,不含文法。"指兄弟以'孔怀',称在位以'曾是'"(章太炎语),是其例也。

4. 用典而失其原意,如某君写山高与天接之状,曰"西接杞天倾"是也。

5. 古事之实有所指,不可移用者,今往乱用,作普通事实。如古人灞桥折柳,以送行者,本是一种特别土风。阳关渭城亦皆实有所指。今之懒人,不能状别离之情,于是虽身在滇越,亦言灞桥;虽不解阳关渭城为何物,亦皆言"阳关三叠"、"渭城离歌。"

胡适说:

凡此种种,皆文人之不下工夫。一受其毒,便不可救。此吾所以有"不用典"之说也。

钱玄同《与陈独秀书》也论及此事道:

胡先生"不用典"之论最精,实足祛千年来腐臭文学之积弊。尝谓齐梁以前之文学,如《诗经》、《楚辞》及汉魏之歌诗、乐府等,从无用典者。……自后世文人无铸造新词之才力,乃竞趋于用典,以欺世人,不学者从而震惊之,以渊博而称誉。于是习非成是,一若文不用典,即为俭学之征,此实文学窳败之一大原因。胡先生辞而辟之,诚知本矣。惟于"狭义之典",胡先生虽然主张不用,顾又谓"工者偶一用之,未为不可",则似犹未免依违于俗论。弟以为凡用典者,无论工拙,皆为行文之疵病。……文学之文用典,已为下乘;若普通应用之文,尤须老老实实讲话。……亡友胡仰曾先生谓曾见某处告诫军人之文,有曰:"此偶合之乌,难保无害群之马。……以有限之血蚨,养无数之飞蝗。"此实不通已极。满清及洪宪时代司法不独立,州县长官遇有婚姻讼事,

>往往喜用滥恶之四六为判词。既以自炫其淹博,又借以肆其轻薄之口吻。此虽官吏心术之罪恶,亦由此等滥恶之四六有以助之也。弟以为西汉以前之文学,最为朴实真挚。始坏于东汉,以其浮词多而真意少也。弊盛于齐梁,以其渐多用典也。
>
>用典以外,尚有一事,其弊与用典相似,亦为行文所当戒绝者,则人之称谓是也。……六朝之郡望,……唐宋以后之别号,以及近世之乡里,(南海、合肥、新会、项城……)均属不当之至。故弟意今后作文,凡称人悉用其姓名,不可再以郡望、别号、地名等等相摄代。

钱氏之论较胡氏为彻底。至关于应用文之用典及对人之称谓等,颇可补胡氏之阙漏。

(4)不用滥调套语。胡适《文学改良刍议》中道:

>今之学者,胸中记得几个文学的套语,便称诗人。其所为诗文处处是陈言烂语,"蹉跎"、"身世"、"寥落"、"飘零"、"虫沙"、"寒窗"、"斜阳"、"芳草"、"春闺"、"愁魂"、"归梦"、"鹃啼"、"孤影"、"雁字"……之类,累累不绝,最可憎厌。其流弊所至,遂令国中生出许多似是而非,貌似而实非之诗文。……吾所谓务去烂调套语者,别无他法,惟在人人以其耳目所亲见亲闻所亲身阅历之事物,一一自己铸词以形容描写之;但求其不失真,但求能达其状物写意之目的,即是工夫。其用烂调套语者,皆懒惰不肯自己铸词状物者也。

上列诸项,只不过是消极的指斥旧文学的流弊而已,至于积极方面乃在他们对于新文学的建设工作。

三、对新文学的建设

关于建设,又可分为形式与内容两项。

(1)形式方面主张建设国语的文学。胡适《文学改良刍议》中道:

>然以今世历史进化的眼光观之,则白话文学之为中国文学之正宗,又为将来文学必用之利器,可断言也。以此之故,吾主

张今日作文作诗,宜采用俗语字。与其用三千年前之死字,不如用二十世纪之活字;与其作不能行远不能普及之秦汉六朝文字,不如作家喻户晓之《水浒》、《西游》文字也。

钱玄同《与陈独秀书》(新春前三卷一号)中也说:

> 语录以白话说理,词曲以白话为美文,此为文章之进化,实今后言文一致之起点。此等白话文章,其价值远在所谓"桐城派之文"、"江西派之诗"之上,此蒙所深信而不疑者也。至于小说为近代文学之正宗,此亦至确不易之论。

最早主张废文言用白话,胡适的态度还极温和,他在《与陈独秀书》中说:

> 此事之是非,非一朝一夕所能定,亦非一二人所能定。甚愿国中人士能平心静气与吾辈同力研究此问题。讨论既熟,是非自明。吾辈已张革命之旗,虽不容退缩,然亦决不敢以吾辈所主张为必是,而不容他人之匡正也。

但陈氏答胡氏书,对此事态度则较胡氏勇毅而坚决,他说:

> 改良文学之声,已起于国中,赞成反对者各居其半。鄙意容纳异议,自由讨论,固为学术发达之原则;独至改良中国文学,当以白话为正宗之说,其是非甚明,必不容反对者有讨论之余地;必以吾辈所主张者为绝对之是,而不容他人之匡正也。其故何哉?盖以吾国文化,倘已至文言一致地步,则以国语为文,达意状物,岂非天经地义,尚有何种疑义必待讨论乎?其必欲摈弃国语文学,而悍然以古文为文学正宗者,犹之清初历家排斥西法,乾嘉畴人非难地球绕日之说,吾辈实无余闲与之作此无谓之讨论也。

钱氏也赞同此论,他说:

> 玄同对于白话说理抒情,最赞成独秀先生之说,亦以为"其是非甚明,必不容反对者有讨论之余地,必以吾辈所主张者为绝对之是,而不容他人之匡正"。此等论调,虽若过悍,然对于迂谬不化之选学妖孽与桐城谬种,实不能不以如此严厉面目加之;因

此辈对于文学之见解,正与反对开学堂,反对剪辫子,说洋"鬼子脚直,跌倒爬不起"者,其见解相同;知识如此幼稚,尚有何种商量文学之话可说乎?

不过当时他们虽是这样的主张,但他们自己的文章一律用的还都是文言,只有胡适用白话写诗较早。《新青年》二卷六号即载有他的《白话诗》(八首)。至于主张首先用白话来作为写散文的尝试的,则是始于钱玄同。他在《新青年》三卷六号《与陈独秀书》中说:

> 我们既然绝对主张用白话体做文章,则自己在《新青年》里面做的,便应该渐渐的改用白话。我从这书通信起,以后或撰文,或通信,一概用白话,就和适之先生做《尝试集》一样的意思。并且还要请先生,胡适之先生,和刘半农先生,都来尝试尝试。此外别位在《新青年》里面撰文的先生,和国中赞成做白话文章的先生们,若是大家都肯"尝试",那么必定"成功"。"自古无"的,"自今"以后,一定会"有"。不知道先生们的高见赞成不赞成?

自此以后,从《新青年》四卷一号起,白话文章,遂渐次的多起来。到了四卷四号,胡适又发表了他的《建设的文学革命论》。他说:

> 我的"建设新文学论"的唯一宗旨只有十个大字:"国语的文学,文学的国语。"

他把《文学改良刍议》中的八不主义,都改作了肯定的口气。

一、要有话说,方才说话。……

二、有什么话,说什么话。话怎么说,就怎么说。……

三、要说我自己的话,别说别人的话。……

四、是什么时代的人,说什么时代的话。

此外还有一件事必须要讲述的,就是文章要分段,并加标点。这自是仿效西洋的办法。主张的人有刘半农(《我之文学改良观》)与钱玄同(《新青年》三卷五号,《与陈独秀书》)二人。

2.内容方面主张建设人的文学。胡、陈、钱、刘诸人之论,多半偏于文学上形式之改革,至于内容,虽然也曾提及,但大半都偏于笼统的原则,即如胡文中主张要"言之有物",这不是极空洞的吗?陈文中主张"建设平易的抒情的国民文学,新鲜的立诚的写实文学",同"明了的通俗的社会文学",这一样有点不着边际。至钱、胡对中国小说的讨论里,虽也曾涉及到内容的思想问题,但只是对过去旧文学的批评,并不曾给新文学今后的内容上提供出如何改革的方案。我觉得在当时只有周作人的《人的文学》一文,主张还比较具体,足可补胡、陈、钱、刘诸人之不逮。文中大旨略述如次:

我们现在应该提倡的新文学,简单的说一句,是"人的文学"。应该排斥的,便是反对的非人的文学。……中国……人的问题,从来未经解决,女人小儿更不必说了。如今第一步先从人说起,生了四千余年,现在却还讲人的意义,从新发现"人",去"辟人荒",也是可笑的事。……我们希望从文学上起首,提倡一点人道主义思想。……

我们要说人的文学,须得将这个人字,略加说明。我们所说的人,……乃是……"从动物进化的人类"。其中有两个要点:(一)"从动物"进化的,(二)从动物"进化的"。我们承认人是一种生物,他的生活现象,与别的生物并无不同。所以我们相信人的一切生活本能,都是美的善的,应得完全满足。凡有违反人性不自然的习惯制度,都应排斥改正。

但我们又承认人是一种从动物进化的生物。他的内面生活,比他动物更为复杂高深,而且逐渐向上,有能够改造生活的力量。所以我们相信人类以动物的生活为生存的基础,而其内面生活,却渐与动物相远,终能达到高尚和平的境地。凡兽性的余留,与古代礼法可以阻碍人性向上的发展者,也都应排斥改正。

这两个要点,换一句话说,便是人的灵肉二重的生活。古人的思想,以为人性有灵肉二元,同时并存,永相冲突。肉的一面,是兽性遗传。灵的一面,是神性的发端。人生的目的,便偏重在发展这神性。其手段,便在灭了体质以救灵魂。所以古来宗教,大都厉行禁欲主义,有种种苦行,抵制人类的本能。一方面却别有不顾灵魂的快乐派,只顾"死便埋我"。其实两者都是趋于极端,不能说是人的正当生活。到了近世,才有人看出这灵肉本是一物的两面,并非对抗的二元。兽性与神性,合起来便只是人性。……我们所信的人类正当生活,便是这灵肉一致的生活。……

这样"人"的理想生活……第一关于物质的生活,应该各尽人力所及,取人事所需。换一句话,便是各人以心力的劳作,换得适当的衣食住与医药,能保持健康的生存。第二,关于道德的生活,应该以爱智信勇四事为基本道德,革除一切人道以下或人力以上的因袭的礼法,使人人能享自由真实的幸福生活。

……

用这人道主义为本,对于人生诸问题,加以记录研究的文字,便谓之人的文学。其中又可以分为两项:(一)是正面的,写这理想生活,或人间上达的可能性。(二)是侧面的,写人的平常生活,或非人的生活,都很可以供研究之用。这类著作,分量最多,也最重要。因为我们可以因此明白人生实在的情状,与理想生活比较出差异与改善的方法。这一类中写非人的生活的文字,世间每每误会,与非人的文学相混,其实却大有区别。法国莫泊桑(Maupassant)的小说《人生》(Une vie)是写人间兽欲的人的文学,中国的《肉蒲团》却是非人的文学。俄国库普林(kuprin)的小说《坑》(Jama),是写娼妓生活的人的文学,中国的《九尾龟》却是非人的文学。这区别就在著作的态度不同。一个严肃,一个游戏。一个希望人的生活,所以对于非人的生活,怀着悲哀或愤怒。一个安于非人的生活,所以对于非人的生活,感着满足,又多带着玩弄与挑拨的形迹。简明说一句,人的文学与非人的文学的区别,便在著作的态度,是以人的生活为是呢?非人的生活为是呢?这一点上,材料方法,别无关系。……中国文学中,人的文学,本来极少。从儒教道教出来的文章,几乎都不合格。现在我们单从纯文学上举例如:

(一)色情狂的淫书类。

(二)迷信的鬼神书类(《封神榜》、《西游记》等)。

(三)神仙书类(《绿野仙踪》等)。

(四)妖怪书类(《聊斋志异》、《子不语》类)。

(五)奴隶书类(甲种主题是皇帝、状元、宰相,乙种主题是神圣的父与夫)。

(六)强盗书类(《水浒》、《七侠五义》、《施公案》等)。

(七)才子佳人书类(《三笑姻缘》等)。

(八)下等谐谑书类(《笑林广记》等)。

(九)黑幕类。

(十)以上各种思想和合结晶的旧戏。

周氏认为,这几类全是妨碍人性的生长、破坏人类的和平的东西,统应该排斥。

> ……人的文学当以人的道德为本,这道德问题方面很广,一时不能细说。现在只就文学关系上,略举几项。譬如两性的爱,我们对于这事,有两个主张:一是男女两本位的平等,二是恋爱的结婚。世界著作,有发挥这意思的,便是绝好的人的文学(如伊卜生的《娜拉》、《海上夫人》,托尔斯泰的《复活》,哈代的《苔丝》)。其次,如亲子之爱……是由于天性。……有了性生活,自然有生命的延续,与哺乳的智力,这是动物无不如此。到了人类,对于恋爱的融合,自我的延长,更有意识。所以亲子的关系,尤为深厚。……至于世间父母将子女当作所有品,牛马一般的养育,以为养大以后,可以随便吃他、骑他,那便是退化的谬误思想。……文学上写亲子之爱的,挪威伊卜生的《群鬼》、德国苏德曼的戏剧《故乡》,俄国屠格涅夫的《父与子》,都很可以供我们研究。

> 照上文所说我们应该提倡与排斥的文学,大致可以明白了。……我们立论应抱定时代这一个观念,又将批评与主张分作两事。批评古人的著作,便认定他们的时代,给他们一个正当的评价、相应的位置。至于宣传我们的主张,也应当认定我们的

时代,不能与相反的意见通融、让步,唯有排斥的一条方法。……其次,对于中外这个问题,我们也只需抱定时代,这一个观念不必再划出什么别的界限。……因为人类的运命,是同一的。所以我要顾虑我的运命,便同时需顾虑人类共同的运命。所以我们只能说时代,不能分中外。我们偶然有创作自然偏于较确的中国一方面,其余大多数都还须介绍译述外国的著作,扩大读者的精神,眼里看见了世界的人类,养成人的道德,实现人的生活。(《人的文学》)

有了胡适的《建设的文学革命论》,接着又有了周作人的《人的文学》,于是新文学的形式与内容都已确定了方向。从此新文学遂踏上了它的光明而新鲜的创造之路。

乙 新旧两派的论战期

自从胡、陈诸人的文学革命旗帜揭出后,不久就引起了世人的反响,有响应的,有反对的,有折中于二者之间的。关于响应者的主张,因为与胡、陈等无大出入,无须多赘。至于后者,倒是很值得来作一番详细的叙述。

一、新旧两派的论战

第一期(民国六年至民国十年)

当时反对派对主张革命者攻击的情形,胡适《五十年来中国之文学》中说:

> 响应的多了,反对的也更猛烈了。大学内部的反对分子,也出了一个《国故》,一个《国民》,都是拥护古文学的。校外的反对党竟想利用安福部的武人政客,来压制这种新运动。八年二三月间,外间谣言四起,有的说教育部出来干涉了,有的说陈、胡、钱等已被驱逐出京了。这种谣言虽大半不确,但很可以代表反对党心理上的愿望。

这是说当时社会上的反动情形,至见诸文字的,最早有林琴南的《论古文之不当废》一文(民国六年),里边说:

知腊丁(之)不可废,则马班韩柳亦自有其不宜废者。吾识其理,乃不能道其所以然,此则嗜古者之痼也。

胡适《与陈独秀书》中批评他道:

"吾识其理,乃不能道其所以然",此正是古文家之大病。古文家作文,全由熟读他人之文,得其声调口吻,读之烂熟,久之亦能仿效,却实不明其"所以然"。此如留声机器,何尝不能全像留声之人之口吻声调?然终是一副机器,终不能"道其所以然"也。今试举一例以证之。林先生曰:"呜呼!有清往矣,论文者独数方、姚,而攻掊之者麻起,而方、姚卒不之踣。"此中"而方、姚卒不之踣"一句,不合文法,可谓"不通"。所以者何?古文凡否定动词之止词,若系代名词,皆位于"不"字与动词之间,如"不我与"、"不吾知也"、"未之有也"、"未之前闻也",皆是其例。然"踣"字乃是内动词,其下不当有止词。故可言"而方、姚卒不踣",亦可言"方、姚卒不因之而踣",却不可言"方、姚卒不之踣"也。林先生知"不之知"、"未之有"之文法,而不知"不之踣"之不通,此则学古文而不知古文之"所以然"之弊也。

八年三月,林氏又与北大校长蔡子民函,论打倒孔教与废除文言之非是云:

大学为全国师表,五常之所系属。近者,外间谣诼纷集,我公必有所闻,即弟亦不无疑信……晚清之末造,慨世者恒曰:去科举,停资格,废八股,斩豚尾,复天足,逐满人,扑专制,整军备,则中国必强。今百凡皆遂矣,强又安在?于是更进一解,必覆孔孟,铲伦常为快。……外国不知孔孟,然崇仁,仗义,矢信,尚智,守礼,五常之道,未尝悖也,而又济之以勇。弟不解西文,积十九年之笔述,成译著一百廿三种,都一千二百万言,实未见中有违忤五常之语。何时贤乃有此叛亲蔑伦之论,此其得诸西人乎?抑别有所授耶!……弟年垂七十,富贵功名,前三十年视若弃灰。今笃老尚抱守残缺,至死不易其操。前年梁任公倡马班革命之说,弟闻之失笑。任公非劣,何为作此媚世之言?马班之书,读者几人？殆不革而自革,何劳任公费此神力。若云死文字有碍生学术,则科学不用古文,古文亦无碍科学。英之迭更累斥希腊拉丁罗马之文为死物,而至今仍存者,迭更虽躬负盛名,固不能用私心以蔑古。矧吾国人,尚有何人如迭更者耶！……且天下唯有真学术,真道德,始足独树一帜,使人景从。若尽废古书,行用土语为文字,则都下引车卖浆之徒所操之语,按之皆有文法……凡京津之稗贩,均可用为教授矣。若《水浒》、《红楼》,皆白话之圣,并足为教科之书。不知《水浒》中辞吻,多采岳珂之《金陀萃编》,《红楼》亦不止为一人手笔。作者均博极群书之人。总之,非读破万卷书,不能为古文,亦并不能为白话。

函中所指摘新派不外二端:一是废孔孟,铲伦常。二是尽废古书,行用土语为文学。蔡氏答书对于第一点,甲、北京大学教员,曾有以废孔孟铲伦常教授学生者乎？乙、北京大学教授,曾有于学校以外,发表其废孔孟铲伦常之言论者乎？对于第二点,甲、北京大学是否已尽废古文,而专用白话？乙、白话是否果能达古书之义？丙、大学少数教员所提倡之白话的文学,是否与引车卖浆者所操之语相等？原函甚长,今录其第二点之乙、丙两项于后。

白话与文言,形式不同而已,内容一也。《天演论》、《法意》、《原富》等,原文皆白话也,而严幼陵君译为文言。小仲马、迭更司、哈代等所著小说,皆白话也,而公译为文言。公能谓公及严君之所译,高出于原本乎？若内容浅薄,则学校报考时之试卷,普通日刊之论说,尽有不值一读者。能胜于白话乎？且不特引车卖浆之徒而已,清代目不识丁之宗室,其能说漂亮之京话,与《红楼梦》中宝玉黛玉相埒,其言果有价值欤？熟读《水浒》《红楼梦》之小说家,能于《续水浒传》、《红楼复梦》等书以外,为科学哲学之讲演欤？公谓"《水浒》、《红楼》作者,均博极群书之人,总之非读破万卷,不能为古文,亦并不能为白话"。诚然！北京大学教员中,善作白话文者,为胡适之、钱玄同、周启明诸君。公何以证知为非博极群书,非能作古文,而仅以白话文藏拙者？

胡君家世从学,其旧作古文,虽不多见,然即其所作《中国哲学史大纲》言之,其了解古书之眼光,不让于清代乾嘉学者。钱君所作之《文字学讲义》、《学术文通论》,皆古雅之古文。周君所译之《域外小说》,则文笔之古奥,非浅学者所能解。然则公何宽于《水浒》、《红楼》之作者,而苛于同时之胡、钱、周诸君耶?

至于蔡氏本人也是主张白话的,他曾说:白话是用今人的话,来传达今人的思想,是直接的。文言是用古人的话,来传达今人的意思,是间接的。间接的传达,写的人与读的人,都要费一番翻译的工夫,这何苦来。欧洲十六世纪以前,写的、读的,都是拉丁文,后来学问的内容复杂了,文化的范围扩张了,没有多余时间来摹仿古人的话,渐渐都用本国文了。他们的中学校,本来用希腊文、拉丁文作主要科目的,后来创设了一种中学,不用希腊文,后来又创设了一种中学,不用拉丁文了。日本明治维新的初年,出版的书,多汉文,到了近来几乎没有不是言文一致的。可见由间接的趋向直接的,是无可抵抗的(八年一月在女子高等师范讲演《国文的将来》)。蔡氏又说:我们中国文言同拉丁文一样,所以我们不能不改用白话。……虽现在白话的组织不完全,可是我们决不可错了这趋势(在北京高师国文部讲演《国文的趋势及国文与外国语及科学的关系》)。他很肯定的说:"我断定白话派一定占优胜。……将来应用文一定全用白话,但美术文或者有一部分仍用文言。"(在北京女高师演说)

后来确不出蔡氏之所料。至于林氏因看到古文的颓势,已不可挽回,于是愤然竟出之以谩骂。他在《新申报》上发表了两篇小说,一是《妖梦》,用元绪影蔡元培,田恒影陈独秀,胡亥影胡适。一是《荆生》,写田其美(陈)、金心异(钱)、狄莫(胡)三人聚谈于陶然亭。田生大骂孔子,狄生主张白话,忽然隔壁一伟丈夫趑足破壁,指三人曰:"汝适何言?……尔乃敢以禽兽之言,乱吾清听!""田生尚欲抗辩,伟丈夫骈二指按其首,脑痛如被锥刺。更以足践狄莫,狄腰痛欲断。金生短视,丈夫取其眼镜掷之,则怕死如猬,泥首不已。丈夫笑曰:'尔之发狂似李贽,直人间之怪物。今日吾当以香水沐吾手足,不应触尔背天反常禽兽之躯干。尔可鼠窜下山,勿污吾简。……留尔以俟鬼诛'"。《荆生》末尾又附论:"如此混浊世界,亦但有田生、狄生足以自豪耳,安有荆生?"当时卫道先生们的真面目,真是完全地暴露出来了。

继林氏之后而揭出反文学革命的旗帜的,是胡先骕。他在《东方》杂志十六卷三号(八年三月)中发表了一篇《中国文学改良论》,对主张文学革命者,深致非难。里边头绪极纷乱,其要点首先说主张白话的,不过是为的便宜。文中道:

> 文学自文学,文字自文字,文字仅取其达意,文学则必于达意之外,有结构,有照应,有点缀。而字句之间,有修饰,有锻炼。凡曾习修辞学作文学者,咸能言之。非谓信笔所之,信口所说,便足称文学也。故文学与文字,迥然有别,今之言文学革命者,徒知趋于便易,乃昧于此理矣。

其次又论古文之不可废道:

> 且古人之为文,固不务求艰深也。故孔子曰:"辞达而已矣。"今试以《左传》、《礼记》、《国语》、《国策》、《论》、《孟》、《史》、《汉》观之,除少数艰涩之句外,莫不言从字顺,非若《书》之《盘庚》、《大诰》,《诗》之《雅》、《颂》可比也。至韩欧以还之作者,尤以奇僻为戒,且有因此而流入枯槁之病者矣。此等文学,苟施以相当之教育,犹谓十四五龄之中学生,不能领解其义,吾不之信也。进而观近人之著,如梁任公《意大利之建国三杰传》、《噶苏士传》,何等简明显豁,而亦不失文学之精神。下至金圣叹之批《水浒》,动辄洋洋万言,莫不痛快淋漓,纤悉必达,读之者几于心目十行而下,宁有艰涩之感?又何必白话之始能达意,始能明了乎?凡此皆中学学生能读能作之文体,非《乾凿度》、《穆天子传》之比也。若以此为犹难,犹欲以白话化之,则无宁划除文字,纯用语言之为愈耳。

此外如论白话之不宜于为诗,而口语之容易变迁,不便于后世,且不能保存古籍等等,以文长,不具引。此文发表后,未及两月,罗家

伦即在《新潮》一卷五号(八年五月)中,对胡氏之说,予以驳斥。对于第一点,罗氏评之道:

> 文学(Literature)同文字(Language)的分别,我们谈文学革命的学问虽浅,但是不等胡君指示,已经早知道了。现在胡君这段的意思,可分两层说:第一,所谓文学,果如胡君所说只"须有结构、有照应、有点缀;字句之间,有修饰、有锻炼",就完了事吗?文学同文字的分别,就是这一点吗?还是另外更有伟大的作用同重要的分别吗?请问胡君,文学是为何而有的?是为"结构"、"照应"、"点缀"而有的呢?还是为人生的表现和批评而有的呢?文学里面有什么特质?是否"艺术"而外,还有"最好的思想"、"感情"、"想像"、"体性"……"普遍"等等特质?仅有艺术,尚且不成其为文学,况且"结构","照应","点缀"还不过是艺术中的一小部分吗?至于持字句的修饰、锻炼,来论文学的体用,那更远了!胡君乃以修词学和作文学来骄人,不知 Composition and Rhetoric 一样功课原不过是外国中学里一样初学作文的规律,所讲的不过是艺术的一小部分;上海一带的中学校早有这样功课了!今有读过两本修词学作文学的人来谈文学,我想胡君也当嗤之以鼻。……第二,白话就不可以表现批评人生传布最好的思想吗?更不能有加之艺术,只如胡君所谓"信笔所之,信口所说"吗?论到上一问题,我以为白话文是最能有想像,感情,体性,以表现和批评人生的,最能传布最好的思想而无阻碍的。何以故呢?因为我们人生日日所用的都是白话,我们日日所流露的所发生的种种感情,都是先从日用的白话里表现出来的。所以用白话来做文学,格外亲切,格外可以表现得出,批评得真。……总之,文学的生命,是附于人生的;文学的用处,是切于人生的。人生变,故文学不能不变。……胡君以为白话文学为"信笔所之,信口所说",则我不能够不稍微说几句。胡君读过近代世界上的大文学家如易卜生(Ibsen)、肖伯纳(Shaw)、托尔斯泰(Tolstoy)、屠格涅夫(Turgenev)的著作吗?……胡君也读

过中国的《红楼梦》、《水浒传》吗?……这些白话文学,是"信笔所之,信口所说"的吗?(《驳胡先骕君的中国文学改良论》)

关于第二点,罗氏又驳之云:

>这篇的大意约有两层:
>
>(1)大家应当做韩欧以还,八大家及桐城派的文章。
>
>(2)此而不得,则亦当做《新民丛报》一派的文章,但是决不可以做白话。

罗氏说,胡君这两层意思,都是以为我们做白话文的目的,不过避难就易,同方才他说白话文学只为通俗而设的话差不多。不知白话文自有本身的价值。今且就这两条意见而论,第一,文学最重要的体用,既是表现批评人生和传布最好的思想。今就前项而论,则韩欧八家以及桐城派的文章之不足以充分表现批评人生,已于那篇《建设的文学革命论》说得清清楚楚。就后项而论,则古文不能说理,非用白话不可,已有宋明的语录为证。而且曾国藩也说,古文无所往而不宜,惟不宜于说理。曾氏的确浸馈于古文多年,也算百余年来古文里杰出的人物,还说这句话。今胡君若是以为古文说理也宜,那胡君的古文程度,想必比曾氏还深了。至于说不用奇僻的字,就把文学流于枯槁之病的话,则更是奇闻。文学的枯槁不枯槁,首当问实质的多不多,不在乎奇僻字少不少。古文只顾外形,言之无物,自然枯槁了,与他事何涉。第二,《新民丛报》一类的文字,所以不及白话文的地方,有最大两种:(一)不以言语为根据,所以表现批评人生,不及白话的真;(二)浮词太多,用来说理,不及白话文的切。总之这是过渡时代的文学,开始创造的梁任公先生,前次同我一位朋友谈起从前《新民丛报》里的著作,自己再三劝人莫提。现在梁先生自身做白话文已经许久,创作的人倒已经改了,而胡君反劝人去学他的往辙,岂非怪事。

此外,关于胡氏所论之其他各条,罗君均一一予以辩解,因篇幅太长,不具引。

第二期(民国十一年至民国十二年)

林、胡之后,继续为旧文学张目者,厥惟民国十一年南京成立的学衡杂志社。这是旧派结合的一个大集团,他们出版的刊物是《学衡》,执笔者除早已揭出反新文学旗帜的胡先生外,尚有梅光迪、吴宓、吴芳吉等。他们均有抨击新文化运动与白话文学的文字,不过他们的理论不成系统,支离破碎,对新派一味吹毛求疵,所攻讦虽间有确系新派之缺陷,然多非要害,且彼等感情意气的成分较多,因之令读者对他们的主张,就是比较正确的,也失去了同情心。即如梅氏《评提倡新文化者》一文中道:

> 东西学者,多竭数年或数十年之力而成一书,故为不刊之作,传之久远。今之所谓学者,或谓能于一年内成中国学术史五六种,或立会聚徒,包办社会主义与俄罗斯、犹太、波兰等国之文学。或操笔以待,每一新书出版,必为之序,以尽其领袖后进之责。顾亭林曰:"人之患在好为人序。"其此之谓乎?故语彼等以学问之标准与良知,犹语商贾以道德,娼妓以贞操也。(《学衡》第一期)

这简直是谩骂,所以鲁迅就回敬梅氏道:

> 原来做一篇序"以尽其领袖后进之责",便有这样的大罪案。然而诸公又何以也"突而弁兮"的"言"了起来呢?照前文推论,那便是我的质问,却正是"语商贾以道德,娼妓以贞操也"了。(《估学衡》)

关于白话文学,梅氏又谓:

> 夫古文与八股何涉?而必并为一谈。吾国文学,汉魏六朝骈体盛行,至唐宋则古文大昌。宋、元以来,又有白话体之小说戏曲。彼等乃谓文学随时代而变迁,以为今人当兴文学革命,废文言而用白话。夫革命者,以新代旧,以此易彼之谓。若古文之递兴,乃文学体裁之增加,实非完全变迁,尤非革命也。诚如彼等所云,则古文之后,当无骈体;白话之后,当无古文。而何以唐、宋以来,文学正宗,与专门名家,皆为作古文或骈体之人?此吾国文学史上事实,岂可否认,以圆其私说者乎?(同上)

胡适评他道:

这种议论真是无的放矢。正为古文之后还有那背时的骈文,白话已兴之后还有那背时的骈文古文,所以有革命的必要。若"古文之后无骈体,白话之后无古文",那就用不着谁来提倡有意的革命了。(《五十年来中国之文学》)

这是很干脆的答复。至于吴宓在《学衡》中曾发表《论新文化运动》,在《新华新报》又发表《文化运动之反应》,其抨击白话之论极多。其后边一篇,列举《民心周报》、《经世报》、《亚洲学衡》杂志、《史地学报》、《文哲学报》、《学衡》、《湘君》七种杂志均为反新文化运动之刊物,并且一一加以评语。如对《民心周报》评为:自发刊以至停版,除小说及一二来稿外,全用文言,不用所谓新式标点。即此一端,在新潮方盛之时,亦可谓砥柱中流矣。

至于《湘君》内有白话文,且用标点,但彼评之谓:《学衡》本事理之真,故拒斥粗劣白话,及新式标点。《湘君》求文艺之美,故兼用通妥白话,及新式标点。

这不简直是互相矛盾吗?无怪乎鲁迅在《估〈学衡〉》中将《学衡》第一期中文章上的毛病,大加挖苦。今择要节录于后。

《中国提倡社会主义之商榷》(按此文作者为萧纯锦)中说,"凡理想学说之发生,皆有其历史上之背影,决非悬空虚构,造乌托之邦,作无病之呻者也"。查"英吉之利"的摩耳,并未做 Pia of Uto。虽曰之乎者也,欲罢不能,但别寻古典,也非难事,又何必当中加楦呢?于古未闻"睹史之陀",在今不云"宁古之塔"。奇句如此,真可谓"有病之呻"了。

《国学摭谭》中说(按此篇乃马承堃所作之《国学摭谭序》):"虽三皇寥廓而无极。五帝搢绅先生难言之。"人而能"寥廓",已属奇闻,而第二句尤为费解。不知是三皇之事,五帝和搢绅先生皆难言之,抑是五帝之事,搢绅先生也难言之呢?推度情理,当从后说,然而太史公所谓"搢绅先生难言之"者,乃指"五百家言黄帝"而并不指五帝。所以翻开《史记》,便是赫然的一篇《五帝本纪》,又何尝"难言之"。难道太史公在汉朝,竟应该算是下等社会中人么?

最后,鲁迅对这派反对新文化运动者下一总评道:

> 总之,诸公掊击新文化而张皇旧学问,倘不自相矛盾,倒也不失其为一种主张。可惜的是于旧学并无门径,并主张也还不配。倘使字句未通的人也算是国粹的知己,则国粹更要惭惶煞人!"衡"了一顿,仅仅"衡"出了自己的铢两来,于新文化无伤,于国粹也差得远。
>
> 我所佩服诸公的只有一点,是这种东西也居然会有发表的勇气。

第三期(民国十三年)

胡适说:"《学衡》的议论,大概是反对文学革命的尾声了。"(《五十年来中国之文学》)这个预言,竟未道中。万想不到两年后,又有《甲寅》的复活,章士钊又曳起了反动的大纛来。他的《评新文化运动》与《评新文学运动》,对白话均大加攻击。然而言不成理,信口诋毁。今节录其要点如下:

> 今之贤豪长者,图开文运,披沙拣金,百无所择,而惟白话文学是揭。如饮狂泉,举国若一。胥是道也。间尝论之,西文切音,而吾文象形。西文复音,而吾文单音。惟切音也,耳治居先。象形则先目治。惟复音也,音随字转,同音异义之字少。一字一音,听与读了无异感。而单音,音乏字繁,同音异义之字多,一音数字乃至十数字不等。读书易辨,而听时难辨。以此之故,西文文言可趋一致,而在吾文竟不可能。……夫语以耳辨,徒资口谈。文以目辨,更贵成诵。则其取音之繁简连截,有其自然,不可强混。如园有桃,笔之于书,词义俱完。今日此于语未合也,必曰"园里有桃子树"。"二桃杀三士",谱之于诗,节奏甚美,今日此于白话无当也,必曰:"两个桃子杀了三个读书人",是亦不可以已乎? ……复次,为白话文者,其取材限于一时口所能道之字,是又大谬。窃谓国既有文,文可足用,则在逻辑,无论何种理想,其文之总体中,必有最适于抒写者若干字,可得委曲连缀以

抒写之。能控制总体。拣出此号称最适之各字,不增不减,正如其量,道尽人人意中之所欲道而不能道,闻之而叫绝,累读而不厌者,是谓文家。文章本天成,妙手偶得之。谓曰偶得,形容最妙。以知文家之能臻是域,关键全在选词。词而曰选,必其词之总积,无今无古,无精无粗,往来罗布于胸中,听其甄拔,应有尽有,应无尽无,然后能事可尽。语其总积,号曰"彼有"。语吾甄拔,号曰"此求"。知其有量,明其求法,文家之能宣泄宇宙之玄秘,职是故也。今白话文之所以流于艰窘,不成文理,味同嚼蜡,去人意万里者,其弊即在为文资料,全以一时手口所能相应召集者为归,此外别无准备。

这才叫信口雌黄。白话作家在选词上,何尝不是无古无今,无精无粗,往来罗布于胸中,听其甄拔?白话文学作品,彼深闭固拒,压根就不去看,而妄言"不成文理",抹煞一切。试问自民国七年以后,至民国十三年成功之作,相继产生,如鲁迅之小说,周作人之散文,胡适、陈独秀之述学文,何得谓"文理不成"?无怪乎胡适说此文"不值一驳"也。

他又说:

> 人性即兽性,其苦拘因而乐放纵,避艰贞而就平易,乃出于天赋之自然,不待教而知,不待劝而能者也。使充其性而无法以于之,则人欲不得其养,争端不知所届,祸乱并至,而人道且熄。古之圣人知其然也,乃创为礼与文之二事以约之……今乃反其道而行之。距今以前,所有良法美意,孕育于礼与文者,不论粗精表里,一切摧毁不顾,而惟以人之一时思想所得之,口耳所得传,淫情滥绪,弹词小说所得描写,袒裼裸裎,使自致于世,号曰至美。是相率而返于上古獉獉狂狂之境,所谓苦拘因而乐放纵,避艰贞而就平易,出于天赋之自然,不待教而知,不待劝而能者也。胡君倡为新文学,被荷如彼其远,而乃不言而人喻,能收大辩若嘿之效者以此。……吾之国性群德,悉存文言,国苟不亡,理不可弃。今举百家九流之书,一一翻成白话,当非君等力所能

至。君等竭精著作,将《水浒》、《三国演义》、《西游记》之心思结构,运用无遗,亦未见供人取求,应有而尽有。而又自为矛盾,以整理国故相号召,所列书目,又率为愚夫愚妇,顽童稚子之所不谙。己之结习未忘,人之智欲焉传,环境之说,其虑弥是,而无如其法之无可通也。

最后章氏竟以彼之反新文化运动,比诸孟子之辟杨墨,他说:

昔天下之言,不归杨即归墨。孟子之说,乃见真切而不为徒然。然后人犹以迂阔不近事情訾之。可见论世知人,本来非易。如愚行能,毫无足算,师今不及,安望古人。偶有发抒,亦比于候虫时鸟,鸣其所不得不鸣者而已。是非谤誉,焉足计哉。

这两篇文章发表后,马上就引起了一些反响。徐志摩有《守旧与玩旧》、吴稚晖有《章士钊——陈独秀——梁启超》、成仿吾有《读章氏评新文学运动》、郁达夫有《咒甲寅十四号评新文学运动》。徐氏挖苦他,说他:

一个自己没有基本信仰的人,不论他是新是旧,不但没权利充任思想的领袖,并且不能在思想界里占任何的位置。……他的维新,如其他是维新,并不根基于独见的信念,为的只是实际的便利;他的守旧,如其他是守旧,他也不是根基于传统精神的贯彻,为的也只是实际的便利。这样一个人的态度实际上说不上"维",也说不上"守",他只是"玩"。

吴稚晖本是他的旧交,然而为此,也把他批评得一文不值,他说:

章先生近年思想结晶之全部,就是那篇《评新文化运动》。胡适之先生所谓"不值一驳"。章先生愤极,一登再登于《新闻报》及《甲寅续刊》。那篇文章尽是村学究语,自然不值一驳。做那种文章,简直失了逻辑学者的体面。什么叫做"悉呈一种欢乐雍容,情文并茂之观,斯为文化"。这就是他思想全部中的拔萃语,叫人不痛不痒,如何驳法。……我们万万不料多年崇拜的章行严先生,他胸中正是这么一套。这是他近年来略略收藏书画,被官僚包围了,雍容欢乐于故纸堆中,其实必定是束书不观的结果。然而他又于"特谓思想之流转于宇与久间,恒相间而迭见,其所以然,则人类厌常与笃旧之两矛盾性,时乃融会贯通而趋于一"等,一派村学究祖宗韩柳欧苏的"见道太粗"语之上,(这是宋儒评他们的话)居然有"非谓今之学理政术,悉为前有,广狭同幅,了无尽境也"一类的"故章行严语"。……不料至今还有死不了的退化章士钊,自害不已,还要害他儿子。把大好青年叫他绝嫩的时代,便走上了教士式的历程。……章先生这样一个崭新人物,竟也染了斗方名士的习气。我见了他《寒家再毁记》,叙述他的古董书画,真为之作呕三日。我们理想中的章行严,竟做那腐败不堪的收藏。又加年来梁鸿志式的诗人,孙师郑式的经生,左是久仰的,右是佩服的,自然化了毛厕里的蛆,自以为俨然庄周的蝴蝶了,唉!(《章士钊——陈独秀——梁启超》)

成仿吾、郁达夫更是不惮烦的来逐一予以驳辨。老实说,章氏的文章,只是闭着眼睛在那里瞎说,至多不过博得那些遗老遗少们的击节赞叹,实际对旧文学无益,对新文学也无损。

对新文学运动的反动,到了章氏,恐怕要算是最后的一人了。不过到了民国二十二年,钱基博著现代文学史,来对这一般弄古董的人又大加表彰。他本不了解新文学为何事,然而也竟来肆意予以诋毁,从这里可知旧派势力仍然是在潜藏着。不过没有机会,使他们得以卷土重来罢了。

二、折中派与反折中派

关于白话文的需要,在清末早已经有人感觉到了。即如旧派中的林琴南,他曾作过白话道情,刘师培也曾主张"用俗语以启钥齐民"(详已见前)。不过他们对文言总认为是正统,惟有它才是既庄严而又富丽。至于白话,用它来普及教育还可以,要说用它来代替文言,那是万万不行的。所以新文学运动的初期,胡适同钱玄同一再提到文学的正统问题,就是说,非把文言推翻,认白话作正统不可。必须如此,对白话文学才能有它的前途。但想不到这时仍有一些不彻底的人,一面既已感到文言已不足以维持它固有地位,可是一面又没有

推翻它的勇气,于是就唱出一些不关痛痒的折中论调来。首先唱此说的,是曾毅。他道:

> 特仆关于此,窃有一私见。中国之文,甚难于语文一致。以各地方言歧出,若不能将"之乎者也焉哉"之字及种种前置之词,而代以寻常通用之语。欲求此效,势不可不待之于语言统一之后。仆未知足下之所谓通俗是否为宋儒之语录。但就鄙意,以为先取其通晓者运入之。凡不能代以俗语者,必力求其浅显。如避能而用克,舍其而用厥,舍何而用曷,避熟语而用生字,皆大可以不必也。(《与陈独秀书》)

其次是伧夫(即杜亚泉)。他把文学分为通俗文(即白话文)与普通文(文言文)二种,认为可以两者并存。他说:

> 抑今日之欲提倡通俗文者,往往把一种偏狭之见,以为吾国今后文学上,当专用此种文体,而其余文体,当一切革除而摈弃之。此种意见,实与增进文化之目的不合。社会文化愈进步,则愈趋于复杂。况以吾国文学范围之广泛,决不宜专行一种文体,以狭其范围。无论何种文体,皆有其特具之兴趣,决不能以他种文体表示之。史汉文字之兴趣,决非骈体所能表。六朝骈体之兴趣,决非唐宋古文所能表。……故吾谓杂多之文体,在文学之范围中,当兼收并蓄。惟应用之文体,则当以普通文及通俗文二种为适宜。现时二者并须。须讲演宣读者,宜用通俗文。须研究考证者,宜用普通文。将来通俗文习用以后,语助词之解释确定,规则严密,则当专以通俗文为应用文。此种应用文,乃科学的文,非文学的文。科学的文重在文中所记述之事理,苟明其事理,则文字可以弃去。虽忘其文字,亦可。文学之文,重在文字之排列与锻炼,而不在文中所记述之事理。此种文学的文,亦可以通俗文为之。然现时尚不发达。即使将来有发达的希望,亦不能以有此一种文学的文,即可废去种种应用的文。故谓应用不可倾于高古则可,若谓高古的文学,概可废弃,则中国现时通俗文学尚未成立,将只有科学的文,无文学的文。所谓革新文学

者,转有灭除文学之虑矣。

当时持这样观点的颇不乏人,如方孝岳的《我的改良文学观》(《新青年》三卷二号)、黄觉僧的《折衷的文学革新论》(民国七年八月八日《时事新报》)等。最有意思的,是朱希祖。他因在《北大月刊》(第一期)上发表了一篇用文言作的文学论,于是当时的《公言报》(民国八年三月十八日)上就说他的主张是介乎二派(新旧)之间的。"于旧文学之外,兼组织新文学。惟彼之所谓新者,非脱却旧范,盖其手段不在于破坏,而在于改良。"这样的一种误解,于是惹得他老先生不得不又写一篇《非"折中派的文学"》一文,以说明自己的立场。这篇文字对折中派批评得透辟极了。他说:

> 文学只有新的旧的两派,无所谓折中派。新文学有新文学的思想系统,旧文学有旧文学的思想系统:断断调和不来。
>
> 要晓得旧思想不破坏,新事业断断不能发生的;两种相反对的主义,一时断不能并行的。我们中国所以弄得如此乱糟,都是苟且迁就,糊涂敷衍,目光不出五年十年。进化的公例,总是新的胜于旧的。这一层,他们都未想到,一味的折中调和,得过且过。若果真安安稳稳的过得去,倒也罢了。如无内讧外患,总使人家不得安稳过去。
>
> 一代的文学家,须要做一代的新细胞新生命,才是对于社会有用;若做那半陈半新的细胞,半死半生的病人,所谓维持现状的办法,是断断靠不住的。
>
> 新文学的思想,对于旧文学的思想,本来已经进一步,断不能退转来,与旧文学折中调和。例如旧文学中专制的思想,与新文学中共和的思想……旧文学中女子三从,终身不许自专的思想,与新文学中男女平权的思想,种种问题,举不胜举。其思想皆极端相反,若照人类全体的幸福讲,则新文学的思想,较之旧文学的思想,毕竟进步许多。讲新文学的若要退转来,与旧文学折中调和,不但见理不明,而且势不两立;一定也要像半陈半新的细胞,半死半生的死人,不久就要淘汰。(《新青年》六卷四号)

读此,就可知新旧文学主要不同的所在,并不只是形式,而且还有内容。折中调和是不可能的。此外沈雁冰也有一篇见解与朱氏大致相同的文字,即《新旧文学平议之评议》,是对姬式轨的《新旧文学平议》(《新中国》一卷五号)一文而发的,揭载于民国九年之《小说月报》(十一卷一号)。他说:

关于新旧文学的话,过去一年中说得不少了。因为社会上似乎有极力主张白话和极力主张文言两派,所以便有冲突,"于是有了平议"的折中派出来。折中派的人,有几位主张新旧平行;有的主张关于美文的用旧——即文言,关于通俗的说理的用新——即白话。我以为新旧平行说固然站脚不住,第二说也有些缺憾。为什么呢?因为所谓"美文"并不是定是文言,白话的或不用典的,也可以美。譬如王维的:

"山中相送罢,日暮掩柴扉。

春草年年绿,王孙归不归?"

算得是白话,难道不美吗?(毛诗果皆白话,然以其为上古语言,……故不引为例)我以为新文学就是进化的文学。进化的文学有三件要素:一是普遍的性质;二是有表现人生指导人生的能力;三是为平民的非为一般特殊阶级的人的。唯其是要有普遍性,所以我们要用语体来做。唯其是注重表现人生指导人生的,所以我们要注重思想,不重格式。唯其是为平民的,所以要有人道主义的精神,光明活泼的气象。

如拿这三件要素去评断文学作品,便知新旧云者,不带时代性质。美国惠特曼 Whitman 到现今有一百年了,然而他的文学仍是极新的。即如中国旧诗如:

"辛勤得茧不盈筐,灯下缫丝恨更长。

着处不知来处苦,但贪身上绣衣裳。"

(蒋贻恭《蚕诗》)

又如:

"江上往来人,尽爱鲈鱼美。

君看一叶舟,出没风涛里。"

(范希文《江上渔者》)

所以我们该拿进化二字来注释"新"字,不该拿时代来注释;所谓新旧在性质,不在形式。这是我偶然想到的意思,姑且写了出来。

所以一般持折中论者,根本不了解新文学的精神。要先就形式说,清末一些黑幕小说,何尝不是白话,但试问有价值没有呢?这种皮相之见,一若是持之有故,言之成理,实际不敢分析,稍一分析,他们就立脚不着了。

第三节 革命运动的成功

文学革命的口号,从民国六年就提出来了,中间经过民国七年,还是讨论期,到民国八年古文派才正式的向新派宣战。不过那时旧派的力量极薄弱,正如徐志摩在《守旧与"玩"旧》中所说的:

早年国内旧派的思想,太没有它的保护人了,太没有战斗的准备,退让得太荒谬了。林琴南只比了一个手势,就叫敌营的叫嚣吓了回去。

另外推波助澜,能够加紧它的前进步伐与扩张它的广大势力的,乃是民国八年的五四运动。所谓五四运动,它发生的原因,是由于大战后列强在巴黎举行殖民地的重新分割会议,中国也是协约国之一,在当时,不但没从这里得到利益,而且山东省的青岛胶州湾竟又从德国手中转让于日本了。这个消息一传到北平,于是各校学生在五月四日那天,举行大示威游行,继之以全体罢课,发生了六三事件,因之全国响应,结果逼迫政府终于免了曹汝霖、陆宗舆、章宗祥诸人之职。这时大家都感到一般国民程度的低落,对国事的不了解,于是报章杂志,风起云涌地产生了出来。有人估计从民国八年到民国九年的一年中,至少出了四百种。而这些刊物的文字,用的都是白话。就中对新文学贡献最大的日报,有北平《晨报副刊》、上海《民国日报》的《觉悟》、《时事新报》的《学灯》。月刊有《少年中国》、《建设》,半月刊有

《解放与改造》。这是新文学第一步的大显身手。

到了民国九年,一向为文坛上最有权威的杂志《小说月报》,也登载了新体诗同新体小说了。我们看这个刊物,在十一卷一号中揭载的征文广告中道:

本志自十一卷一号,改良体制……重订条例如下:

(一)小说新潮栏

……收新体诗歌及剧本。

(三)说丛

不论译著,不拘定文言白话,惟以短为限,长篇不收。

该刊自十一卷五号起即有新诗刊出,到民国十年编辑由王蕴章而易为沈雁冰,而该刊面目,遂焕然一新。自十二卷一号起,纯为新文学的创作及用语体所译之外国文学作品。而古文及文言的译作,均已完全绝迹。甚至往日常常刊载之谜语、诗钟、棋谱,亦一变而为有价值之读书札记及文坛消息。同时,此时期之《东方杂志》从民国九年一月,也改订了投稿简章,渐渐趋于白话化。此为新文学的第二步胜利。

其次为小学的教科书问题,民国九年教育部颁布了个命令,要国民学校一、二年的国文从民国九年秋季起,一律改用国语。又令

凡照旧制编辑之国民学校教科书,其供第一第二两年用者,一律作废。第三学年用书,准用至民国十年为止。第四年用书准用至民国十一年为止。

这似乎是有个展缓的期间,即到民国十一年才能将国民学校的国文完全改为国语。可是教育制度是上下相接的,小学一改,初级师范就不能不改。初级师范一改,高等师范也不能不改。这样一来,师范中学,都采用了许多白话教材,从此语体文在教育上占了很重要的地位。此为新文学的第三步胜利(本节参考黎锦熙《国语运动史纲》)。

除以上的几种情形而外,最重要的即新文学团体的相继产生。民国十年文学研究会成立,他们一方面把《小说月报》取而代之成为

他们的机关杂志。另一方面在商务又出了一些文学研究会丛书。民国十一年,创造社又相继成立,出有《创造月刊》。这两个团体中的作者对于文学大半都是有根基、有训练的。加上了团体的督促,与朋友间的相互磨砺,于是在新文学的建设上,遂有着突飞的跃进。这是新文学胜利的最重要的基石。从此以后,谁也不能再来摇撼它了。虽然民国十一年的《学衡》同民国十三年的《甲寅》都是一些有力的反动刊物,但只能说是旧派对于自己没落的挣扎,在当时并没有发生若何的影响。

第二章 对这次革命运动的总检讨

过去讲文学革命运动的,往往把它与新文化运动相提并论,这自是很有道理的。一切的问题,我们不能孤立的去看,应当把它与其他问题放在一起去加以考察,然后才能对它有一个彻底的认识。即如这次的文学革命运动,它是与思想革命,互为表里,不可分拆的。当时倘若没有思想上的革命,那么单单文学,是不是能酿成一种运动,就很成问题。同时这次运动之所以很迅速得到成功,主要的是有它历史上的原因。我在第一编中曾经谈到,清末的政治、思想,同文学的情势,那时只要是有眼光一点的人,都主张应该舍旧而谋新。不过在最初都只限于改良,也就是说,对于迎接新的,还没有真正的决心。而对于旧的,始终是在沾恋、回顾,而千方百计的予以迁就。所以结果是徒拾取西方的一点皮毛,给守旧者一种口实,认为是每况愈下。可是后来有比较更积极的,如先总理,他就是一个在政治上主张彻底革命,而建立民主政治的一个先觉者。其次,在传统思想上,认为易于为专制君主所假借,而有碍于新政体之建立的儒家思想,不惜冒天下之大不韪,而予以攻击的,则有章太炎。后来政治上的革命,从辛亥之后算是把清廷推翻了,但因为人民的程度不够,政治仍是一团糟。至在思想上,虽有少数人介绍西方的学术,但因为传统的学术思想,已深中于一般的人心,因之对西方学术总不免抱一种深闭固拒的心理。因此民国五年、六年间陈独秀一起人认为想革新政治,必须革新思想。而欲革新思想,必须革新文学。于是这三者之间,构成了它们的连环性。这在清末时候的人,很少能认清它们中间相互的关系的,所以以严复之殚精竭思,从事于译述,但他的影响,只及于少数的士大夫,并不能影响多数的人。这是因为当时人还不了解想改革学术,必须改革文学的缘故。至于政治方面,虽说把清廷打倒了,但不久就发生张勋的复辟与袁世凯的帝制运动。其所以如此,也因为当时人不了解,新的政治必须建立于新的思想之上的缘故。新青年社诸人,当时深明此理,所以在主张上,虽大半不免是袭前人之旧,即如提倡科学同民治,并不异于严幼陵早年的主张,而尤其是科学,像梁任公与张之洞等也早就以此相号召了。至于反儒家思想,更是因袭章太炎的余论。所以民国六年左右《新青年》中的文章,在见解上说并不能算怎样的新颖。但为什么在过去他们的影响如彼之小,而这次影响竟如此之大,在中国文化史上,成为一个划时代的运动呢?我觉得这有三种原因。就时代来说,像梁、严、章等人的时代,乃是一个极陈腐的时代,他们虽在那里疾声大呼,但只能唤醒极少数的有识之士,一般人还不能了解他们。但在民初已迥然不同了,学校教育已办了一二十年,只要受过学校教育的,思想比着科举出身的,已进步得多了。所以陈、胡之论一出,很容易的就受到了他们的影响。其次,再就主张来说,过去他们所介绍的科学同民治主义,都不甚具体,而对固有思想的批判,也没有指明它与新思想是如何的不相容,不过只说它不适宜于新时代而已,所以在力量上自然就比诸《新青年》中的文字要差得多。末了,再就科学民治新文学,之与旧政治、旧文学、旧思想,中间的相成相反的关系来说,清末时人决没看清这一点,所以他们的主张不免是局部的、支离的。至新青年社诸人,深明它们中间相互的关系,所以从事于全面的运动。一面对西方科学民治主义及文学哲学进行介绍,一面对旧有传统思想文学宗教及风俗习惯予以无情的攻击。加以一般人的观念已不复如清末之顽固,而文化程度也较那时已提高。中间在进行的过程中,恰巧又碰到为外交问题而激起的学生运动与民众运动,于是马上这种新思潮遂波及全国,而世风人心亦因之而一变。所以从戊戌到五四,当中几十年间,中国文化是渐近的,在蜕变,而舍旧而谋新。直至五四,时机成熟,而此趋新舍旧之动向,才算达于最高潮,由此而遂转入一新时代。尽管初期的维新者,到后来竟一变而为守旧派,像康有为同严幼陵等,因为他们没认清这种新思潮演进的全部历程,所以才不免于大惊小怪。实际五四的种子,都是他们过去播下的。不过到这时,才算开花,才算结实就是了。

我们既了解了新文化运动所以成功的原因,底下不妨再就文学革命运动中新旧两派的论战,来作一个检讨。为什么新派会胜利,而旧派竟失败?以笔者的看法,认为也有下列三种原因。

第一是遵循进化程序者成功,否则失败。一时代有一时代的文学,同时文学自身,也无时无刻不在推陈出新。白话文学到元明清无论在诗歌上、在戏曲上、在小说上,都已有着极卓绝的成绩,它分明是活的语言,能够表现活的社会、活的人生。然而因为受封建势力的压迫,士大夫阶级始终以古文为专利品,而鄙薄白话为小道。这就好像专制帝王,始终把持着政权,不让小百姓抬头是一样。古文学的本身,若作述学的文字,还可以勉强凑付,作歌颂功德,同一般应酬的文字,更是它的擅长。至于说用以表现真实的现实社会,那就有点不能够胜任了。这本是很明显的道理。提倡新文学者,可以说是循着进化的程序,使白话取得应有的地位,使一般人都了解它的功用、它的价值,而承认它为文学正宗,这自是极正确的。古文家到这时,还想霸占着文坛的地位,执意不放,这自然是不明白文学演进的程序,同时也可以说是违反进化的程序。所以自然是前者胜利,而后者终于失败。

第二是适应时代的需要者胜利,否则失败。白话的本身具有两种用途,一是通俗,二是真切。它不但在描景、状物、抒情、写性上是最好的工具,就是在说理上,也一样是最好的工具。至于去学习,也可分为两步:第一步求达意,比古文容易写得通。但要进一步想写得美,使它成为艺术品,那也非得下相当的功夫才行。古文呢?固然也可以写得很好,但是得费多少的功夫呢?普通的人学三五年往往连极简单的信札,还写不通,不要说抒情同说理了。古人讲,秀才书驴券,三纸不见驴字。就可知过去的一些读书人,能够把文章写通的,实在不很多。不过这在闭关时代,自己关着门,无论怎样都可以。但是到了二十世纪的新时代,西洋的科学到了东方,我们不能光懂得一些本国的旧学问,就可以了事了,势必得探求新知才行。但试问这么一来,谁还有余闲费十年二十年的精力,来专心从事于古文学的练习呢?况且一个民族立国于当今的世界,想图生存,非得把一般民众的文化水平提高不可。可是想提高民众文化的水准,只有白话为最便利的工具,古文压根不能胜任。文学革命的口号,从民国六年已经提出来了,可是真正的成功,乃在五四以后。原因就因为五四是一个试验,由这次的学生运动,进而为民众运动,足以作为宣传的利器的,只有白话。所以白话的报章杂志之油然而兴,无形中证明,白话的功用实高出于古文万万倍。所以五四以后,虽仍有少数人在为古文辩护,但实际已得不到多数人的同情。这就证明,古文确实是背时的文体了。

第三是有系统的理论者成功,否则失败。新文学既是遵循进化历程的产物,当然适合时代的需要。有这两点,自然提倡者会造出他们的理论系统。胡适的《文学改良刍议》及《建设的文学革命论》、陈独秀的《文学革命论》,都是有组织、有系统的主张。加以响应者像刘半农、钱玄同诸人的补充,自然是在理论上立于绝对的不败之地。而反对派,如林琴南、胡先骕、梅光迪,以及以后的吴芳吉、章士钊等,他们对于新派只不过是吹毛求疵,而对于古文学又不能道出自己拥护的所以然来,因之他们的理论,就不免陷于支离破碎,简直经不得新派的一击。所以他们的言论之被新派驳斥得体无完肤,终于一蹶而不可复振,原是无足怪的。

从这些地方,我们得到一个很深刻的教训就是,真理一定会为大多数人所拥护的。尤其在学术,诡辩、虚矫,决无所用其计。旧派人目新派为洪水猛兽,而把自己比诸孟子,真可谓其愚不可及也矣。

第三章 伴着文学革命运动而产生的诸问题

第一节 整理国故运动

西洋的学术,从明末就由一部分欧洲的僧侣传到中国来,不过那时只是一丁点儿天文历算之类。到了清代中叶以后,因为海禁大开,商运往来,接着又同外国打了几次败仗,西洋的学术遂跟着坚船利炮,像洪涛似的涌到中国来。最初我国的学者对西洋的学术,只是深闭固拒,继之觉得这已不行,于是就有了"中学为体,西学为用"的口号唱了出来,但是严幼陵一流人从外国留学回来后,于是就这种退一步的主张,也推翻了。此时国内一般明哲之士,都疯狂似的援引西说,来论政教。这样一来,有一部分宿学老儒,深恐因西学之炽盛,致令固有的学术,渐趋沦亡,于是就以"保存国粹"相号召。清末民初的《国粹学报》,就可以说是这派工作的表现。到了民国六年七年间,文学革命运动发生后,竟然又拿白话代替了古文,同时攻击过去一些因袭模拟之作,称之为死文学。就表面来看,好像是对古代的文学一下子给它完全勾消了似的,这时一部分旧学者,既是痛心疾首于这般人的过激,而另一部分所谓后进之士,也大有无所适从、失了依据的彷徨之苦。因之用科学的方法与进化的眼光,来整理国学的运动,就应运而生。我们试看民国十年左右,就有许多讨论整理国故,与新文学运动的文字。他们的意见,归纳起来,大致有下列几点。

甲 整理国故的目的。这还可以分做三项。

(一)矫正世人对于文学的错误观念。郑振铎《新文学之建设与国故之新研究》中道:

> 旧的文艺观念不打翻,则他们对于新的文学,必定要持反对的态度。……但我们要打翻这种旧的文艺观念,一方面固然要

把什么是文学,什么是诗,以及其他等等的文学原理介绍进来,一方面却更要指出旧的文学的真面目与弊病之所在,把他们所崇信的传统的信条,都一个个的打翻了。

(二)重新估定旧文学的价值。郑氏又道:

我以为我们所谓新文学运动,并不是要完全推翻一切中国的故有的文艺作品。这种运动的真意义,一方面在建设我们的新文学观,创作新的作品,一方面却要重新估定或发现中国文学的价值,把金石从瓦砾堆中搜找出来,把传统的灰尘,从光润的镜子上拂拭下去。(同上)

(三)从旧文学里涵养创作力,或鉴赏文学的趣味。周作人道:

研究本国的古文学,不是国民的义务,乃是国民的权利。艺术上的造诣,本来要有天才做基础,但是思想与技工的涵养也很重要。前人的经验与积贮便是他必要的材料。……这前人的经验与积贮当然并不限于本国,只是在研究的便宜上,外国的文学因为语言及资料的关系,直接的研究较为困难,所以利用了自己国语的知识进去研究古代的文学,涵养创作力或鉴赏文艺的趣味,是最上等的事,这正是国民所享的一种权利了。(《古文学》)

又道:

古文学的研究,与现代文艺的形式上也有重大的利益。虽然现在诗文著作都用语体文,异于所谓古文了,但终是同一来源,其表现之优劣在根本上总是一致。所以就古文学里去查考前人的经验,在创作的体裁上,可以得到不少的帮助。(同上)

乙　研究时应持的观念与态度。

(一)历史的观念。胡适《国学季刊》发刊宣言中道:

所以我们现在要扩充国学的领域,包括上下三四千年的过去的文化,打破一切的门户之见,拿历史的眼光来整统一切。……段玉裁曾说:"校经之法,必以贾还贾,以孔还孔,以陆还陆,以杜还杜,以郑还郑。各得其底本,而后判其理义之是非。……不先正注、疏、释文之底本,则多诬古人。不断其立说之是非,则多误今人。"(《经韵楼集·与同志书论校书之难》)……这还是专为经学哲学说法。在文学方面,也有同样的需要。庙堂的文学固可以研究,但草野的文学也应该研究。在历史的眼光里,今日民间小儿女唱的歌谣,和《诗》三百篇有同等的位置;民间流传的小说,和高文典册有同等的位置。故在文学方面,也应该把"三百篇"还给西周、东周之间的无名诗人,把古乐府,还给汉、魏、六朝的无名诗人,把唐诗还给唐,把词还给五代、两宋,把小说、杂剧还给元朝。把明、清的小说还给明、清。每一个时代,还给那个时代特长的文学,然后评判他们的文学的价值。不认明每一个时代的特殊文学,则多诬古人而多误今人。

(二)客观的态度。顾颉刚在《我们对于国故应取的态度》中说:

> 从前人对国故,只有一个态度,就是"择其善者而从之,其不善者而弃之"。他们认定了一个自己愿入的家派,就去说那一个家派的话。一个家派中最早的人的说话,就是一个家派的学问基础。……现在我们就不然了。我们是立在家派之外,用平等的眼光去整理各家派或向来不入派的思想学术。我们也有一个态度,就是"看出它们原有的地位,还给它们原有的价值。"

"历史的观念"与"客观的态度",是一而二二而一的。惟其有历史的观念,才能够客观的去探求国学的真相,惟其有客观的态度,才能够去运用历史的观念。

丙 整理的方法。

顾颉刚又道:

> 至于整理的方法,大约可以分做四段:第一是收集,第二是分类,第三是批评,第四是比较。(《我们对于国学应持的态度》)

胡适也提出三点:

(一)扩大研究的范围。他说:
> 我们大家认清国学是国故学。而国故学包括一切过去的文化历史。历史是多方面的,单记朝代兴亡,固不是历史,单有一宗一派,也不能算历史。过去的种种,上自思想学术之大,下至一个字,一只山歌之细,都是历史,都属于国学研究的范围。(《国学季刊》发刊宣言)

(二)注意系统的整理。

可分三部:

甲、索引式的整理。如《史姓韵编》、《经籍纂诂》。

乙、结帐式的整理。经部如《十三经注疏》,子部如《墨子闲话》、《荀子集解》、《庄子集释》等。

丙、专史式的整理。中国文化史(民族史,语言、文学史,文艺史,风俗史……等)。

(三)博采参考比较的资料。

顾氏提示的是具体的方法,而胡氏的乃是一个远大的方针。果然这一来,不久的时光,整理国故可倒成为一时的风尚了。

丁　对国学应否整理的讨论。

当时对这种运动,表示不满的,是吴稚晖氏。他曾说过:
> 现今鼓吹成一个干燥无味的物质文明,人家用机关枪打来,我也用机关枪对打。把中国站住了,再整理什么国故,毫不嫌迟。(《箴洋八股化的理学》)

接着就是成仿吾。他说:
> 国学,我们当然不能说它没有研究之价值,然而现在便高谈研究……未免为时过早。……近代的精神是就事物去考究,不闻是就死字去考究。我愿从事这种运动的人能够反省,我尤切愿他们不再勾诱青年学子去狂舐这数千年的枯骨,好好让他们暂且把根基打稳。(《国学运动的我见》)

对这正反两派比较能够予以持平的批判的,是郭沫若。他说:

人生的行路本自多殊,不必强天下人于一途。一人要研究国学必使群天下的人研究国学,一人要造机关枪必使群天下的人去造机关枪,这无论是办不到的事情,即使办到了,也同是无用……凡事只能各行所是,不必强人于同。……国学的研究者,也正当是这样。只要研究者先有真实的内在的要求,那他的研究,至少在他自己便是至善。我们不能因为有不真挚的研究者,遂因而否认国学研究的全部。(《整理国故的评价》)

至于提倡整理国故的胡适,后来也这样说:

现在一般少年人跟着我们向故纸堆里乱钻,这是最可悲叹的现状。我们希望他们及早回头,多学一点自然科学的知识与技术:那条路是活路,这条故纸堆的路是死路。三百年的第一流的聪明才智消磨在故纸堆里,还没有什么好成绩。我们应该换条路走了。等你们在科学试验室里有了好成绩,然后拿出你们的余力,回来整理我们的国故,那时候,一拳打倒顾亭林,两脚踢翻钱竹汀,有何难哉!(《治学的方法与材料》)

至于整理国故,对于新文学方面的影响,也有人认为是不好的,如浩徐在《现代评论》一〇六期中发表的《主客答问》中说:

倒是成长期中的白话文,倒受了国故的影响,弄出来了现今这种文言为体,白话为用的,非驴非马的白话文。无怪乎章行严说白话文看不下去。现在这种白话文是古人读不通,今人看不懂的。

但胡氏的答复,说他的整理国故的目的,乃是为的捉妖与打鬼。他道:

我披肝沥胆的奉告人们:只为了我十分相信,烂纸堆里有无数无数的老鬼,能吃人,能迷人,害人的厉害胜过柏斯德(Pasteur)发现的种种病菌。只为了我自己自信,虽不能杀菌,却颇能"捉妖"、"打鬼"。……用精密的方法,考出古文化的真相;用明白晓畅的文字报告出来,叫有眼的都可以看见,有脑筋的都可以明白。这是化黑暗为光明,化神奇为臭腐,化玄妙为平常,化神

圣为凡庸:这才是"重新估定一切价值"。他的功用可以解放人心,可以保护人们不受鬼怪迷惑。(《整理国故与打鬼》)

至于它对白话文是不是如浩徐所说的有着恶劣影响呢?胡氏道:

> 今日半文半白的白话文,有三种来源。第一是做惯古文的人,改做白话,往往不能脱胎换骨,所以弄成了半古半新的文体。梁任公先生的白话文属于这一类,我的白话文有时也不能免这种现状。缠小了的脚,骨头断了,不容易改成天足,只好塞点棉花,总算是"提倡"大脚的一番苦心,这是大家应该原谅的。第二有意夹点古文调子,添点风趣,加点滑稽意味。吴稚晖先生的文章(有时因为前一种原因)有时是有意开顽笑的。鲁迅先生的文章,有时是故意学日本人做汉文的文体,大概是打趣(《顺天时报》)派的,如他的《小说史》的自序。钱玄同先生是这两方面都有一点;他极赏识吴稚晖的文章,又极赏识鲁迅弟兄,所以他做的文章,也往往走上这条路。第三是时髦的不长进的少年,他们本没有自觉的主张,又没有文学的感觉,随笔乱写,既可省做文章的功力,又可以借吴老先生作幌子。这种懒鬼,本来不会走上文学的路去,由他们去自生自灭吧。这三种来源,都和"整理国故"无关。(同上)

这是胡氏的看法。至于整理国故究竟在新文学运动上的意义如何,它的使命为何,关于这两点,我觉得韩侍桁的话说得最中肯,最切当。他说:

> 在提倡文学革命运动不久之后,便起来了国故整理的运动,大部分的启蒙思想者,都把全部精力,转到这方面来。——而那运动的本身,便成了时代的逆流。不过这逆流,是有着它的历史的意义,或社会的根据的。广义的文学革命的时期,否定的精神,支配了一切。对先前留下来的遗产,只是拼命的破坏,使中华民族在学术上,在思想上,完全失掉了发展的根据。于是人们在五四时代,和五四以前的时代之间,看见了一个绝大的罅洞,

把这两个时代完全的隔开。

新时代的创造者,只能有两种弥补的方法,第一便是忍心舍弃了祖国,藉助于外国的势力,努力外国的新思潮、新生活、新精神,而造成一个全新的国度。但是他们介绍的能力薄弱。可是他若用新获得的科学方法,来批评过去的一切,倒是有着非常的把握。那么第二条,便只有把新的建设的工作放下。如果不是全部地,至少也分一部分的力量,转回头设法弥补上那把两个时代显然隔开的罅洞,使双方不成为敌对的形式,即造成一个统一发展局面。……这不但使那守旧者渐渐减削了他们敌对的气焰,而使那新时代斗争者,不在一时中有感到失掉故乡的伤痛。以上是从一般的历史的见地来看国故整理运动的意义。若从文学发展上来看的话,它更是重要的,不可避免的了。文学革命所定的方向,使国故运动成为必然的了。

文学革命的起点,是语言的改革——白话文学的树立,最要紧的工作,是要举出实例,以证明白话确是文学的语言。理论的辨证,不能完全打破守旧人的心理,非要从过去的文学中,寻找坚强的根据不可。在中国过去不是没有白话文学的,不但有,而且有着极大的量,虽然胡适提出白话正宗的信条,是太多于勉强,但白话的遗产的整理,是够一个时代人的精力的消耗。那无可疑义的,使人们在祖先的遗产中提取了白话文的精髓,认定其为文学历史上的代表作,供为参考,新的文学的发展,是可以加强了无限的速度。(《文学革命者胡适的再批判》)

第二节　征集民间文学运动

文学革命后,一般从事于文学者,为使白话文学在创作方面得到较多的凭藉起见,于是就不得不向着两方面来开拓:(一)对现代流行语言的研究;(二)对过去白话文学渊源的探索。为实现第一目的,不能不从事于民间文学(用现代语言所构成的)的征集。为实现第二目的,于是对于三百篇、汉魏南北朝的乐府、唐宋的词、宋元的平话,作一客观的研讨。因之遂渐次明白,这一切体裁在最初都是流行于民间的文学。而且这些作品,给中国文坛都曾开辟了不少的途径,而给历代作者的影响,也非常的大。由于这种历史的教训,因之对现代流行于民间的文学,觉得它一定也有给新文学开示途径的作用。于是归结起来,也认为征集民间文学,是一种必要而且急需的工作。

最早从事民间文学的征集的,是北京大学的歌谣征集处。该处设立于民国七年,当时曾发出征求全国近世歌谣简章(《新青年》四卷三号)。从这个简章中,可以看出他们的计划是:一、刊印中国近世歌谣汇编,及中国近世歌谣选粹。二、选择标准。(一)有关一地方、一社会或一时代之人情风俗政教沿革者。(二)寓意深远,有类格言者。(三)征夫野老、游女怨妇之辞,不涉淫亵而自然成趣者。(四)童谣谶语,似解非解,而有天然之神韵者。三、负责选择者,为沈尹默、刘复、周作人、沈兼士、钱玄同。四、出版日期,定民国八年六月三十日为征集截止期,九年十二月三十一日为编辑告竣期。十年(北大二十五周年纪念日)为《汇编》、《选粹》两书出版期。到了民十一年,正式成立研究会。为了扩大搜集与研究的范围起见,刊行《歌谣》周刊。中间断续两年,共出有九十六期。后因要改为国学门周刊的缘故,才把它宣告停止。在这近百期的周刊当中,共揭载了一二百篇讨论谈述探研的文章。歌谣的总量,约三千首以上,成绩也总算不错了。

至于当时人对于歌谣研究的目的,也因人而异。就那一些论文中归纳起来,不外有这几项:(一)供民俗学的研究;(二)供语言学的研究;(三)供史学的研究;(四)供文学的研究。关于前三项,与本题无关,可略而不谈。至最后一项,则很足以看出当时人的一些意见。周作人在《歌谣》一文中说:

> 民歌是原始社会的诗,但我们的研究却有两个方面,一是文艺的,一是历史的。从文艺的方面我们可以供诗的变迁的研究,或做新诗创作的参考。……民歌与新诗的关系,或者有人怀疑,其实是很自然的。因为民歌的最强烈最有价值的特色是它的真

挚与诚信,这是艺术品的共通的精魂,于文艺趣味的养成极是有益的。吉特生说,"民歌作者并不因职业上的理由而创作;他唱歌,因为他是不能不唱,而且有时候他还是不甚适于这个工作。但是他的作品,因为是真挚地做成的,所以有那一种感人力,不但适合于同阶级,并且能感及较高文化的社会"。这个力便是最足供新诗的汲取的。意大利人威大列(Vitale)在所编的《北京儿歌》序上指点出对读者的三项益处。第三项是"在中国民歌中可以寻到一点真的诗"。后边又说,"这些东西虽然都是不懂文言的不学的人所作,却有一种诗的规律,与欧洲诸国相似,与意大利诗法几乎完全相合。根于这些歌谣和人民的真的感情,新的一种国民的诗或者可以发生出来"。这一节话我觉得有见解,而且那还是一八九六年说的,又不可不说他是有先见之明了。

这是说歌谣是从事于新诗的创作者的一个最好的参考,无论在节奏上,在词句上,都可以得到一种新的启示。历代的作家,只要是能够在诗歌上有着成就,多少都要受一点民歌的影响。魏晋的作者如曹植、鲍照、沈约、梁简文帝等,唐代的作者如李白、白居易、刘禹锡等,都是最好的例证。

其次是从民歌的研究上,而晓得许多诗体的来源与民歌有关。周氏又说:

> 故依民俗学,以童歌与民歌比量,而得探知诗之起源,与艺术之在人生相维若何,犹从童话而知小说原始,为文史家所不废。(《儿歌之研究》)

这也是极正确的。胡适《白话文学史》,一部几十万言的长著,而归根只得到一个文学演进的原则,即"一切的文学,从民间来"。一切文体创始者,都是民众,而尤其是诗歌。所以研究歌谣,为了解过去诗歌的发展的不二法门。

果然歌谣的征集,经过当时北京大学一班教授的提倡,于是由私人方面搜集、整理、刊行的歌谣集,竟风起云涌的相继问世了。计有顾颉刚的《吴歌甲集》,王翼的《吴歌乙集》,李金发的《岭东恋歌》,钟敬文的《客音情歌集》、《蛋歌及猺獞情歌》,娄子匡的《绍兴的歌谣》,陈穆如的《岭东情歌集》,李白英的《民间十种曲》,等等。

其次是民间故事的搜集。顾颉刚为研究"孟姜女故事的演变",而了悟到中国古史的构成。他的层累地造成的中国古史说,多半是从故事的究讨中,而得到的启示。至如历史上所谓"箭垛式的人物",也是从研究徐文长故事而得到的结果。至对故事搜集,成绩最大者,为林兰女士。她编有《徐文长故事集》、《呆女婿故事集》、《巧舌妇故事集》等。其余谷万川有《大黑狼的故事》,钟敬文有《民间趣事》、《中国故事探究集》等。

此外谚语、谜语、歇后语,也都有人从事搜集与研讨。并从刊物中也常看到关于这一类的文字,不过都是零碎篇子,无须详述了。

第三节 国语统一运动

国语统一运动发端很早,清光绪二十二年(丙申,西历一八九六),梁任公有篇《沈氏音书序》,揭载于他所办的《时务报》中。他说:

> 稽古今之所由变,识离合之所由兴,审中外之异,知强弱之原,于是通人志士,汲汲焉以谐声增文,为世界一大事。……吾师南海康长素先生,以小儿初学语之声,为天下所同,取其十六音以为母。自发凡起例属其女公子编纂之,启超未获闻之。……去岁从《万国公报》中,获见厦门卢戆章所自述,凡数千言。又从达县吴君铁樵,见崔毅若之快字,凡四十六母、二十六韵,一母一韵,相属成字,声分方向,画分粗细。盖西国报馆,用以记听议院之言者,即此物也。启超……窃私喜此后吾中土文字,于文质两统,可不偏废。文与言合,而读书识字之智民,可日多矣。

这样一鼓吹,居然引起了社会的注意。到了次年(戊戌,一八九八)所谓厦门卢戆章所著之书,竟为政府明令调取考验,黎锦熙之《国语运动史纲》即以是年为国语运动之始,以后的进展,黎氏把它分为四期。

（一）切音运动期（一八九八，清光绪二十四年）。军机大臣奉上调取卢戆章所著之书，详加考验具奏。

（二）简字运动期（一九〇八，清光绪三十四年）。劳乃宣进呈简字谱录，奏请钦定颁行天下。奉旨学部议奏。

（三）注音字母与新文学联合运动期（一九一八，民国七年十一月二十三日）。教育部公布注音字母。

（四）国语罗马字，与注音符号推进运动期（一九二八，民国十七年九月二十六日）。中华民国大学院，公布国语罗马字。

关于一、二、四各期，与新文学运动的关系较少，现在仅就第三期经过情形，略述于后。

民国元年（一九一二）教育部通过采用注音字母案。继之而成立读音统一会。会员之产生：（一）为教育部所选派；（二）为各省由行政长官选派二人，蒙藏各一人，华侨一人。民国二年二月十五日，正式开会，当时对于字母的提案颇多，大致可分为三派：（一）偏旁，（二）符号，（三）罗马字母。彼此各执己见，争论不休。最后终于依据浙江会员马裕藻、朱希祖、许寿裳、钱稻孙及部员周树人之提议，把审定字音时暂用之记音字母，正式通过，此于前派都无所属，可称为简单汉字派。而创此例者，为章炳麟。其所以定名为注音字母者，乃是依照元年临时教育会会议采用注音字母议决案的原案名称之故。

注音字母既通过，于是继而议决推行的方案。议决案中，最重要者为：（一）设立国音传习所，（二）初等小学改为国语，（三）颁布国音汇编（即国音字典）等。

到了民国四年，张一麐长教育部，由王璞等之陈请，因在京设立注音字母传习所。同时又出一注音字母的报纸。不过不巧，由于洪宪帝制的成立，与云南独立消息的传来，于是国语运动，也就因之而渐渐消沉下去了。

民国五年，由教育部里几个人发起组织国语研究会，其目的便是想借文章来鼓吹文学的改革，主张言文一致和国语统一。当时为首的人，有陈懋治、陆基、董瑞椿、吴兴让、朱文熊、彭清鹏、汪懋祖、黎锦熙等。而反对最烈的，乃是吴县胡玉缙，他和彭、黎二人往返辩驳的文章，有十几篇。可是各省去信赞成的，竟是非常的多。结果，这个会终于成立了。会章的宗旨，是"研究本国语言，选定标准，以备教界之采用"。

民国六年（一九一七）开第一次大会于北京，举蔡元培为正会长，张一麐为副会长，又拟定国语研究调查的进行计划书。

就在这一年，《新青年》中已经发起了革改文学的讨论，详细情形已见上章。民国七年（一九一八），国语研究会会员已增加到一千五百余人，请愿教育部公布注音字母。结果于十二月十三日，教育部居然正式公布了。至注音字母之数目，声母二十四，介母三，韵母十二，共三十九个。里边有十五个，是采用章炳麟所定的，章氏之外如劳乃宣所定者，亦多被收入。可知注音字母表，乃汇萃众说，煞费苦心，斟酌而成的。

至于文学革命运动，在民国七年胡适的《建设的文学革命论》中，提出了建设新文学的惟一宗旨，是"国语的文学，文学的国语"。这篇文章发表后，文学革命与国语统一遂呈一种双潮合流之势。到民国八年五四运动爆发，白话文学的发展，如乘长风，其进度之速，有一日千里之势。同时国语运动，亦因之而展开。到了民国十年，在国语研究会的指导之下，儿童文学提倡的人就渐次的多了。儿童的读物，如《儿童世界》《小朋友》以及各种儿童文学丛书等，从那年起风起云涌的布满了书肆。

其次是改国文科为国语科，最初是北京孔德学校先采用注音字母，并自编国语读本。到民国八年，国语统一会（教育部的一附属机关）第一次大会，刘复、周作人、胡适、朱希祖、钱玄同、马裕藻提出国语统一进行的议案。其第三件，为改编小学课本。此案通过后，即呈部实施。民国九年一月，教育部遂训令各国民小学，将一二年级国文改为语体文。四月教育部又发一通告，重申前令。胡适《国语讲习所同学录序》中云：

推行国语就是定国语标准的第一步。古人说"未有学养子而后嫁者也",这话初看了,好像很滑稽,其实是很有道理的。我们很可以说:"决没有先定了国语标准而后采用国语的。"嫁了自然会养儿子。有了国语,自然会有国语标准。若等到教育部定出了标准的时候,方才敢说国语,方才敢做国语文字,不要说十年二十年,只怕等到二三百年后,还没有国语成立的希望呢!

到了民国十二年,由全国教育联合会所组织之新学制课程标准起草委员会,曾将所拟定《中小学各科课程纲要》刊行。其关于国语一科的要点:

(一)小学及初中、高中,一律定名为国语科。

(二)小学读本,取材以儿童文学为主。

(三)初中读本,第一年语体文约占四分之三,第二年四分之二,第三年四分之一。

(四)高中目的之第三项,为继续发展语体文的技术。

(五)略读书目举例,初中首列《西游记》、《三国志演义》。高中首列《水浒传》、《儒林外史》、《镜花缘》。

这个纲要虽未经过教育部的公布,但教育界试行,一直到民国十六年国民政府公布大学院组织法的时候。同时也可说是国语运动与文学革命运动合流后所产生的新结果。以后才真是慢慢的由此去创造"国语的文学"与"文学的国语"。

第三编　新文学之萌芽与成长

第一章　时期的划分

　　前边把文学革命这件大事的前因后果,以及中间经过情形,总算交待过了。底下该论到新文学的本身了。新文学的萌芽,应当从民国八年胡适首先在《新青年》二卷六号中发表他的白话诗算作开头。以后这些革命的先锋,一面从事于对旧文学的破坏,而另一面则着手于新文学的建设。到民国九年以后,旧的势力渐渐衰微,于是新文学的作品遂如雨后春笋,蓬蓬勃勃地发展了起来。直到现在,已有二十余年的历史了。中间因为时代的变化,文学思潮也显然地跟着在变。它很适切的,与时代互为消息。现在要根据着时代来给它划分时期,我想在对于它的演变上,一定会有着更深一层的了解的。

　　(一)初期试作的时代(民国六至民国九年)

　　这一期新文学本是刚刚的萌芽,在作品上,一般的说来,比较以后为幼稚,但也不能说全然幼稚,即如鲁迅的小说,就到现在,还没看到有几个人能跨过他的。至于所以要这样分的,也自有由。因为文学革命最初并不为国人所注意,后来虽然因为有了反对者,而渐渐地惊动了世人。但白话之能成功与否,尚是疑问。直到民国八年五四运动爆发后,白话文学,于是才如蛟龙逢云雨,遂得腾空而飞。这样以来,成为问题的已经不成问题了。从民国九年以后,新文学才算走上康庄大道。国内除了极少数的泥古者,抱残守缺,继续为古文学的制作外,其余的爱好文学者,几乎没有不是倾其全力于新文学的创造的。故从民国六年到民国九年,只是新文学的试作期。因为是试作期,所以成绩自不能甚满人意。然而这并不足以为新文学病,因为不管任何一种新的试验,在最初,成绩没有不有缺陷的。

(二)自然主义与浪漫主义的时代(民国十年至民国十四年)

从民国十年起,新的文学团体,相继成立了好几个。而影响最大、成绩最富的,则为文学研究会与创造社。前者偏于人道主义与自然主义,而后者则偏于浪漫主义。另外不在此两派的,还有一部分的作家,但作品也都出不了这两种趋向。本来是无足怪的,中国已往的文学,本无所谓主义。要勉强说来不是儒家的伦常主义,就是佛家的劝惩主义,再不然就是道教的仙侠主义。文学革命后,因为受到了西洋文学的洗礼,于是自然主义与浪漫主义同时并至。盖在中国当时的情形下要就封建社会说,也还需要浪漫派的奔放的热情,与对宗法思想,作尽量的破坏。需要拜伦,需要雪莱,需要雨果,需要歌德。但若就中国当时政治的黑暗与人心的险诈说,更需要尽情的揭发,尽情的指摘。需要巴尔扎克,需要莫泊桑,需要易卜生,需要托尔斯泰。所以在这四五年当中的文坛上,各派的作品都有各派的理论,也都出现了。但就中实以上述两派势力为最大。到了民国十四年五月间,上海发生了五卅事件,一时全国沸腾,在当时的情形下,于是一部分作者,痛切的感到中国人民处于次殖民地地位的痛苦,同时二次的大革命也正在酝酿。所以到民国十五年,一面在政局上有个大的剧变,因之文学方面自然也跟着有一个新的转向。

(三)自由主义与社会主义的时代(民国十五年至民国二十年)

民国十五年,二次的大革命从广东发动了。北方的军阀,依次的被革命军所扫除了。于是新的政局开始了。不过这时有一部分希望过奢的,因为自己的理想未能照样实现,于是感觉到幻灭的悲哀。在幻灭之后对前途又重新予以展望,于是就发现了这次革命之所以不能彻底的成功,乃是因为帝国主义者在从中作梗之故。于是一些新写实主义的理论同作品,直接的或间接的被介绍到中国来。而一些新进的作家,都一致的迎接此新的潮流。可是在这时,一些老作家,他们对文学有较深的修养,对自己一向所持的理论,有强固的自信。所以对这种新的文学思潮,不愿轻易去盲从、去提倡。同时对文学至上论,还有相当的坚持。这样以来,那般新作家认为这般老作家都是顽固而不可化。他们不肯进步,已经被时代之轮,把他们撇到后边了。可是那般老作家呢,认新作家为轻躁,为浮萍,不过是徒赶时髦,借以哗众取宠,实际是很浅薄、很幼稚的。文艺论战,就从此爆发了。参加的文学团体,有上海的创造社、太阳社,北方的语丝社、新月社,诸新旧作家。这样的,一直到沈阳一声炮响,九一八事变发生了,于是大家的视线,才转移到新的方向去了。

(四)写实主义、新写实主义与民族主义的时代(民国二十一年至民国二十五年)

九一八事变以后,国人更深切的感到敌人的凶险,与国难之日亟。在这样的情势下,大家的看法,当然不同。一般分析起来,大约有三种人。第一种人,认为文学是不革命的,文人是无能的,所以文学只不过是无能的文人,借以作为逃避现实的场所而已。因此这一种作者,他们不敢正视现实,只不过从古代的典籍中,寻求一点安慰,或者偶而发抒一些自己轻微的感喟罢了。第二种人,认为九一八事变是资本帝国主义,因为世界经济的恐慌,所以要加紧的来掠夺殖民地,好借以解决国内的危机。因此要想打倒敌人,非唤醒一般劳苦大众,不易为功。于是他们就积极的提倡新写实主义的文学。第三种人,是认为民族的危机愈深,外患日亟,除了用文学唤醒国人的民族观念、激发起他们的敌忾同仇的情绪,作共赴国难的工作外,别无更好的办法。于是他们就提倡民族主义的文学与国防文学。在这时还有一部分过去主张写实主义与人道主义的作家,大致说来,消极的,变成第一种人了;特别激进的,变成第二种人了;比较中庸的,变成第三种人了。在这一时期,论争比前一期为尤烈,大众语的讨论,第三种人的讨论,国防文学的讨论,都在这一个时期。说时迟,那时快,七七事变爆发了。中国发生了近三百年来所未曾有的剧变,于是文学也就跟着顿然间呈现了一种崭新的姿态。

(五)抗战文艺的时代(民国二十六年至民国三十二年)

抗战以后,戎马遍海内,文人都是颠沛流离,到处逃亡。最初自然是谈不到写作,到后来战局稍趋稳定,于是全国文艺作家协会成立了。在"抗战高于一切"、"一切服从抗战"的目标之下,文人都从事于抗战文艺的写作。于是在内容上显然的有着一致的倾向,而在形式上,似乎与旧时也有不同。于是民族形式问题,因而产生。总之我国文学在抗战前,派别是很分歧的,但到抗战以后,一切不同的主张,都渐趋于统一了。文坛上派别之争,似乎是消灭了。虽然在风格上,仍旧是各有各的面目,但其目的,为激发一般的爱国心与暴露敌人的暴行上,实是毫无二致的。

第二章　初期试作的时代
（民国六年至民国九年）

第一节　诗　　歌

甲　理论的商讨

胡适在《文学改良刍议》中,所揭出之"八不主义",乃泛论一般的文学,对于诗歌并无具体之单独主张。至刘半农的《我之文学改良观》出,才对诗歌有下列两项的建议：

> 一曰破坏旧韵重造新韵……"音声本为天籁,古人歌韵出于自然,虽不言韵而韵转确"。……今但许古人自然,而不许今人自然,必欲以人籁代天籁,拘执于本音转音之间,而忘却一至重要之叶字。其理耶,其通论耶。……虽然,旧韵既废,又有一困难问题发生,即读音不能统一是。不佞对此问题,有解决之法三。

（一）作者各就土音押韵，而注明何处土音于作物之下。此实最不妥当之办法。然今之土音尚有一着落之处，较诸古音之全无把握，固已善矣。

　　（二）以京音为标准，由长于京语者为造一新谱，使不解京语者有所遵依。此较前法稍妥，然而未尽善。

　　（三）希望于"国语研究会"诸君，以调查所得，撰一定谱，行之于世，则尽善尽美矣。

　　第二曰增多诗体……诗律愈严，诗体愈少，则诗的精神所受的束缚愈甚，诗学决无发达之望。……不佞于胡君白话诗中《朋友》《他》二首，认为建设新文学的韵文之动机。倘将来更能自造，或输入他种诗体，并于有韵之诗外，别增无韵之诗……则在形式一方面，既可添出无数门径，不复如前此之不自由。其精神一方面之进步，自可有一日千里之大速率。

这不过单就诗歌的形式方面来立论，至内容方面，胡氏《文学改良刍议》已经论及。刘氏在《诗与小说精神上之革新》一文，更作一详细之剖析。他说：

　　袁枚《随园诗话》有曰："须知有性情，便有格律。格律不在性情外。三百篇半是劳人思妇，率意言情之事。谁为之格，谁为之律，而今之谈格调者，能出其范围否。"可见作诗本意，只须将思想中最真的一点，用自然音响节奏写将出来，便算了事，便算极好。故曹文埴又说："三百篇者，野老征夫游女怨妇之辞皆在焉。其悱恻而缠绵者，皆足以感人于千载之下。"可怜后来诗人，灵魂中本没一个"真"字，又不能在自然界及社会现象中，放些本领去探出一个"真"字来。却看得人家做诗，眼红手痒，也想勉强胡诌几句，自附风雅。于是真诗亡，而假诗出现于世。

后来钱玄同给胡适《尝试集》作的序中说：

　　现在用白话做韵文，是有两层缘故：（一）用今语达今人的情感，最为自然；不比那用古语的，无论做得怎样好，终不免有雕琢硬砌的毛病。（二）为除旧布新计，非把旧文学的腔套全数删除不可。至于各人所用的白话不能相同,方言不能尽祛,这一层在文学上是没有什么妨碍的;并且有时候,非用方言不能传神;不但方言,就是外来语,也可采用。

民国八年《新青年》六卷三号,载有俞平伯给胡适的一封信,论白话诗的三大条件,见解更为精审。他说:

诗歌一种,确是发抒美感的文学,虽主写实,亦必力求其遣词命篇之完密优美。因为雕琢是陈腐的,修饰是新鲜的。文词粗俗,万不能发抒高尚的理想。这是一定不易的道理。现在我对于白话诗,胡乱拟出三条,供诸位商榷。

(一)用字要精当,造句要雅洁,安章要完密。

(二)音节务求谐适,却不限定句末用韵。

(三)说理要深透,表情要切至,叙事要灵活。

这很可以补已往大刀阔斧的改革者之不足。同年十月,胡适又发表一篇《谈新诗》,大意是消极的不作无病呻吟,积极的以乐观主义入诗。并提倡说理的诗。音节,他主张(一)语气的自然节奏,(二)每句内部所用的字自然和谐,平仄是不重要的。用韵他说有三种自由:(一)用现代的韵,(二)平仄互押,(三)有韵固然好,没有韵也不妨。做法,他主张要具体。

总以上诸人的见解,可以归纳作下列诸条,以见初期的文学革命者对于诗歌具体的主张。

(一)形式

A.白话的。

B.以用韵为主,但也可以不用韵。用韵要自然,不必遵守旧诗的格律,只要音节谐调,不一定要在句末用韵。

C.打破五七言及平仄叶调的旧格式。

(二)内容

不作无病呻吟,有真性情、真思想,然后再作。

(三)修辞

A.用字要精当,造句要雅洁,安章要完密。

B.说理要深透,表现要切至,叙事要灵活。

(四)方法

用具体的表现法。

乙 创作

新文学运动中,最早作白话诗的是胡适在《新青年》二卷六号(六年二月),载有他的新诗八首:一、《朋友》,二、《赠朱经农》,三、《月》(三首),四、《他》,五、《江上》,六、《孔丘》。在作者,原不敢说这一定能成功,所以他后来名他的集子叫"尝试"。就以他这八首来说,可以看出有两种特点是可以代表初期新诗的作风的。

(一)内容是新颖的,脱出旧诗的浮泛不切、因袭陈腐之病。

(二)形式上纯用白话,但还未能把旧诗的形式完全打破。即如《赠朱经农》近于旧诗的七古,《月》、《江上》近于旧诗的五绝。

自从胡适发表了这几篇诗后,接着就有刘半农讨论韵文改良的文字发表了出来。但是别人开始作白话的试验,竟迟至一年以后,从四卷二号的《新青年》上,才看到沈尹默(《宰羊》、《落叶》、《大雪》)同刘半农(《车毯》、《游香山纪事诗》)的新诗刊载了出来。至他俩的作风,沈氏三首已完全脱去了旧诗的束缚,一任自然,但有时仍含有古乐府的意味。即如《落叶》的末尾:

> 如叶有知时,旧事定能记,
> 未必愿更生,春风幸莫至。

《大雪》的末尾:

> 无行船,乘冰床;无余粮,当奈何?

至刘半农的《游香山纪事诗》,其风格大似唐人王、孟之作,如其二:

> 古墓傍小桥,桥上苔如洗。牵马饮清流,人在清流底。

其三:

> 一曲横河水,风定波光静。谁家双白鹅,荡碎垂杨影?

只有《车毯》才配说是革新后的新作品。但从三号以后,每期都有新诗,他们似乎是有意的来竭力脱去旧诗的躯壳。所以不大能看见像前边那样小脚似的诗了。至于以后的作品,如鲁迅、周作人、俞平伯、沈兼士等,都有试作。不过民国九年以前,出诗集单行本的,也只有胡适一人,其余的一些新诗作者的作品,也不过是可以在《新青年》、《新潮》、《晨报副刊》、《少年中国》等刊物上见到一二而已。这一期的作品,量都很少,不能一个人一个人分开来讲,只有可以总起来分析出他们共同的特色来。至于这一期诗歌的选本,较早的则有《雪朝》,其次是《新诗年选》,最近则有《新文学大系》的诗集选。大致说来:

一、形式力求解放。如唐俟(鲁迅)的《桃花》、康白情的《草儿在前》、沈尹默的《三弦》,都是极力的描摹语句的自然。试以鲁迅之作为例:

春雨过了,太阳又很好,随便走到园中。
桃花开在园西,李花开在园东。
我说:"好极了!桃花红,李花白。"
(没说,桃花不及李花白)
桃花可是生了气,满面涨作"杨妃红"。
好小子!真了得!竟能气红了面孔。
我的话可并没得罪你,你怎的便涨红了面孔?
唉!花有花道理,我不懂。(《新青年》四卷五号)

二、内容上很显然的有着写实主义的倾向。茅盾在《论初期的白话诗》中说:

当时的作家,不用抽象的说法,所以没有一首半首反封建的标语口号。所以暴露统治的手腕的呼声,我们在《草儿在前》里听到。我们在《小河》里,看到了对于压迫自由思想,和解放运动者的警告。在《两个扫雪的人》里,在暗示着先驱者的坚忍与劳动。对于未来光明的确信,被压迫者之终于胜利,都镕铸在那样具体的做法里。

这是很正确的观察。至于直述的,也很多,如沈玄庐的《忙煞苦煞快活煞》、胡适的《你莫忘记》、刘复的《卖萝卜的》,都属于这一类。今叙沈氏之作于后。

(一)

无望!无望!今年收成荒!我只吃糠,他们米满仓。

(二)

去年如何?今年大熟。粗米完过,只够吃粥。

(三)

采桑养蚕,忍饥耐寒。纺纱织布,一条穷裤。

(四)

千头万绪,一手整理。翻新花样,他人身上衣。

(五)

千门万户,一手造成。造成之后,不许我进门。

(六)

饿不如寒;寒不如饥;你埋怨我,我埋怨你。

(七)

劳苦!劳苦!忙煞急煞!苦的苦煞!快活的快活煞!

第二节 小　　说

甲　理论的商讨

中国的白话小说,已有它几百年的历史。所以在文学革命时,用白话写小说,似乎是已不足怪。其次,在结构上、体裁上,短篇作品产生也很早,好像是也没有什么问题,可供讨论。其实不然,先就小说的形式而论,我国过去的短篇,像《三言》、《二拍》同《聊斋志异》等,与西洋的所谓短篇小说,实大异其趣。我们的短篇,白话的不脱话本的原形,照例要在前边安上一个帽子。文言的,则不脱某甲某乙一类传记式的叙述法。可是西方的,就不然了。胡适在他的《论短篇小说》中道:

短篇小说是用最经济的文学手段,描写事实中最精采的一段,或一方面,而能使人充分满意的文章。

这是西方短篇小说的真精神。底下他又批评中国过去的旧小说,在结构上的缺点道:

> 今日中国的文学,最不讲"经济"。那些古文家和那《聊斋》滥调的小说家,只会记"某时到某地遇某人,作某事"的死帐,毫不懂状物写情是全靠琐屑节目的。那些长篇小说家又只会做那无穷无极,《九尾龟》一类的小说,连体裁布局都不知道,不要说文学的经济了。若要救这两种大错,不可不提倡那最经济的体裁——不可不提倡真正的"短篇小说"。

这是深中窾却的话。其次是内容。我们知道中国五四以前的小说,纯粹是封建社会的产物,《小五义》、《七侠五义》不免于诲盗,而《品花宝鉴》、《九尾龟》又不免于诲淫。此外不是"卿卿我我"的鸳鸯蝴蝶派,就是发人阴私的黑幕大观派。这一些荒谬而不健全的作品,只能流毒社会,是决难有好影响的。民国六年以后的新文学运动,其革新,并不限于形式,而且兼及内容。当时对于作品的内容,究竟应该写什么的问题,首先提供意见的,是周作人。他在《人的文学》一文中揭出了人道主义的旗帜来。

所谓人道主义,是倡导于俄国帝制时期的一些作家。就中主要的人物是托尔斯泰。后来日本的文坛上,曾一度受到很大的影响,像武者小路实笃同有岛武郎等,都可以说是这派的代表人物。我国在新文学运动的初期对理论创作与介绍,贡献最大的,是周氏兄弟。他们都是日本留学生,所以受人道主义的影响也最深。因此当他们参加中国文学革命及建设时,就首先致力于这派的理论与创作的介绍。同时在他们自己的作品中自然也很含有浓厚的人道主义的色彩。

乙 创作

从民国六年到民国七年,这个中间还是新旧两派的争论期,至于理论也只偏于形式方面文言白话的问题。从民国八年到民国十年,虽然已经有人从事于小说的创作了,但是一般来说,都极幼稚,就中只有鲁迅一人的作品,在当时可以说是最成功的。

鲁迅最初发表他的小说是在《新青年》上面,他的处女作是《狂人日记》(四卷五号)。其次为《孔乙己》(六卷四号)、《药》(六卷五号)。同时又在《晨报副刊》上发表他的《阿Q正传》(这些篇子以后都收到《呐喊》里)。于是他的声名,因之大噪。

这几篇东西开了中国小说的新纪元。《狂人日记》是用写实的手法,配合着当时反孔教的理论,来对吃人的礼教,作着最猛烈的攻击。《孔乙己》写乡村中一个贫穷的学究,从这里反映出世态的冷酷。《药》写乡民的无知与缺乏一般的同情心,同时还暗含着人为了自私,是不妨吃人的。《阿Q正传》最长,以阿Q的一生,展开了对清末民初乡村社会的一幅大写真。这里有贪狠的劣绅、投机的地痞,还有愚蠢的农民。而阿Q就是那愚蠢农民的典型人物。他的思想,他的行动,一方面是乡民的代表,另一方面在所谓精神胜利上又整个的代表当时所有的中国人。作者愤慨的心,悲痛的心,用冷隽的句子,挺峭的文调,幽默的风趣,把它和盘的托了出来。令读者在展诵之下,不知是哭好,还是笑好。就这一篇,已经够使他在中国文坛上,奠定下不朽的地位了。至于详细的论述,留待下章再说。

第三节 戏 剧

甲 理论的商讨

在《新青年》的五卷四号(民国七年十月)上胡适等提出了戏剧改良问题,第一篇文章就是胡适的《文学进化观念与戏剧改良》,内容的要点有三:(一)从戏剧的历史演进上,说明由杂剧而传奇,由昆曲而京调,实是戏剧本身的一种进化。其目的在力求脱离乐曲一方面的种种束缚。但因守旧性太大,未能达到自由与自然的地步。(二)中国戏剧在进化的过程中,保留了许多遗形物,脸谱、嗓子、台步、武把子、唱工、锣鼓、马鞭子、跑龙套等。它们与戏剧的本身全不相关,是很可以阻碍戏剧的进化的。但竟有人认为它们是中国戏剧的精华。(三)中国戏剧,现有西洋戏剧可作直接比较参考的材料,若能有人虚心研究,取人之长,补我之短,扫除旧日的遗形物,采用西洋近百年来继续发达的新观念(如悲剧观念)、新方法(时间、人力、设备等,经营方法)、新形式(独幕的),如此方才可使中国戏剧有改良进步的希望。

我们要认为胡氏的文章是戏剧改良的理论建设,那么傅斯年的《戏剧改良各面观》就是戏剧改良的具体计划。他批评旧剧的缺点有三:(一)在演奏上,A.违背美学上的均比律,B.刺激性过强,C.形式太嫌固定。(二)词句上,是因声造文,不是因文造声。是强文就声,不是合声于文。(三)思想上毫无寄托之可言。至于戏剧为什么需要改革呢?他认为不仅是戏剧本身的问题,实在还牵涉到社会问题。因为旧剧对社会的改造上有莫大的阻碍,为创造新社会,不能不创造新戏剧。同时为推翻旧社会,不能不推翻旧社会的教育机构——旧剧。至于改革的办法,第一,应首先从旧剧中,蜕化出一种过渡剧来。这是新旧杂揉的一种产物(上海的文明戏即属此类),一面采取新的布景与化妆,一面仍保持原有的唱奏。第二,是新剧的创造,把西洋的剧本做材料,采取它们的精神,弄来和中国的人情相合了,就可以应用。第三,是新剧主义的鼓吹。

在胡、傅两人正在讨论戏剧改革的当儿,同时就有一位擅长旧剧的欧阳予倩,发表了一篇《予之戏剧改良观》。他以一个长于旧剧者,来抉发旧剧的缺点,自然更加有力。他的改良主张,大致分两项:(一)制作关于戏剧的文字。文字分三种:A.剧本。多翻译外国剧本,以为模范,然后试行仿制,贵能以浅易的文字发挥优美的思想。B.剧评。须革除过去捧脚的恶习,期能根据剧本,根据人生事理以立论。C.剧论。即关于戏剧的理论,如对名剧本之分析,及舞台的研究等。(二)养成演剧的人才。人才,急需组织一俳优养成所,以四年或五年为期俾能养成专门人才。这种见解,比诸傅氏的可以说越发具体了。

乙　创作

　　初期的戏剧改革理论,已如上述。严格说来,仍是破坏之功多于建设,至于在创作上,胡氏首先发表了他的独幕喜剧《终身大事》(《新青年》六卷三号),内容写一位田女士同一位姓陈的青年恋爱,她母亲抽签算卦,说她同她的爱人命相不合,不主张她同他结婚。她的父亲虽不相信什么命相,但却为宗法社会所绳,说什么姓陈的同姓田的在两千五百年前是一家,所以一向姓田的都同姓陈的不结亲。因此,也同她母亲一样的不肯同意此事。最后她看没了办法,才下了最后的决心,同她的爱人一块逃跑了。这在当时是一个反封建反礼教的剧本,结果竟有些女子学校的学生,不敢排演。不过这篇剧不管它的内容如何单纯,它是有着历史价值的。第一,在形式上,它用的是崭新的话剧体裁。第二,在内容上,又是问题剧(颇受有《娜拉》的影响),开后来以婚姻问题为主题的剧本的先声。

　　继这篇之后,又有杨宝三的《一个村正的妇人》(《新青年》七卷一号),从侧面来写出一个村农的无辜被杀的故事。这是社会问题剧,反映出当时政治的黑暗与驻军的专横。

　　总之,初期的作品,或不能尽满人意,但要从开山一方面来说,我们就不应来求全责备,任意吹求了。

第四节　翻　　译

　　这一期在翻译上,可就两方面来看:一、作家评述。二、作品介绍。关于前者,有凌霜的《托尔斯泰之生平及其著作》(《新青年》三卷四号)、周作人的《托思妥也夫斯基之小说》(《新青年》四卷一号)、鲁迅译武者小路实笃《一个青年的梦》(《新青年》七卷二—四号)、胡适的《易卜生主义》(《新青年》四卷六号),等等。关于后者,小说方面,以介绍俄、法、日、波兰诸国作家之作品为独多。俄则有托尔斯泰(周作人译作《空大鼓》《新青年》五卷五号)、安特来夫(周作人译作《齿痛》《新青年》七卷一号)、古普林(周作人译作《晚间的来客》《新青年》七卷五号、《皇帝的公园》《新青年》四卷四号）、索罗古勃（周作人译作《铁圈》《新青年》六卷一号）等。法则有莫泊桑（胡适译《二渔夫》《新青年》三卷一号、《梅吕哀》三卷二号）、龚古尔兄弟（陈嘏译《基尔米里》《新青年》三卷五号、张黄译《白璞田太太》《新青年》六卷三号）等。日本有江马修（周作人译《小小的一个人》《新青年》五卷六号）。戏剧，则有挪威的易卜生（罗家伦、胡适译《娜拉》、陶履恭译《国民公敌》、吴弱男译《小爱友夫》，均见于《新青年》四卷六号），卡尔生（沈性仁译《新闻记者》《新青年》七卷五号）。英的王尔德（沈性仁译《遗扇记》《新青年》五卷六号）。诗歌较少，惟有英之虎特，刘半农仅曾译其《缝衣曲》（《新青年》三卷四号）一篇而已。

　　至于当时提倡新文学者之所以要介绍上列诸作家之作品，并非率而为之，实亦有其深意在焉。一、为提倡人道主义，故介绍托尔斯泰与武者小路实笃。二、为提倡写实主义，故介绍莫泊桑与易卜生。三、为表彰弱小民族的文学，故介绍显克微支。这些作家对中国的新文坛，都曾发生了很大的影响。

第五节　本期作品的特色

　　这期的作品，无论诗歌、小说同戏剧，除了极少数的外，其余大半都不能令人十分满意。这本是无足怪的。在这一个崭新的时代，把旧的文学形式完全破坏了，而开头来建造一种新的，就是极不容易的一件事。所以作品内容，常失之空疏，词句不是不能脱去旧文学的陈调，就是生吞活剥的去模仿外国的语法，造成极其佶屈而难读的文字。但我们不能轻意的去菲薄它们。它们是有着它们的特点的。

　　一、是旧形式的解放，把过去文学上的格律声调，以及所谓义法之类，完全遗弃，而一无依傍的来创造自己的新形式。

　　二、是充满了新的气息，对人生的态度及见解，完全是新颖的，有着极大胆极勇敢的革命精神。

　　三、接触了西洋文学，而向着世界文学的潮流迈进。不仅是形式，就是内容，也纯然的走上了人道主义与写实主义的大道。

所以我们对初期的新文学,认为已经够差强人意了。因为它的理论是正确的,作风是清新的。由它的现在,可以预料到它的将来,终有一天是会产生出多量的、伟大的作品来的。

第三章　自然主义与浪漫主义的时代
（民国十年至民国十四年）

第一节　时代背景

从民国十年到民国十四年这个中间,虽说是短短的五年光景,但可以说是我国由旧时代,走入新时代的一个重要的关揵。先就文化来说,五四可说是一个划时代的运动,从此以后,对于西方文化,才算作着大量的介绍,对中国文化之不适于现实者,作着毫不顾惜的破坏。一般士大夫之了解西方学术,与对本国文化之重新估价,以及一般国民知识水准之渐次提高,没有一件不是新文化运动所赐的。

政治与文化,实互为消息。虽然说在北方那些北洋军阀的余孽仍然在尽量的压榨百姓,扩充个人地盘,从事于大规模的内战,就像民国十一年的直奉之役,民国十三年的二次直奉之役,其余小规模的,更不知道有若干次;人民流了无量数的血,受了不可计算的损失,结果毫无代价之可言,只不过是为了少数人的权利,作了牺牲。可是另一方面,就因为政治极端的黑暗,人民极端的痛苦,所以才能使一般人益发感觉到革命的迫切需要。恰巧就在这个时候,国父在广东就任了非常大总统（民国十年）,接着又改组国民党,举行第一次全国代表大会,宣布主义及政纲,组织国民政府（民国十三年）。这时青年因为受到了新思想的陶冶与鼓荡,所以多半都已觉醒,认清了个人的使命,而毅然决然的走向广东,去参加救国革命工作的,真像是洪涛一般的汹涌。

民国十四年,上海为纱厂罢工事,发生了五卅的事件。于是全国沸腾,而革命的热潮,亦因之达于最高点。同时北方人民,企盼广东革命军的北伐，真无异大旱之望云霓。因为时机的成熟，所以民国十五年革命军出师之后，才能够势如破竹，不到两年的功夫，而全国可整个的底定了。

在以上的情形下，所以反映到文学上，于思想，则为对传统思想的破坏，一时如所谓婚姻问题、家庭问题，都成了表现的中心。于政治，则多半暴露当时的黑暗面，如官僚的贪污，军阀的专横等。再不然则描述个人的乌托邦，或借历史故事，以发抒个人对于社会的批评。总之是不外对现实的诅咒与憎恶，同对未来的憧憬与希望。他们表现的手法，虽有写实与理想的不同，可是他们的见解，则固毫无二致也。

第二节 新文学会社的产生

甲 文学研究会

(一)成立经过

民国九年(一九二〇)十一月，在北平有几位从事文学的人，想办一种刊物，但因经济问题，一时未得实现。后来恰巧商务的总经理张菊生与总编辑高梦旦均在北平，于是他们之中就有人主张同张、高二人接洽，大家也都同意了。可是接洽的结果，并不怎样的圆满，所以也就作罢了。

历时不久，他们之中的一位同志沈雁冰，从上海来信说，商务已聘他为《小说月报》的编辑主任，该刊的名称虽不能变更，可是内容则可以彻底的改革。于是在北平的几位作者，就决定组织一个新文艺团体。遂于是年十一月二十九日，举行第一次筹备会，公推郑振铎起草文学研究会会章。十二月四日，举行第二次筹备会，公推周作人起草文学研究会宣言。并举出周作人、郑振铎、沈雁冰、郭绍虞、朱希祖、瞿世英、蒋百里、孙伏园、耿济之、王统照、叶圣陶、许地山等十二人为发起人，共同署名，将宣言披露于北平各日报，并征求会员。

宣言的要点有三：(一)联络感情(打破过去文人相轻的风气，希望从事文学的,能时常聚会,交换意见,可以互相理解);(二)增进智识(打破过去固步自封的陋见。整理旧文学的须应用新方法,而研究新文学的,更须靠外国的资料,所以希望借团体的力量,造成公共图书馆、研究室及出版部,促成个人及国民文学的进步);(三)建设著作工会的基础(将文艺当作高兴的游戏,或失意的消遣的时候,已经过去了。文学是于人很切要的工作,治文学的人,当以这事为他一生事业。所以这会是著作同业的联合的基本,谋文学的发达与巩固)。

同年十二月三十日,开第三次筹备会,决定于翌年,开成立大会。

民国十年(一九二一)一月四日,文学研究会在北平中央公园来今雨轩,开正式成立大会,议决案多项,就中之最重要者,为成立读书会,募集基金,发行汇报同丛书等。

简章中之最重要者,为宗旨的决定:(一)介绍世界文学;(二)整理中国旧文学;(三)创造新文学。

该会成立后,国内著名的作者参加的颇为踊跃,除北平为其总会所在地外,上海、广州等处,也有分会成立。所出刊物有《小说月报》、《文学周报》。前者维持时间最久,后者出至四百余期。此外还出有《星海》及丛书数十种(见《小说月报》第十二卷八号附录)。

(二)理论的倾向

要说到文学研究会一般作家的倾向,大家都认为他们是主张为人生而艺术,近于写实主义的一派。茅盾在《关于文学研究会》一文(《现代》三卷一号)中曾说:

> 外边人总把文学研究会看作"人生派"。一九二六年春间,我到广州去了一趟,那边的青年尚以此事为询,并且说:"现在文学研究会为什么不提倡人生派艺术?"

对于此点,茅盾当时竟完全加以否认。他说:

> 就我所知,文学研究会是一个非常散漫的文学集团。文学研究会发起诸人,什么"企图",什么"野心",都没有的;对于文学的意见,大家也不一致——并且未尝求其一致;如果有所谓"一致"的话,那亦无非是"将文艺当作高兴时的游戏或失意时

的消遣的时候,现在已经过去了"这一基本的态度。

不过虽如此说,但文学研究会中多数会员之倾向于"为人生而艺术"这一方面,是不能否认的事实。下边试对他们所倡导的理论,作一考察。

当沈雁冰担任了《小说月报》的编辑后,于是对该刊就来了一个彻底的改革,在十二卷一号的《改革宣言》中,就指出:写实主义的文学,最近已见衰歇之象,就世界观之立场言之,似已不应多为介绍。就国内文学界情形言之,则写实主义之精神与写实主义之真杰作,实未尝有其一二。故同人以为写实主义,在今日尚有切实介绍的必要。

当时《小说月报》为该会的机关杂志,这段话还不能够代表他们大多数人的意见吗?其次,在同期中,又有编者的《文学和人的关系及中国古来对于文学者身份的误认》。以后在该刊十二卷十二号中,又有《一年来的感想》一文。从这里益发可以看出他对于写实主义的提倡,是如何的积极了。他说:

> 文学不是作者主观的东西,不是一个人的,不是高兴时的游戏或失意时的消遣。反过来,人是属于文学的了。文学的目的是综合地表现人生,不论是用写实的方法,是用象征比喻的方法,其目的总是表现人生,扩大人类的喜悦和同情,有时代的特色做它的背景。文学到现在,也成了一种科学,有它研究的对象,便是人生——现代的人生。……文学者表现的人生应该是全人类的生活,用艺术的手段表现出来,没有一毫私心不存一些主观。自然,文学作品中的人也有思想,也有情感;但这些思想和情感一定确是属于民众的,属于全人类的,而不是作者个人的。这样的文学,不管它浪漫的也好,写实的也好,表现神秘的也好;一言以蔽之,这总是人的文学——真的文学。(《文学和人的关系及中国古来对于文学者身份的误认》)

又道:

> 只要是"人的文学"就好了,斤斤于什么主义,什么派别,未免无谓。这也是一年来常听得的话。而我的见解,亦正如此。

然而却有一层不可不辨,奉什么主义为天经地义,以什么主义为唯一的"文宗",这诚然有些无谓;但如果看见了现今国内文学界一般的缺点,适可以某种主义来补救校正,而暂时多用些心力去研究那一种主义,则亦未可厚非。从来国人对于文学的观念,描写制作的方法,不用讳言,与现代的世界文学,相差甚远。以文学为游戏为消遣,这是国人历来对于文学的观念;但凭想当然,不求实地观察,这是国人历来相传的描写方法;这两者实是中国文学不能进步的主要原因。而要校正这两个毛病,自然主义文学的输进似乎是对症药。这不但对于读者方面可以改变他们的见解他们的口味,便是作者方面,得了自然主义的洗炼,也有多少的助益。不论自然主义的文学有多少缺点,单就校正国人的两大病而言,实是利多害少。再说一句现成话,现代文艺都不免受过自然主义的洗礼,那么,就文学进化的通则而言,中国新文学的将来亦是免不得要经过这一步的。所以我觉得现在有注意自然主义文学的必要。(《一年来的感想》)

郑振铎《文艺丛谈》中也论写实主义道:

写实主义的文学,不仅是随便的取一种人生的或社会的现象描写之,就算能事已完。它的特质,实在于:(一)科学的描写法;(二)谨慎的有意义的描写对象之裁取。而第二个特质尤为重要。法国的写实文学家左拉,他著了一部二十卷的长小说,《罗供马喀尔》,决不是随意的取由一个女人传下来的两个家庭——来仔细详尽的描写了一下;他所以裁取这两个家庭来描写……实有他的意义在里面。……所以我们可以说,写实主义的文学,虽然是忠实的描写社会或人生的断片的,而其裁取此片断时,至少必融化有作者的最高理想在中间。(《小说月报》十二卷三号)

郎损(沈雁冰)在《社会背景与创作》中又说:

我们现在的社会背景是怎样的社会背景?应该产生怎样的创作?由浅处看来,现在社会内兵荒屡见,人人感着生活不安的苦痛,真可以说是"乱世"了。反映这时代的创作应该怎样的悲惨动人啊!如再进一层观察,顽固守旧的老人和向新进取的青年,思想上冲突极利害,应该有易卜生的《少年社会》和屠格涅夫的《父与子》一样的作品来表现他;迟缓而惰性的国民性应该有龚察洛甫(A. Contcharov)的《Oblomov》一般的小说来表现他;……总之,我觉得表现社会生活的文学是真文学,是于人类有关系的文学,在被迫害的国里更应该注意这社会背景。(《小说月报》十二卷七号)

沈、郑诸人,都是文学研究会中的中坚分子。他们提出自然主义,为当时中国文坛最需要的一种主义,同时并认为创作家,应注意真实的人生与当前的社会背景,而称道人的文学,才是真的文学。所以这种见解,虽不是代表文学研究会全体而发表出的,但其影响于当时的文学界,尤其是他们团体中的作家之大而且深,自是不待言的。

乙 创造社

(一)成立经过

关于创造社的成立经过,郭沫若《创造十年》一书叙述极详。张资平《曙新期的创造社》一文,对郭书间有补充。今据郭、张二氏之著,撮记其大事如下。

民国七年夏(一九一八),郭沫若在日本福冈与张资平会晤,两人遂有约集朋友出版杂志的打算。

同年九月,成仿吾因事去福冈,与郭沫若会晤,于是郭氏就把他与张资平的计划,向成仿吾提起。成氏也很赞同,不过他认为东京的留学生中,能把中国文写通顺的,没有几人,更谈不上什么文学了。所以他主张慢慢纠合同志,不必着急。

民国九年(一九二○),郁(达夫)、成(仿吾)、张(资平)三人都在东京帝大念书,他们与田寿昌(汉)时常往还。后来他们曾在郁寓开过三次讨论出版杂志的筹备会。第二次田寿昌也曾参加,席间田氏自愿负责在国内寻找出版处。可是结果,很长时间没有得到下文。

十年二月,上海泰东书局因李凤亭的推荐,聘成仿吾为文学主任。成氏遂于三月间启程返国,郭氏与之偕行。及至他们到上海后,李某已去皖,文学主任事已有变化。成于是遂回长沙,郭暂留沪。郑西谛曾约他加入文学研究会,他未答应。

同年七月,郭氏去日本,与张、郁、田及徐祖正、何畏等相遇,决定用"创造"的名目,暂出季刊,创造社从此算正式成立。

七月中旬,郭氏又回上海,适逢文学研究会当时正准备在上海开会。在开会之前几日,李石岑给郭氏去信,又邀他加入,结果他又拒绝了。郭氏在上海住了两个多月,九月初旬,又去日本,开始收集稿件。十一月将稿集齐,寄给国内的郁达夫,直到翌年的五月一号,《创造》季刊的创刊号才出版。

民国十一年(一九二二)六月郭氏又返沪,继续编辑《创造》,在这个时候,因为文字上的争执,遂与文学研究会中一部分作家,发生衅隙。季刊出版后,《文学旬刊》上骂他们为颓废派,沈雁冰更以郎损的笔名,予以酷评。于是所谓文学研究会为人生派,创造社为颓废派之说遂哄传一时。

民国十二年(一九二三)季刊改为周报,因为第一期成氏的《诗之防御战》一文,引起了张凤举与徐祖正的不满,两人遂退出该团体。

同年九月,在《中华新报》又出《创造日》,由郁、成、邓(均吾)三人主持。后郁受北大之聘,赴平任教,于是该刊纯由成、邓二人负责。不料当时主张复古的章士钊到了上海,章为政学系的老人物,而《中华新报》又为政学系的机关报,因此《创造日》遂不得不中辍了。

郁氏去北平后,寄给上海创造社同人一函,说《太平洋》杂志社想同他们合作,打算把《太平洋》杂志停刊,同他们共办《创造》周报。前半政治,后半文艺。经他们商讨后,主张周报由两方轮流编辑,一期政治,一期文艺。可是北平方面不同意,于是遂作罢论。

民国十三年(一九二四)四月,郭氏离沪,周报暂由成氏维持。未几,成氏亦离沪。撰稿人既星散,周报遂不得不中辍。

同年秋间,张资平应武昌大学之聘,经过上海时,郭已回日本,成已赴广州,郁则北上,只会见了后来加入的几位新社员周全平、叶灵凤、倪贻德、敬隐渔等。后来周、叶二人去访他,主张有自己组织出版部的必要。

民国十四年(一九二五)春,郁、成、张三人会晤于武昌,商讨组织出版部事宜。同时郭已回上海,与周全平在上海也进行此事。两下募股,出版部遂告成立。

同年五月,五卅事件发生,创造社之主张及作风,因之大变。就此为止,以上可说是创造社的曙新期,以后情形俟下章再讲。

(二)理论的倾向

初期的创造社,其倾向于浪漫主义是一般人公认的事实。傅东华在《十年来的中国文艺》中说:那时郭沫若在南方正顺应着革命的潮流,和成仿吾等,协力企图把本来高唱浪漫主义的创造社,领导到革命文学的路上去。创造社的领袖郭沫若,他也不能不承认他们有这种倾向。在民国二十一年(一九三二)他问世的《创造十年》中,曾追叙他在日本时有次与张资平的谈话情形道:

"我们在研究自然科学",我一面走着,一面这样说。"只是教我们观察外界的自然。我只想由我们的内部,发生些什么出来,创作些什么出来"。

"要创作,不也还是先要观察吗?"

资平这样的回答了我。我当时还觉得他似乎没有懂得我的话。但到现在想来,这两句正是两人当时的态度不同的地方。资平是倾向自然主义的,所以他要说"要创作先要观察"。我是倾向浪漫主义的,所以要全凭直觉来自行创作。(页六十四)

其实张资平的作品,也不纯然是自然主义,他所写的三角恋爱,里边也含有很浓郁的浪漫主义的气味。

所谓浪漫主义(romanticism)是欧洲的一种文艺思潮,它萌芽于十八世纪末,而极盛于十九世纪初。它的特征,可以说是对于客观主义的主观主义,对于因袭主义的自由主义。因而对于那偏重法则规范的理性主义和道德主义,浪漫主义又可说是无拘束的感情主义。

所以它一面轻视科学和道德,以文艺美术为人生最高尚的意义。一方面又反对那格式整齐理法鲜明的拟古主义。(厨川白村《近代文学十讲》、本间久雄《欧洲近代文艺思潮论》)

可是我们看五四时期的中国文艺界,是不是在客观环境上,也需要这些文艺思潮呢?我们可以毫不犹疑的说,需要。因为那时在文艺上旧的格律还没有完全打破,正需要浪漫主义来给它一个彻底的摧毁。同时在思想上,封建的观念还禁锢着整个社会,所以也需要浪漫主义来给它一个彻底的解放。创造社诸人的作品之应运而生,同时给中国文学界与思想界以剧烈的影响,这同欧洲十八世纪德国的狂飙运动,实颇有极端类似之处。

至于在文学理论上,就该社几位重要的作家的文字中,很容易的可以发现,他们的见地与浪漫主义有极其吻合的处所来。

(1)主情主义

郭沫若在译《少年维特之烦恼序引》中说:

> 我译此书,与歌德思想有种种共鸣之点……第一,是他的主情主义,他说:"人总是人,不怕就有些微点子的理智,到了热情横溢,冲破人性底界限时,没有什么价值或至全无价值可言。"这种事实,我们每每曾经经历过来,我们可以说,这是一种无需乎证明的公理。

成仿吾也说:

> 一切的艺术——不专只小说——只要于我们赏玩它的时候,使我们觉得那种最深的"生命"的冲动,觉得我们的生活,这瞬间充实了许多,就不论它有什么内容,是什么形式,都是真的"艺术"。(《一个流浪人的新年·自语》)

(2)反对文艺上的规律同社会上的习惯与道德

郭氏说:

> 他亲爱自然,崇拜自然,自然与之以无穷的爱抚、无穷的慰安、无穷的启迪、无穷的滋养。所以他反抗技巧、反抗既成道德、反抗阶级制度、反抗既成宗教、反抗浮薄的学识。以书籍为糟

粕,以文学为死骸,更几几乎以文学为多事。(《译少年维特之烦恼序引》)

又道:

我说诗是写的,不是做的。(《创造季刊》二期页五二)

郁达夫译维尔特著《〈杜莲格来〉的序文》中道:

世间没有所谓道德书不道德的书的,书不过有做得好做得不好的分别。只此而已。……没有一个艺术家是有道德的同情的。在艺术家中间的道德的同情是一种不可赦免的形式的守一主义。

恶和善对艺术家是一种艺术的材料。

(3)崇拜天才

郁达夫《艺文私见》中说:

文艺是天才的创造物,不可以规矩来测量的。

(4)对自然主义的排击

郭沫若《自然与艺术》中说:

中世纪的欧西文艺成了教会的奴隶。十五世纪的文艺复兴运动把她解放了出来。……但是到了近代,文艺又成了科学的奴隶了。……自然派的末流,他们的目的只在替科学家提供几个异常的材料。……近代的文艺在自然的桎梏中已经窒死了。二十世纪是文艺再生的时候,是文艺从科学解放的时候,是文艺从自然解放的时候……艺术家不应该做自然的孙子,也不应该做自然的儿子,是应该做自然的老子。

从以上的诸端而论,创造社的作者,他们重视天才,主张作品乃是作者情感的倾泻。他们无视文艺上的格律,更蔑弃社会上的道德与习惯,这一切一切,不都是浪漫主义的特征吗?

丙　语丝社

(一)成立经过

语丝社的成立,据说是由于孙伏园辞《晨报副刊》编辑的缘故,原来孙氏任《晨报副刊》的编辑,已历有年所。鲁迅可以说是该刊的特约撰稿者。曾经蜚声文坛的《阿Q正传》最早就是在那上面发表的。民国十三年,从欧洲回来了一位与该社当局关系较深的留学生,对孙氏的位置想取而代之,于是借抽掉鲁迅稿子的问题遂逼得孙氏不得不辞职而去。事后孙氏就提议自己来办刊物,于是邀了北京大学一部分教授鲁迅、周作人、钱玄同、刘半农、顾颉刚、林语堂,学生李小峰、章川岛等,成立了语丝社。

社的组织极散漫,而刊物名子的来源也殊特别。据说是用一本书将里边的字,任意从上往下用指头逐一点下去,被点到的字,检其比较有意义者,就用作名子。即此一端,就可看到这个社的成立,当初并没什么共同目标之可言。

《语丝》最初是用半张报纸折成四开的周刊,这样大的篇幅,很出了些日子。当时风行海内,读者不只限于学校的学生,甚而至于连军营中的士兵和军官,也有不少在热烈的爱好着。后来由单页改为长方形的小册子,销路仍是极广。及至到了民国十五年,张作霖到北平,因为该社常常批评时政的关系,终于遭了禁止。以后北新书局迁到上海,《语丝》重刊,这是以后的事,待至下章再说。

(二)理论的倾向

语丝社在最初本是一种偶然的组织,鲁迅在《我和语丝的始终》一文中说:

> 但要之,即此已可知这刊物本无所谓一定的目标,统一的战线;那十六个投稿者,意见态度也各不相同,例如顾颉刚教授,投的便是"考古"稿子,不如说,和《语丝》的喜欢涉及现在社会者,倒是相反的。

不过到后来共同的态度,统一的趋向,渐渐的明朗化。于是有些最初的投稿者,因为态度见解的不一致,竟渐渐的退出了。鲁迅说:

> 不过有些人们,大约开初是只在敷衍和伏园的交情的罢,所以投了两三回稿,便取"敬而远之"的态度,自然离开。连伏园自己,据我的记忆,自始至今,也只做过三回文字,末一回是宣言从

此要大为《语丝》撰述，然而宣言之后，却连一个字也不见了。于是《语丝》的固定投稿者，至多便只剩了五六人，但同时也在不意中显了一种特色，是：任意而谈，无所顾忌，要催促新的产生，对于有害于新的旧物，则竭力加以排击，但应该产生怎样的"新"，却并无明白的表示，而一到觉得有些危急之际，也还是故意隐约其词。陈源教授痛斥"语丝派"的时候，说我们不敢直骂军阀，而偏和握笔的名人为难，便由于这一点。

我们可以说《新青年》之后的文学刊物，能够继承五四时期的反封建的精神，给思想界以极大的影响，作为青年的领导的，恐怕没有能比得上《语丝》的了。该刊的文字，其注意的方面虽不同，而其攻击传统思想以及传统的风俗习惯，可以说是毫无二致的。

丁　上海戏剧协社

上海戏剧协社成立于民国十一年二月，是中华职业学校一部分的学生所组织的。最初的社员多系无名之辈，故未能引起社会上人士的注意。

同年秋欧阳予倩加入该社，不久又介绍一位新从美国留学归国的洪深加入指导，于是声势才为之大振。

该社最初导演者为谷剑尘氏，后来让于洪氏，接着排演欧阳予倩的《泼妇》、胡适的《终身大事》及洪深改译的《少奶奶的扇子》，一时声誉斐然。

该社所出丛书有《剧本汇刊》，出至二集（商务出版）。一集内有《泼妇》、《好儿子》、《少奶奶的扇子》。二集内有《月下》、《回家以后》、《第二梦》。均曾一度公演，颇得好评。

至以上各篇，都是以写实的手法写成的，大抵不外是婚姻问题与社会问题。洪深在他编的《中国新文学大系戏剧集·导言》中说过，作品有没有价值，先须问作品能不能表现作者时代的精神。如果是作者所处时代人生的一种记录、观察、解释，必定对于这个时代有过相当的贡献用途利益的。就是后来时代的读者，也可从作品里明了作者的时代,而增加了人生的阅历与智慧了。洪深的话,可以代表当时许多从事戏剧的人的创作见解。

戊 其他非纯文艺会社的组织

(一)少年中国学会

少年中国学会于民国八年七月成立于北平,发起人为王光祈、孟寿椿、黄日葵等。所出刊物为《少年中国》,创刊于是年七月。内容泛论政治、社会诸问题,但对文艺亦至注意。如第一卷八、九两期为"诗学研究号"。他们的宗旨是"本科学的精神,为文化运动,以创造少年中国"。

该会最初成立,只有北平一处,会员不过二三十人。以后参加者渐多,于是国内如南京、成都,国外如东京、巴黎、伦敦均相继设立分处。有会员在国外者,留法的有曾琦、李璜、李劫人、宗白华……等。留美的有谢循初、黄仲苏。留日的有田汉、左舜生等。在国内者则有康白情、郑伯奇、余家菊、陈启天、沈泽民……等。这一些人以后所走的方向极为分歧,有的成了社会科学家,有的成了教育家,有的成了政党领袖。因为分子复杂、趋向的不一致,所以不到几年,可渐渐瓦解了。如田汉、郑伯奇退出加入了创造社。曾琦、李璜、余家菊另组织了醒狮社。张闻天、沈泽民加入了文学研究会。

虽然说这个团体不是纯文学的,但里边一部分从事于文学的如李劫人、宗白华、黄仲苏等,或是介绍,或是创作,成绩也斐然可观。

(二)现代评论社

现代评论社的前身为太平洋社。在民国十二年,郁达夫到北京大学去教书的时候,太平洋社的作者,如周鲠生、王世杰等都是该校法学院的教授,因此他们就互相的发生了友谊的关系。郁达夫既为创造社发起人之一,而《创造》为一纯文艺刊物,《太平洋》杂志为一纯然学术的刊物。因此太平洋社中的作者就想与创造社合作,使刊物的内容调合调合。当时的计划,是把《太平洋》杂志停刊,用《创造周报》的名子,前半政治,后半文艺。但结果没得到上海方面人的许可。到了十三年夏,创造社上海方面的人纷纷星散,郁达夫这时由北京跑到上海,赶着在周报的最后告终的一期中,刊出了一张预告,是太平洋社与创造社共同连署的,内容是两社将会同办一种周刊,就是后来的《现代评论》。(郭沫若《创造十年》)

《现代评论》创刊于民国十三年十二月十三日,作者大半仍是太平洋社的执笔者。但也继续加入有新的分子,创造社社员除郁达夫外,其余并未参加。内容有时事评论、政论及文艺。关于文艺的作者,为胡适、陈源、丁西林、杨振声、徐志摩、凌叔华等。这些人后来大部分成了新月社的中坚。他们的主张在当时有一部分与创造社比较接近,而有极少数则近于文学研究会。至于他们的作品,等到下边再为详述。

第三节 创 作

甲 诗歌

初期的诗歌,是有着走向自然主义的趋势,在前边已经详论过了。至于这一期的,比着初期,不但在技巧上有着长足的进步,即领域也有着新的开拓。作家一天天的增多了,自然有一部分还沿着初期的趋向,向更深刻、更坚实的路上走去。同时所谓浪漫派与哲理派,也先后出现于诗坛。一时间颇呈百花争艳之观。

(一)自然主义派

属于这一派的作家,有俞平伯、朱自清、康白情等。他们的作品都是以描写实生活为主题。对于情绪的表现也比较有节制,有含蓄,而不是无关栏的泛滥。在技巧上显然的已有惊人的成功。

俞平伯(浙江德清人,北京大学毕业)是从事于诗的创作时间最久的一位作者。他于民国十一年出版《冬夜》,十三年出版《西还》,十四年出版《忆》。他的朋友朱自清批评他道:

> 俞平伯氏能融旧诗的音节入白话,如《凄然》;又能利用旧诗的情景表现新意,如《小劫》;写景也以清新著,如《孤山听雨》。

呓语中有说理浑融之作;《乐谱中之一行》颇作超脱想。《忆》是有趣的尝试,童心的探求,时而一中,教人欢喜赞叹。(《中国新文学大系·诗集导言》)

这恐怕要算最中肯的评语了。今录其较短的两首于后:

愿 你

愿你不再爱我,
愿你学着自爱吧。
自爱,方是爱我了,
自爱,更胜于爱我了!

我愿去躲着你,
碎了我底心,
但却不愿意,你心为我碎啊!
好不宽恕的我,
你能宽恕我吗?
我可以请求你底宽恕吗?

你心里如有我
你心里如有我心里的你;
不应把我怎样待你
的心待我,
应把我愿意你怎样
待我的心去待我。

十一,十一,夜,苏州

暮

敲罢了三声晚钟,
把银的波底容,

黛的山底色，
都销融得黯淡了，
在这冷冷的清梵音中。

暗云层叠，
明霞剩有一缕；
但湖光已染上金色了。
一缕的霞，可爱哪！
更可爱的，只这一缕哪！

太阳倦了，
自有暮云遮着；
山倦了，
自有暮烟凝着；
人倦了呢？
我倦了呢？

朱自清（字佩弦，浙江绍兴人，生长于扬州。北京大学毕业）也是新潮社的作者。其最初一部分作品见于《雪朝》，以后出的散文集《踪迹》里边也附有诗。《新文学大系》的《诗选》，是他选的。他这个选本中，他把自己的作品，选了十二篇。这十二篇，充分的表现出自然主义的色彩。有长诗，有短诗，也有散文诗，在形式上可说是极端自由的作品。但它自有一种节奏的美，不做作的美。他写自己的实感，同自己所看到的人间，没有漫天的幻想，同时也没有夸张的描绘，只是老老实实的、自自然然的把个人的意境表现了出来。他与俞氏不同的，是俞氏有时对于辞句还不免有意的来推敲做作，而他是一本自然。我们试一读他下边的三首，就可以了然了。

小舱中的现代

"洋糖百合稀饭，

三个铜板一碗,
哪个吃的?"
"竹耳扒(耳挖),破费你老人家一个板;
只当空手要的!"
"吃面吧! 哪个吃饺面吧?"
"潮糕要吧? 开船早哩!"
"行好的大先生,你可怜可怜我们娘儿俩啵——
肚子饿了好两天啰!"
"梨子,一角钱五个,不甜不要钱!"
"到扬州住哪一家?
照顾我们吧;
有小房间,二角八分一天!"
"看份报,消消遣?"
"花生,高粱酒吧?"
"铜锁要吧? 带一把家去送送人!"
"郭郭郭郭",一叠春画闪过我的眼前;
卖者眼里的声音,"要吧!"
"快开船啦,贱卖啦,
梨子,一角钱八个,哪个要哩?"

仅 存 的

发上依稀的残香里,
我看见渺茫的昨日的影子——
远了,远了。

赠 A. S.

你的手像火把,
你的眼像波涛,
你的言语如石头,

怎能使我忘记呢?
你飞渡洞庭湖,
你飞渡扬子江;
你要建红色的天国在地上!
地上是荆棘呀,
地上是狐兔呀,
地上是行尸呀;
你将为一把快刀,
披荆斩棘的快刀!
你将为一声狮子吼,
狐兔们披靡奔走!
你将为春雷一震,
让行尸们惊醒!
我爱看你的骑马,
在尘土里驰骋——
一会儿,不见踪影!
我爱看你的手杖,
那铁的铁的手杖;
它有颜色,有斤两,有铮铮的声响!
我想你是一阵飞沙走石的狂风,
要吹倒那不能摇撼的金色的王宫!
那黄金的王宫!
呜……吹呀!
去年一个夏天大早我见着你:
你何其憔悴呢?
你的眼还涩着,
你的发太长了!
但你的血的热加倍的薰灼着!
在灰泥里辗转的我,

仿佛被焙炙着一般！——
你如郁烈的雪茄烟，
你如酽酽的白兰地，
你如通红通红的辣椒，
我怎能忘记你呢？

第一首写船舱中的形形色色，第二首写自己惆怅的心情，第三首写一个革命者的精神与气魄，没有一篇不是如实的具体的表现的。

康白情（后改名洪章，四川安岳人，有《草儿》〔重编为《草儿在前集》〕）的作品，几乎纯是即景写实之作，有时含有人道主义的意味。一般论者都说他特别擅长于写景（梁实秋、胡适），这大概是对的。他的章法句调，尽量的向解放的路上走，毫不雕饰，毫不做作。所以有人就说他的诗是写的。不过这是他的长处，同时也就是他的短处。我总觉得他的诗有时失之于拉杂，缺剪裁之工，好像是溃了堤坝的河水，泛滥而无力。这本是初期诗歌所不免的毛病。今录两篇于后。

和平的春里

遍江北的野色都绿了。
柳也绿了。
麦子也绿了。
细草也绿了。
水也绿了。
鸭尾巴也绿了。
茅屋盖上也绿了。
穷人的饿眼儿也绿了。
和平的春里远燃着几团野火。

四月四日津浦铁路车上

妇　人

妇人骑一匹黑驴儿，

男子拿一根柳条儿,
远傍着一个破窑边的路上走。
小麦都种完了,
驴儿也犁苦了,
大家往外婆家里去玩玩吧。
驴儿在前,
男子在后。

驴背还横着些篾片儿,
篾片儿上又腰着些绳子。
他们俩的面上都皱着些笑纹。
春风吹了些蜜语到他们的口里来,
又从他们的口里偷了去了。

前面一条小溪,
驴儿不过去了。
他们都望着笑了一笑。
好,驴儿不骑了;
柳条儿不要了;
男子的鞋儿脱了;
妇人在男子的背上了;
驴儿在妇人的手里了。
男子在前,
驴儿在后。

(二)浪漫主义派

郭沫若(原名开贞,四川乐山人,有《女神》、《星空》、《前茅》、《瓶》)在《创造十年》中,曾自叙其作诗经过道:

因为喜欢泰戈尔,又因为喜欢歌德,便和哲学上的泛神论的思想接近了起来。——或者可以说我本是有些泛神论(Pan-

Theism)的倾向,所以才特别喜欢有那些倾向的诗人的。——在大学二年上,正当我向《学灯》投稿的时候,我无存心的买了一本有岛武郎的《叛逆者》。那儿所论的,是三个艺术家,便是法国的雕刻家罗丹(Rao)、画家米莱(Millet),美国的诗人恢铁曼(Whitman)。因此又使我和恢铁曼的《草叶集》接近了起来。他那豪放的诗调,使我开了闸的作诗欲,又受了一阵暴风雨的煽动。我的《凤凰涅槃》、《晨安》、《地球,我的母亲》、《匪徒颂》等诗,便是在他的影响之下所做成的。

朱自清批评他的诗说:

> 他的诗有两样新东西,都是我们传统里没有的:——不但诗里没有——泛神论,与二十世纪的动的和反抗的精神。中国缺乏冥想诗。诗人虽然多是人本主义者,却没有去摸索人生根本问题的。而对于自然,起初是不懂得理会;渐渐懂得了,又只是观山玩水,写入诗只当作背景用。看自然作神,作朋友,郭氏诗是第一面。至于动的和反抗的精神,在静的忍耐的文明里,不用说,更是没有过的。不过这些也都是外国影响。——有人说浪漫主义与感伤主义是创造社的特色,郭氏的诗正是一个代表。(《中国新文学大系·诗集导言》)

所以就郭氏全部的诗看来,有这四种特色:(一)对大自然的礼赞,咏歌壮丽的景色(如《笔立山头》、《展望》、《地球,我的母亲》、《光海》、《太阳礼赞》);(二)用历史的故事,来寄托个人的幽情(如《洪水时代》);(三)泛神论的倾向;(四)热情的尽量奔放。这一切,都与欧洲浪漫派的作品相似。

太 阳 礼 赞

青沉沉的大海,波涛汹涌着,潮向东方。
光芒万丈地,将要出现了哟!新生的太阳!

天海中的云岛都已笑得来火一样的鲜明!

我恨不得,把我眼前的障碍一概划平!

出现了哟!出现了哟!耿晶晶的白灼的圆光!
从我两眸中有无限道的金丝向着太阳飞放。

太阳哟!我背立在大海边头紧觑着你。
太阳哟!你不把我照得个通明,我不回去!

太阳哟!你请永远照在我的面前,不使退转!
太阳哟!我眼光背开了你时,四面都是黑暗!

太阳哟!你请把我全部的生命照成道鲜红的血流!
太阳哟!你请把我全部的诗歌照成些金色的浮沤!

太阳哟!我心海中的云岛也已笑得来火一样的鲜明了!
太阳哟!你请永远倾听着,倾听着,我心海中的怒涛!

王独清(陕西长安人,有《圣母像前》、《死前》、《独清诗选》等)的作品,受拜伦的影响最深,即如《吊罗马》系仿拜伦的《哀希腊》、《别罗马女郎》系仿拜伦的《别雅典女郎》。同时他多少还受了一点法国象征派的影响,如《我从 Cafe 出来》即是一例。所以他诗的特点:(一)对过去没落的贵族世界的凭吊;(二)对现在都市生活之颓废的享乐的悲哀(如《玫瑰花》、《Now I am a Chareic man》、《我飘泊在巴黎的街上》)。至于形式方面,他受英诗的影响也很深。他写了不少的十四行诗。他对于选字叫韵,都曾经下过一番苦心,他在《威尼斯》一部诗集的序中说:

> 你看我对于音节的制造,对于韵脚的选择,对于字数的限制,更特别对于情调的追求,都是做到了相当可以满意的地步。

所以他不只是推翻了旧的格式,而且还想造出一种新的格式。穆木天批评他是在过去同贵族的浪漫诗人相结合(缪塞、拜伦)而在现在同颓废派象征派诗人起了亲密的联系,这种批评是一点也不错的。

失望的哀歌

Saore 河! Saore 河!
你在汎着清波。
你旁边坐了个狐人,
一个一个失望了的我。
我! 我只想跳进你波上的漩涡。
我只想跳进你波上的漩涡,
就任你把我送呀! 送呀!
一直送停到她们前的那个石坡。
那石坡,她出门时,便要在上面走过。
我便长眠在那儿,
哦,每日里好接近她那可爱的双脚。

我从 Cafe 中出来……

我从 Cafe 出来,
身上添了
中酒的
疲乏,
我不知道
向那一处走去,才是我的
暂时的住家……
啊,冷静的街衢,
黄昏,细雨!

我从 Cafe 中出来,
在带着醉

无言的

独走,

我的心内

感着一种,要失了故国的

浪人的哀愁……

啊,冷静的街衢

黄昏,细雨。

徐志摩(浙江峡石人,曾留学英美,回国后曾历任中央大学、北京大学教授。早期的诗有《志摩的诗》)是《现代评论》的撰稿者,他的诗作在那上边也颇揭载了不少的篇子。他天才横溢,情绪热烈,早年的作品是那样的奔放,如天马行空,不受羁勒。如《这是一个懦怯的世界》、《灰色的人生》、《常州天宁寺》、《闻礼忏声》、《康桥再会吧》诸篇,是很好的代表。他的诗在英国诗人中受雪莱的影响最大。他后来曾自述其写诗的经历道:

我的第一集诗——《志摩的诗》,是我十一年回国后两年内写的;在这集子内,初期的汹涌性虽已消减,但大部分还是情感的无关栏的泛滥,什么诗的艺术或技巧都谈不到。这问题一直要到民国十五年我和一多、今甫一群朋友在《晨报副刊·诗镌》刊行时,方才开始讨论到。(《猛虎集序》)

这些话都一一的在说明着他是如何的在接近浪漫主义的作品了。至于形式方面,他虽然说早年不大注意,但他确有意在试用西洋诗的体裁。陈西滢批评他道:

志摩的诗几乎全是体制的输入,和实验。经他试验过的散文诗、自由诗、无韵体诗、骈句韵体诗、奇偶韵体诗、章韵体诗,虽然一时还不能说到它们的成功与失败,它们至少开辟了几条新路。(《西滢闲话》)

今录诗两首于后:

这是一个懦怯的世界

这是一个懦怯的世界,
　　　容不得恋爱,容不得恋爱!
披散你的满头发,
赤露你的一双脚;
　　　跟着我来我的恋爱,
抛弃这个世界
殉我们的恋爱!

我拉着你的手,
爱,你跟着我走;
　　　听凭荆棘把我们的脚心刺透,
　　　听凭冰雹劈破我们的头,
你跟着我走,我拉着你手,
　　　逃出了牢笼,恢复了我们的自由!

　　　跟着我来,
　　　我的恋爱!
人间已经掉落在我们的后背,——
看呀,这不是白茫茫的大海?
白茫茫的大海,
白茫茫的大海,
　　　无边的自由,我与你与恋爱!
顺着我的指头看,
那天边一小星的蓝——
　　　那是一座岛,岛上有青草,
　　　鲜花,美丽的走兽与飞鸟;
快上这轻快的小艇,

去到那理想的天庭——
　　恋爱,欢欣,自由——辞别了人间,永远!

再别康桥

轻轻的我走了,
正如我轻轻的来;
我轻轻的招手,
作别西天的云彩。

那河畔的金柳,
是夕阳中的新娘;
波光里的艳影,
在我的心头荡漾。

软泥上的青荇,
油油的在水底招摇;
在康河的柔波里,
我甘心做一条水草!

那榆荫下的一潭,
不是清泉,是天上虹
揉碎在浮藻间,
沉淀着彩虹似的梦。

寻梦?撑一支长篙,
向青草更青处漫溯,
满载一船星辉,
在星辉斑烂里放歌。

但我不能放歌，
悄悄是别离的笙箫；
夏虫也为我沉默，
沉默是今晚的康桥！

悄悄的我走了，
正如我悄悄的来；
我挥一挥衣袖，
不带走一片云彩。

（三）哲理派

这一派的作品，既不像自然主义派那样的来描摹现实，更不像浪漫主义派之对个人的热情作开了闸似的倾泻。只是很幽静的，用象征的方法，就具体的事物中，来透露出自己对于宇宙与人生的一部分的理解。属于这一派的，有冰心、徐玉诺、宗白华诸人。

冰心女士（谢婉莹，福建人，燕京大学毕业，有《繁星》、《春水》，后重编为《冰心诗集》）曾在《繁星》自序中说，读了泰戈尔的《迷途之鸟》以后，才收集起零碎的思想来，可知她是如何的在受着泰戈尔的影响了。茅盾批评她，说在所有五四时期的作家中，只有冰心女士属于她自己。她的作品中不反映社会，都反映了她自己。她把自己反映得再清楚也没有（《冰心论》）。现在试选她的几篇于后：

假如我是个作家

假如我是个作家，
我只愿我的作品
入到他人脑中的时候，
平常的，不在意的，没有一句话说；
流水般过去了，
不值得赞扬，
更不屑得评驳。

然而在他的生活中
痛苦,或快乐临到时,
他便模糊的想起
好像这光景曾在谁的文字里描写过;
这时我便流下快乐之泪了!

假如我是个作家,
我只愿我的作品
被一切友伴和同时有学问的人
轻藐——讥笑;
然而在孩子,农夫,和愚拙的妇人,
他们听过之后,
慢慢的低头,
深深的思索
我听得见"同情"在他们心中鼓荡;
这时,我便流下快乐之泪了!

假如我是个作家,
我只愿我的作品
在世界中无有声息,
没有人批评,
更没有人注意;
只有我自己在寂寥的白日,或深夜,
对着明明的月
丝丝的雨
飒飒的风,
低声念诵时,
能以再现几幅不模糊的图画;
这时我便流下快乐之泪了!

假如我是个作家,
我只愿我的作品
在人间不露光芒,
没个人听闻,
没个人念诵,
只我自己忧愁,快乐,
或是独对无限的自然,
能以自由抒写,
当我积压的思想发落到纸上。
这时我便要流下快乐之泪了。

一九一八,一九二二

繁星·一三一

大海呵,
哪一颗星没有光?
哪一朵花没有香?
哪一次我的思潮里
没有你波涛的清响?

徐玉诺(河南鲁山人,河南省立第一师范毕业,《雪朝》作者之一。诗集有《将来之花园》)是一个憎恶现实的悲观论者。从他的作品中,看不到人生的光,只是丑恶与残酷。因此他咏赞死,希望毁灭,再不然逃到梦的境地去。至他作品的形式,是极端的自由,好像不曾费过推敲琢磨的工夫似的。

枯 草

人生如同悬崖上边
的一枝枯草
被风吹折,

颠颠连连的坠落下来了。

夜　声

在黑暗而且寂寞的夜间，
什么也不能看见；
只听得……杀杀杀……
时代吃着生命的声响。

墓地之花

春天踏过世界，风光十分温润，
而且和霭；
凸凸的墓场里，满满都长出青草。
山果又开起花来。
我跳在小草上，我的步伐
是无心而安静；
在那小小的米一般的黄或红
的小花，放出来的香气里，
觉出极神秘，极浓厚的爱味来。
墓下的死者呵！
你们来在何时何代？
你们的床榻何等温柔，
你们的枕头何等安适！
年年又为你的同伴
送出香气来。
墓下的死者呵！
你们对人生是不是乏味；
或者有些疑惑？
为什么不宣告了同伴，
大家都来到墓的世界？

春光更是绚烂,
坟场更是沉寂;
我慢慢地提着足,
向墓的深处走着。

宗白华(江苏常熟人,有《流云小诗》)是研究哲学的,郭沫若说他"似乎也有嗜好泛神论的倾向"(《创造十年》)。他自己曾说:"艺术的生活,就是同情的生活。无限的同情,对于自然。无限的同情,对于人生。无限的同情,对于星、天、云、日。无限的同情,对于生、死、离、合、喜、笑、悲、啼。这就是艺术感觉的发生,这也是艺术创造的。"我们试看他的作品,很合于他自己的话。其特点在内容上含有深邃的哲学味,耐人寻思。在形式上,极简短,与冰心的《繁星》、《春水》颇多近似之处。

信　仰

红日初生时
我心中开了信仰之花:
我信仰太阳
如我的父!
我信仰月亮
如我的母!
我信仰众星
如我的兄弟!
我信仰万花
如我的姊妹!
我信仰流云
如我的友!
我信仰音乐
如我的爱!
我信仰

一切都是神！
我信仰
我也是神！

夜

一时间
觉得我的微躯
是一颗小星，
莹然万星里
随着星流。
一会儿
又觉着我的心
是一张明镜，
宇宙的万星
在里面灿着。

诗

啊，诗从何处寻？
在细雨下，点碎落花声！
在微风里，飘来流水音！
在蓝空天末，摇摇欲坠的孤星！

眼　波

她静悄悄的眼波，
悄悄的落在我的身上。
我静悄悄的心，
起了一纹，
悄悄的微颤。

乙　小说

写实主义小说

鲁迅在新文学运动初期,所发表的一些作品,像《狂人日记》、《阿Q正传》等,它们的特质,已如上述。此后他又继续地写了几十篇,一共出了两个集子,一为《呐喊》,二为《彷徨》。从此他遂一跃而为文坛上的巨人。

至他以后这些篇子,其作风并无如何地改变,还不外攻击陈腐的封建思想,指摘国民性中的弱点,揭发社会上的黑暗面。他冷酷的、丝毫不宽容的,来解剖他所处的社会。而以简练的语句,讽刺的笔调,出之。令读者真不知啼笑之何从。

关于他在文学上的成就以及他的作品的特色,过去论者已经很多了(李何林集有《鲁迅论》)。在这里,似已不必再为赘述。不过有一点,为一般人忽略掉的,就是他那种希世的作品的成功因素。我们要知道,鲁迅的笔锋虽尖刻,而他的感情则是极丰富的。他爱民族,他爱人类。他本来是学医的,但为什么他后来改治文学,就是因为他最初觉得中国之所以衰危,是由于人民体质之弱。可是后来他在日本有一次看到电影片子中映演日俄战事,日本人捕得了一个为俄国作侦探的中国人,于是就执行枪决,可是在枪决的时候,围观者大半是东三省的中国人,他们不但不予以同情,而且随着日本人拍手称快。这时鲁迅受到了一种极严重的打击,他觉悟到,人民的智识不够,虽有健壮的体格,也只能作敌人的走狗,供人家驱策。所以他的学医的素志,因之发生了动摇。恰好那时国内一般革命志士,都在东京,革命的空气,非常的浓厚。他也深受这种空气的影响,觉得想转变风气,唤醒国人,惟有文学的效力最大。于是他遂一转而从事于文学。由此可知他之治文学,实基于他的一点爱民族、爱国家的热情,才如此的。

其次是他的个性的倔强。他平生对中国过去的作家,最喜欢嵇康。原因,实因为他的性格与嵇康极相近的关系。因为倔强之故,所以与世人不轻妥协,而对自己的主张同见地,往往是坚持到底。所以这样的就形成他在思想上与行为上的始终一贯性。

再次是他所受的科学的训练。他最初是学医的。医学是用精密的方法,来诊断病者的症候的,所以必须冷静,必须观察。而对于病症更是要不容丝毫假借,务期于彻底的根除而后已。鲁迅深受这种精神的陶冶,所以他以医生施之于病人者,施之于社会,所以才成就了他那样尖刻犀利、深见骨髓的描写与刻画。

最后,他又曾从余杭章氏受业。章氏为清末的朴学大师,治学之态度极谨严。同时早年也曾极激烈的反对儒家思想。鲁迅在这两方面实深受其师的影响,故其于翻译、于论著,其慎审之态度,可以说纯为朴学家的面目。至他在五四后继续作攻击封建思想的工作,实承其师之学而加以扩张者。

由以上的叙述,我们可以了解鲁迅的作品在内容上,寓深爱于痛恨,实基于他的丰富的热情;在风格上,清峻而犀利,实基于他的个性的倔强;至于思想之竭力的推陈出新,创作态度之极端的审慎不苟,又基于其所学。所以一个伟大作家之所以成就其伟大,实有其客观的因素,并非偶然而致的啊。

叶绍钧(字圣陶,江苏吴县人,前期作品有《隔膜》、《稻草人》等)是我国文坛上从事创作最久的作家之一。他不像创造社那般作者,在创作方面不主张自我的表现,乃是老老实实的在描写社会,因此他的作品,不怎么的脍炙人口。可是要就文学而论文学,不一定为多数人所喜欢的作品就是有价值的作品。圣陶的作品,在表现人生的真切上说,为当时许多作者所赶不上的。他的作品的特点:一、用写实的笔,来表现乡村社会中的一片段,不煊染,不夸张;二、他的作品篇篇都提出有问题。其范围有的是教育,有的是妇女,有的是家庭;三、他的作品中所写的主人公,虽然都极平凡而渺小,但一个个都可以代表一个广大的阶层。从一个女人的命运,可以看到许许多多女人的命运。从一个儿童的生活,可以看到千千万万儿童的生活。总之,圣陶是五四后的作者,他受到五四的影响极深,当时社会上正当新旧冲突的时代,新旧问题、父子问题、夫妇问题、理想与现实的问题,纷然杂陈。圣陶在这些问题上,就个人之所见,而把它倾注在自己的作品当中。他的笔致极细腻,状物写情都能做到恰到好处的地步。所以在文学研究会中,他要算最优异出众的作者。短篇小说《一生》、《母》、《义儿》、《小铜匠》、《平常的故事》都是他这期作品的代表。

冰心女士在小说方面也有相当的成绩,就这一阶段,她的作品的发展上说,可以分作两个时期。

一、问题小说

作者在全集自序里说:

  我开始写作是一九一九年五四运动以后。那时我在协和女大,后来并入燕京大学,称为燕大女校。五四运动起时,我正陪着二弟,住在德国医院养病,被女校的学生会叫回来当文书。同时又选上女学界联合会的宣传股。联合会还叫我们将宣传的文字,除了会刊外,再找报纸去发表。我找到《晨报副刊》,因为我的表兄刘放园先生是晨报编辑。那时我才正式用白话试作,用的是我的学名谢婉莹,发表的是职务内应作的宣传文字。……我从书报上知道了杜威和罗素;也知道了托尔斯泰和泰戈尔。这时我才懂得小说里是有哲学的,我的爱小说的心情,又显著的浮现了。我酝酿了些时,写了一篇小说《两个家庭》,很羞怯的交给放园表兄,用冰心为笔名。……稿子寄去后,我连问他们要不要的勇气都没有。三天以后,居然登出来了。在报纸上看到自己的创作,觉得有说不出的高兴。放园表兄又竭力的鼓励我再作,我一口气又做了下去。那时几乎每星期有作品,而且多半是问题小说,如《斯人独憔悴》、《去国》、《庄鸿姊姊》之类。

不过冰心虽然以现实问题作为她创作的题材,但是她所写的主人公,都是极其平庸的人。《斯人独憔悴》中提出了父与子冲突的问题,但是那在旧官僚压迫下的五四式青年颖铭,只能够黯然的低吟着工部的诗句。至于《去国》写一位学成回国满怀壮志的留学生,到国内后,一筹莫展,终于灰心丧气,不得不二次踏上去国之路。总之她小说中的主人公,都太懦弱了,比着易卜生问题剧中的娜拉同斯多曼是多么的庸懦而且渺小啊。

二、爱的哲学

冰心由对于社会问题的提出,进而一变为对于母爱的颂赞,最后就建筑起她的爱的哲学。她在《超人》中写一个对现实否认、对人生憎厌的青年何彬,后来受到邻居一个小孩禄儿的感动,才了悟到人生是有着所谓爱的。由此他由对人生的怀疑,而变为肯定。他复禄儿的信中说:

> 小朋友啊!不错的,世界的母亲和母亲都是好朋友。世界上的儿子和儿子也都是好朋友。都是互相牵连,不是互相遗弃的。

不过以这来解释爱的哲学,基础未免太欠坚实了。于是隔了一年之后,她又写了一篇《悟》作为对前说的补充,篇中主人公(爱的哲学的宣传者)给他的朋友钟悟的信中说:

> 科学家枯冷的定义,只知地层如何生成,星辰如何运转,霜露如何凝结,植物如何开花,如何结果。科学家只知其所当然,而诗人,哲士,宗教家,小孩子,却知其所以然。……科学家说了枯冷的定义,便默退拱立;这时诗人,哲士,宗教家,小孩子却含笑向前,合掌叩拜,欢喜赞叹的说:这一切只为着"爱"。

这是多么神秘的解释呢?所以冰心第二期的作品几乎大半都是以表现母爱为主题而写出的。至于它的风格,则极其清澈秀美。有人曾把她的文章比之晚明公安派的作品。总之冰心的小说不管它表现得深刻或肤浅,但是总有着她的一贯的作风。此作风大致可以温和与中庸二语尽之。这十足的代表着五四时期中国新女性的特色。大革命后中国的新女性,已不是这种类型了。

庐隐(黄英,著有《海滨故人》、《象牙戒指》、《曼丽》等)也是文学研究会中著名女作家之一。不过她的作风与冰心截然不同。她不写什么母亲之爱,倒是赤裸裸的把五四以后中国新女性对于性爱的追求以及对于革命的憧憬,而结果流于彷徨与迷惘等,表现得异常的尽致。她的作品,大致可分为两期。

一、客观的写实

她也是在五四时期献身于文坛的一位作家,所以时代给她的影响也很深。因之她这一期的作品,也多半偏于暴露的方面。如《一封信》写一个农民的女儿,被一个土财主巧夺为妾,竟至于惨死。《两个小学生》写军阀政府如何的惨杀请愿的学生。《灵魂可以卖吗》写纱厂女工的凄惨生活,虽然说只是很琐屑很浮面的描写,可是当时作者的倾向,是可以看出的。

二、自我的剖析

五四运动的狂潮降落后,庐隐也就把她描写社会的笔,转而来作自我的剖析了。这时她作品中表现的对象,仅仅限于作者的个人以及她的爱人同她的朋友,每一篇中都带着极浓厚的自叙传的色彩。要分析起来,有这几方面:一同性爱,二游戏人间,三情感与理智的斗争,四伤逝。所以作者毕竟是女子,比较情感热烈,自从她的爱人郭梦良去世后,她就陷入于悲哀感伤之网里。同时她的朋友石评梅为爱情而死,也是使她感到最悲伤的一点。所以她的一支笔,就成为发抒她个人苦闷的利器了。往日对于社会正视的眼睛,这时也回转过来只限于她个人周围的一切了。所以未明就批评她说:

> 庐隐她……从《海滨故人》到《曼丽》,到《玫瑰的刺》,到《女人的心》,首尾有十三四年之久。在这里,我们就意味着我们所谓庐隐的停滞,而因为时代是向前了,所以这停滞,客观上就成为后退。庐隐主观上是挣扎着要向前追求的。(《中国女作家论》)

这是很中肯的批评。

至于技巧方面,所有读过她的作品的人,都觉得她的笔致是很流畅的,时时含着感伤的情调。可是前期的作品,结构散漫,有时人物极多,而控制又不得其当,结果往往弄得头绪就非常的乱。到了后期的作品,如《归雁》、《女人的心》就比较进步了。可惜她死得太早,遂使她的作品,不能达到极其成熟的境地。

张资平(广东梅县人,日本东京帝大地质系毕业)是创造社发起人之一,他在创作上是一个多产的作家。长篇同短篇,总算起来不下二三十种。其中最风行的是《飞絮》、《苔莉》、《天孙之女》、《爱力圈外》、《最后的幸福》(以上长篇),《爱之焦点》、《不平衡的偶力》(以上短篇)。他的作品所描写的范围,反来复去,不出三角以上的恋爱故事,而他所写之恋爱故事,也有几个固定的原则:(一)女性往往为爱的追逐者,而男子反往往的故意退缩。《飞絮》是一个最好的代表。(二)对于色情的描绘,往往过于具体与露骨,所以富于挑拨性。《苔莉》就是一个很好的代表。(三)男子往往是所谓处女狂者,而对自己已得到的女子,因为她已非处女,而予以憎恶与苛虐。从上列两种作品中,都可以看到这一点。(四)在恋爱的场合中,男子往往是薄倖郎,而女子被遗弃,结果陷入于极悲惨的境地,如《天孙之女》。至于他的长处,在能对于男女两性的生理心理的状态及发展过程上,分析得极清楚,而描写又逼真;其短处则为千篇一律,好像是从一个公式中套出来的一样。至于表现的手法,同对人生的态度上,他虽然是创造社中的作家,但不能说他是浪漫主义,只可以说他是写实主义,而杂有浪漫主义的气息而已。这是他与郭、郁极不相同的地方。

浪漫主义小说

郁达夫(浙江富阳人,日本东京帝大毕业)是创造社中最重要的小说作家,著有《达夫全集》,中间有《寒灰》、《鸡肋》、《过去》、《薇蕨》诸集,包括小说四十余篇,另外还有《迷羊》为单行本。郁氏的作品,似乎受法国的卢梭及日本田山花袋、岛崎藤村诸人的影响甚深。他的作品几乎纯为个人的自叙传。对于个人内心的苦闷,毫不隐饰的,予以揭露。这种表现,固然是个人的,民就代表了那一时期一般的青年心理。因此他的作品就风行于世,为一般青年所爱好。他最早的知名之作,是《沉沦》。里边写一个青年留学生,因为性的苦闷与经济的压迫,及受到社会上不良的刺激,遂陷于变态心理的境地。以后的作品,多半逃不出这两种范畴,即经济与性爱的两种苦闷。

郁氏因为体质孱弱,而遭遇又不甚如意,其发之而为作品,就含有很浓郁的感伤情调。《采石矶》就是这类代表。至在形式上,他的每篇作品,都似很随便写出,好像是在结构上不曾费过匠心似的,可是他的笔致隽俐,写景言情均极细腻,在当代作者之林中,就文论文,彼不失为第一流的作家也。

郭沫若所写小说,有长篇《落叶》、《我的幼年》,短篇《塔》、《橄榄》等。他是创造社的诗人,趋向又偏于浪漫主义,故其小说多为自我的表现。内容不外写他早年的经历同中年以后在经济压迫下的文士生活。词句流利,表现真挚,为其所长。

周全平是创造社的后起分子,他的作品似乎受郁达夫的影响最大,其写失业的悲哀与性的苦闷,与郁氏如出一辙,其不同者在其描写刻画能出之以写实之笔。小说有《梦里的微笑》、《烦恼的网》等。

倪贻德是一个画家而兼小说家,作品也是与郁氏相近。内容所写的不外恋爱与人间苦,含有浓郁的哀伤味。小说有《玄武湖之秋》、《东海之滨》等。

冯沅君(名淑兰,笔名淦女士,河南唐河人,女师大毕业)是五四后敢于大胆写两性恋的一位女作家。她曾以《隔绝以后》、《郑州之一夜》、《慈母》等作,哄动一时的文坛。她那种勇毅的表现自我,与反礼教的精神,与当时的创造社可谓桴鼓相应,因此她早期的作品,才能够发表于《创造周报》。她的小说集有《卷葹》、《春痕》、《劫灰》等。

徐祖正(字耀辰,江苏昆山人,日本东京高师毕业)早年也为创造社的一员,其作品虽沉郁,然其趋向实与郭、郁诸人一致。他极推崇雪莱与济慈。他的作品也纯然的属于自我的表现。早年的作品是《兰生弟日记》,内容写一失恋青年的苦闷心理。用书函与日记两种体裁,交织而成。其真挚坦白处,不亚于卢梭的《忏悔录》与藤村的《新生》(作家受藤村的影响至深,曾将其《新生》介绍给国人),在当时文坛上实为一独辟蹊径之作。惟此类体裁易流于冗杂与琐屑,作者虽具有极卓越的天才与极纯熟的修养,但亦难免此病。不过因有极磅礴的热情,充溢于字里行间,所以使人忘掉了他的短处。

其他小说

冯文炳(笔名废名,北京大学毕业)是一个很特异的作家,小说集有《竹林的故事》、《桃园》。他所写的事物是乡村的,而人物也都是乡村的。但他把那些平凡的人,完全诗化了。他的文笔平淡而朴素,对读者虽不能予以热情的刺激,但却能使之低徊不已。所以他的小说如渊明的诗,所谓"似枯而实腴"也。

丙 戏剧

中国的话剧自从《新青年》中把易卜生的问题剧及其主义介绍过来后,于是一般从事新剧的作者,多半走向写实主义的路。这时在戏剧的形式方面,遂一下子把中国固有的,一脚踢开,整个儿承受了西洋的一套。它的特点是:(一)纯然的对话,删去了唱词,取消音乐的伴奏;(二)用新的舞台与布景。在内容方面,完全与当时所谓思想革命的步调相呼应。所表现的是:(一)家庭间的父子(女)问题,(二)婚姻问题,(三)社会问题,(四)教育问题,(五)劳工问题。

至于排演者,大抵不外学校的学生。新剧在萌芽时期,只不过是一种运动,没成功为一种职业。至于写剧的,除了极少数的人,是专力于此外,其余大半都是偶一为之。就因为新剧没有专业化,平时只限于学校在开什么会时才排演,所以就时作时辍,对社会的影响就极小。又因为这不过是一般学生们在玩票,结果专门写剧的人也就因之而少。所以五四后新剧运动,好像是汹涌澎湃似的,盛极一时,但当那一个狂潮降落后,而新剧运动也就随之而渐渐衰落了。于是社会上所谓戏剧的王位,仍然是旧剧在盘踞着。

至于戏剧的团体,在南方曾经有过上海戏剧协社,在北方曾经有过人艺戏剧学校。他们是比较有计划、有组织的来倡导新剧的。虽然他们的力量薄弱,不能够转移一世的风气,但他们孜孜不倦的努力,为新剧运动延此一线的命脉,其功终是不可没的。现在不妨把这一时期的新剧作者,略述如次。

田汉(字寿昌,湖南人,日本留学生)最初也是创造社发起人之一,后来因与成仿吾意见不合,而宣告脱离。他曾翻译过莎翁的《哈姆雷特》、《罗蜜欧与朱丽叶》、《王尔德的莎乐美》。他本来很富于诗人气质,又加上他受到英国莎翁的影响,所以他的作品也迥然与别人不同,自具一种特有的风格:(一)非纯然的写实,颇含有浪漫主义的色彩,(二)富于诗的意境,(三)关于婚姻问题,多写女的被弃,与男的薄倖,(四)词句极隽逸精练。他的作品后来辑为《田汉戏剧集》行世。代表他早期作品的为,《咖啡店之一夜》、《午饭之前》、《获虎之夜》、《苏州夜话》等。

侯曜是一个以写通俗剧著名的作家,著有《复活的玫瑰》、《刀痕》、《可怜的闺里月》、《山河泪》、《弃妇》等。他的作品大致都是写实的,有问题剧及教训剧。内容,写旧家庭的专制,与婚姻的不自由的,如《复活的玫瑰》;反对战争的,如《可怜的闺里月》;鼓舞爱国情绪的,如《山河泪》。就技巧上说,颇有相当的成功。他的作品差不多全在舞台上演出过,都很受观众的赞许。

陈大悲是爱美戏剧的提倡者,著有《爱美的戏剧》一书。他对于导演颇具丰富的经验,所作有《虎去狼来》、《幽兰女士》、《张四太太》、《说不出》、《英雄与美人》。在民国十三四年这一个时期,在政治上是军阀的割据与混战,在思想上是新旧的矛盾与冲突。陈氏的作品,反映前者的是《虎去狼来》,反映后者的是《幽兰女士》同《张四太太》。

蒲伯英是与陈大悲同时的剧作家。当他任北平戏剧专门学校校长的时候,陈大悲曾作过他的教务长。他的作品有《阔人的孝道》,写社会人心的欺诈;《道义之交》写有势力的人之凌虐弱者,都能针对社会的黑暗,而予以攻击。

丁西林是现代评论社的作者。他的剧作大半曾发表于《现代评论》,有《一只蚂蜂》、《亲爱的丈夫》、《酒后》、《压迫》、《北京的空气》等。这些作品的取材,大抵都是上流阶级,但又都是新旧时代过渡期的人物。所以在本身上,就往往发生出新旧思想的矛盾来。一般自命为新人物的,往往嘴里讲得非常的新,而脑子里仍然为旧思想所盘踞,于是就形成所谓的二重人格。即如《酒后》,对女主角的丈夫讽刺得就非常有味。

除以上所述诸人以外,欧阳予倩、洪深在这期的作品很少。郭沫若虽也有几篇剧作,如《湘累》、《棠棣之花》等,乃是用故事来写诗,只能在桌上读,是不容易排演的。还有一些从事于小说的作家,也偶而写一两篇剧,如叶绍钧的《艺术生活》之类,在这里都用不着赘述了。

丁　散文

散文方面属于纯文艺的,乃是小品。所谓小品也者,乃是信笔抒写,在形式上可以不需要章法与结构,尽可倏然而来,嘎然而止。在内容上,更是可以言所欲言,用不着顾忌或隐蔽。这一类的文字,在晚明清初曾经盛极一时,到乾隆中叶,因为政治的压制与思想的统一,于是就渐趋衰熄了。"五四"以后,因为思想解放,八股文的势力已随专制政体而坍台,加上西洋文学中 Essay 一体的影响,于是小品文就又应运而生了。就它们的内容看来,可以说各人有各人的面目,有的批评现实,有的描述所见。虽然说方向极其纷歧,可是作者的写作态度,其为自由挥洒,则是毫无二致的。

鲁迅自从《彷徨》问世以后,就放下了他的小说之笔,在写作上,向着这三方面发展:一、介绍外国的文学理论同作品,二、对中国小说史的研究,三、对中国文化与现实的批评。一二两项不属于本题范围,可以放下不谈。专就第三项而论,他关于这一类的作品,在这一时期的有《热风》、《华盖集》、《华盖续集》、《朝花夕拾》等。

他的眼睛锐敏而犀利。他对中国社会观察到深入骨髓。加上他的笔锋又尖刻而老辣,因之一般读者对他无不衷心折服的。青年把他当作自己的导师。只要读过他的作品,在思想和行动上,很少不受他的影响的。但就因为这,他开罪了不少的大人先生,于是不得不辗转南北,最后只得定居上海,以卖文为生。至他这种小品的内容,与他的小说可以说完全是一贯的,而比小说更彻底、更显豁。他虽然是这样的在暴露着旧文化的疮痍、伪君子的阴险与军阀官僚的残酷,但他还以为没作到家。他曾说:"我正因生在东方,而且生在中国,所以中庸稳妥的余毒,还沦肌浃髓,比起法国的勃罗亚来,真是小巫见大巫,使我自惭,究竟不及白人之毒辣勇猛。"

总之鲁迅的散文,是有其真实的内容,而又有独特的形式,所以才有那样感人的力量的。我们要认识鲁迅,与其读他的小说,无宁读他的小品。

俞平伯的散文,有《杂拌儿》、《杂拌儿二集》、《燕知草》等。他的作风属于幽深别致的一路。周作人说他的作品,有点像明代的竟陵派。他说:

> 但是在论文——不,或者不如说小品文……我想必须有涩味与简单味,这才耐读,所以他的文词还得变化一点。以口语为基本,再加上欧化语,古文,方言等分子,杂揉调和,适宜地或各尽地安排起来,有知识与趣味的两种统制,才可以造出有雅致的俗语文来。我说雅,这只是自然,大方的风度,并不要禁忌什么字句,或是装出乡绅的架子。平伯的文章便多有这些雅致,这又是他近于明朝人的地方。(《燕知草跋》)

我们试一读他的《陶然亭的雪》、《清河坊》、《桨声灯影的秦淮河》、《雪》、《晚归》、《船是真够味的》。他的文章在你乍一读起,真觉得有点别扭,可是慢慢读下去,就不然了,就好像吃甘蔗,从梢到根,越嚼越有味。这实在是文学革命后,新旧中西调和后特有的一种产品。

朱自清的小品集有《背影》、《你我》等。他的文字是偏于明快朗澈一路的。说理与写景不像俞平伯那样爱拐弯儿。同时更不喜欢把文言、白话、方言、欧化语杂揉在一起。比较起来,可说是一种标准的语体文。至于内容,因为他是一个秉性笃厚的人,所以他的作品也就富于恳挚的味儿。与那些没有真情实感,而故意卖弄文词的,可以说是一个极好的对照。

冰心的散文集有《寄小读者》。这一部脍炙人口的书,虽然作者是写给小朋友们看的,但在成年人读起来,一样的觉得很有趣味。她的笔致流丽婉转,可以想见其人之温柔和淑。周作人曾说她的作品"很像公安派的,清新透明而味道不甚深厚"(《中国新文学的源流》),大致是不错的。

徐志摩的散文,是受英国小品最深的产品。他的笔致浓艳,间或带一点感伤的色调。有时好像不是散文,简直是诗。周作人曾批评他的作品流丽轻脆,在白话的基础上,加上古文、方言、欧化语种种成分,使引车卖浆之徒的话,进而为一种有表现力的文章。我们试一读所知道的《康桥》、《北戴河海滨的幻想》就可知这话是对的。他的集子有《自剖》同《巴黎鳞爪》等。

第四节 本期创作的特色

这一期在时间上,虽然说很短促,但比诸初期,已迥然的不同了。就一般的作品特色而论,在内容上虽然有着写实与浪漫的不同,但其对现实的不满则一致。前者客观的暴露社会的矛盾与冲突,暗示着不合理的事物是终究要被消灭的。后者则主观的对旧时代的一切,作着猛烈的攻击与破坏;而于未来的光明,作着恳切的瞻望和期待。胡适说过,新思潮的意义,就是重新估定一切价值。这一时期的文学,也可说是对旧社会的重新估定价值。屠格涅夫主义、易卜生主义、拜伦主义,在这一时期的作品中随时可以发现。

其次,在形式上,大多数的作者已经完全摆脱了旧的躯壳,而各自另辟蹊径,向创造之途迈进。大小脚式的作品,已不多见。虽间或有的不免于幼稚,但成功的作品,毕竟是指不胜屈的。

现在我们要问为什么新文学在这样短短的期间内,会有着这样惊人的收获呢?理由很简单,就是一般献身于文学者,对文学观念比较前人正确的缘故。他们了解文学的价值,把它当作一种神圣的大业,而集中精力以赴。同时并了解文学的功用是表现时代,推进时代的。所以他们注意观察社会的诸相。就是那些不主张纯然描写客观事物的,但当他们表现自我的时候,也是必待个人有了不可遏抑的情绪,非得倾吐不行的时候,才去动笔的,因此他们的作品不管是属于写实主义的也好,或者属于浪漫主义的也好,但内容是新颖的,形式是独创的,既不肯作无病的呻吟,也不屑一步一趋的来模拟他人。所以即令是幼稚的作品,也自有它的感人之力。至于成熟的,更不用说了。

所以就这一阶段创作上的成果而论,不成问题的,可以预测中国文坛上,伟大的时代,在不久的将来是会出现的。

三二,十二,二四,脱稿于河大。

参考书目举要

1. 萧一山《清代通史》
2. 孟世杰《中国最近世史》
3. 《中国六十年来太平记》
4. 《定庵全集》(龚定庵)
5. 《曾文正公诗文集》
6. 《严几道诗文钞》
7. 《严译名著丛刊》
8. 《严几道年谱》(王蘧常)
9. 《康南海文集》
10. 《不忍》杂志
11. 《饮冰室全集》
12. 《中国近百年学术史》(钱穆)
13. 《谭浏阳全集》
14. 《章氏丛书》
15. 《章太炎文钞》(古代八家文钞)
16. 张之洞《劝学篇》
17. 《近代诗钞》(陈衍 辑)
18. 黄遵宪《人境庐诗草》
19. 鲁迅《中国小说史略》

20.《五十年来之中国文学》(胡适)
21.《桐城吴先生全书》
22.《长沙章氏散稿》
23.《曼殊全集》
24.《畏庐文集》(续集三)
25.《域外小说集》(鲁迅)
26.《瓜豆集》(周作人)
27.《日本国志》
28.《论文杂记》(刘师培)
29.《静庵文集》
30.《宋元戏曲史》
31.《新青年》
32.《独秀文集》
33.《胡适文存》
34.《蔡孑民先生言行录》
35.《新潮》
36.《学衡》
37.《甲寅》
38.《东方杂志》
39.《国语运动史纲》
40.《小说月报》
41.《歌谣》周刊
42.《新诗年选》
43.《雪朝》
44.《中国新文学运动史》(王哲甫)
45.《创造十年》
46.《现代》
47.《厨川白村文学十讲》
48.本间久雄《欧洲近代文学思潮论》

49.《创造月刊》

50.《创造周报》

51.《语丝》

52.《少年中国》

53.《现代评论》

54.《中国新文学大系·诗集》

55.《冬夜》

56.《西道行》

57.《统》

58.《踪迹》

59.《草儿在前》

60.《女神》《星空》

61.《圣母像前》

62.《志摩的诗》

63.《春水》

64.《繁星》

65.《将来之花园》

66.《流云》

67.《呐喊》

68.《彷徨》

69.《隔膜》

70.《稻草人》

71.《叶绍钧小说集》

72.《超人》

73.《海滨故人》

74.《飞絮》、《苔莉》、《天孙之女》、《爱力圈外》、《最后的幸福》

75.《达夫全集》

76.《落叶》、《我的幼年》、《橄榄》、《泪》等

77.《兰生弟日记》

78.《竹林的故事》
79.《田汉戏曲集》
80.《复活的玫瑰》、《山河泪》
81.《热风》、《华盖集》、《华盖集续编》、《朝花夕拾》
82.《杂拌儿》
83.《寄小读者》
84.《自刻》

中国现代文学论稿

第一章 绪 论

第一节 学习现代文学的目的

什么是现代文学？现代文学就是中国文学现代阶段的文学，也就是从五四文学革命运动起，直到中华人民共和国成立后这一阶段的文学。过去所说的"新文学"，也就是目下我们所讲的现代文学。

学习现代文学，主要有下列几个目的：

一、了解并掌握现代文学的发展规律。一切客观存在的东西，以及作为客观存在的反映的意识形态的东西，都有其一定的发展的规律。自然科学、社会科学，都是研究自然和社会发展规律的科学，我们想使某种东西好好的为我们服务，就得首先了解它的发展规律，并掌握它的规律，就可以运用它使它好好地为我们服务，帮助我们变革现实。文学也是一种阶级斗争的武器，它对于我们变革现实起着不可估量的促进作用。中国三十多年来的现代文学，正是一个很好的说明，我们为使它更好的为我们革命事业服务，那我们就必须了解并掌握它的发展规律。

二、了解重要作家及其代表作品，并能领会欣赏其思想性与艺术性，初步地具有分析与批评的能力。文学的发展，基本上也就是作品的发展，离开作品的发展，也就谈不到文学的发展。同时作品又是作家写出来的，它是一定的社会生活在作家头脑中的反映的产物。所以离开了作家,就不能很好的来说明作品。所以我们学习现代文学,主要是了解这一时期中具有伟大的社会意义和历史意义的代表作品以及产生这样作品的重要作家。通过对作家的研究,使我们对他的代表作有着更深入的理解,同时又通过对作品的研究,使我们对产生这些作品的作家有着更全面的认识。其次,作为作品的灵魂的是它的思想性。而作为文艺的特征的,是具体而恰切地表现某种思想的艺术性。对作品社会意义与历史意义的理解以及对它的估价,主要决定于它的思想性和艺术性,而前者尤为重要。我们在学习现代文学时,对于重要作家的代表作品,必须能领会欣赏其思想性与艺术性,从而养成对于一般作品具有初步的分析与批评的能力。

三、从现代文学作品中,了解体会其人道主义与爱国主义思想,从而激发起我们的爱祖国、爱人民、为建设社会主义社会而奋斗的热情。人道主义思想与爱国主义思想,是人民的思想,是先进的思想,是我们中国文学的优良传统。现代文学的伟大作家,处在半封建半殖民地的旧中国,眼看着广大人民受着帝国主义、封建势力的残酷剥削与压迫,祖国濒于危亡的状态,因而就产生了挽救祖国与反抗压迫的思想。这种思想正是继承了中国文学的优良传统而又加以发展的人道主义与爱国主义思想。在今天,我们祖国虽然已获得解放,并在中国共产党与毛主席领导下,进行着空前的伟大的社会主义建设,但是帝国主义还存在、蒋匪帮盘踞的台湾还没解放,国内还潜藏着反革命分子,他们时时企图破坏我们的革命事业,企图复辟,我们必须从现代文学的学习中,体会其深刻的思想性,特别是人道主义与爱国主义的思想,从而激发起我们爱祖国、爱人民,为保卫我们革命的胜利果实,为解放台湾、建设我们的美好幸福的社会主义社会而奋斗的热情。

第二节　学习现代文学的方法

学习现代文学的方法有以下四点：

一、基本的观点方法是辩证唯物主义与历史唯物主义。这不仅是马克思主义者的方法论，而且是马克思主义者的世界观。它是人类有史以来最进步的科学方法。平常我们所说的"立场、观点和方法"都包括在里边了。所谓观点，就是唯物的观点；方法，就是辩证的方法。而掌握和运用这种观点和方法，又必须具有无产阶级的阶级立场，因为它是无产阶级革命的科学方法论，一切非无产阶级，就不可能正确地理解它，自然也不可能正确地掌握它和运用它。这种科学的方法论，正如毛主席所说的"是放之四海而皆准的普遍真理"，我们对任何事物要想获得正确的理解，都不能离开这个方法，所以我们学习现代文学，当然也不能够例外。

二、对具体作品进行具体分析。列宁在《共产主义》一文中，批判匈牙利共产党员贝拉·贡说，他"抛开了马克思主义的最本质的东西、马克思主义的活的灵魂，具体的分析具体的情况"。我们对现代文学的作品，也应该运用这种方法，我们不应该盲目照抄别人对某种作品的论断，我们应该对某种作品进行具体的分析，从内容到形式，从思想性到艺术性，根据具体的情况给以正确的说明和评价。别人的论断和评价，可以作为我们指引或参考，但不应该拿它来代替对作品的具体分析，否则就必然会成为公式化的或者教条主义的分析和批评。

三、对作家的分析研究，应该从作家的时代以及它的世界观和政治态度上来着眼。我们来分析研究一个作家，首先要注意他所处的时代，因为作品是客观现实的反映，只有了解了作者所处的时代，才能更好的了解作品的内容和形式。只有了解了作者所处的时代，才能更好的了解作品的社会意义和历史意义，才能更好的评判作家的贡献和他在文坛上应处的地位。其次，要打算了解作家的进步与落后、革命与反动,最重要的就是要着眼于他的世界观与政治态度。一个作家的世界观与政治态度,一面集中地表现在他的作品中,另一面又具体地表现在他的行为活动上。我们根据他的作品和他的活动,就可以清楚的了解他的世界观和政治倾向。这样来与他所处的时代以及当时历史发展的方向相印证,那么是进步?是落后?是革命?是反动?就很清楚的可以分辨出来了。

四、根据现实的要求和人民的需要以及作品对革命事业所发生的影响和作用(政治性与艺术性),来作为对作品与作家进行评价的标准。毛主席讲:

> 世界上没有什么超功利主义,在阶级社会里,不是这一阶级的功利主义,就是那一阶级的功利主义。我们是无产阶级的革命的功利主义者,我们是以占全人口百分之九十以上的最广大群众的目前利益和将来利益的统一为出发点的,所以我们是以最广和最远为目标的革命的功利主义者,而不是只看到局部和目前的狭隘的功利主义者。(《在延安文艺座谈会上的讲话》见《毛选》第三卷八六四页)

毛主席又说:

> 文艺批评有两个标准,一个是政治标准,一个是艺术标准。……但是任何阶级社会中的任何阶级,总是以政治标准放在第一位,以艺术标准放在第二位的。资产阶级对于无产阶级的文学艺术作品,不管其艺术成就怎样高,总是排斥的。无产阶级对于过去时代的文学艺术作品,也必须首先检查它们对待人民的态度如何,在历史上有无进步意义,而分别采取不同态度。(《在延安文艺座谈会上的讲话》见《毛选》第三卷八六〇页)

根据这样明确的指示,我们对于作家和作品的评价,基本上是以客观现实的要求和人民的需要,以及作品与作家对革命事业所发生的影响和作用,来作为唯一的标准。只有这样评价,才会是正确的。

第三节　现代文学的特点

现代文学虽是从我们古典文学发展来的,但它并不完全同于我们的古典文学。所以具有它独有的特点,这种特点,主要有以下四点:

一、无产阶级领导的统一战线的人民大众的反帝反封建反官僚资本主义的革命文学。五四后的中国革命,由于中国社会的性质,中国无产阶级的壮大,十月革命的胜利,马克思列宁主义在中国的传播,因而它的范畴已经不是属于旧的资产阶级革命的一部分,而是属于新的无产阶级社会主义革命的一部分了。在这样情况下,作为革命的领导者,就必然是无产阶级。其次,又由于中国是一个落后的半封建半殖民地社会,这样就决定了中国革命的历史进程。毛主席讲:

> 中国革命的历史进程,必须分为两步,其第一步是民主主义的革命,其第二步是社会主义的革命,这是性质不同的两个革命过程。而所谓民主主义,现在已不是旧范畴的民主主义,已不是旧民主主义,而是新范畴的民主主义,而是新民主主义。(《新民主主义论》,见《毛选》二卷六六五页)

正因为中国革命的第一步是新民主主义的革命,所以就必然是在无产阶级领导之下的人民大众的反帝反封建的革命。同时又因为人民大众不只是一个阶级,所以就形成为一个统一战线的革命力量。五四后的现代文学,是中国革命在发展中历史的具体的反映。特别是革命的作家的作品,都是以文艺为武器、有意识的为革命服务的作品,因而就更真实、更鲜明的反映出革命发展中的主要的矛盾和斗争。所以现代文学就其内容来说,就必然是无产阶级领导的人民大众的反帝反封建的革命文学。其次,再就五四后的革命文学来说,五四时代的文学革命运动,乃是无产阶级思想领导的,一九三〇年左联成立,在无产阶级政党中国共产党的领导下,形成了革命的文艺大军,而这一支文艺大军,就作者的阶级来说,乃是几个革命的阶级所组织成的,因而又是统一战线的组织形式。至于斗争的目标,是和中国共产党所领导的新民主主义革命完全一致的,也就是彻底地打倒帝国主义封建主义,而建立一个新的人民共和国。具体到创作上,就是大众的方向,也就是毛主席所指示的"工农兵方向"与"普及第一"。作品不只要写人民大众的生活,而且能为人民大众所接受,这才算是达到了文艺为人民大众服务的目的。所以就五四后中国文学的领导力量、组织形式以及斗争方向来说,也同样是无产阶级领导的统一战线的人民大众的反帝反封建的革命文学。

二、继承了中国古典文学的优良传统并吸取外国文学的进步思想,而加以发展的新的人民文学。五四后的现代文学,一方面继承了我国古典文学的优良传统而又加以发展。所谓优良传统主要有这两方面。一是在创作思想上的人道主义与爱国主义精神,这一些在我国优秀的古典文学作品中,表现得都非常的突出。前者从古代的屈原以及以后的杜甫、辛弃疾、陆游,直到明末一些爱国志士们的作品,都曾经是鼓舞清末一般革命志士们战斗意志最强烈的力量。从这里,我们可以理解五四时代的鲁迅、郭沫若等爱国主义思想的来源。至于人道主义,从杜甫的《自京赴奉先县咏怀五百字》、《三吏》、《三别》,白居易的《秦中吟》、《新乐府》,关汉卿的《窦娥冤》,高则诚的《琵琶记》以及施耐庵、曹雪芹、吴敬梓等人的小说中,我们已经可以清楚地看到封建社会是如何的在"吃人"。鲁迅的《狂人日记》、《祝福》,正是在原来的基础上更勇猛、更坚决、更响亮地提出"打倒吃人的礼教"的口号。鲁迅、郭沫若这种爱国主义与人道主义的思想,都是在我们文学遗产中属于人民的一部分作品的先进思想的基础上,向前更发展了一步的表现。其次,在创作方法上,现实主义与积极的浪漫主义,也是我国古典文学的优良传统。从三百篇、楚辞,直到清代的《红楼梦》、《儒林外史》,都极其鲜明的反映了中华民族三千年来的阶级斗争、民族斗争和生产斗争的生活,人民的爱与恨以及要求和愿望。这就充分地说明了它们是大半具有高度的现实主义与积极的浪漫主义的作品。五四时代的作家,特别是先进的作家,像鲁迅同郭沫若,他们正是这种优良传统的优秀继承者。但是五四后的现代文学,不只是继承了我们民族的优良传统,而且还吸取了外国文学的进步思想。即以鲁迅和郭沫若而论,他们不只向我国的古典文学学习,而且也向外国的进步优秀作家学习。早期的鲁迅之于果戈里、显克微支,郭沫若之于歌德、惠特曼,后期他们之于苏联作家,都说明了他们是如何的有选择的、有批判的吸取了外国作品足以作为我们的营养部分,也就是革命的进步的因素,而提高并丰富了他们的作品。总之,五四后的现代文学,它是古典文学中属于人民文学这一支流的发展,它一面继承了古典文学的优良传统,同时又吸取外国文学中的进步思想。它同五四前的文学有所不同,这种不同,即在于工人阶级思想对它影响与领导,从一般的民主主义,提高到革命的民主主义,从现实主义发展而为社会主义现实主义,它是更热烈、更积极地鼓舞着人民对封建主义与帝国主义进行彻底地不妥协地斗争的文学。

三、创作方法,是向着社会主义现实主义的方向迈进的。在五四文学革命时期,给封建思想与封建文学以致命的打击的是鲁迅的创作。鲁迅是中国革命文学的奠基者,他的创作方法是属于革命的现实主义的。至于当时一面热烈地歌颂着新生的光明的事物,一面又愤激地诅咒着腐朽的黑暗势力的郭沫若的诗歌,又是属于积极的浪漫主义创作方法的,这样创作在当时都是受到十月革命的影响和无产阶级思想的影响而产生的。就它们的发展方向来说,在这时已具有社会主义现实主义的因素,因而也可以说这就是社会主义现实主义的萌芽。一九二七年无产阶级文艺运动的起来,一九三〇年左联的成立,在创作上站在最先进阶级的立场,用马克思主义的观点方法来分析现实,反映现实,成为当时革命作家的一致倾向。社会主义现实主义,已不再是极其幼小的嫩芽,而是逐渐地发育滋长起来了。一九四二年延安文艺座谈会毛主席在讲话中明确地提出"社会主义现实主义"的创作方法,此后解放区作者,基本上运用这个创作方法,创作出反映伟大的人民抗日战争与解放战争的作品来。这时社会主义现实主义,由于客观现实的长足发展,因而随之有着极其显著的跃进。一九五三年全国二次文代会上,周扬同志又特别强调地提出"社会主义现实主义"应该作为我们整个文学艺术创作和批评的最高准则。工人阶级的作家,应该努力把自己的作品提高到社会主义现实主义水平,同时,积极地、耐心地帮助一切爱国的愿意进步的作家,都转到"社会主义现实主义"的轨道来。从这里,我们可以了解,在过渡时期总路线公布以后,我们的革命已经转入到一个新的历史时期,即社会主义革命时期。作为为政治服务的文艺,必须用"社会主义现实主义"的创作方法,以社会主义思想教育人民群众,才能完成当前时代所赋予它的伟大使命。

四、现代文学的形式,是在原来民族形式的基础上"推陈出新",创造了新的民族形式。五四时代的小说同诗歌,是和古典文学有着极其亲密的血缘关系的,小说作家如叶绍钧、王统照,诗歌作者如刘半农、刘大白,他们的作品在形式上都可以看出从古典文学蜕变的痕迹。而鲁迅的小说与郭沫若的诗歌,可以说是在原来民族形式的基础上推陈出新而创造出新的民族形式的作品,不过,五四后这种新的民族形式的创造和一般广大人民群众中间还有着一定的距离。因之在一九三二年有文艺大众化问题的提出,一九三九年有"民族形式问题"的讨论。一九四二年以后,真正的为广大人民群众所喜闻乐见而喜欢接受的新的民族形式的作品出现了,这正符合鲁迅所说的"推陈出新"的原则。

第四节　现代文学在发展中的两个时期五个阶段

中国的新文学,从五四时代文学革命运动后,直到一九四九年全国解放,一九五三年第二届全国文代大会,中间随着现实的发展(北伐革命、十年内战、八年抗战、三年解放战争,新中国成立后的土地改革、抗美援朝、三反、五反)也经过了不少激烈的斗争过程。现在要追溯起来,很显然的可以分作两个时期五个阶段。

第一期,从五四运动到一九四二年延安文艺座谈会,这一期又可分为三个阶段:

一、从一九一七年到一九二七年,在无产阶级思想领导下彻底地反帝反封建的新文学运动的起来。五四运动后,无产阶级思想随着新形势的发展而迅速的蓬勃壮大,一九二一年中国共产党成立,接着就领导了工人群众,进行了"二七"、"五卅"反封建反帝的伟大革命运动,到一九二七年,领导了全国北伐革命。

在文学方面,文学革命后,一般作家受到了民主主义的影响,尤其是受到无产阶级思想的影响,深深感觉到社会上一切剥削压迫、"人吃人"制度的不合理,因之人道主义的创作思想曾风靡一时。但当五四的革命浪潮过后,随着现实的发展与作者自身阶级的决定,文坛上就有着显著的分化,正如鲁迅所说的"有的高升、有的退隐、有的前进"。在创作方法上,由于继承了古典文学的优良传统与受到世界的文艺潮流的影响,于是现实主义、浪漫主义,同时并现于文坛,其总的方向,则是社会主义现实主义。五卅后,由于反帝运动的高涨与苏联文学的介绍,于是无产阶级文艺运动开始在中国文坛上萌芽滋长起来。大革命后,逐渐成为中国文学的主潮。

二、从一九二七年到一九三七年,在中国共产党领导与支持的左联领导下,无产阶级文艺运动的萌芽与壮大。在大革命失败后,资产阶级和封建阶级携起手来,共同投靠着帝国主义,构成了一个强大的反动阵营。这时工人阶级所领导的革命力量,由城市转到农村,一面进行着反封建的土地革命和苏维埃政权的建立,另一面则同反动派的法西斯统治和"军事围剿"进行了殊死战。一九三一年九一八事件爆发,接着日寇步步进逼,攻占热河,进兵榆关,由于民族矛盾超出了阶级矛盾,于是中国共产党就向全国人民号召建立"抗日民族统一战线",直到双十二事件,才结束了十年来的国内战争。

在文学上,从一九二八年起,无产阶级的文艺思想,就同反动的资产阶级和右倾的小资产阶级的文艺思想进行着不可调和的斗争,终于在斗争中明确了革命的与反革命的阵营,争取了一些进步的小资产阶级,到一九三〇年就建立了左翼作家联盟。从此无产阶级所领导的革命文学运动,初步打垮了资产阶级的反动的文学运动,而取得了文坛上的领导权。

到了一九三二年,左联在对于无产阶级文学运动的推进与开展中,对封建法西斯又进行了文化上的反围剿斗争。一面是对资产阶级与右倾的小资产阶级的"自由人"与"第三种人"的论战,一面是对民族主义文学的抨击。到了一九三五年,配合着党的抗日统一战线的号召,又有"国防文学"与"民族革命战争的大众文学"的讨论。同时在这一阶段中,又有"新的文学革命"口号的提出,这一口号的提出,说明了客观现实的发展与作为配合现时形势需要的文学,必须实现一种新的革命,也就是文艺的彻底大众化,才能完成它的历史使命。至于这一阶段的文学创作在主题上已由第一阶段的以反封建为主潮的倾向,转移到以反帝为主潮了,至于就内容所反映的现实来说,在深度与广度上也有着极大的不同了。

三、从一九三七年到一九四二年,随着抗日运动的高涨,抗日文学成了主潮。抗日战争爆发后,一时全国人心非常的兴奋,文艺界也很活跃,首先是全国文协的成立,接着是"文章下乡"、"文章入伍"的口号的提出。于是文艺为大众服务与怎样为大众服务,渐渐的成了中心的课题。到后来就形成了"民族形式"问题的讨论。不过当时大地主大资产阶级的代表国民党反动派,在最初的抗日,本是迫于形势,就有点勉强,到武汉沦陷后,反动派的内部一部分以汪精卫为首的索性投降了日本。一部分以蒋介石为首的,则动摇妥协,对内采取高压政策,对外则随时准备投降。因之代表这种反动阶级的文学,也就是走向取消抗日的道路,于是"抗战无关论"与鼓吹法西斯统治的"战国策"派就出现了。

但是作为抗日主力所在地的解放区,建立了人民民主政权,而作为抗日主力的八路军与新四军,则结合广大的劳动人民,彻底的打击了敌人,粉碎了敌人的扫荡计划,扩大了解放区,并巩固了抗日根据地。在文学上,解放区正由于发展人民革命的政治和军事,以求取得抗日战争的迅速胜利,所以就特别需要革命的文艺工作者参加思想上的革命工作。这时部分的作者,已初步的走进了人民群众中去,但是从这里也就碰到许多问题,因此在毛主席的"新阶段"论发表后,文艺界就掀起了一个民族形式讨论的热潮,而一九四二年解放区的整风,由于毛主席在文艺座谈会上总结性的讲话,于是给中国革命文学开辟了一个崭新的时代。

第二期,从一九四二年延安文艺座谈会到一九五六年这一期,又可分为两个阶段。

四、从一九四二年到一九四九年,无产阶级文学在毛泽东文艺方针正确指导下跨上了新的阶段。一九四二年文艺座谈会后,在解放区的文艺工作者,由于毛主席给他们已经指出一条正确的方向,所以他们就在毛主席的号召下,开始走上了新的创作道路,从此文艺创作就密切的与现实配合起来,很好的为革命事业而服务。从一九四二年以后,中间经过抗战胜利与解放战争的胜利,直到一九四九年的文代大会,短短六七年间产生了大量的反映人民抗日战争与解放战争的辉煌灿烂的杰作。而且在文坛上也涌现出一批勇猛而精锐的生力军,这说明了毛泽东文艺方针的正确和胜利。

至于国统区,一九四二年以后,反动派法西斯的统治愈来愈凶狠,对言论出版的箝制、民主运动的镇压,以及特务的横行,进步人士的被迫害,简直是暗无天日。在日寇投降后,蒋介石又依靠了他的美国主子,发动了大规模的内战,终于经不起人民革命力量的反击,很快的被打垮了。在这六七年间,国统区内比较进步的文艺工作者受到限制和压迫,只能写一些寓意的作品或讽刺的作品,至于代表反动派的文人,不是公然的歌颂特务,就是肆意的描写色情,来向读者进行麻醉。到了一九四九年国民党反动派彻底垮了台,这种堕落的东西才随着反动派的灭亡而灭亡了。

五、一九四九年到一九五六年,全国解放后人民文学在党的领导与关怀下,配合伟大的政治运动与社会主义建设突飞猛进的发展。一九四九年全国解放后,党和毛主席非常关怀这支文艺大军,所以马上召集了第一届全国文代会,一面总结了解放区革命文艺的成果,一面对国统区的文学也进行了总结和批判。并根据新中国的胜利形势,决定了以后的道路。

  文代大会闭幕后,在党的领导下,由中央到地方,成立了各级文联,组织并领导了全国的文艺工作者,贯彻毛主席"为工农兵服务"与"普及第一"的方针,一面大力地培养工农兵作家与青年作家,一面团结改造老作家,鼓励他们参加土地改革,抗美援朝,三反、五反等群众火热的斗争,同时,在一九五二年举行了文艺整风学习。由于党对文艺的领导和关怀,以及文艺方针政策的正确,因而全国文艺界在解放后短短几年内,就有着极其辉煌而卓越的成就,首先在创作上,紧密地结合了现实,配合了各项伟大的政治运动,产生了不少优秀而杰出的作品,鼓舞了广大人民爱国主义与国际主义的热情,使之更奋勇的投向生产建设与保卫祖国的伟大斗争。在批评上,展开了对反动的资产阶级主观唯心论的文艺思想的斗争,对武训传的批判,形成了全国性的运动。继而又对胡风伪装的马克思主义的反动文艺思想进行了揭发与抨击。

  一九五三年,由于国民经济的恢复与社会改革的初步完成,因而党发布了"过渡时期的总路线",开始了我们祖国伟大的社会主义建设的第一个五年计划。随着形势的新发展,召开了全国第二次文代会。在会中,周扬同志明确地提出,"社会主义现实主义"的创作方法为我们整个的文学艺术创作和批评的最高准则,作家必须努力去熟悉人民的生活,用社会主义精神去教育群众,帮助他们前进。一九五四年由于对俞平伯"红楼梦研究"的批判而发展为对胡风反革命小集团的破获,这不仅是革命与反革命文艺思想斗争上的伟大胜利而且是政治斗争上的伟大胜利。

  目前我们的祖国正在一日千里的进行着历史上从所未有的社会主义建设,祖国的面貌,正在日新月异的变化,社会主义的新品质在飞跃的成长,新的英雄人物在纷纷的涌现。在这样的伟大历史时期,作为反映现实的人民文学,就必然会有一个极其光辉而灿烂的时代很快的到来。

第二章 无产阶级思想领导的五四文学革命运动

第一节 文学革命运动发生的原因

一九一九年的五四运动,给中国革命开了一个新纪元。同时五四前后的文学革命运动,也给中国现代文学的发展确定了新的方向和道路,而在中国文学史上,也揭开了新的一页。文学革命运动和五四反帝反卖国政府的爱国运动,在表现的方式上虽是有所不同,但在本质上是一致的,就整个运动的发展说,又是统一的。文学革命运动不过是五四爱国运动的一个前奏,而五四爱国运动,反过来更促进了文学革命运动的扩大与发展。因此我们要研究文学革命运动发生的原因,就它的社会基础来说,同五四爱国运动是没有什么不同的,它们都是整个五四运动的一部分。

首先,文学是社会上一定阶级的意识形态的反映。一个文学革命运动的起来,这就标志着社会上某一阶级对于代表另一阶级的文学的不满,而要求能够有着代表自己阶级的意识形态的新文学出现。而五四前夜文学革命的爆发,当然也脱不了这个规律。那时正当第一次世界大战的时候(1914—1918),欧洲的帝国主义者,都忙于生产军火,暂时放松了对中国的经济侵略,于是中国的民族资本主义获得了进一步发展的机会。本来随着中国资本主义的发展而发展起来的中国工人阶级,这时阶级队伍就益发的壮大起来。因此在中国社会上就更加明显地增强了新的阶级关系和新的阶级要求。而这种新的阶级关系与阶级要求的产生,正是文学革命发生的主要原因。

其次是一九一七年俄国伟大的十月社会主义革命的成功,给中国革命以无比的影响,首先是它极其有力的鼓舞了中国人民对解放斗争的坚强信心。毛主席讲:

> 当时中国的革命知识分子眼见得俄、德、奥三大帝国主义国家已经瓦解,英、法两大帝国主义国家已经受伤,而俄国无产阶级已经建立了社会主义国家,德、奥(匈牙利)、意三国无产阶级在革命中,因而发生了中国民族解放的新希望。(《新民主主义论》见《毛泽东选集》第二卷第六九九页)

另外更值得我们注意的是,十月革命给我们带来了共产主义思想——马克思列宁主义。正如毛主席在《论人民民主专政》中所说:

> 中国人找到马克思主义,是经过俄国人介绍的。在十月革命以前,中国人不但不知道列宁、斯大林,也不知道马克思、恩格斯。十月革命一声炮响,给我们送来了马克思列宁主义。十月革命帮助了全世界的,也帮助了中国的先进分子,用无产阶级宇宙观作为观察国家命运的工具,重新考虑自己的问题,走俄国人的路——这就是结论。

在五四运动的前一年,中国先进的革命知识分子李大钊就发表了《庶民的胜利》和《Bolshevism 的胜利》两文,他在前一篇文章中指出一九一七年俄国革命,是二十世纪中世界革命的先声,并得出今后的世界将变成劳工的世界的结论。在后一文中,他首先指出这次战争的胜利,不是协约国的胜利,更不是俄国从事内争、托名参战的军人和那投机取巧卖乖弄俏的政客的胜利,是社会主义的胜利,是 Bolshevism 的胜利,是世界劳工阶级的胜利,是二十世纪新潮流的胜利。接着他又介绍布尔塞维克党的主义,就是革命的社会主义,他们的战争,是阶级的战争,是全世界无产庶民对于世界资本家的战争。他们将和世界无产庶民拿他们最强的抵抗力,创造一个自由的乡土。而最后他预言:"人道的警钟响了,自由的曙光现了,试看将来的环球,必是赤旗的世界。"到了五四运动发生的一年,《新青年》就出了"马克思研究号"(六卷五六号),从此马克思主义就在中国传播开了。

从清末以来曾有一些士大夫阶级改良主义者和资产阶级革新运动者,都对西方资产阶级的学术思想作了介绍与宣传的工作。严复翻译了许多专著,像亚丹·斯密的《原富》、斯宾塞的《群学肄言》、赫胥黎的《天演论》、孟德斯鸠的《法意》、穆勒的《名学》等。梁启超曾办《清议报》和《新民丛报》,从事鼓吹这种思想。在文学上梁启超、黄遵宪等为配合他们变法运动,曾经提倡散文解放与诗界革命,并极力推尊小说在文学上的价值,阐明它对社会改革所起的巨大作用,因而就产生了像李伯元的《官场现形记》、吴沃尧的《二十年目睹之怪现状》等,揭发并讽刺封建社会和黑暗政治的作品。但不论政治也好,文学也好,在当时都是以资产阶级改良主义的态度来进行改革的,所以结果也只能是部分的改良,而不可能是彻底的革命。因而在文学上,根深蒂固的封建文学,仍然是高据统治的地位,这种失败,也是客观的历史条件所规定了的。毛主席说:

> 在当时,这种所谓新学的思想,有同中国封建思想作斗争的革命作用,是替旧时期的中国资产阶级民主革命服务的。可是,因为中国资产阶级的无力和世界已经进到帝国主义时代,这种资产阶级思想只能上阵打几个回合,就被外国帝国主义的奴化思想和中国封建主义的复古思想的反动同盟所打退了,被这个思想上的反动同盟军稍稍一反攻,所谓新学,就偃旗息鼓,宣告退却,失了灵魂,而只剩下它的躯壳了。旧的资产阶级民主主义文化,在帝国主义时代,已经腐化,已经无力了,它的失败是必然的。(《新民主主义论》见《毛泽东选集》第二卷第六九七页)

这是毛主席给清末资产阶级改良主义运动的失败以及其失败的原因所作的最正确的说明。到了五四时代就不然了,由于中国工人阶级阶级力量的空前壮大,由于俄国革命的号召,全世界革命导师列宁的号召,由于马克思列宁主义的号召,共产主义的文化思想,即共产主义的宇宙观和社会革命论的阐发和传播,于是就产生了以共产主义知识分子为首的,联合革命的小资产阶级知识分子和资产阶级知识分子(他们是当时运动中的右翼)而形成的一支崭新的文化生力军。这就是文学革命运动发生的主要原因。

第二节 文学革命运动的发生与发展

在五四爱国运动爆发前,当时由于国内阶级关系以及国际形势的剧烈变化,在中国进步的思想界,一方面是以崭新的姿态而出现的共产主义思想已成为主潮,另一方面乃是激进的民主主义。前者的阶级基础是无产阶级,而后者则为革命的小资产阶级。这种革命的民主主义,就其本质来说,虽是属于资产阶级的思想范畴,但就当时来说,他们勇敢的反对迷信,反对复古,反对统治中国几千年的传统思想,总之是彻底地反对封建主义和帝国主义,具体的表现就是大声疾呼的提倡"科学"和"民主",并且抨击孔教思想,这一些和当时无产阶级斗争目标完全是一致。正因为一致,所以二者就形成一条统一战线,向着一切反动的旧的势力勇猛进军。

文学上的革命和思想上的革命,是有着密切联系的,是一而二,二而一的事。因为必须打倒封建的传统思想,封建文学的旧形式才能够说到改革。同时也必须彻底地改革封建文学的旧形式,才能够很好的表现并传播革命的新思想。封建文学的形式,乃是为封建的传统思想的内容所决定的。一个是形式,一个是内容,而二者有着密切的联系,必须双管齐下,才能获得根本的解放和彻底的胜利。所以当革命者李大钊、鲁迅等提倡思想革命的时候,同时在《新青年》上也发表了许多关于文学革命的论文。在态度上比较坚决的是陈独秀和钱玄同,而胡适则持的是温和的、妥协的、改良的态度。就中值得我们特别注意的是鲁迅,他发表了新的文学创作,显示了文学革命的实绩。从此引起了广大的知识分子的注意,得到了各方面的响应,而形成了一个空前的伟大的革命运动。

至于当时反动的封建统治阶级以及为这一没落阶级服务的封建文人,他们纷纷以卫道的面目出现,他们要保存国粹。他们一方面想利用政治力量来压制这个革命运动,造出种种谣言,来恫吓这一些革命者。另一方面则用文字加以反击,并写小说进行诋訾和诬蔑。但就在这个双方对垒的时候,五四的反帝反卖国政府的爱国主义运动爆发了。

一九一九年五月四日,由于巴黎和会——大战后帝国主义者的分赃会议,中国在外交上遭到了失败,于是在这天,北京就掀起了群众性的反帝反卖国政府的伟大革命运动。这次运动爆发的主要原因,是由于思想革命与文学革命的启示教育而促成的,但这个运动爆发后,反转过来对于思想革命与文学革命的发展,又向前推进了一步,向更大扩张了一步。因为作为这一运动的中心思想,乃是反帝反封建的革命思想,而就中最主要的,乃是无产阶级思想。但是作为宣传这种思想的有利武器,不是封建的古文学,正是当时一班进步人士所提倡的新文学。所以这一伟大的群众性的运动,由于它的开展,无形中给新的文学形式一个很好的考验,因而也就给它的发展以有力的推进。据不完全的估计,在一九一九年中,全国各地光白话报就出了四百种之多,从此之后,文学革命运动才算取得了广大群众的支持和拥护,因而对反封建文学的革命来说,这已获得了决定性的胜利。

第三节 五四文学革命是无产阶级思想领导的

我们想正确的理解这次文学革命的性质,首先,应该把它和思想革命与五四爱国运动联系起来,而不应该割裂的孤立的看。其次,应该从它的内容上主导的思想上来看,而不应该单单的从文学的形式改革上看。还有,我们应该从它的发展和成功的主因上看,而不应该光注意它的开端。

我们知道文学革命是伴随着思想革命而发生的。而这种思想革命的内容固然有着大量的资产阶级思想,但在当时作为更新的思想,作为主导的思想而起着决定性的革命作用的,乃是当时由李大钊所倡导、宣传、介绍的共产主义思想。欧洲资产阶级的思想在清末就介绍到中国来了,但由于半封建半殖民地的中国的资产阶级的软弱性,其结果,这种思想对旧社会来说,只起了一点改良作用。但在五四前夜,由于世界革命的号召,由于苏联十月革命的号召,又由于马列主义为中国先进的共产主义知识分子李大钊等宣传鼓动,这样才给这几种运动以新的生命,赋予以从所未有的彻底性与坚决性。没有思想革命,则文学革命也就不可能发生。没有五四爱国运动,则文学革命也不可能获得决定性的胜利,所以这三者表现的方式虽不同,而就其本质说,则是一致的。其次,文学革命是在反封建文学思想内容的基础上,要求文学形式彻底的改革的。这并不是为改革形式而改革形式,撇开了思想内容而单纯的认为文学革命仅仅是一个形式上的革命,即是形式主义的看法,是不足以说明这次文学革命的本质上的要求。胡适的看法,以及受胡适影响的一些人的看法,都是唯心的看法、错误的看法。必须明白这个道理,才能够评价参加这次文学革命运动的人物,谁起了决定性的主导的作用,谁仅仅起了若干帮助的作用,而是居于次要的地位。还有,我们应该注意这次运动是如何的向前发展着,如何获得了决定性的成功,而来确定它的领导力量。这次运动虽是由于胡适的那篇《文学改良刍议》开其端,但真正形成了革命运动乃是与鲁迅、陈独秀、钱玄同、刘半农等的参加,与李大钊所领导的思想革命与五四群众性的政治革命运动是分不开的。过去胡适个人大言不惭,贪群众之功以为己力,而有不少人也都受到他的欺骗,好像这次文学革命是胡适和资产阶级领导的,这都是不了解文学革命运动的本质和不符合于历史实际的一种荒谬之论。

至于这次文学革命,在革命方面,阵线的组成也正如毛主席论五四运动所说的,"在其开始是共产主义的知识分子、革命的小资产阶级知识分子、资产阶级知识分子(他们是当时运动中的右翼)三部分人的统一战线的革命运动"(《新民主主义论》)。冯雪峰同志曾专就这次的文学革命运动,说明当时革命的知识分子统一战线的情形道:"这时期思想革命一般所依据的是一般进步的科学观点和资产阶级的进步民主思想。但唯物史观学说和无产阶级的社会革命理论也已经深浸入知识分子和学生的脑子中。……所以,他们或者是资产阶级的激进的彻底的民主主义者,或者是接受了无产阶级革命理论的更为进步和彻底的民主主义者。自然,这时候,也有资产阶级的民主改良主义者,到五四后期都与旧势力妥协起来了。"(《论民主革命的文艺运动》)

一、鲁迅

在这个时期参加这个伟大的革命运动的,除了李大钊在思想上是最先进而态度也最果决,起了积极的领导作用外,其余的就该数到鲁迅了,他这时已站在革命的最前列,真正从立场上、从思想上同封建势力开了火。他从爱国主义、人道主义的思想和唯物论进化论的观点出发,来同那些骑在人民头上的封建统治势力以及为巩固封建统治势力而长期麻醉人民的封建传统思想,进行着尖锐的不妥协的斗争。这种表现,首先是他在"五四"前,连续发表的三篇小说《狂人日记》、《孔乙己》、《药》,而尤其是《狂人日记》,借一个患着迫害狂的病者的形象对几千年来的封建统治思想下了宣战书,作品中的狂人这样讲:

> 凡事总须研究,才会明白。古来时常吃人,我也还记得,可是不甚清楚。我翻开历史一查,这历史没有年代,歪歪斜斜的每页上都写着"仁义道德"几个字。我横竖睡不着,仔细看了半夜,才从字缝里看出字来,满本都写着两个字是"吃人"。

> 吃人的人,什么事做不出?他们会吃我,也会吃你,一伙里面,也会自吃。

> 你们可以改了……你们要不改,自己也会吃尽。……没有吃过人的孩子,或者还有?救救孩子……

这种思想到后来他在杂感文《灯下漫笔》中阐发得更加淋漓尽

致,他说:"所谓中国的文明者,其实不过是安排给阔人享用的人肉的筵宴。所谓中国者,其实不过是安排这人肉的筵宴的厨房。……这人肉的筵宴现在还排着,有许多人还想一直排下去。扫荡这些食人者,掀掉这筵席,毁坏这厨房,则是现在的青年的使命。"这完全是站在人道主义的立场上,以战斗的姿态来向着封建制度和思想进行着揭发和攻击的。

这种对封建思想所进行的攻击,鲁迅不只是采用了小说这种武器,而且还运用着像匕首、像投枪似的那样锋利的杂文。他在一九一八年连续的在《新青年》上发表几十篇《随感录》,在这里边,他一边抨击着那种封建迷信的思想,一面大声疾呼的提倡科学。他说:"据我看来要救治这'几至国亡种灭'的中国,那种'孔圣人张天师传言由山东来'的方法,是全不对症的,只有这鬼话的对头的科学!——不是皮毛的真正科学——"(三十三)同时他对于当时一般反动派所口口声声敬奉的国粹,给以狠命的打击,他说:"试看中国的社会里,吃人、劫掠、残杀、人身卖买、生殖器崇拜、灵学、一夫多妻,凡所有国粹,没有一件不与蛮人的文化恰合。"(四十二)又说:"我有一位朋友说得好:'要我们保存国粹,也须国粹能保存我们',保存我们,的确是第一义。只要问他有无保存我们的力量,不管他是否国粹。"(三十五)此外,就是他不仅个人勇敢的在战斗,而且还要鼓励青年,让他们也勇敢起来,来为争取一个新的时代而努力,他说:"所以我时常害怕,愿中国青年都摆脱冷气,只是向上走,不必听自暴自弃者流的话,能做事的做事,能发声的发声。有一分热,发一分光,就令萤火一般,也可以在黑暗里发一点光,不必等候炬火。此后如竟没有炬火,我便是唯一的光。倘若有了炬火、出了太阳,我们自然心悦诚服的消失,不但毫无不平,而且还要随喜赞美这炬火或太阳,因为他照了人类,连我都在内。"(四十一)鲁迅先生在当时的思想战线上是那样的抨击着旧的,提倡着新的,而且鼓舞着一般的后起者。至于单单就文学革命的战线上说,他是首先拿出最深刻、最结实、最成功的作品的一个作家。对当时文坛上的影响,也正如他自己所说的,"在这里发表了创作的短篇小说的是鲁迅,从一九一八年五月起,《狂人日记》、《孔乙己》、《药》等陆续的出现了,算是显示了'文学革命'的实绩。又因那时的认为'表现的深切和格式的特别',颇激动了一部分青年读者的心"(《中国新文学大系·小说二集序》)。就因为在文坛上出现了这种成功的新作品,这才真正给文学革命的胜利打下了一个坚实的基础。而其更值得我们注意的,是他的在写作上运用的现实主义的创作方法,他不但个人运用,而且还竭力的提倡(《随感录四十三》),这样就给中国文学开辟了并指示了一条光明而正确的大道。

总之,鲁迅在文学革命运动中的表现,不但对封建文学有着彻底的破坏,而且对新的革命文学也有着成功的建设。而这种破坏与建设,都具体地表现在他创作的小说同杂文中。他当时在思想上的前进,以及战斗态度的坚决,和战斗方向的正确,除李大钊而外,很少能同他相比。这就是他在以后之所以能成为"这个文化新军最伟大和最英勇的旗手"、"他的方向就是中华民族新文化的方向"的主要原因。

二、陈独秀

他在最初是一个激进的民主主义者,到后来也接受了共产主义的思想,但他并不是好的马克思主义者,在革命发展中,他逐渐堕落成为托洛斯基匪徒。在五四时代,因为他是一个激进的民主主义者,所以他对文学革命的态度表现的就比较坚决。他在答胡适书中说:"独至改良中国文学,当以白话文学为正宗之说,其是非甚明,必不容反对者有讨论之余地。必以吾辈所主张者为绝对之是,而不容他人之匡正也。"同时他在《文学革命》论中,标出革命军的三大主义:

> 曰推倒雕琢的阿谀的贵族文学,建设平易的抒情的国民文学;曰推倒陈腐的铺张的古典文学,建设新鲜的立诚的写实文学;曰推倒迂晦的艰涩的山林文学,建设明了的通俗的社会文学。(《文学革命论》)

这虽比较笼统含混,但包括有内容、形式和创作方法。同时,他对于文学与政治的关系,似乎也有了初步的认识,他说:"吾苟偷庸懦之国民,畏革命如蛇蝎,故政治界虽经三次革命,而黑暗未尝稍减,其原因之小部分,则为三次革命,皆虎头蛇尾,未能充分以鲜血洗净旧污。其大部分,则为盘踞吾人精神界根深蒂固之伦理道德、文学艺术诸端,莫不黑幕层张,垢污深积,并此虎头蛇尾之革命而未有焉。此单独政治革命所以于吾之社会,不生若何变化,不收若何效果也。"又说:"今欲革新政治,势不得不革新盘踞于运用此政治者精神界之文学。"根据以上各点,可以看出陈独秀的见解在这时高出于胡适的地方。(一)认为文学革命是政治革命的前奏,虽不见得完全正确,但已有着文学须要服务于政治的倾向。(二)认为文学革命主要是内容与形式的革命,而不是单单的形式的革命。(三)认为革命主张是绝对的对,而没有讨论的余地。不过陈独秀当时的思想尤其是文艺思想,还不成体系,因之他对文学的主张和见解,往往有着自相矛盾的地方。即如他在《文学革命论》中反对桐城派的文章,认为他们"与其时之社会进化无丝毫关系",又反对山林文学,认为"于其群之大多数,无所裨益"。更显著的是他提出"今欲革新政治,势不得不革新盘踞于运用此政治者精神界之文学",这不完全是"为人生而文学"的口吻吗?但是他又反对"言之有物"的主张,他在答胡适信中说:"尊示第八项'须言之有物'一语,仆不甚解,或者足下非古典主义而不非理想主义乎?鄙意欲救国文浮夸空泛之弊,只第六项'不作无病之呻吟'一语足矣,若专求言之有物,其流弊将毋同于'文之载道'之说,以文学为手段、为器械,必附他物以生存。窃以为文学之作品,与应用文字作用不同。其美感与伎俩,所谓文学美术自身独立存在之价值,是否可以轻轻抹杀,岂无研究之余地?"这种主张也就是"为艺术而艺术"的一种艺术观,也就是认为文学艺术可以超政治而独立存在,这不是很荒谬的看法吗?又如他在《文学革命论》中,提倡"立诚的写实的文学",但他在答张永言信中,又说:"自然主义尤趋现实,始于左喇(拉)时代,最近数十年来事耳,虽极淫鄙,亦所不讳,意在彻底暴露人生之真象,视为写实主义更进一步。"同时他又标出"吾爱狄铿士(更斯)、王尔德之英吉利",王尔德为唯美主义派,与写实主义是根本背道而驰的。从这些地方,都说明他的见解还非常混乱和错误,存在着严重的资产阶级文艺观点。不过他能勇敢的揭出了文学革命的旗帜,来坚决的同封建文学作斗争,在当时来说,还是起着不小的进步作用的。

三、钱玄同、刘半农

钱玄同是响应文学革命者中间的一个最有力的呐喊者,他在这次运动中的具体表现:(一)态度坚决、主张彻底。他给胡适的信中说他对反对者的态度,赞成陈独秀的意见,"亦以为是非甚明,必不容反对者有讨论之余地。必以吾辈所主张者为绝对之是,而不容他人之匡正"。在主张上,他在给陈独秀信中反对胡适对于用典的不彻底的主张,他认为二者偶一用之,未为不可,则似犹未免依违于俗论,凡用典者无论工拙,皆为行文之疵病。(二)对文学革命的意义,体会比较深刻。他认为脱离人民语言的古文学产生的原因有两个,第一是给那些独夫民贼弄坏的,第二是给那些文妖们弄坏的。至于这些人反对白话文的,原都是结合着他们自己的利益的,独夫民贼们一没有那种骄诒的文章,他们的架子便摆不起来啦。文妖们的认为白话文一流行,会做文章的必定多了,他们就失去了会做文章的名贵身份了,至于文学革命的目的,总起来说是要用质朴的文章,去铲除阶级制度里的野蛮款式(《尝试集序》)。这种看法,再进一步追索,就会发现这个革命斗争也就是阶级斗争的一个表现,反对新文学的独夫民贼以及那些文妖们,正是封建统治阶级的代表,而提倡革命的,则正是革命的小资产阶级和一部分资产阶级的代表。(三)提出打击拥护封建文学者的口号,而且首先提出用白话来写散文。他用"选学妖孽"和"桐城谬种"(《寄胡适信》)两个口号,来对他们进行攻击,就当时的战斗来说,是非常有力的。他《与陈独秀书》提出来用白话写散文,所以从《新青年》四卷一号起,白话文章才逐渐的多起来。(四)提出废除汉字。这个主张虽然有点过左,但在当时就战略上来说,是起着很大的作用的。鲁迅后来追述这时的情况道:"但是,在中国,刚刚提起文学革新,就有反动了。不过白话文却渐渐风行起来,不大受阻碍。这是怎么一回事呢?就因为当时又有钱玄同先生提倡废止汉字,用罗马字来替代,这本也不过是一种文字革新,很平常的,但被不喜欢改革的中国人听见,就大不得了了,于是便放过了比较的平和的文学革命,而竭力来骂钱玄同。白话乘了这一个机会,居然减去了许多敌人,反而没有阻碍,能够流行了。"(《三闲集·无声的中国》)鲁迅根据当时的革命斗争形势,从联系上来看钱玄同提出废除汉字,对于文学革命所起的作用,是非常正确的。

刘半农在文学革命时的战斗功绩,鲁迅说得好:

> 半农……他到北京,恐怕是在《新青年》投稿之后……到了之后,当然更是《新青年》里的一个战士。他活泼、勇敢,很打了几次大仗。譬如罢,答王敬轩的双鐄信,"她"字和"牠"字的创作,就都是的。这两件,现在看起来,自然是琐屑得很,但那是十多年前,单是提倡新式标点,就会有一大群人"若丧考妣",恨不得"食肉寝皮"的时候,所以的确是"大仗"。现在的二十左右的青年,大约很少有人知道三十年前,单是剪下辫子就会坐牢或杀头的了,然而这曾经是事实。(《忆刘半农君》,见《且介亭杂文》)

不过他最初对文言白话的看法,还是一个折中派的二元论者(《我之文学改良观》),到后来才坚决的站在革命这一边的。到后来由于革命的进一步发展,文学革命统一战线的分化,钱玄同"退隐"了,专力于他的声韵文字的研究。刘半农"高升"了,作了大学校的院长,他们都退出了革命阵地。

四、胡适

他当时正是资产阶级知识分子的代表,由于中国资产阶级的软弱性,因之代表这一阶级的知识分子,在思想意识上对于封建统治所采取的态度,是妥协的,而非斗争的;是改良的,而非革命的。就因为他是一个资产阶级的知识分子,在美国留学时接受了没落的资产阶级的实验主义哲学的一套思想,因此他对问题的看法是极其荒谬的。首先是他的《文学改良刍议》里边的八项,除一、四两项"须言之有物"、"不作无病之呻吟"应该并为一项,是属于内容外,其余六项(二、不模仿古人,三、须讲文法,五、务去滥调套话,六、不用典,七、不讲对仗,八、不避俗言俗字)纯然是属于形式方面的。而《建设的文学革命论》,也只提出"国语的文学,文学的国语"两目标,也还是属于形式方面的。同时他在一九一九年《谈新诗》中,更肯定了文学革命乃是单纯的形式革命,这种看法完全是倒果为因的形式主义的看法,为什么要进行革命?为什么须要形式解放?主要是有了新的思想内容,所以才要求形式的解放,也就是新内容和旧形式已发生了不能调和的矛盾,所以才必须来一个形式上的解放,使内容与形式获得统一。所以文学革命乃是以思想革命为主,形式革命为辅,要没有思想上的革命,单纯的形式革命也就没有需要,也就失去它的根据。即令有人倡导,也是不会成功的。资产阶级是害怕群众的,在一定的时期中,他们还能参加革命,但到群众觉悟提高了,势力壮大了,这时他们往往就同封建势力妥协靠拢,而走向反革命的道路。胡适就是这一阶级中的知识分子的典型,他在五四后期就从革命阵线中分化了出来,逐步堕落成买办资产阶级的代言人,写出了《多研究些问题,少谈些主义》,站在反动的立场上来攻击马克思主义。从此以后,他越来越反动,终于成为美、蒋匪帮的走狗,广大人民的敌人。

就以上参加这次运动的几位重要人物的主张和态度上看来,陈独秀、鲁迅、钱玄同三人都是有意或无意的受到了当时李大钊所鼓吹宣传的共产主义思想的影响的,因此他们的反对封建主义的态度是比较坚决而彻底的。相反的资产阶级的代表胡适在态度上是温和妥协、带着浓厚的改良主义的色彩的。从这里也就清楚的解决了五四运动以及思想革命和文学革命运动在思想上的领导问题。这些是无产阶级思想领导的,至于资产阶级思想,正如毛主席所说的"至多在革命时期在一定程度上充当一个盟员"(《新民主主义论》)。所以我们应该肯定,这次统一战线的反封建文学的革命运动的主要领导思想是无产阶级的共产主义思想。

主要参考书

一、《新民主主义论》(《毛泽东选集》第二卷)

二、《中国现代革命史讲义》第一章(何干之)

三、《守常文集》(李大钊)

四、《呐喊》,《热风》(鲁迅)

第三章 从一九一七年到一九二七年在无产阶级思想领导下彻底地反帝反封建的新文学运动的起来

第一节 新的形势

五四运动以后,中国的情况确实和过去是不同了,特别是在革命形势的发展上,表现出崭新的面貌,最显著的是广大的工人阶级与革命的小资产阶级知识分子普遍的觉醒起来了。而这种觉醒主要是由于客观形势的发展和马克思、列宁主义广泛的传播。当时李大钊、陈独秀编有《新青年》,毛泽东同志编有《湘江评论》,在上海、北京还成立了马克思主义研究会,后来曾经有计划的出版了共产主义文献,中文本如马克思恩格斯合著的《共产党宣言》和恩格斯的《社会主义从空想到科学的发展》等,一时形成了一个伟大的启蒙运动。

与广泛地传播马克思主义的同时,在国内各地,一些先进的共产主义知识分子,就建立了马克思主义者小组,如李大钊等在北京,毛泽东、何叔衡等在湖南,董必武、陈潭秋等在湖北。到了一九二一年七月一日,伟大的中国共产党就正式成立了。从此,在党的领导之下,就展开了组织群众、教育群众,并进一步的领导群众进行一系列的伟大的政治斗争运动,像一九二三年二月京汉铁路的大罢工,一九二五年五月上海工人的反英、日帝国主义者的大罢工,以及一九二七年的北伐革命。虽然后来由于世界革命的低潮与国际帝国主义的破坏,和以蒋介石为首的大资产阶级的叛变革命,而使这次革命遭到失败,但由于党的改组与继续的坚持了斗争,正确的把革命的主要力量由城市转移到农村,终于使革命队伍又逐渐壮大起来,而建立了坚强的革命根据地,树立了红色的革命政权。

至于反动的封建统治势力——军阀、官僚和政客,以及地主豪绅,在五四后由于人民革命力量的兴起和壮大,而益发地倒行逆施,向人民进行着残酷的剥削和镇压。为了抢夺地盘,在他们的主子帝国主义的怂恿和支持下,屡次的发动了大规模的内战,像一九二三年的直奉战争,一九二四年第二次的直奉战争等,这样就造成了广大人民极其严重的灾难。北伐以后,一部分的封建军阀统治垮台了,但又代之以蒋匪帮新的封建法西斯统治,比诸旧的封建统治更是变本加厉的对广大人民进行着残酷的剥削,对革命力量进行着疯狂的镇压,整个的中国陷入于苦难的年代中。

工农群众在中国共产党领导下的觉醒,革命力量的壮大,反动的统治阶级对人民的仇恨,而企图加以绞杀,这样就形成了极其剧烈而尖锐的阶级斗争,反映到文学上,就是五四时代革命的统一战线的破裂与分化。鲁迅先生讲:"后来新青年的团体散掉了,有的高升,有的退隐,有的前进,我又经验了一回同一战阵中的伙伴,还是会这样变化。"(《自选集序》)最明显的是以鲁迅为首的革命的小资产阶级作家坚持了战斗,逐渐的靠近群众,走进人民革命的阵营,另外是以胡适为首的资产阶级作家,同旧势力妥协了,逐渐成为反动的法西斯统治与帝国主义的走狗。

五四以后由于文学革命的胜利,革命形势的发展,小资产阶级知识分子在无产阶级思想影响下的觉醒,因而要求反映现实,批判现实,进而改造现实。具体的表现就是文艺社团的相继成立与文艺刊物的纷纷出现。就中影响最大的有文学研究会、创造社和语丝社。

文学研究会是一九二一年一月在北京成立的,主要的发起人有沈雁冰(即茅盾)、郑振铎、叶绍钧等,出版刊物有《文学周报》、《小说月报》、《诗》(月刊)等。他们对文学一致的看法,按茅盾的话就是"文学应该反映社会现象并讨论及表现人生的一般问题"(《新文学大系·小说一集导言》)。因之当时都认为他们是主张"为人生而文学"的一派。

创造社是几个日本留学生郭沫若、成仿吾、郁达夫、田汉等在一九二〇年左右组织的文学团体。一九二二年出版《创造季刊》,后来又出有《创造周报》和报纸的副刊《创造日》等。到后期又出有《洪水》、《创造月刊》等。他们在创作倾向上大部分都带有了浪漫主义的色彩,当然也有个别的例外。这种倾向是植根于现实的土壤之上的。成仿吾说:"我们的时代已经被虚伪罪孽与丑恶充斥了,生命已经在浊气之中窒息了。打破这种现状,是文学家的天职。"(《写实主义与庸俗主义》)所以说他们这种浪漫主义,在基本上也还是现实主义的。创造社分两个时期,前期创造社在五卅后有了一次分化,后期创造社在左联成立前又有一次分化。同时左联成立后,创造社也就自动解散了。

语丝社成立于一九二四年,发行有《语丝》周刊,主要负责人为鲁迅、钱玄同、周作人、林语堂等。鲁迅在《我和语丝的始终》曾谈到语丝当时的性质,是"任意而谈,无所顾忌。要催促新的产生,对于有害于新的旧物,则竭力加以排击"。但应该产生怎样的"新"却并无明白表示。至于他们社中人的意见也不一致,随着形势的发展,后来他们也都分化了。

此外,五四后的文学团体,还有莽原社、沉钟社、湖畔诗社等,对当时文学界也起了一定的影响,在这里不一一列举了。

第二节　新的方向

这一次的文学革命运动,最大的成就,是宣告了封建的古文学的死亡,而要创造一种崭新的文学,适合于现实需要的文学。那么这种文学应该向哪里走?写些什么?怎样去写?这都成为当时急需解决的问题。不过对于这些问题的答案,由于对现实观察的角度不同,所以方向道路也就很不一致。

首先是现实主义,从革命运动开始,直到北伐大革命,成为创作上的一个主要的潮流。在五四时代鲁迅首先拿出了用现实主义的创作方法写出的震撼一世的《狂人日记》、《孔乙己》、《药》和《阿Q正传》等杰作来。这种具体的典范,给当时创作思想上的影响,比千百篇的论文还要有力。他在当时并不是一个一般的现实主义者,而是一个有目的的企图拿文学来变革现实的一个革命的现实主义者。他在随感录四十三中说:

美术家固然须有精熟的技工,但尤须有进步的思想与高尚的人格。他的制作,表面上是一张画或一个雕像,其实是他的思想与人格的表现。令我们看了,不但欢喜赏玩,尤能发生感动,造成精神上的影响。

我们所要求的美术家,是能引路的先觉,不是公民团的首领……

到后来他在《论睁了眼看》更清楚地彻底地表现出他这种革命的现实主义的创作主张。他说:

文艺是国民精神所发的火光,同时也是引导国民精神的前途的灯火。这是互为因果的,正如麻油从芝麻榨出,但以浸芝麻,就使它更油。倘以油为上,就不必说;否则,当参入别的东西,或水或碱去。中国人向来因为不敢正视人生,只好瞒和骗,由此生出瞒和骗的文艺来,由这文艺,更令中国人更深地陷入瞒和骗的大泽中,甚而至于已经自己不觉得。世界日日改变,我们的作家取下假面,真诚地,深入地,大胆地看取人生并且写出他的血和肉来的时候早到了;早就应该有一片崭新的文场,早就应该有几个凶猛的闯将!……

没有冲破一切传统思想和手法的闯将,中国是不会有真的新文艺的。

这不但批判了中国古文学的最大病根是瞒和骗,而且指出了今后所应走的道路,就是一面要取下假面具,真诚地深入地大胆地看取人生,并且写出他的血和肉来,同时还应当羼进自己的理想,所谓"或水或硇去",总之,是要"冲破一切的传统思想和手法",而这就是所谓革命的现实主义,鲁迅他不只以这来号召一般的文艺作家,而且他已经个人在切实的执行,并表现出伟大的成绩了。

鲁迅之外,提倡现实主义的就是一九二一年成立的文学研究会中一部分主要的人物,第一个是沈雁冰(即茅盾),他大声疾呼,文学不应该脱离现实,应该是反映现实,对现实起着积极作用。他说:

> 文学是有激励人心的积极性的。尤其在我们这时代,我们希望文学能够担当唤醒民众而给他们力量的重大责任。

> 巴比塞说:"和现实人生脱离关系的悬空的文学,现在已经成为死的东西;现在的活文学一定是附着于现实人生的,以促进眼前的人生为目的的"。国内文艺的青年呀,我请你们再三忖量巴比塞这句话,我希望从此以后就是国内文坛的大转变时期。(《"大转变时期"何时来呢?》)

沈氏当时是《小说月报》的编辑,他的主张对当时文坛的影响,是相当大的。除沈氏以外,该社的同人郑振铎曾发表过《文艺杂谈》,叶绍钧发表过《创作的要素》,都发挥与沈氏意见一致的理论,而且郑、叶两人都有创作,从创作中更具体的实践了他们的主张。

此外,值得我们特别注意的是,与文学研究会同时,中国共产党中一部分同志在《中国青年》中发表他们对文学的主张和意见,而这些主张和意见,大体和文学研究会的方向相同,不过在某些地方,比文学研究会那一些作家们更明确、更进步。

(一)用文学作为帮助政治革命的工具

邓中夏在《贡献于新诗人之前》中说:

> 我们承认人们是有感情的动物。我们承认革命固是因生活压迫而不能不起的经济的政治的奋斗。但是,儆醒人们使他们有革命的自觉,和鼓吹人们使他们有革命的勇气,却不能不首先要激动他们的感情。激动感情的方法,或仗演说,或仗论文,然

而,文学却是最有效用的工具。……

这种对文学作用的估价,正是辩证的唯物论的看法,既没夸大了它的作用,也没抹煞了它的作用。

(二)在表现上特别强调,更具体的反映现实

邓中夏在前一文中又说道:

> 如果新诗人能多做描写社会实际生活的作品,彻底露骨的将黑暗地狱尽情披露,引起人们的不安,暗示人们的希望,那就改造社会的目的,可以迅速的圆满的达到了。

(三)作家应深入现实,深入群众,去观察体验,才能写出有助于改造社会的作品

秋士在《告研究文学的青年》中说:

> 你真有意做文学家吗?朋友,那你就不应仅知道怎样才算一个文学家,应该去实行你所知道的。你应该像托尔斯泰一样,到民间去,应该学佛一样,身入地狱,应该到一切人到了的地方去,应该吃一切人吃了的苦,应该受一切人受了的辱!文学不是清高的事业,不是"雅人韵事","雅人"是平民的仇敌,"雅人"是文学家的仇敌,真"俗人"才是真文学家!

从以上所述的情况中,可知根据当时的社会情况,根据当时革命的要求,不论是激进的民主主义知识分子,或共产主义的知识分子,都不约而同的认识到文学在改造社会中所起的作用,而主张要拿文学来帮助改造社会,就必须走现实主义之路。所以现实主义已经成为这一阶段进步的革命的文艺工作者一致的方向,是这一时期文坛上一个前进的有力的主潮。

不过这种现实主义的创作方法,在五四后,因为受到易卜生的影响,有一个时期曾经形成了问题小说、问题剧的风气。也就是只问病源,不开药方,但这种作品,大多数只触及到问题的表面,而没认清问题的本质。因之也就不可能正确的反映出现实。同时又由于大多数的作者,出身于小资产阶级,看不见工农群众的革命运动,对现实不满,但又看不出出路,因而感到苦闷彷徨,这正如茅盾所说的"新文学

渐渐从青年学生的书房,走向十字街头,然而在十字街头徘徊"。(《中国新文学大系·小说一集导言》)。

与现实主义同时成为文坛上一支巨流的,是浪漫主义。在一九二一年,中国文坛上出现了创造社,这一个团体中,多数的作家在理论和创作上,都有这种倾向。他们具体的主张:

(一)主情主义

郭沫若在《译歌德少年维特之烦恼序引》中说:

> 我译此书,与歌德思想有种种共鸣之点,第一是他们的主情主义。他说人总是人,不怕就有些微点子的理智,到了热情横溢,冲破人性的界限时,没有什么价值,或至全无价值可言,这种事实我们每每经历过来,我们可以说这是无需乎证明的公理。

成仿吾在《一个流浪人的新年自语》中也说:

> 一切艺术(不专只小说)只要于我们赏玩他的时候,使我们觉得那最深的生命的冲动,觉得我们的生活,这瞬间充实了许多,就不论它有什么内容,是什么形式,都是真的艺术。

(二)反抗社会上的既成道德和文学上既成规律

郁达夫译《淮尔特的杜莲格来的序》文中说:

> 世间没有道德的书不道德的书。不过有做得好,做得不好的区别。只此而已。没有一个艺术家是有道德的同情的。在艺术家中间的道德的同情,是一种不可赦免的形式的守一主义。

当然他们并不是完全同意欧洲十八世纪末十九世纪初的浪漫主义那种作风,即如成仿吾就批评过它说:"这种非现实的取材与幻想的表现,对于表现一种不可捕捉的东西,是有特别的效力;然而不论它们的效果如何,除了为他们效果与技能称赏而外,他们是不能为我们兴起热烈的同情来的。"(《写实主义与庸俗主义》)不过我们要就他们的作品来看,像郭沫若的《女神》、郁达夫的《沉沦》,虽不是"非现实的取材与幻想的表现",但那种自我的表现,个人身边琐事的描写,与个人热情的倾泻,不都带有很浓厚的浪漫主义的情调吗?

此外,他们在最初还有着唯美主义的倾向。

即如成仿吾在《新文学之使命》里说:

  所谓艺术的艺术派便是这般。他们以为文学自有它内在的意义,不能常把它打在功利主义的算盘里。它的对象不论是美的追求,或是极端的享乐,我们专诚去追从它,总不是叫我们后悔无益的事。……艺术派的主张不必皆对,然而至少总有一部分的真理。不是对于艺术有兴趣的人,决不能理解。为什么一个画家肯在酷烈严寒里工作,为什么一个诗人肯废寝忘餐去冥想。

  至少我觉得除去一切功利的打算,专求文学的全(Perfection)与美(Beauty)有值得我们终身从事的价值之可能性。

  我们要追求文学的全,我们要实现文学的美!

但另一方面,又表现着对旧社会的反抗。

郭沫若在《我们文学的新运动》中说:

  我们暴露于战乱的惨祸之下,我们受着资本主义这条毒龙的巨爪的蹂弄。我们渴望着平和,我们景慕着理想,我们喘求着生命之泉。

  ……

  我们现在于任何方面都要激起一种新的运动,我们于文学事业中也正是不能满足于现状,要打破从来的因袭的样式而求新的生命之新的表现。

这是大声疾呼的要求着变革现实,而渴望实现一个理想的将来。从这里已孕育了创造社后来提倡革命文学的种子。到了一九二四年,成仿吾又写了篇《艺术之社会的意义》,已不复囿于唯美的主张,而注意到人类社会了,他说:

  我们自己知道我们是社会的一个分子,我们自己知道我们在热爱人类——绝不论他善恶妍丑。我们以前是不是把人类社会忘记了,可以不必说。我们以后,只当更用了十二分的意识,把我们的热爱表白一番。

这便是创造社后来转变为革命文学集团的开始,他们的主张,在本质上和前边一些提倡现实主义创作方法的人们的主张,可以说基本上是一致的。

现实主义与浪漫主义在发展上总的方向——社会主义现实主义。先就现实主义来说,从反映现实生活中,寄托了自己对未来的理想,鲁迅的《狂人日记》、《故乡》可为代表。至于浪漫主义,一般是从现实的基础上诅咒了社会的黑暗,而渴望未来的光明。郭沫若的《女神之再生》、《凤凰涅槃》可为代表。他们的着眼点却不是单纯从个人的利害上,而是从人民大众,从国家民族的利害上来看的。因之他们的作品都有着社会主义的思想因素,因而这种创作方法的发展方向,必然是社会主义现实主义。

至于这一阶段的创作思想,也有着几个很显著的倾向:一、人道主义,二、爱国主义。另外还有一股逆流,就是颓废主义。而这几种思想倾向,因为现实的发展,而出现的先后也有点不同。

所谓人道主义思想,其中心是一个要求民主的思想。就是对人们的政治生活与经济生活,要求平等合理的待遇。因而从人的观点出发,你是个人,他也是个人,既然都是人,都应该能过着人的生活。所以就反对社会上一切压迫剥削,反对使许多过着非人的生活的种种不合理的残酷现象。这种思想,在当时一方面是继承我国古典文学的优良传统,另一面也受到俄罗斯文学的影响。五四运动本是一个新民主主义的革命运动,这种彻底地反对剥削与压迫的人道主义文艺思想,与彻底地反对封建主义、帝国主义的政治思想本是一致的,共通的。因之这种文艺思想,在五四后就成为文坛上的主潮。

不过这种文艺思想同政治上的民主主义是一样的,通过了社会上不同阶级的作家,而反映到作品中,就有着极其不同的表现。最显然的,在五四前后新文学作品中,不论是诗同小说,都充满着对于现实的黑暗社会的揭发。就中尤其是阶级矛盾,压迫者与被压迫者、剥削者与被剥削者中间的矛盾。但对这种可诅咒的现实,就有三种不同的表现。首先是革命的小资产阶级作家,主要是鲁迅,他的人道主义思想,表现在作品中,充满着强烈的战斗的气息。他痛恶中国的文明,不过是安排给阔人享用的人肉筵宴,他在《狂人日记》、《药》、《阿Q正传》中,充分的表现了对于封建统治阶级和他们狗腿子们的憎,而对一些愚昧的、善良的、被压迫、被吞噬的人民,寄予无限的同情,而大声疾呼"救救孩子","掀掉这筵席,毁坏这厨房",这是战斗者的姿态,革命者的姿态。他不止于反映情况,而且进一步的要指导行动。所以这种人道主义,才是彻底的人道主义,革命的人道主义,是值得继承发扬的人道主义。另外如沈玄庐写了一些诗歌,如《忙煞,苦煞,快活煞》、《十五娘》、《起劲》、《农家》、《夜游上海所见》等,他用现实主义的创作方法,写出了地主如何剥削农民,资本家如何剥削工人,清楚的深刻的反映出社会上的阶级矛盾。

其次是一般的小资产阶级的作家,他们看出了社会矛盾,于是就在作品中揭露了这种矛盾。他们对社会上的那些被侮辱与被损害的人们,给以深切的同情,同时对那些统治者与压迫者,也给予无限的憎恨。在诗歌方面,像刘半农的《学徒苦》、《相隔一层纸》,徐玉诺的《农村的歌》、《水灾》、《能够到天堂的一件事》,郑振铎的《侮辱》、《死者》(纪念二七惨案);小说方面,如叶绍钧的《饭》、《义儿》、《一生》,李渺世的《买死的》,王思玷的《偏枯》等。

第三是资产阶级的作者,他们受到这种时代潮流的影响,因而对于贫苦的人们,也像对讨饭花子施舍几枚铜元一样,来施舍一些同情,表示他们胸怀是多么的"仁爱"。像胡适的《人力车夫》,戴季陶的《懒惰》等,这正是那种"浅薄的人道主义"实际也就是"猫哭耗子"的人道主义。

其次是爱国主义思想,由于当时的中国处在半殖民地的地位,只要是敢于正视现实,反映现实的作家,他们的作品,没有不具有爱国主义思想的。而表现得最突出的作家是鲁迅和郭沫若。这种热爱祖国的情绪,成为他们以后走向人民斗争的主要动力,关于这,将在后边第四、五两章中详论。除他们之外,如郁达夫在他的处女作《沉沦》中就大声的疾呼着"中国呀!中国呀!你怎么不强大起来!祖国呀!祖国!我的死是你害我的,你快富强起来!强起来罢!你还有许多儿女在那里受苦呢!"此外如康白情的《鸭绿江以东》、赵章强的《渡江》都具有爱国主义的思想,而尤其是后者,已明白的显示出反帝的情绪。"明明是中国的内河,却为何有外国的兵船?明明是中华的主权,却为何给外国人侵占?"

总之在五四后,在文艺创作上的前进思想,主要是人道主义的思想,由这出发而成为反封建统治剥削与压迫。其次是爱国主义的思想,由这出发而成为反帝国主义者的侵略。而二者比较起来,在作品中以前者的分量占的最重。到一九二一年以后由于中国共产党的成立,领导了工人阶级的革命运动,于是反帝反封建汇合为革命的巨流,而蒋光赤的《新梦》就出现了,喊出了"打倒帝国主义的压迫,恢复中华民族的自由,推翻贪暴凶残的军阀,解放劳苦同胞的锁扣!"(《中国劳动歌》)这虽是近于口号,但这已标出一个新的倾向,也就是反帝反封建的革命文学的新倾向。

除此之外,自然在这一阶段的创作中,还表现了不少的颓废主义、遁世主义以及感伤主义的思想,正如鲁迅在《中国新文学大系·小说二集导言》中所说的:

> 那时觉醒起来的知识青年的心情,是大抵热烈,然而悲凉的,即使寻到一点光明,"径一周三",却更分明的看见了周围的无涯际的黑暗。摄取来的异域的营养又是"世纪末"的果汁:王尔德(Oscar Wilde),尼采(Fr. Nietzsche),波特莱尔(Ch. baudelaire),安特莱夫(L. Andrev)们所安排的。"沉自己的船"还要在绝处求生。此外的许多作品,就往往"春非我春,秋非我秋",玄发朱颜,只唱着饱经忧患的不欲明言的断肠之曲。

这一方面是黑暗的现实社会的反映,而另一方面也说明了当时一些出身于没落阶级的作家,在动荡的年代里,看不出自己阶级前途的一种悲哀的表现。还有一些出身于小资产阶级,幽囚在个人的周围的小圈子里,看不见已经起来的中国共产党领导的工农大众的革命前途,而把眼睛注视到黑暗的一面,因此生出消极颓废的思想。分明这都是不健康的,随着时代的发展与群众革命热潮的荡涤,这种不健康的倾向逐渐的被批判了。于是中国的新文学就跃进到一个新的阶段!

在创作方法与创作思想上既然有着新的追求,那么为适当的表现这种新的内容,在形式上也不能不有着新的追求。就这一阶段来说,很显然的在作品形式的发展变化上有着四种倾向:(一)由于一般进步的小资产阶级的文艺作者,受到五四革命浪潮的激荡,受到无产阶级思想的影响,因之在创作上就有着反映现实、走向人民大众的倾向。这表现在小说上,一面继承了中国文学遗产的优良传统,一面吸取了外国文学的滋养,而创造出一种新的典范之作的是鲁迅的《呐喊》和《彷徨》。表现在诗歌上,用民歌的形式,加以洗炼,加以提高,像刘半农的《瓦釜集》中的十几篇作品以及沈玄庐的《十五娘》等。其余如俞平伯的《冬夜》、刘大白的《旧梦》,也都有一些民歌体的作品。这种向民间文学学习的倾向,在现在来看,是正确的,但后来没有得到很好的发展,有着中断之势,直到一九四二年后,才算又继续这个道路向前更跨进一步。(二)在最初从事新诗的作者,大抵是作惯旧诗的,因之虽然来写新诗,但往往带着旧诗词的痕迹,像沈尹默的《落叶》、俞平伯的《东行记踪寄环》等。这本是文学发展中所难免的现象,应该很快的把它加以肃清。但到后来这种旧诗词中的句调,反而有意的为一些没落阶级作家所使用。这种旧的语汇的出现,正是为没落阶级反动的作品内容所决定的结果。(三)采取外国的自由诗体,而完全摆脱中国古诗格律的束缚,这是诗歌上一大革命,像郭沫若的《女神》,这是一个进步的表现。但到后来《诗刊》派的作者,把外国诗歌的形式硬搬过来,例如《十四行诗》,而且专注意于词藻韵律的追求,为艺术而艺术,这就成为反动的了。(四)有着革命的热情,也看见了革命的方向,但不能很好的用艺术手法把它表现出来,而只喊出一些空洞的口号,这也是不正确的道路,即如蒋光赤的《新梦》,它对革命虽然也起了一定的积极作用,但效果不能说是太大的。

第三节 新的斗争

　　五四前后的文学革命运动,对封建文学,乃是一个激烈的斗争,就当时情势来说,似乎是已经取得了基本上的胜利。不过胜利虽已取得,但不等于说斗争就已停止。因为一定的文学,是一定阶级意识形态的反映,五四后中国的封建思想和文学,虽遭受了严重的打击,但作为这种思想的物质基础,封建阶级并没有垮,所以反映这一阶级的意识形态的封建文学,时时的企图复辟,这样就构成了革命的势力与残余的封建反动势力进行了继续不断的斗争。其次是革命阵营中的资产阶级,在五四后,眼看到人民群众的觉醒与革命势力的高扬,于是就背叛了革命,从革命阵营中分化了出去,和封建势力帝国主义携起手来,这样就形成一种新的反动势力,也就是代表了买办资产阶级的反动势力。于是革命阵营中代表最进步的力量的作家,就同这种新的反动势力进行了斗争。现在,先就前者来说。

　　当一九二一年与一九二二年文学研究会提倡写实主义,创造社提倡浪漫主义,进行着反封建与反帝的文艺运动的时候,南京也成立了《学衡》杂志社,这是一个封建的堡垒,主要的人物是胡先骕、吴宓、梅光迪、吴芳吉等。他们抨击新文化运动与文学运动。胡先骕有《中国文学改良论》,梅光迪有《评提倡新文化者》,吴宓有《论新文化运动之反应》,等等。立论大抵支离破碎,不成系统,同时对新文学的反扑,也并不能击中要害。

　　当时给学衡派以致命的打击的是鲁迅,他在《估学衡》(《热风》)中,把他们那幼稚肤浅的根子都挖掘出来了,最后他总结道:

　　　　总之诸公掊击新文化而张皇旧学问,倘不自相矛盾,倒也不失其为一种主张,可惜的是于旧学问并无门径,并主张也还不配。倘使字句未通的人也算是国粹的知己,则国粹更要惭惶煞人!"衡"了一顿,仅仅"衡"出了自己的铢两来,于新文化无伤,于国粹也差得远。我所佩服诸公的只有一点,是这种东西也居然会有发表的勇气。

　　学衡派反动的企图被摧毁以后,一九二四年接着又有章士钊的《甲寅》的复活。他同学衡派一样,对新文学运动进行诋毁和谩骂,他连续的发表了《评新文化运动》与《评新文学运动》等文。由于他当时的反动的政治地位,他颇有借此来使古文死灰复燃的野心。但是当他发表了这些反动的文字以后,接二连三的碰到了一些强有力的反击,成仿吾有《读章氏评新文化运动》,郁达夫有《咒甲寅十四号评新文学运动》,滁洲有《雅洁恶滥》,健攻有《打倒国语运动的拦路虎》。而当时鲁迅对他更是毫不放松,在《莽原》中,发表了《答KS君》和《再来一次》,揭穿了章士钊文章的不通以及他如何的在模仿古人的句调(《华盖集》),最后断言说:"即使真如你所说,将有文言白话之争,我以为也该是争的终结,而非争的开头,因为《甲寅》不足称为敌手,也无所谓战斗。"《答KS君》这真是一针见血之论。章士钊以古文家自命,但他把"二桃杀三士"译作"两个桃子杀了三个读书人",正说明他对古书并未读通。鲁迅曾对这一点揭出他的错误,而在评《甲寅》的反新文学运动时,不从他的内容上来驳辩,而单就他的文章上来抨击,在战术上这是最能击中要害的办法。因为他们的理论根本是不值一驳,不过是东拉西扯、任意纠缠、不成系统。只有从他们的文章的缺陷上进行攻击,这就更足以说明古文的背时,自命为古文家的,还没有把文章搞通,那么其余不如这些人的,更不必说了。所以这次《甲寅》的复兴文言的企图,又宣告失败了。

　　到了一九三四年,复古运动又一度的想抬头,但这正如鲁迅所说的,只不过像动荡的池泽中泛起来的沉滓,是很快的要沉下去的。这不过是行将灭亡的封建阶级最后挣扎的一个反映罢了。

　　另外的一个新的斗争,仍是革命的知识分子与买办资产阶级知识分子,在思想上的斗争。五四运动刚刚过去,反封建阵营中已有着分裂的趋势,最初的表现是一向对封建势力采取妥协投降态度的胡适,在《每周评论》上就发表了《多研究些问题,少谈些主义》,提倡所谓专重经验的实验主义和"一点一滴进化"的改良主义,企图拿他那从美国贩来的没落的资产阶级反动思想——实验主义,来反对那生气勃勃、光芒万丈的工人阶级思想——马克思主义,但是他的打算落空了。当时首先给他以反击的,是李大钊同志,他在与胡适书中公开指出他的反理想、重经验,以及忽视群众、专重个人的荒谬思想,对社会改革是有危害的,这正如瞿秋白同志所说的:

> 反动派说一味理想不行,胡适之也赶着大叫"少研究主义,多研究问题"。这种美国市侩式的实际主义,是要预防新兴阶级的伟大理想取得思想界的威权。(《鲁迅杂感选集·序言》)

胡适在提出多研究些问题少谈主义之后,不久就又提出整理国故的口号,这样就领导了大批青年脱离了现实,走向故纸堆中,因之也就很好的巩固了反动统治阶级的政权,直接的为他们服了务。到了五卅的前夜,这种斗争就愈趋于明朗化与尖锐化,一方面是以胡适为首的现代评论派与封建军阀段祺瑞及其走狗章士钊的勾结,来迫害进步的革命青年,解散了女师大,造成了三一八的大屠杀。在这时作为革命青年的导师鲁迅,以愤怒的心情,运用尖锐的笔锋,来向这种反动势力的卑劣无耻,虚伪而又残酷的刽子手进行了坚强的斗争,揭穿了他们的假面具,暴露了他们的真面目,就中尤其是对于陈西滢和章士钊进行了正面的战斗。我们试一翻开鲁迅的《华盖集》和续编,里边的文字大半都是这次战斗的具体表现。这次战斗,我们要把它当作私人恩怨的问题看,那是大错而特错了。这是一个阶级斗争,是两个对立方向的斗争,也就是被压迫者与压迫者的一个斗争。鲁迅正是站在革命的进步的这一面,来向反动的封建与买办合流的统治势力进行的一个斗争。这一个斗争,一方面是五四时代在文学上改良与革命,在思想上问题与主义争论的一个发展。而另一方面又是一九二七年大革命后,革命的文艺工作者与买办资产阶级山羊式的文人,在文艺阶级性上论战的一个先声。从这里就可以了解五四后新文化内部的分裂情形,一面是以鲁迅为首的一步步走向工农群众的革命营垒中来,一面是以胡适为首的一步步走向反动的封建买办法西斯统治阵营中去。这种新的敌人,比纯粹的国粹派的敌人,更可怕,因为他们挂着假民主的招牌更足以迷惑一般群众。五卅前夜,鲁迅对现代评论派的战斗,不过只是一个开端,随着历史的发展,这种对立就更明朗,而斗争就益发的尖锐了。

在这种分裂的情况下,除了一面走向彻底的反帝反封建的道路,另一面走向与封建势力妥协,投降了帝国主义的反动道路,而形成尖锐的对立的两个营垒外,还有一些企图逃避斗争而走向脱离现实的退隐道路的,则有周作人、刘半农、钱玄同等。这种逃避现实,他们自己满以为是超然的清高的,而实际在客观上是帮助了反动统治阶级,到后来刘半农也渐渐靠拢了统治阶级,作到了大学院长,而周作人则在抗日战争时期竟作了日本的汉奸,从这里可知超然是不可能的,而中间路线基本上也是不存在的。

主要参考书

一、《中国新民主主义革命史》(胡华)第二、三、四章

二、《鲁迅全集》、《坟》、《热风》、《华盖集》、《华盖集续编》

三、《中国新文学史研究》(李何林)

四、《中国新文学大系·小说一、二集导言》(茅盾、鲁迅)

五、《鲁迅杂感集序》(瞿秋白)

第四章　左翼作家联盟成立前后无产阶级文艺运动(上)

第一节　"革命文学"运动的起来与文学阶级性的论战

(一)创造社的提倡革命文学与对文学阶级性的阐发

中国无产阶级所领导的新民主主义的革命运动,从二七惨案、五卅惨案以后,逐渐的澎湃起来。到了一九二七年,领导了北伐革命。北伐革命失败后,革命的主力虽由城市转移到农村,但无产阶级所领导的反封建反帝的革命,仍在继续地进行着、扩大着,并在江西建立了红色政权,领导农民进行着土地革命。至于城市方面,由于残暴的国民党反动派对赤色工会的进攻,赤色工会完全处在秘密状态中,不能公开活动。然而国民党反动派虽能暂时维持自己的政权,但在政治上、经济上不能得到任何真正的稳定,工人群众政治经济生活的极端恶化,使工人的斗争不能不继续的坚持下去。一九二八年,上海总共发生了一百四十次罢工,参加工人有二十三万多人,这就说明了上海工人在万分困难的条件下,坚持着斗争的情形。基于以上的现实情势,无产阶级当然要求有表现他们的思想情绪和愿望的无产阶级文学产生出来,并用这作为他们革命斗争的有力武器之一,这就是"革命文学"口号之所以被提出的基本原因。

其次，在一九二七年北伐革命失败后，一部分参加革命的进步作家和青年知识分子，从国民党反动派的屠刀下逃脱了出来，他们跑到了上海，从事文艺活动，组织了一些进步的文艺团体，就中尤其是创造社，在这时重新改组了，前进的方向明确了，这是革命文学的口号之被提出又一原因。

总之革命文学运动的起来，正如鲁迅所说的：

> 革命文学之所以旺盛起来，自然是由于社会的背景，一般群众，青年有了这样的要求。当从广东开始北伐的时候，一般积极的青年都跑到实际工作中去了，那时还没有什么显著的革命文学运动，到了政治环境突然改变，革命遭了挫折，阶级的分化非常显明，国民党以"清党"之名，大戮共产党及革命群众，而死剩的青年们再入于论辩被压迫的境遇，于是革命文学在上海这才有了强烈的活动。（《二心集·上海文艺之一瞥》）

至于改组后的创造社所提倡的"革命文学"的理论内容都是些什么呢？我们根据成仿吾、郭沫若和蒋光慈等人的文章，归纳起来主要有以下四点：

一、一时代有一时代的文艺，时代到了前面，文艺便不应停留在后面。当前的时代已是资本主义发展到最后的阶段（帝国主义），全人类社会要走向一个新的改革的时代，可是我们的文学运动，却还落在时代的后面，今后应该前进一步，从文学革命到革命文学。（成仿吾《从文学革命到革命文学》）

二、文学是客观现实的反映，但进步的代表革命阶级的文学，它不只是反映了现实，并且可以影响现实。其次，在对现实的态度上，只要是站在被压迫阶级的一面而赞成革命的，这种作品就是革命的文学（郭沫若《文艺家的觉悟》、《革命与文学》）。

三、文学是有阶级性的，每一个艺术家必然要生活于某一阶级的环境里，所以他的作品就免不了要带着阶级的色彩（蒋光慈《死去了的情绪》）。

四、在当前的时代中，我们所需要的文艺乃是第四阶级的文艺，也就是无产阶级的文艺,这种文艺在形式上是写实主义的,在内容上是社会主义的(郭沫若《文艺家的觉悟》)。

由于创造社提倡"革命文学",于是引起语丝社和他们在理论上的争论,同时新月社更以没落的资产阶级的立场,来对这一运动进行了讽刺的诋毁,而创造社就在这样的战斗中,对文学的阶级性作了更深入更详细的阐发,最主要的有下列各点。

一、任何作品都有它的阶级性,而这种阶级性就决定于作者在社会中一定阶级的经济生活。"人间依然生活着阶级的社会生活的时候,他的生活感觉、审美意识,又是人性的倾向,都受阶级的制约。'吟风弄月',这是有闲阶级的文学。'剥除资本主义的假面,却要向人民大众说忍耐',这是小资产阶级的文学。赞美资本家是雄狮,贬谪民众是分食余窬的群小兽类的文学,这是反革命的文学。这不是无端的加人身上的'罪名',而是根据作品的内容的思想在阶级社会中所演的任务,引导出来的结论。"(冯乃超《评驳梁实秋的〈文学与革命〉》)

二、无产阶级的文艺也不必就是描写无产阶级,因为无产阶级的生活,资产阶级的作家也可以描写,至于对资产阶级的描写,在无产阶级文艺中也是不可缺乏的。主要的区别是要看作者站在哪一个阶级说话(郭沫若《桌子的跳舞》)。

三、无产阶级文学的目的,主要在于宣传组织它的主体的阶级斗争的意识。它的特点是,它的立足点,全然同从来的文学反对,以新的世界观(无产者的世界观),战斗的唯物论为背景,新美学的法则,表现无产阶级的现实生活意识心理和性格(克兴《评驳甘人拉杂一篇》)。

四、无产阶级的文学,在这经济基础根本变革的时代,不限定非无产阶级不能创造的东西,革命的知识分子虽然属于资产阶级,由于斗争的结果,他是可以抛弃自己的阶级,而降于无产阶级的人们。这时他已不是替无产阶级建设他们的文学,而是他自己建设自己阶级的文学(同上)。

（二）小资产阶级的语丝社与买办资产阶级的新月社，在反对文艺阶级性的论争中，所提出的文学上的自由主义与"人性论"的反动论调

当创造社正在大声疾呼提倡革命文学的时候，语丝社的作者首先对他们提出了批评，因而就形成了文艺思想上一场极其激烈的战斗，综合这派对文学的主张有下列几点。

一、主张创作上的自由，反对文学受某种主义的支配，反对文学的倾向性。侍桁的《评文学革命到革命文学》具体地表现了这种见解。他说："并且灭却自己一切的感情，而来服从某种主义。这是不是可能的？真是一个问题呢！艺术家的本身不应该受一切的束缚，只有他对于艺术的良心是支配着他的一切的！什么主义，什么标语，对于他都是狗屁不值！"后边他引屠格涅夫的话来证明他的理论道："在艺术中谈论什么是'倾向'，什么是'无意识'这些话语，也都不过是修辞学的伪造而已。"

二、认为出身于第一、第二阶级的人，不可能写出第四阶级的文学，即令写出，也是一种虚伪。甘人讲："文艺须完全是真的流露，一有使命，便是假的。以第一、第二阶级的人，写第四阶级的文学，与住在疮痍满目的中国社会里，制造唯美派的诗歌，描写浪漫派的生活一样的虚伪。"（《中国新文艺的将来与其自己的认识》）

三、无产阶级文学在无产阶级专政未有到来的时候，是不会产生的。郁达夫讲："在无产阶级专政的时期未达到以先，无产阶级的文学是不会发生的。这是什么缘故呢？第一、无产阶级的专政还没有完成之先，无产阶级的自觉意识就不会有（因为若有了这自觉意识的时候，无产阶级专政就成功了）。没有自觉意识的阶级文学，是不会成立的。第二、文学的产生，须待社会的薰育的，在无产阶级专政没有完成的时候，社会的教育、社会的设施和社会的要求，都是和无产阶级文学相反的东西。在这一种状态下产生的文学，决不是无产阶级的文学。"因而他就断言当时提倡无产阶级文学的结果"毕竟是心劳手拙、一事无成，是不忠于己的行为"。（《无产阶级专政和无产阶

级文学》)

与语丝社同时,对创造社所提出的"革命文学"表示反对的是新月社,这一个团体是现代评论社的后身,他有不少是靠拢封建统治阶级和帝国主义的买办资产阶级的文人,他们的文艺思想基本上是没落的资产阶级的文艺思想。他们提倡的是唯美主义、神秘主义,再不然是颓废主义。当然他们对无产阶级的革命文学要深恶痛绝,他们的主张以梁实秋的《文学与革命》为代表,主要内容:

一、文学是表现普遍的人性的,绝无阶级的区别。他说:"并且伟大的文学乃是基于固定的普遍的人性,从人心深处流出来的情思才是好的文学,文学难得的是忠实——忠于人性。"又说:"文学一概都是以人性为本,绝无阶级的分别。第一阶级的文学,假如真有这样的一件东西,无论其为怎样贵族的,我们承认它是文学,其贵族的气息并不能减少其在艺术上的价值;第四阶级的文学,假如真有这样的一件东西,我们也可以承认它是文学,其平民的气息却也不能增高其在文艺上的价值。"

二、文艺是个人情思的表现,不负有改良生活的任务,也就是文学与政治无关。

三、文学,其中心是个人主义的,是崇拜英雄,崇拜天才的,与大多数人不发生若何关系。所谓无产阶级文学,与大多数人的文学,都是不能成立的名词。

四、就鉴赏文学而论,贫贱阶级与富贵阶级都有大半不能欣赏文学的人,所以就文学作品与读者的关系说,他们看不见阶级的界线。

(三)鲁迅在这次战斗中的态度

在创造社提倡革命文学的时候,曾经牵涉到鲁迅,他们用冷嘲热骂的态度对鲁迅从事人身攻击。鲁迅对这些人也曾予以反击,因之后来有些人对鲁迅就有一种误解,认为他当时有一个严重的缺点,这缺点是他理解力的迟缓,甚至有人更斥他为褊狭,为顽固。实际这都是不了解鲁迅的荒谬之论。关于这个问题,何凝(瞿秋白)、画室(冯雪峰)论的很好。他们的看法:

一、他并不是"理解力的迟缓",相反的,鲁迅的看见革命,比一般的知识阶级更早一二年,他之对创造社中某些人的讽刺,并不是由于他的盲目,或者所谓褊狭顽固,而是由于他对问题的现实主义的反盲目轻浮的态度,他需要有了切合实际的认识,立得住自己的脚跟,自己对之能严肃的负责时,才敢负责号召。"我就怕我未熟的果实,偏偏毒死了偏爱我的果实的人、而憎恨我的东西如所谓正人君子也者,偏偏都矍铄"(《写在〈坟〉后面》,见:李何林《近二十年中国文艺思潮论》第二编第三章画室《革命与知识阶级》)。

二、他决不是固步自封和意气用事,他同当时语丝社中的侍桁、甘人等,有着决定的原则上的差别,那就是他至多对革命文学运动的某些方面以及提倡这些运动的某些人的个人言动,进行了嘲笑和讽刺,但他始终没有越出一步,做过原则上的错误,这同样是他光辉完整的历史的一环,一贯的是作为浪漫蒂克革命家的诤友而存在的一环(画室《革命与知识阶级》,见:何凝《鲁迅杂感集序》)。

三、由于这发展的结实与光辉,所以鲁迅的更进一步的前进,乃是严肃的对现实把握得更紧,切切实实地十足能够对自己负责到底的更进一步的前进。所以他就不能不和那叫嚣歪曲、乱杀乱斫、自封为前进的人们,有着绝对的两样。以前是做着"与封建势力斗争的最好的工作,现在一样也做得更好更伟大了"。(画室《革命与知识阶级》)

(四)对参加这次文艺思想战线上的斗争的各派理论的批判

先就创造社而论,在方向上是正确的,他们能结合客观现实的发展,最先提出革命文学的口号,也就是最先接受了无产阶级的文艺理论,而又加以提倡,这是他们能够作为时代先驱的具体表现。

至于在理论上,他们指出文学的阶级性,文学是阶级斗争的有力武器,当前的中国正处在人民革命的时期,因而所需要的文学乃是能够有助于革命的无产阶级的文学,这些看法都是正确的。不过当时还是无产阶级文学的萌芽时代,而且提倡的人都是革命的小资产阶级,因而在理论上也往往犯了教条主义的错误。即如他们认为作者是否为无产阶级的关键,乃是无产阶级世界观的树立,而无产阶级世界观的树立又在于掌握唯物辩证法,他们不知道真正的阶级的转变,单纯的靠理论的钻研,还是不够的,更重要的是要与革命的斗争实践相结合,也就是与人民群众的斗争相结合,经过长期的自我改造,然后才能彻底的转变。所以直到一九四二年毛主席《在延安文艺座谈会上的讲话》中还这样说,"有许多同志还不大清楚无产阶级和小资产阶级的区别"。

其次,他们对于鲁迅的攻击,也犯了机械论与文人小集团主义的错误。他们对中国社会的性质认识得还不够清楚,因之对于鲁迅对革命的贡献估计的也极不正确,他们有点意气用事,而不顾客观实际,专从小的地方,非原则的地方,吹毛求疵。譬如对鲁迅的态度、气量和年纪的攻击嘲笑,就是一例(鲁迅《我的态度气量和年纪》、杜荃《评鲁迅我的态度气量和年纪》),所以鲁迅说他们是"中了才子加流氓的毒"(《上海文艺之一瞥》)。瞿秋白也曾批评他们说:"然而创造社等类的文学家,单说其有革命志愿的……也大半扭缠着私人的态度,年纪,气量以至酒量的问题。至少,这里都表现着文人的小集团主义。"(《鲁迅杂感选集序言》)

其次是当时的语丝社,这一派人以侍桁为首,他们的见解纯粹是小资产阶级个人自由主义思想的具体表现。他们从日本也稗贩了一些不正确的无产阶级文艺论,实际上是错误的。他们不了解辩证唯物主义,而用机械的看法去理解问题,他们不了解阶级是可以转变的,所以就硬以为无产阶级文学,必须无产阶级自己搞才行,否则就是虚伪的,因之就主张艺术家的本身,不应该受一切的束缚,只有他对艺术的良心,是支配着他的一切的。这虽不是"人性论"者,其效果和"人性论"是一致的,也就是一样破坏了无产阶级文学运动,而作了反动的统治阶级的帮凶。

至于新月社一派人的见解,充分的代表了没落的买办资产阶级的文学观,他们否认文学与客观现实的密切关系,否认文学的阶级性,同时并否认文学的武器作用。实际这都是资产阶级的谎言骗人的鬼话,故意来抹煞并模糊人们的阶级观念,取消阶级斗争。形式主义、唯美主义、神秘主义,都是在这种理论的基础上产生的,所以这是一种极端反动的文学思想,是无产阶级文学思想正面的敌人,针对他们的虚伪性与反动性,是须要彻底地给以揭穿并批判的。

(五)这次战斗的意义和成就

对这一问题可分六点来说明

1. 一九二八年正当中国共产党领导着中国人民在江西建立苏区准备土地革命的时期,也就是人民革命力量在政治上、军事上和国内的封建统治势力进行激烈战斗的时期,为配合当前的形势与革命的需要,"革命文学"口号的提出,是客观现实赋予的历史使命,创造社能及时地负起这一历史使命,一方面说明了他们的政治敏感性,另一方面也说明了现实发展到某种境地,作为反映现实的文学,必然的要追随着现实的发展而发展。

2. 作为革命文学,也就是无产阶级文学的中心问题,就是文学的阶级性问题。至于作家的自由问题、文艺的武器作用问题以及大众化问题,乃是伴随着文学阶级性而产生的问题。只要阶级性问题解决了,也就是只要肯定了文学是有阶级性的,一定阶级的文学是为一定的阶级服务的,那么其余的如作家的自由问题等,都是可以迎刃而解的(自然在方法上必须得用辩证唯物主义的观点去看问题,若是机械的去看问题,仍是不对头。语丝社诸人并未否认文学的阶级性,但他们机械的理解问题,于是得出无产阶级文学,只有无产阶级出身的作者才可能写出的错误结论)。因此在革命文学理论与反革命文学理论进行斗争的时候,涉及的方面虽广,而争论的焦点还是阶级性问题,这说明了这一问题是无产阶级文学理论的根本问题。

3. 在五四后的知识分子已经有过一次显明的分化,当时最显著的是共产主义的知识分子与资产阶级的知识分子的背道而驰。一面是走向了工农群众,组织了群众发动了革命;一面是向封建势力妥协,成为反动的统治阶级的帮凶。到了这一时期,可以说知识分子的文人有了一次更进一步的分化,由于封建买办法西斯的黑暗统治,与人民革命力量的日趋壮大,而敌我双方的斗争就愈趋尖锐。这时一些反动的买办资产阶级的文人学者,他们为谁服务,自然是一清二白的。但是一些面目不清的小资产阶级的文人,在这个尖锐斗争前面,他们究竟谁靠近革命,谁靠近统治阶级,在从事革命者,是更需要加以分清的。而这次战斗在态度上就表现得非常的鲜明,创造社代表了革命的小资产阶级,而语丝社则代表了右倾的小资产阶级,新月社则代表了没落的买办资产阶级。语丝社诸人主张作家的创作自由,虽不是否认阶级性,但认为文学是可以超阶级而存在的。至于新月社则根本否认了文学的阶级性,这就足以说明文学是有阶级性的了。

4. 由于这次的战斗,无产阶级的文学理论获得了初步的阐发,尤其是文学阶级性问题,经过了反复争论,得到了较为清楚的说明。至于作者创作的自由问题与文学作为阶级斗争的武器问题,也一并的提出了。不过在这时还没有成为重点,终于到了一九三二年,这一些问题才又重新提出,形成了左联与"自由人"、"第三种人"论战的核心问题。

5. 通过这次战斗,文坛上的阵线划清了,认清了哪一些是反动的,哪一些是可以争取的,给无产阶级文学阵营的建立与扩大,打下了一个有利的基础,所以到一九三○年左翼作家联盟就成立了。

6. 由于这次的战斗,作为文坛重镇的鲁迅,因此向前更迈进了一步,使无产阶级文学阵营旗帜为之一新。而茅盾在此以后,也更写出了一些适合于革命斗争需要的作品来。

第二节 左翼作家联盟的成立和它在中国无产阶级文艺运动的开展上的历史意义

(一)左联成立的现实基础

毛主席《在延安文艺座谈会上的讲话》中说:

在"五四"以来的文化战线上,文学和艺术是一个重要的有成绩的部门。革命的文学艺术运动,在十年内战时期有了大的发展。这个运动和当时的革命战争,在总的方向上是一致的,但在实际工作上却没有互相结合起来,这是因为当时的反动派把这两支兄弟军队从中隔断了的缘故。

所谓"革命的文学艺术运动,在十年内战时期有了大的发展",这就是指的左联所领导的文学艺术运动。可知毛主席对这一时期文艺运动的方向和成就,是肯定的,是赞许的。至于领导这个时期的文艺运动的左翼作家联盟,为什么能够成立,就历史发展来说,这并不是偶然的。首先是革命形势的长足发展,从一九二七年以后,革命力量由城市转入农村以后,毛主席首先在湖南建立了井冈山根据地,以后逐步发展,在福建、江西也都建立了根据地和游击区。到了一九三〇年,国内红区已建立了十几个范围,包括江西、福建、湖南、湖北、安徽、河南、广东、广西、浙江等省,全国红军发展到六万人,稍后更发展到十万人。这种革命的胜利,给革命的文艺作家以莫大的鼓舞,同时也更加迫切地要求革命文艺能紧密地配合革命要求,来推动革命的发展,这是左联之所以能够成立的主要原因。

其次,在无产阶级文艺理论的基础上,通过一九二八年文学阶级性问题的论战,对无产阶级文学理论中的阶级性问题,已经获得初步的阐发,特别是在一九二九年左右,以鲁迅为首的,另外还有瞿秋白、冯雪峰、沈端先等,对于苏联文艺理论与创作的介绍,理论如蒲列汗诺夫的《艺术论》,卢那卡尔斯基的《艺术论》、《文艺与批评》,等等,创作如法捷耶夫的《毁灭》、绥拉菲摩维支的《铁流》,等等,虽然那些理论著作,在今天看来,里边的见解还存在着不少的缺点,但对于中国萌芽时期无产阶级文艺理论的建立,还是起着很大启发作用的,而这也是构成左联成立的另一原因。

第三是在一九二八年关于文学的阶级性论战以后,文坛上革命的与反革命以及不革命的面貌,看得清清楚楚了。这时在政治上革命的力量与反动的统治势力间的斗争,已进入尖锐阶段。反映到文学上也一样是如此。这时的革命文学为了扩大斗争,加强自己阵营的力量,就不应再是分散的,自发的,各自为战的,而需要组织起来进行有领导、有计划的斗争了,这种现实的要求,是左联成立的又一原因。

基于以上三点,革命形势的发展、无产阶级文艺理论的介绍以及现实对文艺的要求,于是在一九三〇年左翼作家联盟在上海终于成立了。

(二)左联成立经过与通过的各项纲领

一九三〇年二月十六日下午二时,在上海鲁迅、沈端先邀集了一部分从事革命文艺运动的人,举行了一次小型座谈会,讨论题目为清算过去和确定目前文学运动的任务。检查的结果认为,过去所犯的错误,有下列四点:(一)小集团主义乃至个人主义;(二)批判不正确,即未能应用科学的文艺批评的方法和态度;(三)过去不注意真正的敌人,即反动的思想集团以及普遍全国的遗老遗少;(四)独将文学提高,而忘掉了文学的助进政治运动的任务,成为为文学而文学的任务。

在会中除检查过去外,并对当前文学运动的任务提出了以下三点:(一)旧社会及其一切思想的表现的严厉的破坏;(二)新社会的理想的宣传及促进新社会的产生;(三)新文艺理论的建立。

经过这样的商讨之后,于是就在同年三月二日下午二时,在上海就举行了左翼作家联盟的成立大会,到会的有鲁迅、茅盾、丁玲、画室(冯雪峰)及创造社太阳社中的作家五十余人。在大会中鲁迅作了极重要的发言,他着重的指出,左翼作家若不和实际的社会斗争接触,单关在玻璃窗里做文章,是很容易变成右翼的。其次,倘不明白革命实际情形,也容易变成右翼。这样就肯定了作家若要保持自己始终是前进的,就必须得参加到革命的实际斗争中去。另外,他还提出今后应注意的几点:(一)对于旧社会和旧势力的斗争,必须坚决持久不断,而且注重实力;(二)战线应该扩大;(三)应当造出大群的新的战士,也就是培养出更多的新生的力量,同时战斗要韧。最后提出,联合战线必须有一个共同的目标,然后行动才能一致,而共同目标,就是为工农大众(《对于左翼作家联盟的意见》)。

大会通过了联盟的理论纲领,成立了马克思主义理论研究会、国际文化研究会、文艺大众化研究会。理论纲领的要点如下:

……

诗人如果是预言者,艺术家如果是人类的导师,他们不能不站在历史的前线,为人类社会的进化,清除愚昧顽固的保守势力,负起解放斗争的使命。

……

那么,我们不能不站在无产阶级解放斗争的战线上,攻破一切反动的保守的要素,而发展被压迫的进步的要素,这是当然的结论。我们艺术不能不呈献给"胜利不然就死"的血腥的斗争。

……

我们的艺术是反封建阶级的,反资产阶级的,又反对"稳固社会地位"的小资产阶级的倾向。我们不能不援助而且从事无产阶级艺术的产生。我们的理论要指出运动之正确的方向,并使之发展,常常提出中心的问题而加以解决。加紧具体的作品批评,同时不要忘记学术的研究加强对过去艺术批判的工作,介绍国际无产阶级艺术的成果,而建设艺术理论。

我们对现实社会的态度,不能不支持世界无产阶级的解放运动,向国际反无产阶级的反动势力斗争。

同时在这后边还附了一个行动的纲领要点:

一、我们文学运动的目的,在求新兴阶级的解放。

二、反对一切对我们的运动的压迫。

此外并决定了主要的工作方针:

一、吸收国外新兴文学的经验及扩大我们的运动,要建立种种研究的组织。

二、帮助新作家之文学的训练,及提拔工农作家。

三、确立马克思主义的艺术理论及批评理论。

四、出版机关杂志及丛书、小丛书等。

五、从事产生新兴阶级文学作品。

我们就以上的纲领要点与主要的工作方针来看,对文学艺术为政治服务,作家参加实际的斗争生活,吸收国外新的文学经验,提高我们的创作,开展文艺批评,培养新生力量,特别是工农作家,这种方针都是正确的。但由于当时环境的恶劣,左联受到法西斯统治残酷的禁锢和迫害,因而就不可能顺利的完成上边的计划,实现规定的方针。虽然如此,左联在恶劣的情况下仍然坚持了斗争,终于在文艺思想战线上获得了巨大的胜利。

(三)左联的成立在中国无产阶级文艺运动的开展上的历史意义

左联的成立,不论是从中国无产阶级文艺运动的开展,甚至从整个中国文学的发展来说,都是具有巨大的历史意义的。道理就在于:

一、文艺战线上的斗争由个人转向集团,由具有一定程度的宗派色彩的小集团,转向代表阶级利益的大集团;由散漫的自发的斗争,而成为有组织、有领导、有目的、有计划的斗争。我们知道在左联没成立以前,伟大的作家鲁迅,他在很长期间对中国的黑暗社会都是进行着个人的奋战的,他的诗句"寂寞新文苑,平安旧战场。两间余一卒,荷戟独彷徨"(《题〈彷徨〉》),充分说明了他那种孤军作战的寂寞心情。同时又因为有些小集团未能脱去宗派情绪,把不少的精力消耗到对一条战线的战友的无原则纠纷上,因而对于凶恶的敌人的斗争反而放松了。至于对敌人的斗争,又大半是属于散漫的,自发式的。当然就不可能发挥更大的作用。但在左联成立后,情况是显然的不同了,虽然遭受到敌人残酷的压迫,但左联与一切反动的文艺思想的战斗上,还是取得了巨大的胜利。这种胜利,我们应该归功于集体的力量,也就是由个人战斗转到集体战斗的胜利。

二、由无产阶级思想的领导,进而为中国共产党的领导,这在中国革命文学的发展上,标志着从旧的阶段跃进到一个新的阶段。五四时代的文学革命是一个统一战线的文学革命,当时的领导思想是无产阶级思想,联合了资产阶级小资产阶级的作家向着封建的文学进行了攻击。但是左联时代情况完全不同了,这时中国共产党已经诞生了将近十年,已经领导了中国的人民群众建立了革命根据地。因而左联的成立,乃是党通过左联来对中国革命文学进行了具体领导。左联内部有很多党员作家,还有革命的小资产阶级作家,而鲁迅当时虽没有参加党的组织,但他是党的忠实同志、真正的马克思主义者、党外的布尔什维克。当时在文艺战线上揭出了鲜明的无产阶级文学的旗帜,而彻底地反对文学艺术上封建阶级的、资产阶级的、以及稳固社会地位的小资产阶级的倾向(理论纲领),这同五四单纯的反封建文学不是显然的向前跃进了一步吗?这种跃进的关键,就在于现实的发展,革命的文艺队伍不单是无产阶级思想的领导,更进一步由无产阶级中国共产党来领导了。

三、此后的革命文艺工作者在创作上已不应再像过去文人那样闭户著述,是需要参加实际的斗争生活了,只有这样,才能够从斗争的实践中来丰富自己的创作,然后用生动而有力的创作,来促进并指导革命的实践。这样的文艺,已不是单纯的消极的反映现实,而是在正确的反映现实的基础上,更积极的有助于对现实的改造。

四、此后的文艺已不再是剥削阶级在闷得无聊时候的消遣品,或者是统治阶级的欺骗人民、麻醉人民的御用品,而成为广大的劳动人民向敌人进行斗争以及改造世界的有力武器了。

本章主要参考书
一、《中国文艺论战》(李何林)
二、《近二十年中国文艺思潮论》第二编(李何林)
三、《"硬译"与"文学阶级性"》(《二心集》鲁迅)
四、《对于左翼作家联盟的意见》(《二心集》鲁迅)

第五章 左翼作家联盟成立前后无产阶级文艺运动(下)

第一节 无产阶级文艺运动在左联领导下的逐步发展与壮大

(一)左联与反动的"民族主义"、"自由人"、"第三种人"文艺思想的斗争

一九三〇年左联成立后,反动的封建买办法西斯统治当局,他们视之像喉中的刺、眼中的钉,恨不得即刻把他们拔掉才痛快。他们对付左联的办法,一方面是指挥了一批流氓、侦探、走狗、刽子手来进行诬蔑、压迫、囚禁和杀戮,左联的书籍被查抄、被禁止。左联的作家被逮捕、被暗杀。同时并造出谣言,说左联的作家是得了苏俄的卢布(鲁迅《黑暗中国的文艺界的现状》)。但这样的暴力,并没有吓倒左联,于是就来了另一套方法,唆使他们的爪牙并收买了一批无耻的文人,前者如范争波、黄震遐,后者如王平陵、邵洵美等,在当时鼓吹法西斯主义的刊物《前锋月刊》创刊号上发表了《民族主义文学运动宣言》,针对着无产阶级文艺运动,给以歪曲和诋毁。

这一批人不是特务就是帮凶,根本上是反动的统治阶级的走狗。他们在表面上好像也假惺惺的在为民族的存亡担忧着急,而其实这都是幌子,不过是借以欺骗读者罢了。他们真正的目的,乃在破坏左

联的无产阶级文艺运动,使一些不了解左联的人,受到他们的迷惑。

就理论上说,既是提倡民族主义,就应该反对侵略我们民族的帝国主义,特别是已占领了我们的东北并且要准备打进我们关内的日本帝国主义。然而不然,从他们发表的作品中看来,就像黄震遐的《黄人的血》,乃是梦想着有一个拔都元帅出来率领着黄种人去征服斡罗斯,这就是他们之所谓民族主义。他们认为民族的敌人是苏联,而不是终日骑在中华民族头上的帝国主义,这就因为帝国主义是他们主子的主子,而苏联乃是他们主子的主子的敌人的缘故。从这里可以看出,他们是怎样的效忠于他们主子的主子了。那么"民族主义"这面旗子之为骗人的幌子,不是清清楚楚了吗。

在当时对这种反动的文艺运动的欺骗性与反动性,给以揭发与抨击的,是鲁迅与瞿秋白。鲁迅在那具有强烈的战斗性的杂文《"民族主义文学"的任务和命运》中,首先指出民族主义文学乃是一种宠犬派的文学,对他们的主子是在尽着"宠犬"的职分的。他们的目的只有一个——"就是打死反帝国主义即反政府,亦即'反革命'或仅有些不平的人民"。其次,他又指出参加这一运动的文人的阶级特点,乃是一些平时写一些颓废作品的没落阶级的文人。在旧社会的崩溃愈加分明、阶级的斗争愈加尖锐的时候,他们就看见了自己的死敌——将创造新的文化,一扫旧来的污秽的无产阶级,并且觉到了自己就是这污秽,将与在上的统治者同其运命,于是就必然集于为帝国主义所宰制的民族中的顺民所竖起的'民族主义文学'的旗帜之下,来和主人一同做一个最后的挣扎了。最后,他又从他们的作品如黄震遐《陇海线上》和《黄人的血》中,指出他们在写自己参加军阀的内战中,认为这并非驱同国人民自相残杀,却是外国人在打别的外国人,而自己则已觉得变成了腊丁民族的战士,站在野蛮的非洲了。这就说明中国的民族主义文学家,根本上只同外国主子休戚相关。因为他们自己觉得好像是腊丁民族、条顿民族了的缘故。另外,他们又梦想着有一个蒙古的拔都元帅,率领着黄色人种去征服斡罗斯。但是拔都死了,在当前的黄人中,可以拟为那时的蒙古的只有一个日本。而日本兵"东征"了东三省,正是民族主义文学家"西征"的第一步。所以九一八沈阳事件,不但和民族主义文学毫无冲突,而且还实现了他们的理想。鲁迅最后把他们归结起来这样讲:"这叫和恶臭,有能够较为远闻的特色,于帝国主义是有益的,这叫做'为王前驱',所以流氓文学,仍将与流氓政治同在"。

与鲁迅同时,瞿秋白对民族主义的文学,也进行极其深刻的揭发。他说:"民族主义的文学,乃是中国绅商所定做的一批鼓吹战争的文学,一种鼓吹杀人放火的文学。而他们所要杀的并不是人,而是奴隶牛马。并不是中国民族,而是别一个民族,他们写中国'中央'政府的军队,驻扎在陇海线上,居然和法国殖民家的客军驻扎在非洲——有如此之相同的情调。他们自己认为是'客军',而把民众当做野蛮的阿剌伯人看待。一方面是所谓阿剌伯人,那里的老百姓,这是一个民族别一方面,是所谓中央军雇用着德国的凶哥儿(Junker)顾问,豢养着白俄的哥什哈(Cossack)这样的七个人驻扎在村落里,这是另外一个民族,所谓国族。这两个民族间发生了战争,实际是国族的猎狗去巡逻'野兽'了。他们搜了三个村落,结果是狼狈不堪的失败回来了。他们把三个村落的老百姓说成久欲得我等而甘心的土匪。"(《陇海线上》,见《前锋》第五期)瞿秋白最后说:"七个良民和三村土匪——这土匪似乎太多了!其实,土匪的匪字已经不是康熙字典上那样的解释。现在的匪字是一个'民族'的名称。总之,这是七个人的中华国族,和二个村落的'土匪民族'之间的战争。这只是民族主义的战争文学里面的一个小小的插话,不过插话虽然小,却把民族主义文学的原身完全显露了出来。"(《瞿秋白文集》第一册《狗样的英雄》)

根据民族主义者作品的内容,根据鲁迅、瞿秋白对他们的揭发,使我们很清楚的了解他们之所谓民族,实际所代表的乃是那一小撮剥削阶级和统治阶级以及帝国主义。他们鼓吹战争,而战争的矛头所指向的乃是广大的人民和苏联,这就是民族主义文学的提倡者们对民族二字的新的解说。

这些无耻的走狗们,他们口头上所喊的民族主义文学运动,就他们的作品来看,原来是鼓吹内战,残杀民众的运动。这种为帝国主义征服中国扫清道路的文学,其本质是向敌人献媚投靠的汉奸文学,所以当日本帝国主义疯狂的进攻我国的时候,全国人民掀起了抗日运动的热潮,这些宠犬们——民族主义文学的提倡者感到了众怒难犯,于是也就不声不响的偃旗息鼓了。

左联在与反动的民族主义文艺进行了战斗之后,到了一九三二年又与"自由人"与"第三种人"展开了斗争。问题发生的原因和经过是这样的,先就文艺思想来说,这次的斗争是一九二八年文艺思想上的斗争的发展。这由文艺阶级性的论争,进而为文艺自由问题的论争。当一九二八年论争的时候,语丝社中一股小资产阶级作家,如侍桁、冰禅、甘人等的论文,已经提出了文艺自由的问题,不过当时论争的焦点是"文艺的阶级性",因而对这一问题没有顾得进行驳难。到了一九三二年阶级的斗争愈来愈尖锐,一面是蒋匪帮正在对江西人民革命势力进行疯狂的"围剿",反映到文学上,就是民族主义文学与左联的斗争。就在这时,忽然出现了以第三者超党派自居的"自由人"胡秋原,他在《文化评论》上发表了《阿狗文艺论》与《勿侵略文艺》两文。在表面上他似乎一方面痛骂了"民族主义文学"乃是法西斯主义的文学,是狗道的文学,而另一方面也痛斥左联,认为是将艺术堕落到一种政治的留声机,那是艺术的叛徒。因而他向这二者大声吆喝:"勿侵略文艺。"这样看来好像是左右开弓,两面攻击,而实际乃是帮助统治阶级,用"大家不准侵略文艺"的假面具,来实行对无产阶级文艺的进攻。左联在面临着这种侧面杀来的敌人,不能不予以反击,可是又出现了援助胡秋原的"第三种人"苏汶,这样的以文艺自由问题为中心的论战就展开了。

现在我们先看胡秋原的主张:

一、要在阶级的支配下,求文艺的自由,反对一种文学把持文坛。

他说:

> 有几个朋友说:我在《阿狗文艺论》中,固然是否定了民族文

艺，同时也否定了普罗文艺。但是，我的意见并不如此，我并非否定民族文艺，同时我更没有否定普罗文艺。……我并不能主张只准某种艺术存在，而排斥其他艺术，因为我是一个自由人。因此无论中国新文学运动以来的自然主义文学，趣味主义文学，浪漫主义文学，革命文学，普罗文学，小资产阶级文学，民族文学以及最近民主文学，我觉得都不妨让他存在，但也不主张某一种文学把持文坛。(《勿侵略文艺》)

二、文艺的最高目的，即在消灭人类间一切的阶级隔阂。(《阿狗文艺论》引安得列夫语)

三、永远相信文艺的高尚情思。他说：

艺术者，是思想感情之形象的表现，而艺术之价值，则视其所含蓄的思想感情之高下而定。所以，伟大的艺术，都具有伟大的情思(《阿狗文艺论》)

又说：

没有高尚情思的文艺，根本伤于思想之虚伪的文艺，是很少存在之价值的，我永远这样相信。(《勿侵略文艺》)

四、反对文艺服务于政治。他说：

文学与艺术至死也是自由的、民主的。……艺术虽然不是"至上"，然而也决不是"至下"的东西，将艺术堕落到一种政治的留声机，那是艺术的叛徒。(《阿狗文艺论》)

下边我们再看同情胡秋原的苏汶的论调，他首先把左联挖苦了一通，说什么他们现在没功夫来讨论什么真理不真理，他们只看目前的需要，是一种目前主义。我们与其把他们的主张当做学者式的理论，却不如把它当做政治家式的策略，当做行动，而且这策略，这行动，实际上也就是理论。目前的需要改变了，他们的主张便也随之而变，这才是辩证。接着又说胡秋原有点书呆子气，怪他同左联谈什么理论，因为左联是不要真理的。从这些言论中充分可以看出他是同胡秋原站在一条战线上的。而末了他很慨叹的说：

在"知识阶级的自由人"和"不自由的，有党派的"阶级争着文坛的霸权的时候,最吃苦的,却是这两种人之外的第三种人。这第三种人便是所谓作者之群。(《关于〈文新〉与胡秋原的文艺论辩》)

而他最后又把作者之群中的大大小小的作者之所以搁笔的原因,认为都是左联对文艺批评干涉的结果,很显然的这是对于现实的歪曲,与对左联的诬蔑。

所以我们不管苏汶和胡秋原对文学的看法与对左联的看法尽管小有出入,不完全是一致的,但他们的理论同主张有着基本一致之处。这种一致,一方面是认为文艺可以超阶级而存在,反对把文艺作为阶级斗争的武器,另一方面是主张作家有创作的自由,各色各样的文学,都应该让其存在,反对政治干涉文艺,反对左联对一切反动文艺的批评。他们这种主张,不管其动机如何,但从效果上来看,正如谭四海批评他们的话,"是为虎作伥"。所以左联不能不针对着他们的荒谬论点给以驳斥,同时并对他们的伪装面目给以揭发。当时首先作着系统地理论上的战斗的是易嘉(瞿秋白同志的笔名),他接连着发表了驳斥胡秋原并在第二篇中附带地也驳斥了苏汶的文章《自由人的文化运动》与《文艺的自由和文学家的不自由》。随着易嘉之后,而参加了战斗的是周起应,他发表了《到底谁不要真理不要文艺》一文。他们的论点主要的:

一、揭破了自由人和第三种人的伪装面具

瞿秋白同志讲:

> 问题当然不在于你让一切种种的阶级和文学存在,问题是在于你为着那一阶级的文学而斗争。而胡先生叫着"Hand off arts"——"不准侵略文艺",你是叫资产阶级无产阶级……都不准侵略文艺,而事实上中国的以及东洋西洋的统治阶级、地主阶级、或者资产阶级、都在用文艺做阶级斗争的一种武器。你的叫喊,事实上说客气些,客观上是帮助统治阶级。——用大家不准侵略文艺做假面具,来实行攻击无产阶级的阶级文艺。(《自由人的文化运动》)

又说：

> 可是，还不止这一点，最重要的是他要文学脱离无产阶级而自由，脱离广大的群众而自由。而事实上著作家和批评家，有意的无意的反映着某一阶级的生活，因此，也就赞助着某一阶级的斗争。有阶级的社会里，没有真正的实在的自由。当然无产阶级公开的要求文艺的斗争工具的时候，谁要出来大叫"勿侵略文艺"，谁就无意之中做了伪善的资产阶级的艺术至上派的"留声机"。（《文艺的自由和文学家的不自由》）

周起应同志讲：

> 自由主义的创作理论的本质是什么呢？就是不主张"某一种文学把持文坛"，干脆一句话，就是要文学脱离无产阶级而自由。但是真正"自由"了吗？当然没有！"资产阶级个人主义者诸君：我们得告诉你们，你们所讲的什么绝对的自由，简直是骗人的话。在建筑于金钱势力之上的旧社会里，在劳动大众非常贫困而少数富人做着寄生虫的社会里，不会有真正的实在的自由"（列宁）。那么他们的自由是什么呢？那就是"戴着假面具去受钱袋的支配，去受人家的收买，去受人家的豢养"。把自己裹在自由主义的外套里面，戴着艺术至上的王冠，资产阶级的作家们是怎样巧妙地而又拙劣地隐藏着他们对于他们自己的阶级的服务。（《到底谁不要真理不要文艺》）

二、对文艺的阶级性以及文艺在阶级斗争中的武器作用的再研讨

胡秋原同苏汶主张文艺自由，实际是否认了文艺的阶级性，同时也取消了文艺在阶级斗争中的武器作用。他们的论点同一九二八年语丝社中的侍桁等人的主张，基本上是一致的。为了驳斥他们的谬见，不能不对上一问题重新提出，加以说明。瞿秋白同志讲：

> 文学是附属于某一个阶级的，许多阶级各有各的文学，根本用不着你抢我夺。只是这些文学之间发展着剧烈的斗争；新兴的阶级，从前没有文学的，现在正在创造着自己的文学；而旧有

的阶级,从前就有文学的,现在是包围剿灭新兴阶级的文学。……而新兴阶级的文艺运动却并不在"霸占"或者"把持"什么,它只要指出一些文学的真面目——阶级性。它只是在思想战线、文艺战线上和反动势力斗争。……每一个文学家,不论他们有意的,无意的,不论他是在动笔,或者是沉默着,他始终是某一阶级的意识形态的代表。在这天罗地网的阶级社会里,你逃不到什么地方去,也就做不成什么"第三种人"。(《文艺的自由和文学家的不自由》)

以上从文艺阶级性上,驳斥苏汶不可能作一个第三种人,另外他又从文艺的武器作用上,驳斥胡秋原反对阶级文学的理论。他说:

而一切阶级的文艺却不但反映着生活,并且还在影响着生活;文艺现象是和一切社会现象联系着的,它虽然是所谓意识形态的表现,是上层建筑之中最高的一层,它虽然不能决定社会制度的变更,它虽然结算起来始终也是被生产力的状态和阶级关系所规定的——可是,艺术能够回转去影响社会生活,在相当的程度之内促进或者阻碍阶级斗争的发展,稍微变动这种斗争的形势,加强或者削弱某一阶级的力量。可是,照胡秋原先生的理论,艺术却只是生活的表现、认识和批评,而且只是从"自由人"的立场上去认识和批评。……他提出来的口号只是安得列耶夫的人道主义的口号,"消灭人类间一切的阶级隔阂"。胡秋原先生的文艺理论,其实是反对阶级文学的理论。(《文艺的自由和文学家的不自由》)

又说:

新兴阶级为着自己的解放而斗争,为着解放劳动者的广大群众而斗争,他们要改造这个世界,还要改造自己——改造广大的群众。他们要肃清统治阶级的思想上的影响,肃清统治阶级的意识上的影响。现在剥削制度之下的一定的阶级关系,规定着群众的宇宙观和人生观;然而群众之中的一些守旧的落后的宇宙观和人生观,并不是群众所固有的,而是统治阶级用了种种方法和工具所锢定的,所灌输进去的。这些工具之中的一个,而且是很有力量的一个——就是文艺。所以新兴阶级要革命——同时也就要用文艺来帮助革命,这是要用文艺来做改造群众的宇宙观和人生观的武器。……谁要劝告新兴阶级不要去拿这种武器,他自然客观上是抱着"某种政治目的"的——虽然他自己都觉得"并没有丝毫政治臭味"。(同上)

此外,如左联要不要真理,要不要文艺的问题,以及左联大众化的文艺是不是会产生出托尔斯泰的问题,还有卢那察尔斯基对托尔斯泰两次不同的批评是不是像苏汶所说的是"变卦"的问题,在他们的文章中也都作了具体的答辩。

继易嘉与周起应之后,舒月发表了《从第三种人说到左联》,里边论到左联在创作上的内容空虚的形式主义,是由于作家不能深入群众的原因,这个看法还是对头的。不过他驳苏汶的在资本主义社会里,并非一切不是无产阶级的文学,即是拥护资产阶级的文学;反之,它们大都要同样的是反资产阶级文学的观点,认为是错误的,这就未免太武断了。而其根源是由于他是机械的了解文学的阶级性。他不了解小资产阶级思想上的两面性以及世界观的复杂性,因之反映到他们的作品内容,往往也显示出矛盾的特点。所以小资产阶级的作家,往往这篇作品是进步的、革命的,可是另外一篇作品也可能是落后的、反动的。而在同一作品之中,也往往某些地方是进步的,而某些地方又是反动的,真按舒月讲法,这一些作品就没法来解释了,正因为舒月有着这种左的看法,因而引起苏汶对他的驳辩,后来胡秋原又发表了《浪费的论争》,对自己的论点作了一些解释,对左联的某些措施他认为不妥当的也作了批评,言外之意是想把问题告一段落,不打算再争论下去了。就在这时,左联中的鲁迅和何丹仁(冯雪峰的笔名)发表了《论"第三种人"》和《关于第三种人文学的倾向与理论》,从这两篇文章中,可以看出左联对自由人与第三种人的态度,一方面指出他们理论上的错误,另一方面对左联本身也作了适当的检查,这特别是表现在何丹仁那篇文章中。总的说来,表现出为了扩大文坛

上的统一战线,而争取他们。下边是摘引他们的文章中的要点:

然而苏汶先生的"第三种人"却据说是为了这未来的恐怖,而"搁笔"了。未曾身历,仅仅因为心造的幻影而搁笔,"死抱着文学不放"的作者的拥抱力,又何其弱呢?两个爱人,有因为豫防将来的社会上的斥责而不敢拥抱的吗?

其实,这"第三种人"的"搁笔",原因并不在左联批评的严酷。真实原因的所在,是在做不成这样的"第三种人",做不成这样的人,也就没有了第三种笔,搁与不搁,还谈不到。(鲁迅《论"第三种人"》)

这里正是我们要说到的问题,这可见阶级性的表现和作用是关系很复杂的。首先,我们要承认所有非无产阶级的文学,未必都就是资产阶级的文学的苏汶先生的话是对的;而且我们不能否认我们——左翼的批评家往往犯着机械论的(理论上)和左倾宗派主义的(策略上)错误,因为在我们面前,有着小资产阶级文学以及革命的小资产阶级文学存在。然而我们要纠正易嘉和起应在这次论文中所表现的错误,我们尤其要反对那"干脆不过"的"左"的舒月先生的那种理论和态度。但也不能同意苏汶先生对于阶级性及其作用的无足轻重的态度。文艺的阶级性及其作用,尤其在阶级斗争剧烈的时期的作为中间阶级的文艺上,即非无产阶级的文学,亦非资产阶级的文学,主要地是小资产阶级的文学上,是关系特别的复杂的。这种作品,有革命的要素,有反革命的要素,而真的中立实际上是不能有的,所以他们依然或者有利于资产阶级,或者有利于无产阶级。所以所有非无产阶级的文学,也就未必都是反资产阶级的文学——何况因为支配阶级的意识形态的长久的支配,作家也最容易成为支配阶级的思想上的俘虏;何况在那种一面也露骨或不露骨地反无产阶级的所谓反资产阶级的作家。(例如无政府主义者,虚无主义者等)

……

据上所说,第三种文学,如果像苏汶先生现在所表现似的倾向,乃是要超阶级斗争的,超政治的文学,更具体的明白的说,要在地主资产阶级反革命文学和普罗文学之间或之外,存的超革命也超反革命的文学,那么这种文学实际上早已不是真的中立的,真的第三种文学。因为这样的文学及其理论,实际上,客观上,往往仍旧帮助着地主资产阶级的,是我们上面已经说过了。所以,问题并不在于我们拒绝中立,而是在于它在客观上并非中立,在于这样的第三种文学,以及做这样的第三种人,并非苏汶先生的作家们("作者之群")的出路。但是,第三种文学,如果是"反对旧时代,反对旧社会",虽不是取着无产阶级的立场,但决非反革命的文学,那么,这种文学也早已对于革命有利,早已并非中立,不必立着第三种文学的名称了,而这才是目前放在一般作家们("作家之群")的面前正当的道路。(何丹仁《关于"第三种文学"的倾向与理论》)

这不但对第三种人的理论进行了批判,而且还给他们指出了应走的道路。

通过了这次的论战,对无产阶级文艺的开展以及在文艺界民主革命的统一战线的建立,都起了极大的作用。所以总起来说,收获还是很大的,而这种收获须要从这几方面来理解。

一、彻底揭穿了自由人与第三种人的伪装面目,并且深刻地批判了文艺自由的资产阶级荒谬理论,指出他的虚伪性与反动性。

二、对文艺的阶级性和它的武器作用,作了更进一步的阐发。

三、在一定程度上纠正并克服了左联中个人在理论上的机械论(如舒月所说的非无产阶级文艺即资产阶级文艺)以及政策上的关门主义(把左联以外的消沉动摇的小资产阶级作家认为是左联的敌人)。

四、给同路人开了一个广大之门,使有意与左联接近的作者,不至于徘徊歧途,进一步同工农大众靠拢起来。

（二）大众文艺问题的讨论

五四的文学革命运动,乃是以无产阶级思想作领导的,联合资产阶级与小资产阶级对封建文学展开的一个统一战线的革命运动。在这一运动中,虽然把封建文学打垮了,但代之而兴的新文学一方面在内容上还存在着大量的小资产阶级与资产阶级的思想意识,另一方面在形式上也就不免和广大的人民群众中间有着相当远的距离。

基于以上的情况,所以在一九二八年前后无产阶级文艺运动开始的时候,成仿吾首先就提出了"我们要使我们的媒质接近农工大众的用语,我们要以农工大众为我们的对象"(《从文学革命到革命文学》)。同时,克兴也提出"以后革命文艺是应该推广到工农群众去。那么,文句应该通俗化,应该反映工农的意识"(《评茅盾君的〈从牯岭到东京〉》)。不过由于当时提倡革命文学的与反对革命文学的中间发生了一场激烈的理论斗争,而斗争的中心乃是文艺的阶级性问题,至于文学的形式问题,只不过作为一个附带的问题略一提及罢了。

到了一九三〇年左右,无产阶级文学运动已经有了进一步的发展,左联成立了,而且在文艺上已经取得了领导的地位,为了创作为工农群众所需要、为革命所需要的无产阶级文学,那么对于新的文学形式之被郑重提出作为讨论的中心,自是必然的趋势。

至于新的形式问题,也就是文艺的大众化问题。在一九三〇年左联成立的时候,曾经在大会上通过设立文艺大众化研究会。方针虽确定了,但如何去实践,这的确是问题。所以在一九三二年,当关于文艺创作自由问题,左联与自由人和第三种人进行论战的时候,这一问题就被提出来了。首先是瞿秋白以宋阳的笔名发表了《大众文艺的问题》,接着有周起应、止敬等也都发表了文章,对这一问题进行了讨论。而讨论的中心,有以下几个问题。

一、内容

瞿秋白在《大众文艺的问题》中,首先提出大众文艺创作的主要内容,是要看清群众的日常生活,经常的受着什么反动意识的束缚,而去揭穿这一切种种的假面具。要反映现实的革命斗争,要会表现现实的革命的英雄,尤其要会表现群众的英雄,也要揭穿反动意识,以及小资产阶级的动摇犹豫,揭穿这些意识对于群众斗争的影响,通过这样的内容,去赞助革命的阶级意识的成长,赞助革命斗争的发展,因而也就发挥了文艺的武器作用。至于题材他又提出了六点意见。(一)反映当时革命斗争和政治事变的报告文学;(二)用旧题材如《说岳》、《水浒》改作的新作品,如《新岳传》、《新水浒》等;(三)革命斗争的演义,如五卅罢工、香港罢工等;(四)国际革命文艺的改译;(五)暴露帝国主义侵略的作品;(六)社会新闻的改编。

二、形式

瞿秋白提出革命的大众文艺,必须利用旧的形式的优点,但也不要停留在旧的形式上,应该是从旧形式里边,创造出新的形式来。他说:

>旧式的大众文艺,在形式上有两个优点:一是它和口头文学的关系,二是它用的浅近的叙述方法……有头有脑的叙述——不像新文艺那样的"颠颠倒倒无头无脑"的写法——也是现在的群众最容易了解的。
>
>因此,革命的大众文艺,应当运用说书、滩簧、小唱、文明戏等类的形式。自然应当随时创造群众所容易接受的新的形式,例如,利用流行的小调,夹杂着说白,编成记事的小说,甚至创造新式的歌剧;利用纯粹的白话,创造有节奏的大众朗诵诗;利用演义的体裁创造短篇小说的新形式,大众化的最通俗的论文等等。至于戏剧,那就新的办法更多了。(《大众文艺问题》)

周起应在这方面是同意瞿秋白的意见的,但他又作了部分的补充,他说:

>这里我们虽然可以一时批判地采用旧式大众文学的体裁,如小调、唱本、说书等,但是我们不要忽略了形式的国际性质的重要。我们要尽量地采用国际普罗文学的新的大众形式,如上面所举的报告文学、群众朗读剧等。同时我们还要记住形式是

由内容决定的,我们不像没有内容的布尔乔亚作家一样,专在形式上去推敲。也不像形式主义者一样以形式为主眼。我们要在实际的斗争生活中,创造出许多新的形式。(《关于文学大众化》)

至于何大白在《文学的大众化与大众文学》一文中,也有相似的意见,在这里就不须多述了。

三、语言问题

瞿秋白认为大众文艺应该用什么话来写,虽然不是最重要的问题,却是一切问题的先决问题。他当时把中国文学中流行的用语分为四种:(一)古文的文言(四六电报等等);(二)梁启超式的文言(法律公文等等);(三)五四式的所谓白话;(四)旧小说式的白话。要用的话只有旧小说式的白话,比较接近群众,而且是群众读惯的,这种白话比较起其余的所谓中国文来,有一个主要的特点,就是只有它是从民众的口头文学(宋元平话等等)发展出来的,但是它早已为反动的大众文艺所利用了。所以新的文学革命,不但要继续肃清文言的余孽,推翻所谓白话的新文言,而且要严重的反对旧小说式的白话,"反对现在一切种种林琴南"是我们新的口号。至于所应当采用的语言,应该是用中国活人的话来写,尤其是新兴阶级的话来写。至于这种话,乃是现代化工厂里面所产的一种中国的普通话。这种语言的发展生长,接受外国字眼,以至于外国句法……却是根据于中国人口头上说话的文法习惯的。总的说来,是要以"读出来可以听得懂"做标准(《大众文艺的问题》)。

当时不很同意瞿秋白的主张的是止敬。他的看法:(一)不同意瞿秋白反对五四式(新文言)的白话的看法,他认为文学创作之是否能受到群众的欢迎,技术是主,作为表现,媒介的文字本身是末。五四以来的新文艺之未能得到群众欢迎,只能怪作者在写作的技术上有问题,不能单把作为工具的"文字本身"开刀了事,至于瞿秋白所提出的大众文艺要用真正现代中国话,止敬认为:1.事实上没有现代中国话;2.宋阳(瞿秋白)心中的"真正现代中国话",还不够文学描写上的使用,因之他以为"用什么话"一问题,依然存在,依然要继续讨论(问题中的大众语)。(二)主张从事创作的人多下功夫修炼,肃清欧化的句法,日本话的句法,以及一些抽象的不常见于口头的语汇。但要想达到这个目的,必须和各种南腔北调的人多接触,先使自己的嘴巴练好才行(《问题中的大众文艺》)。

瞿秋白和止敬二人的见解并不是完全对立的,因为止敬也并不是主张保留"新文言"中的文言部分,所不同的,正如瞿秋白在《再论大众文艺答止敬》中所说的:

> 原则上的分别是在于他不觉得肃清文言余孽应当是一个群众的革命运动,他只要求作家"多下功夫修炼";而我以为一定要一个自觉的革命的斗争,领导群众起来为着活人的言语而斗争。分别是在于发动一个攻击"新文言和死白话"的运动,还是必要。

四、培养工农作家

为使文艺真正成为大众的,一方面是革命的作家在创作上如何使自己的作品大众化的问题,另一方面就是使文艺在群众中能够生根的问题,也就是培养工农作家的问题。瞿秋白当时首先提出这一问题。他说:

> 要开始经过大众文艺来实行广大的反对青天白日主义的斗争,就必须立刻切实的实行工农通讯运动……工人和农民自己,在这里可以学习到运用自己的言语的能力。而一般"文学青年",才能够学习到大众文艺所需要的知识。普洛文学将要在这种集体工作之中产生出自己的成熟的作品。(《普洛大众文艺的现实问题》)

周起应讲的更为具体,他说:

> 文学大众化不仅是要创造为大众所理解所爱好的作品,而且,最要紧的,是要在大众中发展新的作家。关于这个,工农通讯运动是当前的迫切任务。……工农通信员的活动,是和重大的政治的任务相联系的。这些任务不一定带着文学的性质,但是普罗列塔利亚特的创造力,经过工农通讯这个练习时期之后,

是会达到文学的领域的。这是很自然的过程,因为政治通信可以使工人发展他的潜伏的文学才能。(《关于文学大众化》)

这种见解都是很正确的,而且在开展大众文艺的创作活动上,也是很需要的。但在当时反动统治的压迫下,来进行这种工作还是困难的。此外由于这一问题的讨论,也涉及到大众文艺的艺术价值问题,以后作家如何向群众学习问题等,在这里就不详述了。

总之,这次由瞿秋白提出的关于大众文艺的讨论,在意义上是非常重大的,这是站在无产阶级的立场上所提出的一次新的文学革命运动,是要继续完成五四文学革命的未竟之业。这标志着革命现实的发展,群众对文艺有着新的要求,同时一九二七年以后的革命文艺在内容与形式上还存在着严重的矛盾,就是旧的形式还不能适应新的内容。瞿秋白对这一问题的提出,是非常适时,而且合乎现实需要的。其次,通过讨论,也有着不少的收获,其中最主要的是从革命的角度上来确定文艺大众化的政治任务,从而使作家注意到创作内容必须是对革命现实的反映和对群众革命情绪的鼓舞,以及揭穿反动意识对群众的迷惑和束缚,使群众从这种束缚中解放出来,加强其斗争的精神。形式上必须运用大众的语言,活的语言,并且创造的利用旧形式,进一步使作家了解深入群众生活与向群众学习的重要性。这一些都为中国革命文学走向工农群众打下了基础。不过由于对这一问题的提出者瞿秋白在他的论点中,对五四以来新文学在语言上的成就(白话)的评价,显然有些过低,同时甚至于对五四文学革命的成绩和意义,也有些估价不足,这种偏向就影响了一些人,最显著的如一九三九年民族形式讨论开始的时候,向林冰就竟然认为五四以来的新兴文艺形式,是缺乏口头告白性质的畸形发展的都市的产物,是大学教授、银行经理、舞女政客以及其他小"布尔"的适切的形式(《论"民族形式"的中心源泉》)。这很清楚的是发展了瞿秋白的论点,其结果是对五四文学传统的断然否定,所以这种偏向是须要指出,根据毛主席对五四文学的估价(《新民主主义论》、《在延安文艺座谈会上的讲话》),来加以纠正的。

在这一运动之后,到了一九三四年由于汪懋祖发表了《禁习文言与强令读经》一文,标志着封建文学的企图死灰复然。在文坛上对这种企图进行抨击的过程中,引起了大众语的讨论(陈子展《文言——白话——大众语》),进一步涉及到中国文字改革的问题,也就是拉丁化问题(鲁迅《门外文谈》)。一时间论争非常的热烈,这可以说是文艺大众化问题更进一步的发展,由于大众化方向的确定,进而具体到怎样运用大众的语言,所以成就也是很大的。但因为篇幅所限,在这里不再多述了。

(三)两个口号的论争与文艺界抗日民族统一战线的建立

一九三五年年底,华北问题发生后,全国各地普遍的掀起了救亡运动的热潮,"一二·九"和"一二·一六"的北京学生运动,可以说是其中最突出的表现。就在这时,上海的文艺界有"救国会"的成立,同时在党所领导的人民革命抗日根据地延安,发布了建立政治上民族战争的统一战线的号召。当时左联为配合政治上的需要,提出了"国防文学"的口号,而对这一时期的客观现实作着缜密的分析的周扬有《现阶段的文学》,艾思奇有《新的形势和文学的任务》,任白戈有《现阶段的文学问题》,都说明时局的严重转变,民族危机的日益加深,文艺工作者为完成他们的时代任务,就应该走向一个新的方向。

至于这一口号的目的和任务,周扬在《现阶段的文学》中讲的很清楚,就是要号召一切站在民族战线上的作家,不问他们所属的阶级思想和流派,都来创造抗战救国的文艺作品,把文学上反封建的运动,集中到抗敌反汉奸的总流。同时文学上的统一战线,实际上也已经形成。这种文艺界新的大团结,虽不一定马上能够收到国防作品的成效,但无论如何使国防文学的创作实践,有了更广大的动员基础。

其次,具体到国防文学作品的内容与形式问题,在讨论中对于内容提到的很多,归纳起来不外是反帝反汉奸和反封建(胡洛《国防文学的建立》),同时,它一方面要鼓动人民进行民族解放战争,但却和民族主义者所提倡的喝人血、吃人肉的黄祸主义,有着截然的不同。

另一方面，主张防卫自己，打倒侵略者，但却不主张反守为攻的侵略别人（立波《非常时期的文学研究纲领》）。在形式上，周扬提出要和广泛的内容相照应，予形式风格以最大的自由，从长篇叙事诗到短的速写，以及报告文学等，都是国防文学。

在世界观和创作方法上，当时讨论的也很热烈，但意见分歧也比较大，立波认为可以不管作家的立场和信念，我们要强调他的优点，指摘他的谬论，使他能够更直接的为民族解放事业服务（《中国新文学的一个发展》）。艾思奇也认为凡是有才能的作者，在世界观上即使有种种的不同，但在反映现实这一点上，却多少都有值得重视的地方（《新的形势和文学的任务》）。两人都认为就国防文学的立场上说，作者世界观统一与否，不是很重要的问题。可是郭沫若则不同意这样的看法，他坚决的主张，正确的历史观和世界观在我们是有努力去把握，而且加以普及的必要。不过他又申明没有正确的世界观，而能把握着客观真实的人，我们能够容许，但希望他要有正确的世界观，并希望一般的人不以这为例（《我对于国防文学意见》），这二者意见之所以不同，是由于前者站在统一战线的观点上，认为要扩大战面，广泛的团结一切不愿作汉奸的作家们，来进行民族解放战争的工作，因而不必要求全责备。而后者则认为一般人都是有惰性的，必须树立下一个比较正确的目标，才能促其前进的缘故。

在创作方法上，周扬提出了现实主义，他说从现实的主流出发的国防文学，现实提供了我们各种各样的材料，但表现现实的真实，就决不能无差别的描写一切生活现象，而必须把握时代的中心内容，社会发展的主要目标和方向。国防文学不但要描绘民族革命斗争的现状，同时也要画出民族进展的前面的远景。……国防文学就同时应当以浪漫主义为它的创作方法的一面（《现阶段的文学》）。这不只是现实主义，而且是社会主义现实主义了。

国防文学在讨论中持反对论调的有两派。一派是反动的封建法西斯统治阶级的帮凶们，就是前边曾经提到过的民族主义派，他们在《文艺月刊》十卷一号中发表了一些文章，如吴漱园的《国防文学访问记及其它》、韦明的《文艺的时代使命》、徐北辰的《新文学建设诸问题》，等等。他们是在有意的破坏左联所准备建立的抗日民族统一战线。他们讲，国防文学这一口号的提出乃是受了第三国际的指示，含有阶级意识和阶级立场，因而就会破坏了民族团结的力量，所以这个口号不适于现阶段的需要。至于适合当前需要的乃是他们一向所提出的民族文艺。另一派是左倾的机械论者，有徐行的《评国防文学》同辛丹的《论国防文学和文艺界的联合》，他们同民族主义派是不谋而合的，都是反对文艺界建立抗日民族统一战线的，他们认为国际主义同爱国主义是对立的，不相容的，他们说徐懋庸等所提出的"民族革命统一战线"是胡言，是梦呓。这种机械论者、教条主义者，基本上是托派的见解。总之不管民族主义也好，托罗斯基派也好，他们的企图都是违反历史发展的方向和现实中广大人民的要求的，所以他们都经不起战斗，而逐渐消沉下去了。

在国防文学口号提出来之后，由于它的含义不够的明确，易于被人误解，因而鲁迅和茅盾便又拟出一个"民族革命战争的大众文学"的口号，这一口号的提出，在鲁迅的意思并不是和前一个口号相对立，或者代替并取消了前一个口号，鲁迅说：

> 但民族革命战争的大众文学，正如无产革命文学的口号一样，大概是一个总的口号罢。在总口号之下，再提些随时应变的具体的口号，例如"国防文学"、"救亡文学"、"抗日文艺"等等，我以为是无碍的。不但没有碍，并且是有益的，需要的。（《论现在我们的文学运动》）

至于为什么要提出这样的一个口号，他也给它以历史的解释。他说：

> 民族革命战争的大众文学，是无产阶级革命文学的一发展，是无产革命文学在现在时候的真实的更广大的内容。这种文学，现在已经存在着，并且即将在这基础之上，再受着实际战斗生活的培养，开起烂熳的花来罢。因此新的口号的提出，不能看作革命文学运动的停止，或说"此路不通"了，所以，决非停止了

历来的反对法西斯主义,反对一切反动者的血的斗争,而是将这斗争更深入,更扩大,更实际,更细微屈折,将斗争具体化到抗日反汉奸的斗争,将一切斗争汇合到抗日反汉奸斗争这总流里去。决非革命文学要放弃它的阶级的领导的责任,而是将它的责任更加重,更放大,重到和大到要使全民族,不分阶级和党派,一致去对外。这个民族的立场,才是阶级的立场。

接着他给当时不了解当时文学运动意义的,或者故意加以诬蔑的人们以严厉的呵斥,他说:"托洛茨基的中国的徒孙们,似乎胡涂到连这一点都不懂的。但有些我的战友,竟也有在作相反的'美梦'者,我想也是极糊涂的昏虫。"(《论现在我们的文学运动》)

鲁迅和茅盾所提出的这个口号以及他们的意见,是完全正确的,这两个口号可以并存,当然后一个口号比诸前一个,立场更加鲜明,显示出领导的阶级力量。同时也可以看出这是继承了五四以来各个阶段革命文学的传统,向着更进一步更高的阶段的发展。但因前一个比较通俗,已经有很多人听惯,能扩大政治和文学的影响,所以仍然有存在的价值。鲁迅当时完全是站在中国共产党的立场上,坚持了党的抗日统一战线的政策,他没有丝毫主观感情的成分羼杂在里面。可是由于当时左联内部某些人宗派主义的倾向还没有完全肃清,因之在争论中就夹杂了许多私人的意气,并有些人借此来中伤鲁迅。

当时郭沫若发表了《国防,污池,炼狱》一文,给国防文学这个口号作了新的解释,就是"'国防文艺'应该是作家关系间的标帜而不是作品原则上的标帜"。茅盾对于前一个口号的看法是同意郭沫若这个意见的。至于后一个口号,他认为作为前进文学者的创作口号是很正确的,但我们不想也不能对一切文学者们如此要求。至于把这个口号作为我们向前进文学者要求的创作口号,当然比单提国防文学这口号来得明确而圆满。最后他重申他的主张"一、'民族革命战争的大众文学'应该是现在左翼作家创作的口号!二、'国防文学'是全国一切作家关系间的标帜"!另外他对于少数带有宗派主义倾向的人们,他大声的疾呼"希望他们即速停止文艺界的'内战',并且放弃那种争文艺'正统',以及以一个口号去规约别人,和自以为是天生领导者要去领导别人的那种过于天真的意念"(《关于引起纠纷的两个口号》)。

这次的论争,在收获上是对当时的文艺方向道路作了更清楚的辨析和阐明,特别对提出的两个口号的讨论,把一个作为全国一切作家关系间的标帜,这样把尺度放宽,广泛的团结了全国具有爱国思想的作家,为建立抗日民族统一战线奠定下有利的基础。其次,把另一个作为左翼作家创作的口号,这就指出了左翼作家前进的方向,而不至于迷失了道路,陷于思想上的右倾。此外,从这次论争中,也暴露出左联内部的不团结和个人存在着的宗派思想。一九四六年冯雪峰在《论民主革命的文艺运动》中,追述到这次的论争,他的批评是值得我们重视的,他说:

> 当时争口号的风气很盛,假使不先抓住最主要的中心问题,就不仅可笑,并且也为时势所不许;但原则的思想上的论争仍是展开了的,当时被称为"两个口号的论争",也仍是对于宗派主义的批评,而且在宗派主义之下的右倾的本质也曾被指了出来的。(《思想上的右退状态》)

通过这次论争,由于方向的明确以及宗派主义、关门主义的被清算,于是在一九三六年由新旧作家签名发表了文艺界同人为团结御侮与言论自由宣言。这个宣言签名者包括新旧各派,其范围的广泛以及宣言中对于文学写作的主要意见,都说明了广大的抗日民族统一战线在文艺界已经是初步的建立了。

从此以后,文艺界的内战是暂时宣告停止了,当时虽然还没有一个具体的统一战线形式的中心组织,但在文艺理论与创作上都已经在配合着救亡工作,不停的向前迈进了。一九三七年抗日战争爆发,一九三八年春中华全国文艺界抗敌协会在武汉成立,于是中国文艺界各派作家在抗日总目标下实现了一个空前的大团结。

第二节 苏区文艺

自一九二七年中国人民革命的主力由城市转移到农村以后,毛主席首先在井冈山建立了革命根据地,从此中国的革命就进入了土地革命时期,工人、农民以及贫苦的知识分子,在中国共产党的领导下,建立了自己的革命政权——中华苏维埃共和国。直到一九三四年红军进行两万五千里长征,北上抗日,这七八年中,由于革命的发展和人民群众的需要,文艺在苏区已开始与工农兵有了初步的结合。正因为是初步结合,所以就更值得我们加以注意。

当时首先提出宣传队工作的重要性,而又具体加以解决的,是毛主席。他在一九二九年《红军第四军第九次代表大会的决议案》中指出:

> 红军的宣传队是红军宣传工作的重要工具,宣传队若弄不好,红军的宣传任务就荒废了一个大的部分。因此关于宣传队的整理训练问题,是目前党要加紧努力工作之一,这个工作的第一步,就是要从理论上纠正官兵中的一般对宣传工作及宣传队轻视的观点,"闲杂人"、"卖假膏药的"等等奇怪的称呼,应该从此取消掉。

同时并具体的指出宣传的方法和技术,如:"充实军政治部宣传科的艺术股,出版石印或油印的画报。为了充实军艺股,应该把全军绘画人才集中工作","各政治部负责征集并编制表现各种群众情绪的革命歌谣","各支队各直属队,均设化装宣传股,组织并指挥对群众的化装宣传","于每个宣传队下,设化装宣传团",此外"要以大队为单位,在士兵会内建设俱乐部"。从此文艺活动就在部队与人民群众中间展开了。一九四九年傅钟在第一届全国文代会上报告这个时期部队中的文艺工作道:

> 远在工农红军时代的古田会议的决议当中,毛主席根据教育士兵的需要,发动群众斗争的需要和争取敌方群众的需要,就

指示了很多当时条件所能实现的文艺工作方法,规定要很艺术地编制士兵教育课本,要把革命故事、歌谣、图、报当作教材,要提倡打花鼓、演剧、游戏、出壁报等类活动,要把宣传队当作红军宣传工作的重要工具。……可见军队的文艺工作一开始就是在毛主席的正确指导之下进行的。(《关于部队的文艺工作》)

毛主席不仅重视部队中的文艺工作,同样也注意农村的文艺活动,即如长冈乡、才溪乡都设有俱乐部,多的达到每村一个,每个俱乐部下设有体育、墙报、晚会等委员会。这是从毛主席所写的《长冈乡调查》、《才溪乡调查》中看到的,从这里也可以推到其他各乡,自然也都不能例外。由此可见当时苏区农村文艺活动是非常的普遍的了。

由于毛主席的正确领导,当时政府也非常重视文艺工作,特别是对于文艺有着素养的瞿秋白,他那时担任的是教育部长,并兼领导文艺局。在他的热心规划之下,中央苏区创办了一个高尔基戏剧学校。这个学校教学的方针和计划,他主要的提出两点。第一,学校要附设剧团组织,到火线上去巡回表演,鼓励士气,进行作战鼓动。平时按集期到集上流动表演,保持同群众密切的联系,搜集创作材料。第二,学校除普通班外,应添设红军班和地方班。红军里面的文化娱乐工作与各军团剧社的活动,是政治工作的重要部分。这样,一方面从深入群众与演出的实践中,来创造出适合群众要求的大众化的艺术来,另一方面,培养的人才也照顾了部队和农村。

由于这样正确的方针,这个学校曾训练出一千多学生,后来编成了六十个戏剧队。他们从乡村到前线,到各个地方演出。同时人民群众对他们也表示热烈的欢迎。这样对人民以及战士所进行的教育作用是不可估量的。

瞿秋白在当时不但注意艺术人才的培养,同时也很重视对于民间文学的搜集,他说:

> 通俗的歌词,对群众的教育作用大,没有人写谱就照民歌曲谱填词、好听、好唱、群众熟悉,马上就能流传,比有些创作的曲子还好些。(《回忆瞿秋白同志》)

可知他并不是为搜集民歌而搜集民歌,乃是拿他们更广泛的进行宣传,这种看法是非常正确的。

从一九二七年到一九三四这一阶段,苏区的文艺运动,在今天看来,它是具有非常重大的历史意义的。首先,使我们了解到毛主席和党如何的重视文艺,把文艺作为进行革命斗争中必不可少的有力武器。正如毛主席《在延安文艺座谈会上的讲话》中所说的:"如果连最广义最普通的文学艺术也没有,那革命运动就不能进行,就不能胜利。"所以在当时那样困难的条件下,仍然是开展了群众性的文艺运动,虽然当时的创作很少保存下来,但这是五四后新文艺初步的同工农兵结合,也就是初步的为工农兵服务,这一点就是值得我们特别注意的。

其次,从这种结合中,创造了宝贵的经验,因而为以后抗日战争时期解放区文艺运动的开展,打下了基础。

再次,是当时苏区文艺运动与左联在白区开展的无产阶级文艺运动,虽被敌人隔开了,但二者是息息相关的,斗争的方向完全是一致的。所以这两支兄弟部队,虽有点近于各自为战,但由于目标统一,所以仍然收到了互相配合的效果。不论是在那个区域,同样的是团结了人民群众,鼓舞了人民群众,来向敌人英勇进军。所以在我们叙述了左联文艺运动之后,就应该同样地注意到苏区的文艺运动。

本章主要参考书

一、《中国文艺论战》(李何林)

二、《文艺自由论辩集》(苏汶)

三、《近二十年中国文艺思潮论》第二、三编(李何林)

四、《民族主义文学的任务和运命》(鲁迅)

五、《答徐懋庸并关于抗日统一战线问题》(鲁迅)

六、《关于部队文艺工作》(傅钟)

七、《回忆瞿秋白同志》(一九五〇、六、十八,《人民日报》、《人民文艺》)

八、《文艺第一次和兵农的结合》(丁易)

第六章　左联成立前后的文学创作

第一节　革命的浪漫主义运动

　　五卅以后,由于工人阶级领导的人民民主革命已日益澎湃的发展,这时加上苏联的新兴文学理论已初步介绍到中国来,于是一些具有正义感与革命热情的作者,尤其以创造社为首的,就来讴歌革命,当时的郭沫若,稍后的蒋光慈,都曾经发表了一些歌颂革命人物或事件的诗歌和小说。不过这还仅仅是一个开端,接着北伐革命爆发了,不少的作者参加了实际的斗争,一时文坛不免暂时呈现着沉寂的状态。北伐革命失败后,曾经参加过革命的一些作者,这时都从屠刀下逃亡到上海,接着创造社改组了,太阳社成立了,一面是掀起了革命文学理论斗争的热潮,一面是反映革命的作品的大量产生。我们统观这一时期的作品,普遍的带着革命的浪漫主义气息。

　　首先,在诗歌方面,所表现的特点:(一)富有强烈的反抗情绪;(二)同情于被压迫被剥削的劳动人民;(三)标出革命者行动的方向。蒋光慈北伐前的诗作《中国劳动歌》、《暴动》、《太平洋中的恶象》,郭沫若北伐后的诗作《我想起陈胜吴广》、《黄河与扬子江的对话》、《上海的清晨》,等等,都可作为代表作。由于他二人的声望地位,所以影响特别大。所以后来像冯宪章(《匪徒的呐喊》)、洪灵菲(《在货车上》)、孟超(《梦摆仑》)、史伯允(《自我的觉悟》)等人所发表的诗篇,在内容同形式上,都很清楚的是在他们的影响下而产生的。

其次,在小说方面,普遍的又表现了这几种特点:(一)作者自我经历的描述;(二)小资产阶级参加革命的转变过程;(三)揭发反动派叛变革命的凶残面貌;(四)穿插着男女的恋爱故事。这种写法以蒋光慈的《少年漂泊者》、《鸭绿江上》等作品开其端,后来如洪灵菲的《转变》、《流亡》,汪锡鹏的《结局》,华汉的《地泉》,等等,都属于这一类作品,甚至如胡也频的《光明在我们前面》、丁玲的《韦护》也多多少少受到这种作品的影响。

至于这种作品的产生,并不是偶然的,也正是当时客观现实所决定的。因为当时倾向革命的作家,都是一般小资产阶级知识分子,虽然对革命有着强烈的热情,但对革命却缺乏足够的认识,自然也说不出什么坚强的锻炼和认真的改造,因而在创作上只凭个人一些经验,再加上一些空想,并且为了博得读者欢迎,对恋情就作了一些渲染。像这样在创作上对现实生活不是从冷静的观察分析着眼,而是从个人的主观臆想出发,自然很难反映出现实生活的本质来。其末流正如瞿秋白在批评华汉的《地泉》中所说的"最肤浅的最浮面的描写……不但不能够帮助改变这个世界"的事业,甚至也不能够解释这个世界。最后他大声疾呼:"这种浪漫主义,是新兴文学的障碍,必须肃清这种障碍,然后新兴文学方才能够走上正确的道路。"(《革命的浪漫蒂克》)这种偏向,在一九三〇年左联成立后,由于作者对革命实践的深入与对无产阶级文艺理论的提高,因而也就得到了一些纠正。

作为这一阶段的革命浪漫主义的代表作家的是蒋光慈。他早年留学苏联,接受了无产阶级的革命思想与无产阶级的文艺理论。他回国后不久就发表了他第一部诗集《新梦》,他以磅礴的热情、激越的声音,来歌唱人民革命。他指出中国人民的敌人是"帝国主义"同"封建军阀",他呐喊着"打倒帝国主义的压迫,恢复中华民族的自由。推翻贪暴凶残的军阀,解放劳苦同胞的锁扣"(《中国劳动歌》),并且指出革命的方向:"我们高举鲜艳的红旗,努力向那社会革命走。"

其次,他这种革命情绪,更具体地从他的小说中的人物形象上反映了出来。像《少年漂泊者》中的汪中、《弟兄夜话》中的江霞。……另外反映革命高潮中的一些伟大的革命事件的,如:《田野的风》是写大革命时期的乡村农民的翻身运动的,《短裤党》是写大革命时期革命军没到上海前,工人群众为响应革命而发动的武装暴动的事件,这都是具有历史意义的作品。

蒋光慈的作品一般说来,是存在着不少的缺点。譬如诗歌上的标语口号的倾向、小说上的公式化概念化的倾向,这种缺点同时也影响当时的文坛,造成了风气,后来有不少人对这种倾向进行批评与纠正。

至于在今天来对他的作品进行评价,黄药眠的看法还是比较平允的,也就是在理论上"他继承了五四运动的革命传统,同时又直接继承了国际的革命文学传统,把苏联的文艺理论介绍过来。他是从北方飞来的最初的候鸟,带来了时代的光辉。蒋光慈首先把五四新文艺运动推向更高的阶段"。

在创作上,一、从实践上替左翼文艺运动奠下了若干基础;二、给新文艺带来了一些新鲜的题材和新鲜的人物;三、给革命文学争取了许多读者,扩大了政治影响(《蒋光慈选集序》)。

所以尽管蒋光慈的作品,在现在看来存在着许多缺点,但就在当时对革命事业与革命文学所发生的影响来说,他的成绩还是值得肯定的。

第二节　批判的现实主义创作的发展

五四时代鲁迅以他改造社会的热忱与正视人生的态度,写出了他的杰作《呐喊》和《彷徨》,给中国文艺界开辟了一条现实主义的广阔道路。当时作者多半是小资产阶级知识分子,接受了"民主"与"科学"的思想,因之就深深感到当时社会上各色各样的丑恶与罪行以及广大人民在黑暗现实中所遭遇的苦难与不幸。因而暴露罪行、揭发黑暗、抨击当时不合理的制度是当时作家不能推卸的责任。所以从五四以后,不论是诗歌、小说以及戏剧,都产生了大量的反映现实的作品。从大都市到小乡村,从封建官僚的家庭到贫民窟,揭出了妇女问题、劳工问题、婚姻问题、教育问题等,这种作品不论其对现实社会中的问题挖掘的深度与广度如何,但基本上都是走的批判现实主义的道路。

一九二七年以后,由于客观现实的发展,因而在创作上所反映的生活面,也显然的有所不同。即如茅盾的三部曲——《蚀》展开了北伐革命前后的小城市在革命浪潮中各个时期的生活画面。一面批判了小资产阶级知识分子面临革命危机时的动摇性与脆弱性。一面也揭示了北伐革命所以失败的原因。丁玲的《莎菲女士的日记》写接受了新思潮而觉醒了以后的女性,在恋爱上的苦闷,以及从内心中所发出的对旧社会礼教的叛逆的呼声。一九三〇年后,茅盾和丁玲都随着时代的步伐,在创作方法上向前跨进了一步。但是还有不少的作家仍旧在沿着批判的现实主义的道路前进,而且的确也写出了不少优秀与杰出的作品,像巴金写出了《灭亡》和激流三部曲——《家》、《春》、《秋》,曹禺写出了《雷雨》与《日出》,张天翼的《清明时节》,夏衍的《包身工》、艾芜的《南国之夜》,在不同程度上都揭发了封建主义与帝国主义的罪恶以及被压迫者所受到的痛苦,这些作品都是有着巨大的现实意义的。关于巴金,曹禺,夏衍,以后要在专章中讲。在这里简单的把张天翼、艾芜以及以萧红为代表的东北作家群分述于后。

张天翼是比较以冷嘲热讽著称的作家。他的作品很多,内容包括了社会的各个阶层。尤其是描写十字街头的无产者为最多。例如《鬼土日记》、《小彼得》、《洋泾浜奇侠传》等。不过作者对社会生活体验得不够深,而分析也不够细,作品中人物许多带着油滑的姿态,面貌一般化。不过这种缺点作者在写《清明时节》时,已经在竭力地纠正了,篇中刻画出一个小地主谢老师的形象,他对于地方的乡绅罗六爷最初想巴结,巴结不上,后来因为受了欺侮,设法报复,但终抵不过对方的势力,只得又表示投降,并且出卖了曾帮助自己出气的朋友们,作为投降的献礼。这篇作品对社会的讽刺以及所塑造的典型人物的现实意义,是非常深刻的。在革命过程中,有不少人经不起考验而叛变了革命,出卖了同志,投降了敌人,这不同谢老师如出一辙吗?所以这篇小说应该说是张天翼在这一时期的代表作。

艾芜有短篇小说集《南国之夜》,里边包括六个短篇,就其中心思想来说,反帝的有《咆哮的许家屯》、《南国之夜》、《欧洲的风》。前一篇写东北人民反抗日寇的故事,后两篇写缅甸一带人民反抗英帝国主义及其走狗的故事。反封建的有《左手行礼的兵士》,反映战争的残酷;《伙伴》,写两个抬滑竿的苦力,在痛苦的生活中,使他们益发紧密团结起来。《强与弱》,写封建势力对痛苦农民一系列的压迫与勒索。这些作品在揭发现实中的黑暗面,以及反映人民群众的反抗斗争上,都是有其积极意义的。不过有些篇子由于基于个人的热情,缺乏实际生活的体验,以致使所写人物个性模糊,《咆哮的许家屯》就有这样的缺点。

萧红是出生于东北(黑龙江呼兰县人)的一位女作家。幼年即具有反抗的精神,后来脱离了家庭,过着飘泊的生活。九一八后,她在敌人的统治下,目睹中国人民不甘于受帝国主义的奴役,作着不断的顽强斗争,于是她把这种现实中的生动的可歌可泣的事迹,反映到作品中,就成了她的杰出的处女作《生死场》。

这部作品之所以是一部比较成功作品,主要是她认识到当时的客观现实,两个阶级中不同的主要矛盾,而能够在历史的发展中,给以凸出的刻画。最初在北中国农村的阶级矛盾是农民与封建地主阶级的矛盾,九一八后成为日本帝国主义者与中国人民的矛盾。而这部作品具体地写出了这两种矛盾的发展。同时愈到后边,愈是细致地深入地加以描写,所以就越发的能感动读者。作者刻画人物是相当的成功的,即以领导反抗的主要人物赵三来说,他在九一八前曾经打算组织镰刀会,进行武力斗争,虽没有成功,但已反映出农民的反抗性和他们斗争意志的萌芽了。到了九一八后,在广大人民不堪敌人的欺侮压迫下,于是以赵三为首的抗日组织产生了。作者在叙述乡村中男女老幼宣誓群起抗日的场面,与对于这些奋起者的坚决反抗的英雄姿态的刻画,是多么的悲壮而生动呵!

此外就是作者能用纯朴的笔、纯朴的语言,刻画出农民的诚挚的劳动的特性,尤其是他写农民们对于家畜的感情,如二里半对他的羊、老王婆对于他的老马、赵三对于他的牛,既真实而又质朴。从来,一般的反映农民形象的作品,还没有看到这样深入而细致的描写的。虽然这部书还存在着不少缺点,如故事松散、结构不紧密等,但在当时的反映人民抗日的文学中,已是值得称述的作品了。

与萧红同时出现于中国文坛的,如萧军、骆宾基、舒群等,他们写出了《八月的乡村》、《边陲线上》、《没有祖国的孩子》等作品,同样的暴露了敌人的凶残与人民的勇敢。对当时广大人民的抗日运动,都产生过一定的推动作用,因为篇幅所限,也就不多讲了。

第三节　社会主义现实主义创作的萌芽与发展

五四时代新文学的创作,像鲁迅的小说与郭沫若的诗歌,我们说它们已经具有社会主义现实主义的因素,而这些作者在创作方法上都是向着社会主义现实主义的方向迈进的。到了一九二七年以后,由于革命文学运动的兴起,因之在创作方法上,才有"新现实主义"的提出。但这时一般人对于这种新的创作方法的概念,还不明确。只有瞿秋白在批评华汉的《地泉》与茅盾的《三人行》时,已初步地运用了这种新的标准,来进行对于作品的分析与批评。并且对这种创作方法的特质,作了极其精辟的阐发。因此在左联成立以后,一方面由于革命现实对革命文学的要求,另一方面由于无产阶级文艺理论与创作的介绍和影响,于是一些革命的作家,都已开始站在人民的立场,用马克思主义的观点,来分析现实,认识现实,反映现实了。这样就产生了社会主义现实主义的作品,即如鲁迅的后期杂文,和《故事新编》中的一部分作品,这是比较成功的社会主义现实主义的作品,而茅盾的《子夜》更是作者跨上新的创作道路后的一部辉煌巨著。其余的一些作者,在诗歌方面,如殷夫;在小说方面,如丁玲、叶紫;戏剧方面如田汉、洪深。他们的作品都已具有社会主义现实主义的雏形。这说明在一九三〇年以后在左联领导下的中国文坛,确已在创作道路上向前更跨进了一步了。由于鲁迅、茅盾和丁玲都要在后边专章中论述,所以下边只就殷夫的诗,叶紫的小说,田汉、洪深的剧,加以论述。

殷夫最初曾用"白莽"的笔名,在鲁迅编的《奔流》上发表过评匈牙利爱国诗人裴多菲的诗。左联成立后,又用"殷夫"的笔名在《拓荒者》上面发表诗作,一九三一年他和柔石、胡也频、冯铿、李伟森等四位革命作家,一起为国民党法西斯匪徒们所残杀,死时才二十二岁。他的诗歌的特点:在内容上热情磅礴,歌颂了人民群众,歌颂了革命斗争(《一九二九年五月一日》)。同时还充满着集体主义的思想,对革命抱着必然胜利的信心,带着革命乐观主义的精神。此外对剥削阶级的腐烂生活,也作了尽情的揭发,而对那些拍卖灵魂、拍卖良心的人,进行无情的讽刺(《春天的街头》)。从这里可以看他是怎样在用他的笔,在打击着敌人,并且鼓舞着人民群众向着革命进军。在形式上,纯粹是自由诗体,并且具有雄健豪放的风格(如《血字》)。所以殷夫可以说是我国一九三〇年后诗坛上的彗星。可惜那种灿烂的光芒,仅仅一闪就消失了,这真是中国无产阶级文艺上的大损失!

叶紫原名俞鹤林,湖南益阳人。在一九二六年北伐前夜,湖南曾掀起轰轰烈烈的农民革命运动。叶紫的全家,几乎都参加了农民革命斗争,大革命失败后,他的全家都被杀害,他被亲友掩护逃出后,跑到上海从事文学活动。他以一九二七年的家乡事变与自身的经历为题材,写成了他的著名作品《丰收》。

这是一个短篇小说集,里边比较重要的作品是《丰收》、《火》、《夜哨线》、《乡导》等篇。

《丰收》与《火》是连续的两篇,合起来也就是一篇。前一篇主要是暴露豪绅地痞榨取贫农脂膏的凶状,后一篇写农民在走投无路的时候终于奋起,向压迫者进行了抗击。《夜哨线》写士兵阶级觉悟,最后结合起来,站在一边,向统治者作了有力的斗争。《乡导》写一个衰老的农妇,不惜牺牲个人性命,引导统治者的武装到人民武装的包围圈内,而使他们遭到全部的歼灭。

这些作品的特点,在于不是观念的引导农民接受革命,而是从客观条件的促使上,展开了他们行动的必然步骤,这不是公式的安排,而是现实生活的再现,即如前两篇的主人公曹云普父子,可以说是乡村贫农的两种典型。云普是一般老农民的典型形象,由于受封建阶级的思想影响较深,一惟安贫任命,守法听天,是旧时代造成的奴隶的影子。他的儿子立秋是年轻一代的农民,受封建思想影响不深,他有热烈的革命要求。云普最初对立秋的行动极不满意,后来由于冷酷的现实的教训,使他觉悟到立秋是对的,而自己的看法是错误的。这样写一个老农民的思想转变的过程是成功的。像这样的分析人物、表现人物,从而教育读者,鼓舞读者对现实的理解与对革命的向往,这不已经具有社会主义现实主义的特质了吗?

田汉是五四时代的创作家,早期的作品带有浓厚的浪漫主义的色彩。在反映现实中的黑暗时,常常含有感伤的情调。如《苏州夜话》、《古潭的声音》等。一九三〇年以后,在创作上有了显著的转变,写上海工人罢工运动的,有《一九三二年的月光曲》;写农村在水灾后的惨象的,有《水》,都能够生动地反映出当时都市与农村的阶级间主要矛盾。

洪深有《五奎桥》与《香稻米》,都是农村中农民与恶霸地主以及买办豪绅的矛盾斗争为主题而写成的作品。特别是后者,暴露了农民在封建买办的剥削压迫下的惨象,反映了半封建半殖民地的旧社会已到了崩溃的前夕。

第四节　这一阶段创作的特点

一、从这一阶段创作的整个倾向来说,仍然不外是继承了五四时代的文学传统——反封建反帝。但就内容所反映的现实而论,在深度与广度上,和过去似乎已有所不同。五四时代的反封建,最初是对于封建社会的意识形态的攻击,进一步才是对于封建社会的腐朽制度的攻击。至于对封建社会的经济基础、封建地主的土地所有制的不合理,似乎触及的还很少。可是这一时期的作品,主要即在揭发了这种经济制度的不合理,以及封建地主豪绅残酷地剥削压迫人民的罪行,进一步并写出了人民反抗封建统治的革命行动的萌芽(如《丰收》、《子夜》、《香稻米》等),至于反帝,也同五卅后那种近于"口号标语"式的作品大不相同了。一方面是暴露了在国际帝国主义的侵略下,中国民族资本的被压杀以及半殖民地大都市一般无产者所过的悲惨生活(如《子夜》、《日出》、《包身工》等)。另一方面,则歌颂了在日本帝国主义的占领区,中国人民的不甘受奴役而奋起反抗的英勇行动(像《生死场》、《八月的乡村》、《咆哮的许家屯》等)。这说明时代的前进,而作为反映现实的文学,也就跟着有了进一步的发展。

二、在创作方法上,这一时期作品很显然的在一九三〇年以前,虽然在理论上已经提出了"新现实主义"的创作方法,但一般作家仍然走的是批判现实主义的道路。一九三〇年以后,社会主义现实主义的创作,才纷纷出现于文坛,这说明了新的文艺运动与新的文艺理论对作家的指导所起的巨大作用。但这也只限于左联的作者,另外还有一些作家,由于在主观上没有接受无产阶级的世界观,但个人正义感对黑暗的社会表示着不满和抗议,因而他们的作品,在一定程度上,也反映了现实生活的真实,所以仍然属于批判的现实主义的范畴。

三、从这一阶段的作品中所表现的阶级意识来看,反动的没落阶级,已经是写不出什么好的作品了,不是色情,就是谈趣味,它们都像过眼云烟,随时也就消灭了。至于正视现实的左联以及跟着左联走的作者,他们认真地写出时代的面貌,正确地揭露了现实中的阶级矛盾与民族矛盾。他们站在人民的一边,表现了人民的要求和愿望,因之他们就写出了具有革命意义和强烈的战斗性的作品来。这又说明了文学是不能脱离现实的,更是不能脱离群众的。一脱离现实同群众,就会成了僵尸。另外,代表没落阶级的为没落阶级服务的文学,必然随着没落阶级的覆灭而覆灭,反之,代表新兴阶级、为新兴阶级服务的文学,也必然要随着新兴阶级的壮大而壮大起来。

本章主要参考书

一、《蒋光慈选集》

二、《张天翼选集》

三、《南国之夜》(艾芜)

四、《生死场》(萧红)

五、《殷夫选集》

六、《叶紫创作集》

七、《田汉剧作选》

八、《洪深剧作选》

第七章　抗日战争前期的文学发展

第一节　抗日文学运动展开后在理论上的论争

一九三七年七月七日,日本法西斯军队在北京西南十余公里的卢沟桥,向中国驻军进攻,中国军队奋起反击,从此开始了我民族伟大的抗日战争局面。中共中央在事变的次日,就发表了号召抗日的宣言。八一三上海战争开始了以后,又发布了《关于目前形势与党的任务》的决定,明确的指出"抗战的准备阶段已经过去了,这一阶段最中心的任务,是动员一切力量,争取抗战的胜利"。从这时起,一直到武汉失守,当时国内的情况,毛主席讲:

> 在这个时期内,日本侵略者的大举进攻和全国人民民族义愤的高涨,使得国民党政府政策的重点还放在反对日本侵略者身上,这样就比较顺利地形成了全国军民抗日战争的高潮,一时出现了生气勃勃的气象。(《论联合政府》)

在文艺界,从九一八后,进步的作家在左联领导下,已经进行着反对日本帝国主义的创作,就像当时的东北作者,他们一面揭露了在沦陷的祖国的土地上,日本帝国主义和汉奸们对中国人民的残酷凶暴的蹂躏和压迫,同时,另一方面又写出了具有勇敢坚强性格的中国人民,如何不甘心作奴隶,对敌人进行了无数次的有组织有计划的激烈斗争,像萧红的《生死场》、骆宾基的《边陲线上》,等等,特别是在一九三六年,左联为响应党的建立抗日民族统一战线的号召,而提出了"国防文学"的口号之后,反对民族当前最凶恶的敌人——日本帝国主义,已成为文学作家们的头等重要的任务,同时,就创作倾向上说,已成为文坛上的主潮。不过当时的作家对人民群众反帝的火热斗争是不熟悉的,由于国民党反动派在政治上的压迫,进步的作家简直不可能公开的和人民群众接近。七七以后,抗战爆发了,全国人民都沸腾了起来。爱国作家们的情绪,更是达到了极端兴奋和狂热的程度。他们纷纷走到战场,走进农村,参加对群众的宣传鼓动和其他一切战时的工作。绝大多数并组织了团体,如战地服务团、宣传队、演剧队等,分散全国各地。一面从实际工作中为抗战服务,一面从对生活的观察体验中,写出抗战的作品。这样,由于作家在生活上的巨大变化以及客观形势的要求,因而使文艺创作逐步接近了人民群众,向着大众的方向迈进。特别是到一九三八年三月,中华全国文艺界抗敌协会在武汉成立,全国爱国的作家们在抗日的总目标之下,团结了起来,随着协会的成立,提出"文章下乡"与"文章入伍"的口号,其目的在于以文艺来教育并鼓舞广大的人民和战士,使全国人都投身到抗日的总潮流中去。抗战文艺随着抗战形势的发展,因而在具体的创作中碰到了不少的现实问题,于是就引起了理论的争辩,在这一阶段中争论的主要问题,有以下三种。

一、对抗战八股与公式主义的批判

由于"文章下乡"与"文章入伍"的口号的执行,于是发展的结果,"宣传第一"、"艺术第二"又成为流行的口号。作者由于完成政治任务的迫切,个人情感的任意发泄以及对现实的体验与分析都不够深刻,于是就形成了抗战八股。一般的创作过程,"不是先有概括性的典型(人物),而是先有概念性的主题"。因此每篇作品中的主要人物,都不是通过具体的现象过程(偶然性与必然性的统一)表现出自己的主题,而是随着主观的要求,由轻便的跳跃的抽象变化来说明自己的概念或主张,因之就形成了公式主义。

由于清算公式主义,就出现了两种不同的主张。一种是小资产阶级的机械论看法,认为这种倾向之所以发生,急于传达政治任务是一个主要的原因,今后便当决定,目前是需要它的社会价值,还是艺术价值。若是看重前者,则这种现象是不能免的,若是看重后者,则应当把宣传的任务放到次要的地位。这分明是极其错误的看法,"艺术是宣传"这是铁一般的真理,而思想性与艺术性的不够,主要是由于作者没有深入生活的缘故,如何能够归罪于宣传同政治任务呢?

其次一种是,资产阶级的"取消论"者借清算"公式主义"的机会首先提出"与抗战无关"的要求。而作为代表的,就是新月社的梁实秋。他在一九三九年春,主编国民党伪《中央日报》副刊,登了一则启事,征求与抗战无关的文章。他觉得所有当时报章杂志上的文章,都是与抗战有关的,使人感到有点"差不多"。我们应该写与现实无关的东西,使大家消遣消遣。而他的喽啰沈从文,也在新的文学运动与文学观中讲:"抗战后的中国,且证明用文学教育群众,还不如用法规教育群众,又简便,又能用。"这真叫荒谬绝伦。梁实秋是要求不要写与抗战有关的文字,而沈从文则认为对群众只能用法规来教育,简直是李斯的主张又现于世。这完全是取消了文艺对抗战的宣传和发动的武器作用,而是为敌人与法西斯统治阶级服务的反动的卖国的理论。但这个旗子一打出,便受到了严厉的抨击,接着便偃旗息鼓,缩头不响了。至于对这一问题的争论,在当时并没有得到结论。直到一九四二年毛主席《在延安文艺座谈会上的讲话》才彻底获得了解决。

二、歌颂与暴露、普及与提高两问题的提出

(一)歌颂与暴露

这一问题之所以被提出,是由于张天翼的《华威先生》(嘲讽了知识分子中的空头抗战人物,实际就是统治阶级的特务)被敌人用为宣传资料,说这就是我们的抗日工作者,因之就有人指摘对黑暗暴露,为帮助了敌人。黄药眠的《陈国瑞先生的一群》、陈白尘的《乱世男女》,等等,也都遭遇了同样的非难。这样对暴露与歌颂就分出了两派。1. 反对暴露的,有的认为这是作者对抗战悲观的流露,有的又认为固然现实中有光明的一面,也有丑恶的一面,可见光明是有前途的,这一面的天秤高升,自然那一面的就得降低了,更何况现实中光明的势力大于丑恶,在今天来抉摘丑恶,实非必要。2. 另一派则主张,暴露与歌颂应该并重,认为黑暗固然应该暴露,光明也须多多歌颂,这是主导方面的力量。实际暴露绝不应一概视为悲观主义,倒是大部分表示了作家更深刻的观察。一个真正认识现实、了解现实的人,决不会为隐藏在光明后面的丑恶而悲观。

茅盾当时对这一问题的意见,是文艺永远有它的宣传和教育的意义,它常是具有斗争性的。他不仅指出何者有前途,是新生的幼芽,也须指出何者没有前途,是社会的破片;社会的丑恶,倘不予以打击,它是不会很快地消灭的;有丑恶就有斗争,文艺就是反映并参加这斗争的,又怎能说暴露黑暗不是重要的任务?

倘黑暗是一种客观存在,则需要的不是隐讳而是改革,要指出它的社会根源、发生的内在原因、它的成长过程和作恶的丑态。并指出消灭的可能和光明起来的必然性。所以暴露黑暗的目的,是要使人有警惕,并进而克服这一弱点,并不是单纯的以暴露为满足。这是文艺家替社会、替民族作自我批判,其目的是积极的,而非消极的。

这问题从一九三八年夏初争辩到一九四〇年初,才渐渐的消沉下去,而结果则是不了了之。

(二)普及与提高

由于"文章下乡"、"文章入伍"口号的提出,文艺逐步的走上了通俗化与大众化,但其结果,内容往往是概念化,而形式则存留着许多旧文言和新名词,大众语汇反显得非常的贫乏。因此,有的作者认为通俗化有坠入庸俗化的危险,而将艺术性与宣传性对立了起来。为了宣传的目的,利用旧形式作为应急的手段是有其必要的,但眼看着艺术水准普遍的低落,是不是有其高扬的必要呢?提高与普及,也就是偏重艺术性与偏重宣传性的问题。究竟应以艺术为主,还是宣传为主?

这种把艺术性与宣传性对立了起来,是很错误的,也就是说"普及"与"提高"是可以统一的,因为中国人民的知识水准的普遍落后,那么普及与提高,在先后上不得不有所区别,但就新文艺的发展来说,它们是联系的,而且是统一的。谁都承认,提高的艺术品也就是最有感人力量的宣传品。但标语口号的文学目的是为了宣传,却因其缺乏艺术性,也就失掉了宣传力。

以上两个问题,在当时都未得到一个统一的结论,彻底圆满的解决,就不能不有待于将来了。

三、民族形式问题的讨论

(一)问题提出的原因

一九三八年十月,毛主席在中共扩大的六中全会的政治报告里,论到学习问题时讲:

> 共产党员是国际主义的马克思主义者,但是马克思主义必须和我国的具体特点相合并通过一定的民族形式才能实现。马克思列宁主义的伟大力量,就在于它是和各个国家具体的革命实践相联系的。……因此,使马克思主义在中国具体化,使之在其每一表现中带着必须有的中国的特性,即是说,按照中国的特点去应用它,成为全党亟待了解并亟须解决的问题。洋八股必须废止,空洞抽象的调头必须少唱,教条主义必须休息,而代之以新鲜活泼的、为中国老百姓所喜闻乐见的中国作风和中国气派。把国际主义的内容和民族形式分离起来,是一点也不懂国际主义的人们的做法,我们则要把二者紧密地结合起来。(《中国共产党在民族战争中的地位》,见《毛选》二卷五三四页)

在当时文坛上本来就有着关于运用旧形式的问题,在开展着讨论,毛主席的论文发表后,就有人把这一问题与民族形式问题联系起来看,即如陈伯达在一九三九年发表的《关于文艺的民族形式杂记》中讲:

> 近来文艺上所谓"旧形式"问题,实质上,确切地说来,是民族形式问题,也就是"新鲜活泼的,为中国老百姓所喜闻乐见的

中国作风与中国气派"(毛泽东《论新阶段》)的问题。(《文艺战线》第三期)

同时艾思奇也发表了《旧形式运用的基本原则》而提出"我们需要更多的民族的新文艺,也即是要以我们民族的特色……而能在世界上站一地位的新文艺"(《文艺战线》第三期)的主张。接着周扬、冼星海也都发表了这一类的文章。不久重庆方面向林冰发表了《论民族形式的中心源泉》一文,于是引起了很激烈的争辩。

(二)讨论时显然对立的两派

1. 以向林冰为首的提出以"民间形式"作为民族形式的中心源泉,他的理由:

甲、把民族形式的问题单纯当作文体或体裁来理解,同时把"喜闻乐见"又理解为"习闻常见",由此推演"民间形式"是习闻常见的,为了文艺的大众化,就不妨采用过去的"旧瓶装新酒"的说法,把新的内容装在为人民大众所习闻常见的民间形式内。所以结论是"民间形式"应为"民族形式"的中心源泉。

乙、认为五四以来的新兴文艺形式,由于是缺乏口头告白性质的"畸形发展的都市的产物",是大学教授、银行经理、舞女、政客以及其他"小布尔"的适切的形式。因之对五四以来的新文艺就作了否定,而主张在创造民族形式的起点上,只应置之于副次的地位。

丙、认为"内容决定形式",这是解决民间形式与民族形式中间的矛盾,使民间形式内部的民族形式的胚胎发育完成,而彻底肃清其反动的历史沉淀物的唯一锁钥。而其理论是民间形式的批判的运用,是创造民族形式的起点。而民族形式的完成,则是运用民间形式的归宿。

2. 当向林冰提出了民间形式作为民族形式的中心源泉论以后,首先对他作着正面的攻击的是葛一虹,接着有郭沫若同以群,他们一面批判了中心源泉论者的错误,一面又发挥了他们对于民族形式的理解以及怎样去创造民族形式。他们的理论要点:

甲、根据内容决定形式的原则,民族革命的内容,自然需要着一个民族形式,但是却不像把新酒装到旧瓶似的单纯的把新内容装到旧形式里面去,就算完成了民族形式。这样的形式,根本载不了新的内容。我们的新内容,自然不能借用属于旧内容表现旧事物的凝结了的死了的形式表现出来的。它需要一个属于它自己的形式,即创造新的纪念碑似的形式。(葛一虹《民族遗产与人类遗产》。)

乙、认为民族遗产是人类遗产的一部分,而"中心源泉论"与"主导契机论"的"中心"与"主导",却在乎作为人类总遗产之一部分的民族遗产之上,这是只见树木而不见森林,这是明白的新的国粹主义。(同上)

丙、认为民族形式的中心源泉,乃是具体的现实生活,惟有忠实地描写生活,才能创造出新的民族形式。

"民族形式"的这个新要求,并不是要求民族在过去时代所已造出的任何既成形式的复活,它是要求适合于民族今日的新形式的创造。"民族形式的中心源泉",毫无可议的,是现实生活。今天的民族现实的反映,便自然成为今日的民族文艺的形式。它并不是民间形式的延长,也并不是士大夫形式的转变,从这两种的遗产中它是尽可以摄取些营养的。(郭沫若《民间形式商兑》)

伯林斯基论及果戈里的小说时有句名言"只要忠实地描写生活,那自是民族的",一点不错,忠实地描写生活,把生活的真实在文学上显示出来,这种作品的形式便不会不是民族的。新事物虽然"发生于旧事物的胎内",但当它以新事物的形态具体地在生活中存在着的时候,与旧事物是无共通之处的。所以它需要一个新的形式。这个新的形式也惟有"忠实地描写生活",惟有忠实地描写了具体的存在着新事物的生活,才能获得。(葛一虹《民族形式的中心源泉是所谓民间形式吗》)

丁、肯定了五四以来革命文艺的成果,以群在《新文艺的成果》一文中,列举自五四以来一直到抗战发生后二十几年来的新文艺,在推进中国社会进步上尽了怎样大的任务。并说明今后它的远大前途和未来的胜利,从而驳斥向林冰对它的抹煞和诬蔑的荒谬论点。

(三)我们对这一问题的论争的评价与体会

1.评价

甲、这次论争"中心源泉论"者向林冰的看法,自然是不正确的,这在当时已受到了许多的抨击。主要的原因,是由于它脱离了文学内容,而单纯从形式上来理解"民族形式",并且以形式主义的观点来理解五四后的新文学,割断五四新文学与中国古典文学的继承关系,并贬低了它的作用和价值,这是极端错误的看法。不过他在重视民间形式这一点上,就文艺的普及也就是大众化来说,是应该批判地加以接受的。

乙、认为具体的现实生活,是民族形式中心源泉的看法,自然不能说是错误的,但如何去深入体验具体的现实生活,如何去忠实地表现它,如何才能够创造出具有"中国作风与中国气派"为群众所喜闻乐见的新的民族形式,没有作更深入的研索与发挥,这是一个缺憾。光单单提出一个忠实的描写现实生活就不免有点笼统。

丙、由于对这一问题的论争,于是引出了对于许多问题的阐发,如:①文学遗产的处理问题;②对五四文学革命与对五四后新文学的认识与估价问题;③文学欧化倾向的批判;④文艺的普及与提高问题;⑤大众化问题;⑥民间文艺的吸取提高问题;⑦现实主义问题。论争中,对这些问题虽然并没有获得到圆满的结论,但从这一问题引出了许多问题,就可以知道这些问题所牵涉的方面之广了。

丁、从这一次讨论,使一些文艺理论家与创作家,更进一步的注意了现实,结合了实际,而对过去的旧文艺、新文艺以及民间文艺重新作一番检讨与评价,而寻觅今后新的文艺所应走的正确的方向。同时给那一些迷恋着欧化而忘掉了自己民族胃口的,以及一切困惑踟蹰不敢向群众行列迈进一步的一些文艺工作者,给以当头的棒喝。

2.体会

甲、这是马列主义民族问题的理论在文艺上初步与理论创作的具体结合。

乙、在文艺创作上必须具有"民族形式"才能真正的发挥它的武器作用。

第二节　从一九三七年到一九四二年这几年间抗日文学在创作上的表现与发展

这一阶段的创作,就作家说来只要是走救亡道路,而敢于正视现实,反映现实,从阶级上看,很少不是无产阶级同革命的小资产阶级的。自然也有极少数的资产阶级。因为这是抗战的前一阶段,一些买办的资产阶级同反动的小资产阶级,经不起历史的考验,有的作了汉奸,有的沉默下来,一篇文章也写不出了。所以能以奋激的热情与勇敢的精神,不避艰辛,而努力为民族解放战争服务的,可以说大抵是属于这两个阶级。

至于创作方法,大半是现实主义的,但也有革命的浪漫主义。现在从这一时期作品的内容同形式上来看它的特点。

一、内容

主要的不外"暴露"与"歌颂",属于前者的,又可以分为四类:

(一)控诉敌人残暴的。如,写同胞在沦陷区被敌人虐杀情况的,有魏伯的《伟大的死者》(晋南的虐杀)、适越的《第七次挑选》(南京的虐杀)。其次,写敌人对我们不设防城市进行滥炸的,有老舍的《五四之夜》、宋之的《从仇恨中生长出来的》、秋江的《血染的两天》,等等。

(二)揭发敌人的厌战自杀情形的,如立波的《敌人的忧郁》、何其芳的《敌人的悲剧》、以群的《听日本人自己的申诉》,等等。

(三)宣布汉奸的丑恶与无耻罪行的。如陈白尘的《群魔乱舞》、陶雄的《伥》、王震之的《人命贩子》,等等。

(四)暴露后方政治上一些不合理的现象的。如揭发空头抗战人物丑态的有张天翼的《华威先生》,揭发国统区兵役制度的黑暗的,有沙汀的《在其香居茶馆里》、徐盈的《征兵委员》、丁行的《抽签》,等等。

属于歌颂的有这三类：

（一）歌颂抗战中英勇的民族英雄。如王震、崔嵬的《八百壮士》（剧本），东平的《一个连长的战斗遭遇》，荒煤的《支那傻子》，艾芜的《两个伤兵》，等等。

（二）歌颂在沦陷区人民同敌伪不妥协的战斗的典型。如夏衍的《心防》、《离离草》，老舍的《无形的防线》。

（三）歌颂大后方劳动人民努力生产的。如周而复的《开荒篇》，刘白羽的《一个和一群》、野蕻的《新垦地》，等等。

二、形式

群众的语言与短小精悍的体裁。语言方面，不必多述。体裁方面，在抗战初最风行的是：

（一）报告文学

这在抗战发生后，压倒了所有的别的创作，一般的都是速写与特写，他们的特征是抓着客观现实中最中心的一个特点，构成一个明确的主题，用犀利和经济的笔法，加以具体与生动的描写。使主题突出，给读者一个明晰正确而又深刻的印象，以达到它的政治指导性与鼓动性的任务。速写如东平的《第七连》、奚如的《运输员》。特写如曹白的《杨可中》、史平的《田梨先生》。

（二）杂文

抗战中为了现实的需要，于是就有人提倡复兴杂文，上海曾出过《鲁迅风》，桂林出过《野草》，重庆方面《时事新报》的《青光》，《新蜀报》的《蜀道》，都曾有一个时代偏重杂文，而颇引起一般人的注意。当时的杂文作者有唐弢、徐懋庸、聂绀弩、秦似等。

（三）诗歌

在初期有采用民间形式的大鼓、坠子、小调（五更调、大牙牌等）等而写成的歌曲，同时朗诵诗，特别风行一时，作者有柯仲平、高兰、臧云远、光未然等，此外还有"街头诗"是在延安发起的。一九三八年夏，武汉的画家与诗人，又曾举行过"街头诗画展"。是先诗后画或先画后诗的一种诗画俱备的作品。

（四）小说

一般的是短篇小说，另外有讲演文学，胡考在《文艺战线上》发表过一篇《陈二石头》，自注为"讲演文学"。此外还有《小说朗读》（欧阳凡海曾给它作过说明）。这都是为适应当时的需要而产生的新体裁。

（五）戏剧

独幕剧最流行，另外还有"街头剧"，如《放下你的鞭子》。"秧歌剧"（据周而复讲，最初来改革秧歌剧，发展秧歌为剧本的，是刘志仁，他把跑故事与秧歌结合起来，于是就丰富了秧歌的形式，使简单的秧歌开始走上了秧歌剧的形式）如《兄妹开荒》、《牛永贵负伤》等。

三、创作上的发展

初期的作品，一般的都有着一些缺陷。在报告文学方面，普通都过于重视了新闻报导的任务，形象化的程度不够，小说同戏剧，因为对于题材把握得不够熟悉，对现实分析的不够明确，结果就往往流而为抗战八股，所有的人物，都定型化了。作家先是主观的设定了逻辑公式的主题，然后再虚构适于嵌进去的人物和事件，结果就成为一模一样、没有真实感的虚伪形象。同时也往往把充满着内心矛盾的活人和充满着矛盾及斗争的多样性的事象，也一律看为直线的发展了。这一些缺陷，到了后来，作家在现实的历练中，渐渐的都得到相当的克服。先就报告文学来说，渐渐由专从事件的描写，转到着重形象化和人物的表现。如曹白的《杨可中》、慧珠的在《伤兵医院中》、卞之琳的《第七七二团》，等等。小说，渐渐倾向于写长篇的了，如老舍的《四世同堂》、沙汀的《困兽记》。戏剧也渐渐产生了大的本子了。同时在国统区由于政治的日趋法西斯化，因之创作就不能直然的反映现实，结果只有借古喻今，因之历史剧就大盛起来，郭沫若的杰作《屈原》就是在这个时期产生的，详细情况当在下一阶段来讲。

本章主要参考书

一、《中国共产党在民族战争中的地位》（毛泽东）

二、《中国现代文学史略》第三章第二、三节（丁易）

第八章 鲁　　迅

第一节　伟大的战斗者的一生

鲁迅姓周,名树人,号豫才,鲁迅是他的笔名。1881年生于浙江绍兴县一个破落的中产家庭里。从他记得事起,他幼年的遭遇,给他的思想影响最大的有以下这些事。

他父亲晚年多病,家庭又很困窘,为了治疗他父亲的病,有好几年,他几乎每天出入于当铺和药店。到后来他父亲终于死了,这样一个由小康而坠入困顿的家庭,在那样的社会,就必然要遭受到别人的冷眼。这样一个冷酷的社会,给鲁迅刺激很大,这种认识,这种不快的情绪,到后来都反映到他的作品中,增加他对旧社会的憎恶和敌视。

鲁迅的外祖父家住在乡村,他常常到外祖父家住,因而和乡间的孩子们建立了极其亲密的友谊,这样就使他非常熟悉农民生活和他们敦厚朴质的本性,以及那种勇敢而富于反抗的精神,因之就使他不知不觉的受到他们的影响。瞿秋白讲:

> 他的士大夫家庭的败落,使他在儿童时代就混进了野孩子的群里,呼吸着小百姓的空气。这使他真像吃了狼的奶汁似的,得到了那种"野兽性"。(《鲁迅杂感选集序》)

所以鲁迅的憎恶封建社会、同情劳动人民和斗争反抗的精神,在幼年时代已种下了根,以后随着时代的前进与年岁的增长,而益发的滋长起来。

1898年,鲁迅离开了自己的家乡,出外游学,最初在南京考入江南水师学堂,后来又改入江南陆师学堂附设的矿路学堂。这时正当戊戌变法的时代,鲁迅因而接触到当时的新思潮,像梁启超主编的《时务报》、《新小说》,严复译的《天演论》、《法意》等书,林琴南译的外国小说,都是他经常阅读的。特别是《天演论》中的近化论思想,以后一直到1927年,成为鲁迅世界观中的主导思想。

1901年毕业,被派赴日本留学,鲁迅到日本后,最初决计学医,到后来因为受到影片中故事的刺激,认为要救国,第一要着在于改变国民的精神。而善于改变国民精神的,则首推文艺,于是就舍去了医学,而从事文艺运动。这个计划当时并未圆满实现,不过由于翻译外国文学,使他从俄罗斯文学中受到很大的启发。他说:"从(俄国)文学里明白了一件大事,是世界上有两种人,压迫者和被压迫者……却是一个大发现,正不亚于古人的发现了火可以照暗夜,煮东西。"(《祝中俄文字之交》)这就奠定了鲁迅以后在立场上一直是站在被压迫者一面的思想基础。

也就在这时(1908),从余杭章太炎问学,而且参加了太炎和其他排满的志士们所组织的光复会。在民族思想与革命精神上,受到了太炎的极大影响。

1909年回国,接着就是辛亥革命,满清王朝垮台了,但不久反动的袁世凯又当政了。鲁迅最初任绍兴师范校长,1912年又到北京教育部任职,但由于封建势力的依然强大,于是使鲁迅对这次革命感到异常失望,所以这一时期在他的思想情绪上,由失望而寂寞,而苦闷,他说:

　　这寂寞……如大毒蛇,缠住了我的灵魂了。(《呐喊·自序》)

他为了排遣这寂寞的痛苦,自己终天躲在北京绍兴会馆里来抄古碑。

五四运动的前夜,苏联的十月革命爆发了,同时中国思想界受到十月革命的影响,以及国内阶级关系由于欧战爆发,中国民族资本主义的发展,所起的变化,于是就爆发了思想革命,随着思想革命而又爆发了文学革命。

鲁迅积极地参加了这个革命运动,通过五四运动,鲁迅遂一跃而成为中国文坛上的巨人。

五四运动退潮后,由于社会上阶级矛盾尖锐化,因而反映到文坛上,革命的统一战线也有了显著的分化。鲁迅为了捍卫文学革命的成果与促使革命形式的发展,继续了战斗,坚持了战斗。但由于他和当时的人民群众还没有结合起来,因而不免使他感到孤军奋战之苦,以致一度的产生了消极的情绪。这种情绪都曾反映到他的小说同散文诗《彷徨》和《野草》中。但鲁迅基本上肯定了现实,肯定了战斗,克服了消极情绪,继续向前追求,探索,由于他的不妥协的战斗受到了反动势力的迫害,最后不能不跑到厦门,终于又转到广州。

1927年北伐的失败,给鲁迅精神上又一次很大的刺激。特别是动摇了他一向所深切信仰的进化论。此后又由于创造社对他的围攻,促使他进一步地研究马克思主义的文艺理论。加以1930年左右和党的地下工作者瞿秋白同志结了亲密的友谊,受到他的鼓舞与帮助,这样使鲁迅在思想上有了一个飞跃的前进。从进化论发展到阶级论,从封建阶级的逆子、绅士阶级的贰臣成为无产阶级的战士。

1930年左翼作家联盟成立,他参加了领导工作。在开展无产阶级文艺运动中,碰上了敌人的文化围剿。但是鲁迅与瞿秋白同志等领导了左联,向反动统治者进行了反围剿。尽管敌人用封闭、查禁、逮捕、杀戮等,种种卑鄙残酷的手段,来对付左联,但鲁迅同左联中的革命作家,并没有为他们吓倒,相反的,更坚决、更勇猛地同法西斯的御用走狗们、卑鄙的无耻文人们,进行了殊死战。终于因为过于劳瘁,在1936年10月19日逝世于上海,中国文坛上殒落了一颗将星,当时中外的进步人士,没有不同致哀悼的。

第二节　从革命的
民主主义到马克思列宁主义

鲁迅在创作思想上的发展道路,很明显的分着两个阶段。其第一阶段是一个彻底的革命民主主义者,而他这种政治倾向与政治态度的形成,主要是基于下列的几种思想之上的。

一、高度的爱国主义思想

鲁迅生在清代的末叶,当时的中国社会已经在国际帝国主义的侵略下沦为半封建半殖民地社会了。中国广大人民反抗封建统治与帝国主义侵略的斗争运动是前仆后继的在发展着。从太平天国农民的革命运动,直到资产阶级、小资产阶级的民主运动,这些斗争的史实都曾给他以深刻的影响,特别是他又生长在浙东,这一向是产生具有民族气节的爱国志士的地方,那些可歌可泣的壮烈史实和斗争精神,对他起着极大的启发作用,所以自然而然的形成了他的爱国主义的思想。他二十岁时《自题小照》的诗:

   灵台无计逃神矢,风雨如磐黯故园。
   寄意寒星荃不察,我以我血荐轩辕。

充分表现了他那为了挽救祖国的命运,不惜牺牲自己一切的决心。由于他的父亲为中国旧的医学所误,因此他留学日本后,决计学医来治中国人民的病弱。后来由于在学习中偶然看到日俄战争的影片,而深深感到凡是愚弱的国民,即使体格如何健全茁壮,也只能做毫无意义的示众材料和看客,病死多少是不必以为不幸的,所以第一要着在改变他们的精神,而善于改变精神的,就首推文艺,所以他就放弃了医学,转而从事文艺运动了。不过这个愿望当时并未能够实现,他在文艺上最初是从事翻译,选译的标准重在被侵略或者特别具有反抗精神的一些国家作者的作品,如波兰的显克微支,芬兰的哀禾,旧俄的迦尔询、契可夫、安特烈夫等人的小说,意在使我们中国人能够"闻风兴起"。到了五四时代,他开始发表了具有划时代意义的创作和一些杂文,对封建势力和帝国主义进行着无情的暴露与攻击,对一般愚昧的同胞则进行启发和教育,不过他这种爱国主义,决不是一般的狭隘的爱国主义,所以到后来很自然的发展成为与国际主义相结合的爱国主义了。

二、战斗的人道主义思想

鲁迅在人道主义思想上,一方面继承了中国古典文学中这种创作思想的优良传统,另一方面也受到十九世纪俄罗斯文学中属于近代人道主义思想的影响,但是他又向前发展了一步,因为不论中国的以及俄罗斯的那些具有人道主义思想的作者,他们虽不满于那种非人的现实社会,但仅仅是加以揭发,企图用说服教育的手段,来实现改革社会的目的,因而在态度上并不是与旧的社会制度以及社会秩序彻底的决裂,所以带有极其显著的改良主义的倾向。可是鲁迅并不如此,他采取的是革命者的战斗态度,赤裸裸地揭穿了中国封建社会的性质乃是人吃人的社会,而所谓中国的文明,其实不过是安排给阔人享用的人肉筵宴。而所谓中国者,不过是安排这些人肉筵宴的厨房。因此他大声疾呼要"救救孩子"!但怎样来救,他提出要"敢说、敢笑、敢哭、敢怒、敢骂、敢打,在这可诅咒的地方击退了可诅咒的时代"(《华盖集·忽然想到五》)。要"扫荡这些食人者,掀掉这筵席,毁坏这厨房"(《灯下漫笔》),这不是战斗的呐喊和进军的号角吗?所以鲁迅的人道主义乃是战斗的人道主义。唯其是战斗的人道主义,所以到后来才很自然的发展成为一个马克思列宁主义者。

三、革命的进化论思想

鲁迅这一阶段的世界观是进化论的,他对进化论的理解和买办资产阶级的代言人胡适是截然有别的。胡适歪曲了进化论,使它作为他的改良主义的理论根据,而这种理论,正是巩固反动统治阶级的统治权的理论。但是鲁迅的进化论,相反的是为被压迫人民谋取解放的理论,根据这种理论他坚信将来必胜于过去,青年必胜于老人,而且从劳动人民的身上看到了未来的希望,这就是使他爱护新生的,而憎恶腐朽的。因之,他就勇敢的、坚强的,同腐朽的势力、黑暗的势力来作战。具体的表现,是他对过去的憎恶,对国粹主义者与复古主义者的憎恶,对统治阶级的帮闲和帮凶们的憎恶,对未来的憧憬,与对劳动人民进一步的了解,而把国家未来的命运,寄托在他们身上。这一些见解,从《十四年的"读经"》、《青年必读书》、《导师》(《华盖集》)和《一件小事》等文字中看的很清楚。自然这种思想就马克思列宁主义的阶级论的观点来看,是还不够正确的,所以到后来,鲁迅对他过去这种思想也就进行了适当的批判。

总之,爱国主义思想使他对于祖国危亡不能坐视,而积极从行动上进行挽救;人道主义的思想使他深深的憎恶这种人剥削人、人压迫人的不合理的社会,而企图推翻这个"吃人"的社会,而建设一个新社会;进化论的思想,使他坚信人类是有光明前途,人类社会是终于要从不合理走向合理的,这样就鼓舞了他的战斗的勇气,坚定了他战斗的意志。而这几种思想,在总的精神上说,是求得民族的自由、自主,广大的被压迫的人民从帝国主义和封建势力的压迫下解放出来。而这个目的,也就是与中国共产党所领导的人民民主革命是一致的,鲁迅对实现这种民主主义的革命,是采取着积极的战斗的态度,而要求其能够彻底的实现,这样就使他成为一个革命的民主主义者。

一般的革命民主主义者,在发展到最后,必然的要成为一个马克思列宁主义者,主要原因是革命的民主主义者的立场是被压迫的劳动人民的立场,要企图使广大的劳动人民获得解放,获得民主,资产阶级的改良主义是实现不了这种目的的。尤其是在半封建半殖民地的中国,资产阶级的先天的软弱性,更不可能实现这种目的。中国的辛亥革命流产了,五四运动曾使许多人为之兴奋鼓舞,但五四的浪潮过后,思想革命阵营中又起了分化,政治依然是非常的黑暗,在这时鲁迅曾经感到深深的忧闷和愤慨,因为这时他还没有注意到工人阶级所领导的革命的发展。一九二七年北伐革命失败后,他在广东目击到现实中的一些事变,这样就促使他对马克思列宁主义进行了钻研。一九二八年的文艺论战,使他进一步介绍了苏联无产阶级文艺理论的著作,一九三〇年,"左联"成立,他参加了领导,从此与党的领导者瞿秋白同志结下了亲密的友谊,而他在思想战线上就更进一步的发挥了他的战斗的精神。由理论的钻研和长期的斗争锻炼,使他很快的成为一个马克思列宁主义者。在这时他批判了他小资产阶级知识分子的坏脾气而对于自己所熟悉的本阶级毫不可惜它的溃灭,并断言"惟新兴的无产者才有将来"(《二心集·序言》)。从一九三〇年起,直到逝世,这六七年间,他在革命阵线上的表现,那种立场的坚定、战斗的勇决以及方向步骤的正确,一点不愧为一个"党外的布尔什维克"。就由于他的思想是前进的,永远是站在时代的前面,同时又是与广大的劳动人民的革命运动有着密切的不可分的血肉关系,更重要的是后来中国共产党对他的支持和帮助,这就使他的作品放出灿烂的光芒,永远照耀着中国人民文学前进的道路。

第三节　创作——小说、散文诗、杂文

鲁迅的创作,从体裁上分,有小说、散文诗和杂文。

小说一共有三集:(一)《呐喊》包括十四个短篇;(二)《彷徨》十一个;(三)《故事新编》八个,共三十三个短篇。从这里边所表现的主要内容,首先是反映了辛亥革命前后中国的农村和小城镇的社会面貌,并刻画出这个半封建半殖民地社会各个阶级的典型,揭示他们中间的矛盾与斗争。如《狂人日记》、《孔乙己》、《风波》、《药》、《阿Q正传》、《祝福》等。其次,是表现了五四运动前后中国新旧知识分子的思想意识,并刻画出这个阶层中的典型人物,借以反映当时社会停滞黑暗的情况。进步一点的人物非常的脆弱,经不起现实的考验,一遇挫折或打击就消沉颓唐了下去,而顽固保守的又是非常的虚伪和卑鄙无耻,如《端午节》、《在酒楼上》、《幸福的家庭》、《高老夫子》、《孤独者》等。再其次是借古喻今,用历史的故事,来刻画出当时社会上一些渣滓们的丑恶面目,而加以抨击和嘲讽。另外,对于那些伟大的不惜牺牲个人的一切鞠躬尽瘁为千百万人民服务的人物,予以崇高的礼赞,如《理水》、《奔月》、《铸剑》、《非攻》等。

我们从《风波》、《故乡》、《阿Q正传》、《离婚》中,看到朴质勤劳的农民怎样在几千年封建的压迫剥削下而被歪曲了的面貌。同时也看到了封建社会的支柱和统治者地主豪绅赵太爷、赵大爷、七大人之流,那种卑鄙自私、欺哄吓诈的丑态和善良的农民在他们长期的压迫下精神上所受到的威胁。

《故乡》中的闰土是农村中朴质勤劳的农民的典型形象,鲁迅拿他童年所看到的闰土的印象同现在站在他跟前的闰土作了对照,刻画出一个被生活的重担压得不能喘息而现出贫困衰老的农民。先前的紫色的圆脸已经变得灰黄,而且加上了很深的皱纹,眼睛也像他父亲一样,周围都肿得通红,头上是一顶破毡帽,身上只一件极薄的棉衣,浑身瑟索着。先前红活圆实的手,现在却是又粗又笨,而且开裂,像是松树皮了。他在思想上受着传统的封建阶级思想的影响和束缚,虽深深觉得生活上的苦痛,却又形容不出。当然不可能了解造成自己这种痛苦的根源是什么,而还要把自己的希望,寄托在神的保佑上(他拣了一副香炉和烛台)。这种守分安命、过着辛苦麻木的生活的闰土的形象,正是在半封建半殖民地社会中被饥荒、苛税、兵匪、官绅所摧残压榨的广大农民的典型。

至于封建统治阶级几千年来对农民精神上的威胁,鲁迅在《离婚》中借七大人这样一个反面形象,具体地说明了这个问题。

七大人是和知县大老爷换帖、平时交结官府的一位豪绅。庄木三的女儿爱姑,为了离婚问题已经闹了三年,中间经过地方绅士慰老爷的调停,都没有得到解决。这次在年节下七大人到了慰老爷家里,于是慰老爷因吃了施家(爱姑的婆家)的酒席,就趁机要借七大人的势力来解决这件事情。七大人的形象,从爱姑的眼睛中显现了出来,团头团脑,却比慰老爷们魁梧得多。大的圆脸上长着两条细眼和漆黑的细胡须。头顶是秃的,可是那脑壳和脸都很红润,油光光的发亮。鲁迅写这个人物,主要侧重在他的势力给农民在精神上所造成的压力。当庄木三同爱姑来庞庄的路途中,遇到同船的八三,谈到爱姑的问题,八三一听到为了和解的事,连城里七大人也在,马上眼睛睁大了,说:"七大人?他老人家也出来说话了么?"这完全是非常惊讶的口吻。接着就劝庄木三说:"其实呢,去年我们将他们的灶都拆掉了,总算已经出了一口恶气。况且爱姑回到那边去,其实呢,也没有什么味儿。"意思是能了结就了结算了。至于庄木三在农民中还是比较脚步开阔,见过世面的。像慰老爷那样的绅士,他还不大在乎,可是这回却不知怎的忽而梗着一个胖胖的七大人,将他脑里的局面挤得是不整齐了。及至到了庞庄慰老爷的客厅里,听了慰老爷的话后,一言没发,当七大人教训了爱姑一顿后,慰老爷就让他拿出红绿帖子,他也早料到胳膊扭不过大腿,帖子早就带在身边,这时理理顺顺地把帖子从肚兜里掏出来了。而爱姑呢,比较年轻,正因缺乏社会经验,所以还富有斗争的勇气。她在七大人跟前还作了最后一次的奋斗,但当不着七大人在群众中那种"威严",自己说了一段话后,看到七大人忽然两眼向上一翻,圆脸一仰,细长胡子围着的嘴里发出一种高大摇曳的声音来:"来……兮。"她打了一个寒噤,连忙住口,觉得心脏一停,接着便突突的乱跳,似乎大势已去,局面都变了。最后不能不屈服,在后悔之余不由的自己说:"我本来是专听七大人吩咐……"鲁迅通过这心里的描写,来刻画出封建统治阶级的人物七大人,在农民心理中那种压力是多么的大。但另一方面又以憎恶嘲讽的态度刻画出他和他的奴才们那种丑态,他拿着古人大殓时的屁塞,当作无上的宝贝,当闻了鼻烟,打过喷嚏后,在自己鼻子旁边摩擦着,而他那些奴才们见他,都是垂手挺腰,像一根木棍一样,唯唯地听从他的吩咐。从鲁迅所刻划的这样一个豪绅的形象,使我们了解到封建势力在中国农村中是多么的根深蒂固。要不是无产阶级所领导的人民民主革命,是不可能彻底打垮的。其次,又让我们了解到农民对那些一向作福作威的豪绅,在精神上是怎样受着他们的威慑,一遇利害矛盾的场合,往往自动地解除了自己的精神武装,不得不俯首听命。从这里又可以使我们理解到在土地革命运动中,为什么要发动农民对恶霸豪绅进行激烈的斗争,因为不如此,就不能彻底打垮地主阶级在农民群众的精神上所树立的威风,而使农民在精神上获得彻底解放,树立起自己主人翁的思想。

《狂人日记》、《祝福》使我们看到鲁迅对封建家族制度和礼教是如何的深恶而痛绝。《狂人日记》是和旧社会彻底决裂的一篇宣战书,篇中塑造了一个具有革命思想而敢于同腐朽的封建社会进行斗争的先进的知识分子的形象,通过了他的理解,揭露了中国自古以来的社会都是吃人的社会,而提出救救孩子的呼声。而《祝福》是更具体的写出一个农村中淳朴善良的劳动妇女,在她丈夫死后的一些不幸的遭遇,最初被卖到另一家,生了一个孩子,谁知不久丈夫又死了,孩子停没多久又被狼吃了,从此她受到社会上人的冷眼,遭到别人的歧视,因为她是个寡妇,而且是再嫁过的人,而她呢,在精神上更是背着迷信的重担,到后来作工也没人要,终于走头无路,而不得不寻了自尽。这就是鲁迅举出的一个封建礼教吃人的鲜明实例。

从《药》与《阿Q正传》中,充分的说明了辛亥革命是怎样的脱离了人民群众以及它的妥协性。

从《肥皂》中揭穿了封建知识分子那班伪善者四铭、何道统、卜薇园之流是怎样的满嘴讲着仁义道德,用诗文来维护名教,而骨子里则是卑鄙无耻。

《端午节》、《孤独者》、《在酒楼上》和《幸福的家庭》,写出了在五四前后的知识分子受到新思想的影响,在同旧社会接触后的几种不同类型的表现。第一种类型是方玄绰(《端午节》),他在现实中受到各种刺激之后,自己的感觉逐渐趋于麻痹,认为"古今人不相远","各色人等也性相近","易地则皆然"。而最后的结论是"差不多"。他发现了这个平凡的警句以后,就经常用它来安慰自己,解消自己内心的矛盾。第二种类型是魏连殳(《孤独者》),他是有改革社会的抱负、敢于和旧的势力奋战的,但到最后他失败了,以致穷得没法生活下去,这时他以憎恨、愤懑、玩世者的态度来和旧社会暂时妥协了。他看不见前途因而就趋于颓废,以求速死,结果终于他很快的也就死掉了。至于吕纬甫,也该属于这一类型,他和魏连殳的遭遇是相近的,但它的态度是另一种方式,就是得过且过,敷衍迁就,这样地来了此一生。第三类型是《幸福的家庭》中的那位作家,对残酷的现实不敢正视,而企图超现实的逃避到一个虚悬的幸福的幻想中,其结果就连这个幻想也被冷酷的现实打破了,而不能很好的想下去。从这里使我们清楚地看到当时的社会黑暗势力的强大,同时知识分子企图进行个人奋战来改造那样的社会是不可能实现自己的愿望的。同时这几篇小说中的主人公的表现,也给毛主席论知识分子的话,以艺术上的证明,这就是"知识分子在其未和群众的革命斗争打成一片,在其未下决心为群众利益服务并与群众相结合的时候,往往带有主观主义和个人主义的倾向,他们的思想往往是空虚的,他们的行动往往是动摇的"(《中国革命与中国共产党》)。"知识分子如果不和工农民众相结合,则将一事无成"(《五四运动》)。

至于鲁迅小说中的人物形象最值得我们注意的是《阿Q正传》中的阿Q。这篇作品是以辛亥革命作背景,借一个贫雇农阿Q的不幸遭遇,来反映了中国半封建半殖民地时代的农村生活,特别是辛亥革命时代,农村的真实情况和当时的阶级对立关系。至于阿Q这个形象就当时被压迫的农民来说,他是具有一般的典型意义的。

阿Q在农村中是一个穷得身外别无所有的雇农,是一个极端被压迫的人,他经常的受着剥削、侮辱和愚弄。他也具有反抗性,但这种反抗性往往得不到正确的发展,而被那种非现实的空想的精神胜利法所代替了。当他被别人打了之后,他心里就想"我总算被儿子打了,现在的世界真不像样"。当他在赌赢了钱,被别人打了一顿,洋钱被别人抢去之后,他又感到了失败的痛苦,但他又有了办法,就"擎起右手,用力的在自己脸上连打了两个嘴巴,热刺刺的有些痛;打完之后,便心平气和起来,似乎打的是自己,被打的是别一个自己,不久也就仿佛是自己打了别个一般——虽然还有些热刺刺——心满心足的得胜的躺下了"。在他自己也就认为是转败为胜了。

此外,阿Q还具有无上的自尊心,他不但瞧不起未庄的人,而对城里人也有所菲薄,他对于比他地位高的也瞧不起。不是说"我们先前——比你阔得多啦!"就是想"我的儿子会阔得多啦!"但另外又常从自尊转为自轻自贱,当他被人打了之后,打他的总要让他说:"是人打畜生。"他总是说"打虫豸,好不好?"而过后,他还认为他是第一个能自轻自贱的人,而这"第一个"也是可以自豪的。

阿Q还健忘,并且自己受了欺负,向比自己的弱者来取偿,他向吴妈求爱,挨了赵太爷的竹杠,但过一会儿就完全忘光啦。当他听到吵闹的声音寻声又走到赵太爷的内院里,吴妈在那里哭,他竟不知道吴妈是为何哭,心里想"哼!有趣!这小寡妇不知道闹着什么玩意儿了"。当他被假洋鬼子打了以后,见了静修菴的小尼姑,他就向她调笑了一阵,惹得街坊上人的大笑,他自认为很得意,有点飘飘然。

阿Q对于革命最初是有反感的,因为他不了解什么是革命,但他听到革命居然能使百里闻名的举人老爷有这样的怕,于是不免也有些"神往"了。于是他也要求参加革命了,但想不到他竟被那些革命的对象豪绅假劫盗的罪名,把他杀了。

总之,阿Q在他身上是具有劳动人民的优良品质的,但由于封建主义的统治对人民长期压迫和奴役的结果,使被压迫人民也为统治阶级思想所麻痹。阿Q那种精神胜利,自轻自贱以及受了欺负向比自己更弱的人身上取偿等等,都是阿Q被统治阶级思想麻痹的结果。

鲁迅通过这样的一个典型人物,一面对封建势力和思想给予了猛烈的攻击,另一面也批判了阿Q的麻痹,批判了农民群众的落后性以及国民精神的弱点,同时对于辛亥革命——这种资产阶级所领导的革命如何的脱离群众,以及它和封建势力妥协的革命的不彻底性,给予了尖锐的批判,因而也就证明了反帝反封建的民主革命,没有广大农民群众参加,是不可能完成的。而中国的资产阶级也不可能担负起领导农民而完成民主革命的伟大任务。

就鲁迅在这些作品中所反映的思想情况来看,《呐喊》中的作品,不但是具有强烈的战斗性,而且有着乐观主义的精神,前者如《狂人日记》、《阿Q正传》,后者如《药》同《故乡》。可是在《彷徨》中,却有着暗淡的感伤的情调。

这种原因,与当时鲁迅所处的环境和对现实的认识有关,他只看

到黑暗势力的强大,而忽略了正在发生滋长着的工农革命运动。瞿秋白在《鲁迅杂感选集序》中说:

> 他们(早期的革命作家,鲁迅也在内)看得见群众——农民小私有者的群众的自私、盲目、迷信、自欺、甚至于驯服的奴隶性,可是往往看不见这种群众的"革命可能性",看不见他们拙笨的守旧的口号背后隐藏着革命的价值。

这虽是论他早期杂感的话,但也可以来说明这一时期的小说创作。

再就形式与风格而论,鲁迅的小说一面继承了中国古典文学的优良传统,如体裁上的传奇体与笔记体,在手法上善于用简练的字句刻画出生动的人物个性,不过多的描写风月,更因而突出了人物和故事。同时也吸取外国文学的宝贵滋养,主要是旧俄的现实主义作家,如果戈里、安特莱夫和波兰的显克微支等人的作品。冷静地观察现实,解剖现实,这样就构成了具有中国作风、中国气派的民族形式的作品,这种作品正确的反映了中国人民的生活,正确的运用了中国民族的语言,而且进一步的丰富了它,提炼了它,尤其是在表现手法上使作品达到了高度的简练、含蓄、锋利、幽默的境地,而成为中国新文学创作的典范,中国文学发展史上划时代的、新的里程碑。

散文诗集《野草》一共二十三篇,是一九二四年到一九二六年鲁迅在北京受着封建统治阶级及其走狗们的围攻时写出的。因境况恶劣,所以就不能不用象征的手法,正如他在《英译本序》中所说的"因为那时难于直说,所以有时就含糊了"。

这部诗集内容很丰富,有往事的追怀,如《风筝》;有对现实的讽刺,如《我的失恋》、《狗的驳诘》,但主要的是写出了他这一阶段的思想历程。因为这一时期封建的统治势力在人民革命势力的面前,正在作着垂死的挣扎,而思想界,则已经形成了一个新的分化,正如鲁迅在《自选集序》中所说的"有的高升,有的退隐,有的前进"。所谓高升的人们,正是那般投到反动的军阀官僚的怀中的买办资产阶级的知识分子;而退隐的,则多半是曾和自己并肩作过战的亲密战友。

因此鲁迅感到孤独和寂寞了,因而也就产生了苦闷和感伤的情绪。但鲁迅是坚强的,是勇敢的,他决不因为情势的险恶与阵营的分化而颓唐消极下去。

相反的,是从苦闷感伤的气氛冲出,而肯定了现实,肯定了战斗,肯定前进的道路。而《野草》这部诗集,正是这种思想情绪由矛盾斗争而终于获得了跃进的转变过程中的一个最清楚的记录和写照,而代表他这种思想情绪转变过程的标准就是《影的告别》、《希望》、《过客》、《这样的战士》等。

首先我们看他这时的思想情绪:

有我所不乐意的在天堂里,我不愿去;有我所不乐意的在地狱里,我不愿去;有我所不乐意的在你们将来的黄金世界里,我不愿去。

然而你就是我不乐意的。

朋友,我不想跟随你了,我不愿住。我不愿意!

呜呼呜呼,我不愿意,我不如彷徨于无地。(《影的告别》)

我的心分外地寂寞。

……

这以前,我的心也曾充满过血腥的歌声:血和铁,火焰和毒,恢复和报仇。而忽而这些都空虚了,但有时故意地填以没奈何的自欺的希望。

希望,希望!用这希望的盾,抗拒那空虚中的暗夜的袭来,虽然盾后面也依然是空虚中的暗夜。然而就是如此,陆续地耗尽了我的青春。(《希望》)

鲁迅当时虽然有着这样的苦闷寂寞与伤感,但他最后终于仍旧肯定了现实,肯定了战斗。

我只得由我来肉薄这空虚中的暗夜了,纵使寻不到身外的青春,也总得自己来一掷我身中的迟暮。(《希望》)

客——多谢你们,祝你们平安。(徘徊、沉思、忽然、吃惊)然而我不能!我只得走。我还是走好罢……(即刻昂了头,奋然向

西走去)(《过客》)

　　但他举起了投枪!(《这样的战士》)

不过要拿社会主义现实主义观点来看,这些作品虽是肯定了战斗,但还是有缺陷的,其原因就是,鲁迅只看到社会上腐朽的黑暗的一面,而没有注意到新生的光明的一面,因而那时无产阶级领导的革命势力,已经日益澎湃,鲁迅对这还没有足够的认识和估计,因之他才感到个人的孤军作战的苦闷。到了一九三〇年以后,鲁迅对这时的思想也进行了适当的批判,他在一九三一年《英译本序言》中说:

　　后来我不得作这样的东西了,日在变化的时代,已不许这样的文章,甚而至于这样的感想存在,我想这也许倒是好的吧。

又在《〈自选集〉自序》中说:

　　后来《新青年》的团体散掉了,有的高升,有的退隐,有的前进,我又经验了一回同一战阵中的伙伴还是会这么变化,并且落得一个"作家"的头衔,依然在沙漠中走来走去,不过已逃不出在散漫的刊物上做文字,叫作随便谈谈。有了小感触,就写些短文……只因为成了游勇,布不成阵了,所以技术虽然比先前好一些,思路也似乎较无拘束,而战斗的意气却冷得不少。新的战友在那里呢?我想,这是很不好的。于是集印了这时期的十一篇作品,谓之《彷徨》,愿以后不再这模样。

这是一个很明白的自述,同时也可以看出在后期鲁迅对他这一时期的作品,在某些地方,尤其是在情绪的消极方面是进行了批判的。

杂文就鲁迅来看,是同敌人战斗时最锋利、最足以致敌人死命的有力武器,所以鲁迅从《新青年》杂志提倡启蒙运动起,就开始用这一武器进行了战斗,以后参加了许多次轰轰烈烈的战役,鲁迅以他的坚定的革命者的立场和顽强的韧性战略,运用了这种武器,真是所向披靡,锐不可当。我们现在要缕数起来,一九二八年前后初同封建制度的拥护者国粹派战,同古文的提倡者学术派、甲寅派战,同卖身投靠甘作帝国主义与封建势力的奴仆的现代评论派战,一九二八年后,在思想战线上,又进行了两面斗争,同左倾的宗派主义者战,同第三种人、自由人战,同反动的法西斯的走狗们民族主义文学的提倡者战,最后则把笔锋直接指向了反动的法西斯统治阶级。真是愈战愈强,愈战愈勇。而这历次战斗的具体表现,就是他留给我们的《坟》、《热风》、《华盖集》、《续集》、《而已集》、《朝花夕拾》(前期的)、《三闲集》、《二心集》、《伪自由书》、《南腔北调集》、《准风月谈》、《花边文学》、《且介亭杂文》、《二集》、《末编》、《集外集》等十六种最可宝贵的杂文集。

这一些杂文集,一面可以看出他在每一个历史阶段中他的战斗对象是一些什么东西。另一方面也可以看出他的思想在历次的斗争过程中,如何的随着现实的发展而发展。这种发展很明显的表现在他的前后期的杂文当中,《三闲集》可作为从前期思想发展到后期思想的一个关键,从这儿很分明的可以看出,他如何的从进化论跃进到马克思主义,从革命的小资产阶级跃进到无产阶级,从一般进步的唯物论跃进到革命的历史辩证唯物论。

我们现在专就鲁迅的杂文来看,这种文体,正如鲁迅自己所说的,"不是现在的新货色",是"古已有之"的(《且介亭杂文·序》)。但鲁迅的贡献,则是能够把这种古已有之的文体,把它"发展到秦汉以来大部分的散文所不能比拟的新的高峰"(雪峰《谈谈杂文》)。它是"对于有害的事物,立刻给以反响或抗争,是感应的神经,是攻守的手足"(《且介亭杂文·序》),是现实战斗的匕首和投枪。所以鲁迅的杂文,是在帝国主义和封建法西斯统治与压迫的半封建半殖民地的中国环境下,是在鲁迅卓越的天才与勇敢坚强战斗的条件下,产生出来的一种新文体,特殊的文体,因之它就具有独特的精神和面目。

首先是立场的正确与鲜明。鲁迅虽是出身于没落的中产阶级家庭,但他是背叛了他的本阶级的,瞿秋白说他"是封建宗法社会的逆子,是绅士阶级的贰臣……他不惭愧自己是私生子,他诅咒自己的过去,他竭力的要肃清这个肮脏的旧茅厕"(《鲁迅杂感选集·序言》)。这就说明鲁迅前期的思想,已是站在广大的被压迫的人民的立场,而是向着封建的旧社会进行了战斗。到了一九二八年后他接受了马克思主义,参加了左翼作家联盟,这时他不但是人民的立场,而且是无产阶级的立场了。而在他的杂文中所表现的立场,就更加鲜明,更加正确。他的是非善恶的标准,也就是人民的标准,无产阶级的标准,冯雪峰说:"鲁迅先生有一些思想,和对问题的看法,特别是他前期的,我觉得是应该用马克思列宁主义和毛泽东思想的原则与观点,仔细的加以分析,才能成为我们的营养的。但他大部分思想特别是后期的,我觉得都是正确的,革命的,我们应该学习的,而其中特别应该学习的,我以为是他的党性。"(《党给鲁迅以力量》)这充分说明了鲁迅的立场,是怎样的正确鲜明与坚定了。

其次是结合实际,有的放矢。鲁迅的杂文不论是前期或后期的,不论是谈历史、时事、甚至于风俗人情,没有不是与现实密切结合的,也可以说没有一篇不是有的放矢的。即如《华盖集》中的《谈皇帝》一文,乍一看来,好像是与现实无关的题目,然而仔细一读,才晓得他是反对封建的儒家思想的。又如《且介亭杂文》中的《买〈小学大全〉记》,从题目看来,好像是漫谈一部古人的著作,而其归根则是说明异族统治的文化策略的博大与恶辣,从而明白了我们怎样受异族主人的驯扰,以及遗留至今的奴性的由来的。同时末尾并以当时提倡"性灵"的林语堂辈以有力的讽刺,他说:

  自然,这决不及赏玩性灵文字的有趣,然而藉此知道一点演成了现在的所谓性灵的历史,却也十分有益的。

就从这一些题目来看,他是如何的结合现实,来谈这些问题的。至于针对现实而发的,那就更不用说了,所以在过去我读一次鲁迅的杂文,就得到一次的刺激和警惕,使自己了解自己所处的时代是如何的黑暗和丑恶,而需要振作起来,坚强起来。

再次是情感深厚,爱憎分明。鲁迅的情感是极深厚的,惟其有深厚的情感,所以对儿童、对青年和一切被压迫的劳动人民,有着热烈的爱,对反动的统治阶级和他们的帮凶有着极端的憎。他的爱憎是有阶级立场的,尤其到后期,往往从一个人的身上,表现出他的爱和

憎是那样的明白、有分寸。最显著的例子,是他对于他的老友刘半农,他说:

> 现在他死去了,我对于他的感情,和他生时也并无变化。我爱十年前的半农,而憎恶他的近几年。这憎恶是朋友的憎恶,因为我希望他常是十年前的半农,他的为战士,即使"浅"罢,却于中国更为有益。(《且介亭杂文·忆刘半农君》)

同时他的表现方法,就是在痛惜某一个人而表示他的深深的爱时,而对这些被迫害者的敌人,就表示无比的愤怒。我每次读到他的《纪念刘和珍君》(《华盖集续编》)、《为了忘却的纪念》(《南腔北调集》)、《忆韦素园君》(《且介亭杂文》),就发生了很沉重的心情,甚至为之落下泪来。

从这些篇子中,我感到鲁迅先生正在沸腾着的心和他的高度的爱和憎。爱和憎本来是一件东西的两面,惟其有真爱者,才会有真憎。有真憎者,才会有真爱。鲁迅对敌人是不放松的,是不主张宽容的,而这种对敌人的不宽容,正是他对人民爱的具体表现。

最后是形象性与典型性。鲁迅对杂文很少用抽象的说理,一般都是用形象的写法,表现得非常的生动和深刻。即如《为了忘却的纪念》最后的一段:

> 不是年青的为年老的写纪念,而在这三十年中,却使我目睹许多青年的血,层层淤积起来,将我埋得不能呼吸,我只能用这样的笔墨,写几句文章,算是从泥土中挖一个小孔,自己延口残喘,这是怎样的世界呢。夜正长,路也正长,我不如忘却,不说的好罢。但我知道,即使不是我,将来总会有记起他们,再说他们的时候的……

这种悲愤而又沉痛的心情,真是洋溢于字里行间,这不是散文,简直是一篇哀念的诗。又如,《言论自由的界限》(《伪自由书》)以贾府中的焦大,来比新月派那班帮闲的文人们,真是形容逼肖,嘲讽备至。没有高度的思想与纯熟的艺术修养,是决写不出这类作品的。

其次关于典型性,瞿秋白很早就提出这一点,他说:

现在的读者往往以为《华盖集》正续编里的杂感,不过是攻击个人的文章,或者有些青年已经不大知道陈西滢等类人物的履历,所以不觉得很大的兴趣。其实,不但陈西滢,就是章士钊(孤桐)等类的姓名,在鲁迅的杂感里,简直可以当作普通名词读,就是认作社会上的某种典型。(《鲁迅杂感选集·序言》)

所以鲁迅在前期对于陈西滢、章士钊的攻击,后期对于新月社、第三种人、民族主义运动者以及所谓"党国元老吴稚晖"的攻击和讽刺,都应当把他们作为阶级敌人的典型来看,才能够体会到他的战斗的意义和价值。鲁迅是非常同意瞿秋白对他的杂文的看法的,他曾慨叹的说:"作这种评价的,还只有何凝(瞿秋白)一个人,同时看出我攻击章士钊和陈源一类人,是将他们作为社会上的一种典型的一类来的,也只有何凝一个人。"(雪峰《关于鲁迅在文学上的地位附记》)

这说明鲁迅的杂文,在表现上同他的小说是有着同一的表现手法的。

就基于以上几点,鲁迅的杂文就成为高度的思想性与艺术性的结晶,冯雪峰对鲁迅的杂文有一个很正确的评价,现在把它引在下边:

鲁迅的政论性的、打击敌人和抒写自己的思想的散文,即"杂文",无论对于鲁迅,对于中国,重要性都超过了他的小说等。他的一共十六本的杂文集,是他表现思想的主要的东西。同时是打击敌人的主要的武器。其中有对于人民敌人的深刻的憎恶和烈火似的愤怒,有人民自己的希望和胜利的光辉,有取之不尽的极丰富的关于中国历史、中国社会和中国革命的非常深广非常宝贵的思想,简直可以当作现代中国人民的智慧的库藏之一看的。这种散文,在艺术性和风格上又有高超的成就;因此,当作散文家看,鲁迅也是属于世界文学史上为数不多的大散文家之列的。(《鲁迅生平及其思想发展的梗概》)

第四节　从现实主义(革命的浪漫主义)到社会主义的现实主义

鲁迅早年的文艺思想,显然的是受有浪漫主义的影响,他不仅钦佩着十八世纪欧洲文艺史上浪漫运动中的一部分大作家——拜仑、雪莱、海涅、普希金、密克威支和彼得斐等,而且对他们一往直前、反抗斗争的精神,倍加礼赞,他称道拜仑:

> 如狂涛如厉风,举一切伪饰陋习,悉与荡涤,瞻顾前后,素所不知;精神郁勃,莫可制抑……不克厥敌,战则不止。(《摩罗诗力说》)

而终于认为"自由在是,人道亦在是"。他又称道雪莱,说他是:

> 神思之人,求索而无止期,猛进而不退转……若能真识其人,将见品性之卓,出于云间,热诚勃然,无可沮遏……扬同情之精神,而张其上征渴仰之思想,使怀大希以奋进,与时劫同其无穷。(《摩罗诗力说》)

可知鲁迅在一九〇七年左右对于浪漫派诗人这种有理想,有勇气,而又富于热情,为获得自由,不惜与旧社会战,虽死不辞的高贵品质与坚强的精神,以及发为雄声,以起其国人之新生,而大其国于天下的爱国主义思想是如何的向往了。不过,到五四前后,他在创作上所表现的主要是现实主义的态度,像《呐喊》中的一些代表作《阿Q正传》、《孔乙己》、《药》同《风波》之类。一直到后来,《彷徨》中的各个短篇,没有不是贯彻着他那种冷静的解剖社会、表现社会与抨击社会的作风。而其卓越的成就,乃在于他对中国社会深刻的分析,对人民特别是农民痛苦生活根源的发掘,对封建制度与封建阶级的憎恶和抨击,与中国人民民主革命的方向,基本上是一致的。

从以上这两个时期(一九〇七年到一九一七年)来看,好像鲁迅是由热情的浪漫主义走上了冷静的现实主义。可是我们再看鲁迅在一九二五年前后所发表的散文诗《野草》同历史小说《故事新编》这两部作品,不管内容同形式,都含有浓厚的浪漫主义的色彩。那么从五四到五卅,鲁迅在创作上是不是从现实主义又回到浪漫主义了呢?

对于这个问题,如不从辩证的观点上来看,就不可能得到一个正确的解决,我以为鲁迅在创作态度上基本上是现实主义的,首先,他把文学当做教育群众,变革现实的工具,不是基于个人的兴趣,不是为了个人的名誉,也就是说在出发点上,不是个人主义的,这一点同一般的浪漫作家是不同的。其次,他为了改造现实,所以对它就进行了正视、分析、暴露、抨击的工作,这从他的小说集《呐喊》、《彷徨》以及杂文集从《热风》一直到《且介亭杂文》都充分的说明了这一点,所以就创作态度以及创作方法上看,不但是现实主义的,而且是中国新文学的伟大奠基者。

但是鲁迅在创作的表现上,是不是也有浪漫主义的色彩呢?是有的。但他所走的浪漫主义的路,与一般浪漫主义的作者是极不相同的,这种不同,主要的在于鲁迅是从被压迫的人民立场出发的革命浪漫主义,而不是从个人本位出发的空想的浪漫主义。因之,他在作品中所表现的浪漫主义色彩,首先是他那郁勃的热情。基于这种热情,就表现为对民族国家和人民的热爱,与对反动统治和压迫者的痛恨。其次是他那种对于黑暗势力和丑恶社会单身鏖战的勇猛精神。这一切都可以说是百分之百的具有十八世纪英国浪漫诗人拜伦、修黎的反抗精神,而绝然与那般冷酷的自然主义作家不同的。至于他的表现手法,由于他在明枪暗箭种种迫害的情况下,不便于直然用现实主义的手法,或某种思想情绪,不可能用现实主义的手法来表现时,于是就用浪漫主义的手法,来作补救,像《野草》中的《过客》、《死火》、《失掉的好地狱》、《这样的战士》等篇,以及《故事新编》中的《补天》、《理水》、《铸剑》、《起死》等小说,都是属于这一类的作品。

鲁迅惟其具有浪漫派诗人的热情,而这热情又是对广大人民的爱与对压迫者的恨,所以使他的现实主义的作品,具有潜在的沸腾的热力,像《阿Q正传》、《祝福》同《孤独者》三篇,作者对于这些篇子中的主人公的阿Q、祥林嫂以及魏连殳的态度,真是嘲讽中含着热泪,冷静里埋着激动,这与一般的自然主义的作品单纯的对现实作着刻画和暴露,是自然不同的。

其次,他的作品又惟其是以现实主义作基础的,所以有时虽用浪漫主义的手法,但决不流于个人的空想,而是一一都反映了现实,一一都不脱离现实的作品,从《过客》中表现出作者对现实的肯定与坚决勇毅的继续走向前去的精神。从《这样的战士》中表现出作者单身鏖战与敌人毫不妥协的战斗意志。在《铸剑》中,一面写出对残酷统治者憎恨,一面又写出反抗者为替同一阶级的被迫害的复仇,不惜牺牲个人生命的英勇行为。这一些都是具有深刻现实意义与教育意义的作品,我们应该把它们列入到革命浪漫主义宝库中去的。

所以鲁迅前期的作品,从创作态度与创作方法来说,已经把浪漫主义与现实主义统一起来了。也就是已经具有社会主义现实主义的雏形了。不过鲁迅当时对中国社会的将来,究竟应该走什么样的方向和道路,还不敢肯定,因之就使他一度的陷于摸索彷徨的困境中。而他这种情绪反映到某些作品中,往往不免带有稍许的伤感和苦闷情调,但到了一九二八年以后,由于马列主义理论的启示与指导,和党对他的鼓励与帮助,这时他就益发的振奋起来,看清了革命的光辉前途,于是在写作中就充满了战斗的精神与乐观的情绪,领导着文坛上一支强大的新军,向着旧的反动的势力勇猛的进击,所以从一九三〇年以后的杂文和小说,已纯然是社会主义现实主义的作品了。由此可知,鲁迅在创作方法上,由现实主义,最后到社会主义的现实主义,从发展上看,不但是自然的,而且也是必然的。

第五节　中国新文学的奠基人与"中国文化新军的最伟大和最英勇的旗手"

中国文学革命运动的成功,中国革命文学的发展与获得伟大的成就,主要与鲁迅在创作上的卓越贡献,在理论上的正确指导,以及在文艺思想战线上的坚强战斗,是分不开的。

在五四时代,由于他的纪念碑似的杰作出现,给中国新文学奠定下坚固的基础,这才使文学革命运动获得了决定性的胜利。五四后由于他在文学事业上勤奋不懈的努力,不但他的创作方向和道路影响了当时的文坛,形成了一种前进的革命的倾向,而且由于他的诱掖和培养,在革命的文学战线上也出现了许多生力军。

先就前者来说,他的第一部小说集《呐喊》,多半反映了古老中国的一角里的一些平凡的人物的不幸遭遇,从这里看出他对被践踏的人物的热爱和对造成他们不幸的封建制度与封建阶级的无比憎恨,这种彻底的人道主义的思想和革命的现实主义的创作方法,给当时青年作者以无法估量的巨大影响,为他们指出了一条创作的方向和道路,按当时鲁迅的话就是"乡土文学"的写作,像蹇先艾、许钦文、王鲁彦、徐玉诺、许杰,都是走的这种道路。他们的作品在内容上同鲁迅相似,具体而生动地反映出中国封建农村中各个角落里的冷酷而凄惨的现实,一些善良的劳动人民被压杀到这样的社会里,所以"乡土文学"是贯彻着人道主义思想的文学,是现实主义的文学,同时也是彻底地反封反帝的文学。鲁迅作品所以有这样大的影响,形成了当时文坛上的一支巨流,这说明了他的方向道路是符合于时代要求的,是正确的,同时也是和中国共产党所领导的人民民主革命的方向是一致的。

其次,鲁迅在五四后最初在北京,后来在上海,参加过不少的文学团体,而且领导了这些文学团体。由于他对青年们的爱护和指导,于是培养出不少进步的革命的作家,他之所以这样不辞劳瘁的教育后起的作者,也正是为了要壮大中国革命的文学新军。

此外,最重要的是鲁迅对于文学革命的胜利成果,不但要坚决的保卫它,而且还进一步的用全力促使它向前发展。而对于破坏它、阻碍它发展的,进行了坚决的斗争。他为了前者曾与国粹派、学衡派、甲寅派战,为了后者与新月派、现代派以及民族主义文艺运动者战。这样就使中国的新文学一步步突破了小资产阶级知识分子的樊篱,而走向了工农群众,自始至终保持着它的进步性与革命性,贯彻着反封建反帝的战斗精神,而成为无产阶级领导人民民主革命的有力武器。

在鲁迅的教导之下,不但进步的文艺工作者获得了正确的方向,而且进步青年也都获得了正确的方向,毛主席说:

> 二十年来,这个文化新军的锋芒所向,从思想到形式(文字等),无不起了极大的革命。其声势之浩大,威力之猛烈,简直是所向无敌的。其动员之广大,超过中国任何历史时代。而鲁迅,就是这个文化新军的最伟大和最英勇的旗手。鲁迅是中国文化革命的主将,他不但是伟大的文学家,而且是伟大的思想家和伟大的革命家。鲁迅的骨头是最硬的,他没有丝毫的奴颜和媚骨,这是殖民地半殖民地人民最可宝贵的性格。鲁迅是在文化战线上,代表全民族的大多数,向着敌人冲锋陷阵的最正确、最勇敢、最坚决、最忠实、最热忱的空前的民族英雄。鲁迅的方向,就是中华民族新文化的方向。(《新民主主义论·一二中国文化革命的历史特点》)

这是对鲁迅最正确的评价,我们应当仔细的体会毛主席这段话的意义、来很好的向鲁迅学习。

主要参考书
一、《鲁迅杂感选集》(瞿秋白)
二、《鲁迅选集》
三、《新民主主义论·一二·中国文化革命的历史特点》(毛泽东)

第九章　郭　沫　若

第一节　生　平

　　郭沫若(一八九二~　)是近代最富于热情和理想,鼓吹反抗和斗争,具有卓越的天才和伟大气魄的爱国诗人。他出生于四川省乐山县一个中等地主家庭。由于他的母亲是一个破落官僚家庭的女儿,有一定的文化素养,所以他在幼年时就接触了古诗词和民间的说唱故事,因而培养了他的文学兴趣。五岁的时候,就进了私塾,接受了一套封建教育。后来由于清廷废除科举,改办学校,因而在家庭中也开始学习了当时所谓新学,如格致、地理、地质之类。另外,也开始受到了新思想的影响。十四岁入嘉定小学,次年即升入嘉定中学。后因学校罢课风潮,为学校所斥退。

　　一九一〇年转入成都高等学堂附属中学,后又因风潮而遭斥退。一九一二年升入成都高等学堂,这时已经过辛亥革命,民国已经成立。由于政治没有起色,社会仍是漆黑一团,使他开始对革命感到失望,而陷入苦闷的境地。

　　一九一四年赴日本留学,最初入第六高等学校,毕业后升入九州帝大医科。这时他在专业上虽然从事医学的研究,但他从幼年培养成的文学兴趣,不但没有减退,反而益发旺盛起来。加上他在十五岁时因患伤寒,以致两耳重听,益发助长了他的冥想的习性。同时又由于听觉的不灵,不能从事医务上听诊的基本技术工作,于是就使他不得不放弃医疗专业,而改走文学的道路。

五四的革命浪潮,不仅对国内的一般知识分子以极大的影响,就是对国外的中国留学生也起了不少的振奋作用。郭沫若开始从事文学创作,就是这一年。他一面组织了具有反帝性质的爱国主义团体"夏社",一面创作新诗,投向时事新报副刊"学灯"。他为了赞美祖国的新生,歌颂五四时期的革命者,写了《凤凰涅槃》、《女神之再生》、《匪徒颂》等。一九二一年出版了他的第一部诗集《女神》,哄动了当时的诗坛,给五四后中国的诗歌开辟了新的方向和道路。

同年他由日本回国,和留日同学成仿吾、郁达夫、田汉等组织了文学团体"创造社"。在这个团体中,郭沫若很显然地居于组织者和领导者的地位。

一九二四年,因译河上肇的《社会组织与社会革命》,使他思想上起了巨大的变化,从此成为一个马克思主义的信徒。一九二六年他参加了北伐革命,曾担任北伐军总政治部副主任兼秘书长。国民党反动派叛变革命后,他由汕头经香港逃往上海。一九二八年赴日,开始以马克思主义的科学方法,从事对中国古文字、古器物与上古社会史的研究。

一九三七年抗日战争爆发,他秘密逃回祖国,参加了伟大的抗日战争工作。在国民党反动派的黑暗统治下,他和一些进步的革命人士,靠近了中国共产党,坚持了党的抗日路线,和反动派进行了不妥协的斗争,发表了具有深刻现实意义的剧作《屈原》、《虎符》、《南冠草》等。

抗日战争胜利后,蒋介石发动了内战,郭沫若曾和其他民主人士领导了民主运动,为国内和平作了极大的努力。失败后,即由上海赴香港,后赴沈阳,进入解放区。

全国解放后,曾担任政务院副总理,现任科学院院长,全国文联主席、世界和平理事会理事等职。由于长期地致力于世界和平事业,一九五一年荣获了斯大林国际和平奖金。

第二节　由争取自由与个性解放到鼓吹无产阶级的社会革命

郭沫若在早期,由于他从半封建半殖民地的中国,到一个资本主义的国家日本留学,使他接触到近代的民主主义思想,特别是俄国十月革命,劳动人民的伟大胜利,给他的无限启示,这样就激起他追求自由、追求个性解放,强烈的反对封建的战斗精神。我们从他早期的作品《女神》、《三个叛逆的女性》中,看出他那澎渤的奔放的热情,歌颂伟大的自然,赞美大自然的力,表现了他的"泛神论"的思想。即如《立在地球边上放号》

　　无数的白云正在空中怒涌,

　　啊啊！好幅壮丽的北冰洋的情景哟！

　　无限的太平洋提起他全身的力量来要把地球推倒。

　　啊啊！我眼前来了的滚滚的洪涛哟！

　　啊啊！不断的毁坏,不断的创造,不断的努力哟！

　　啊啊！力哟！力哟！

　　力的绘画,力的舞蹈,力的音乐,力的诗歌,力的律吕哟！

此外《地球我的母亲》、《太阳礼赞》也都表现了这种思想。

其次,从他的作品中,充满了反叛的意识,他憎恶这时黑暗现实中的一切,他唱道：

　　茫茫的宇宙,冷酷如铁！

　　茫茫的宇宙,黑暗如漆！

　　茫茫的宇宙,腥秽如血！(《凤凰涅槃》)

他把宇宙看作屠场,看作囚牢,看作坟墓,看作地狱(同上)。他主张用烈火焚烧,从烈火中求得新生。他歌颂有史以来一切的伟大的革命家、统治势力的叛徒,像宗教的改革家马丁·路德,劳动人民革命运动的伟大导师列宁(《匪徒颂》)等,同时,他还用历史故事,塑造出反抗封建婚姻制度的叛逆女性卓文君和她的侍女红箫的形象,

她们都是极其勇敢的向着旧的封建势力进行斗争,红箫讲:

> 自己的命运为什么自己不去开拓……我的命运要由我自己作主,要永远永远地由我自己作主!

她勇敢地同秦二来恋爱。卓文君受到她的影响,最初犹疑,后来也坚强了起来,她同红箫讲:

> 红箫妹妹哟!你与我同向生的路上走去吧,不怕那儿就是荆棘满途,我与你是永远要向生的路上走去,这把宝剑我就借用了,借用了来做为我们开除荆棘的利器了。

她终于勇敢地投奔司马相如了。这种主张"由自己开拓自己的道路"、"自己的命运由自己作主"乃是争取自由和个性解放的庄严的宣言。

第三是追求光明,憧憬未来,赞美新生。郭沫若虽是憎恶现实中的黑暗,但是却没有丝毫悲观消极情绪,而是充满着战斗的乐观的气氛,他在《太阳礼赞》中,也表现了他那追求光明与歌颂光明的热烈情绪。

> 太阳哟!你请永远照在我的面前,不使退转,
> 太阳哟!我眼光背开了你时,四面都是黑暗。
>
> 太阳哟!你请把我全部的生命照成道鲜红的血流,
> 太阳哟!你请把我全部的诗歌照成些金色的浮沤!

《女神之再生》、《凤凰涅槃》中,表现出作者对未来的期待。

> 太阳虽还在远方,
> 太阳虽还在远方,
> 海水中早听着晨钟在响,
> 丁当,丁当,丁当。

对新生的赞颂:

> 我们更生了。
> 我们更生了。
> 一切的一,更生了。

一的一切,更生了,
　　我们便是"他",他们便是我。
　　我中也有你,你中也有我。

　　第四是歌颂工农。郭沫若在前期作品中,就透露出他对劳动人民的歌颂,这一点非常突出,而是值得我们特别提出的。他在《地球我的母亲》中提出他对工农的羡慕,而且归结到除了工农而外,"一切的人都是你的不肖的儿孙"。在《辍了课的第一点钟》里称,"工人,我的恩人,我感谢你得深深同那海心一样",而在《西湖记游》中,写他看见一个锄地的老人,想去"跪在他的面前,叫他一声我的爹,把他脚上的黄泥舔个干净"。郭沫若这种思想情绪,是他能走向革命,为劳动人民的解放而奋斗的主要原因。总之,郭沫若在五四时代,一方面对于疮痍满目的祖国有着无限的关怀,对一切不合理的现实感到憎恶,这是由于十月革命的胜利和后来五四运动的爆发,给他的激励和鼓动,因而使他像火山一样,用他的诗喷出了他那无尽藏的热情,"如烈火一样地燃烧! 如大海一样地狂叫! 如电气一样地飞跑!"(《天狗》),成为新诗坛上的"异军突起"。

　　不过前期的郭沫若在思想上,光是对现实不满,而高呼反抗,但如何去反抗,如何推翻这黑暗的现实,还是不明确的。后来由于残酷的现实的教训,以及在一九二四年左右正式接触马克思主义的理论,使他很快的成为一个马克思主义的信徒,在思想上使他分了质,这时在文艺思想与创作上,就有了一个新的开展。开始以文艺为武器,来为鼓吹无产阶级社会革命而献身了,他在《力的追求者》里,对过去的文艺观作了批判。

　　别了,低回的情趣!
　　……
　　别了,虚无的幻美!
　　……
　　别了,否定的精神!
　　别了,纤巧的花针!

我要左手拿着《可兰经》，
　　右手拿着剑刀一柄。
在《诗的宣言》中说：
　　我是诗，这便是我的宣言，
　　我的阶级是属于无产；
　　不过我觉得还软弱了一点，
　　我应该要经过爆裂一番。
从这里标出他新的斗争方向，所以在郭沫若后期诗歌中，一方面暴露了工人们在资本家剥削下过的悲惨生活。
　　黑蛾蛾的文字窟中，
　　一群苍白的黑影蠕动。
　　都是些十二三四的年轻兄弟！
　　他们的脸色就像那黑铅印在白纸。(《黑魆魆的文字窟中》)
　　其次，歌颂了当时工农革命，在《我想起了陈涉吴广》中指出了"这是我们中国出了无数的始皇，还有那外来的帝国主义者的压迫，比秦时的匈奴还要有五百万倍的嚣张"，而终于指出"在工人领导之下的农民暴动哟，朋友，这是我们的救星，改造全世界的力量！"而《黄河与扬子江对话》中，更具体地指出革命斗争的核心力量要靠"三亿二千万以上的贫苦农夫"和"五百万众的新兴的产业工人"及革命斗争的策略，是"和全世界的弱小民族和亲"，"和全世界的无产阶级联盟"。
　　郭沫若前期的作品，在内容上具有激荡的热情和丰富的想象（他自己讲是由于他的耳朵重听的原因所致）和先进的思想，在形式上一面受我国古典文学的影响，即如什么什么之什仿《诗经》，而《凤凰涅槃》中讲到西东南北四方，很显然的是受《楚辞·招魂》的影响，另一面又受到美国惠特曼《草叶集》的影响，那种极端自由的形式，打破了过去一切诗体的格律，因而有着他的卓特成就，在五四时代的诗坛上，是仅见的大家。后期的作品，不但具有热烈的革命情绪，而且比着前期已有了明确的革命方向。但由于作者毕竟还缺乏群众斗争的锻炼,光凭着主观的热情和急于要传播的革命道理,因之就不免有些概念化。但同当时一般的标语口号的作品比起来,还是不可同日而语的。

第三节 自始至终贯穿着高度爱国主义思想

郭沫若是我们伟大的爱国主义诗人,从他各个时期的作品中,都洋溢着对祖国热爱的激动情绪。他的五四时代的杰作诗集《女神》里边,有很多篇章,是为怀念祖国,歌唱祖国而写的。当他在异邦听到祖国爆发了五四革命运动,他兴奋极了,对祖国光明的前途,寄予无限的希望。他为庆贺祖国的新生,作了《凤凰涅槃》,为着眷念祖国用了对自己恋人的情调,写出了《炉中煤》。为了抨击驳斥日本帝国主义对我们领导五四运动的革命的知识分子的诽谤,作了《匪徒颂》;而在《晨安》中向着祖国以及祖国的同胞山川一一致以亲切的问好,在《浴海》中又号召国人担负起新中华的改造。这时他急切地要想回到祖国的怀抱,把自己的一份力量,献给祖国的改造,当他乘的船到了黄浦江口,快要投向祖国的怀抱的时候,他兴奋极了,看见祖国风光的美丽,不禁歌唱起来:

> 平和之乡哟!
> 　　我的父母之邦!
> 岸草那么青翠!
> 　　流水这般嫩黄!
>
> 我倚着船栏远望,
> 　　平坦的大地如像海洋,
> 除了一些青翠的柳波,
> 　　全没有山崖阻障。

>小舟在波上簸扬,
>　　人们如在梦中一样。
>平和之乡啊,
>　　我的父母之邦!

(《黄浦江口》)

至于后期的作品,由于他已接受了马克思列宁主义,因之所表现的爱国主义思想乃是与国际主义相结合的无产阶级的爱国主义思想。一九二五年五卅运动,他写了《聂嫈》,借剧中的人物,为祖国的自由而不惜抛掷头颅的聂嫈姊弟,来纪念当时为反对英、日帝国主义而洒血在南京路上的爱国志士们。特别是到了抗战期间,国民党反动派对敌人妥协退让,准备投降,对人民则压制民主,发动反共高潮,制造皖南事变。这时作者就写了《屈原》、《虎符》及对《棠棣之华》的修正。这都是借古喻今的历史剧。特别是《屈原》,作者集中地刻画出这一个伟大的爱国诗人的生动形象,拿战国时楚国的情况,来比喻当时,拿楚国政治上的黑暗,来抨击当时国统区政治上的黑暗,最有力的攻击了蒋介石那种制造分裂、企图投降的阴谋诡计。屈原是那样热爱祖国,为了祖国不惜同所有的黑暗势力来搏斗,意志坚强,至死不屈,作者借他的话,来抒发出自己对当时反动派那种倒行逆施的政令的痛恶和愤懑。即如:

>唉,南后! ……你陷害了的不是我,是我们整个儿的楚国呵! ……我是问心无愧,我是视死如归,曲直忠邪,自有千秋的判断。你陷害了的不是我,是你自己,是我们的国王,是我们的楚国,是我们整个儿的赤县神州呀! ……

又如屈原骂张仪的话:

>不成话? 你简直不是人! 你戴着一个人的面具,到处替秦国破坏中原的联合,你怕我没有看透你,你想谋害我们楚国,你想离间我们齐楚两国的国交好让秦国来坐收渔人之利,我相信我们的国王绝不会被你愚弄的!

又如屈原被囚在东皇太一庙中自白中的话:

把你这东皇太一烧毁了吧！把你这云中君烧毁了吧！你们这些土偶木梗，你们高坐在神位上有什么德能？你们只是产生黑暗的父亲和母亲！

这些话就当时来说，都不是随便说的，都是有所为而发的。所以这部作品以及其他那些剧本，都是具有高度的爱国主义思想的作品。

一九四九年我们的中华人民共和国诞生了，接着同我们友邦伟大的苏联订立了友好互助条约，建立了中苏两国人民牢不可破的友谊关系，作者在这时以万分欢欣情绪，歌颂了新中国的诞生，歌颂了中苏伟大的友谊，写出了辉煌的反映广大人民的思想情绪的诗篇《新华颂》。从这部诗集中，说明了中国人民已走尽了黑暗的年代，而进入到一个朝日东升、光辉普照的新时代。所以从郭沫若全部的诗歌来看，说明了中国历史的进展，作者如何的在追求光明，最后终于获到光明。作者所有作品，都洋溢着爱国主义思想，而诗人自己也就是爱国主义思想的化身！

第四节　由革命的浪漫主义到社会主义现实主义

郭沫若的作品，就创作方法来说，也可以分为两个时期。前期是革命的浪漫主义，他这个时期的作品的特点，拿他叙述蒋光慈的话来说，就是"有理想！有热情！不满足现状，而企图创造出些更好的什么的"（《续创造十年》）。中国古典文学中，他受到庄周、屈原的影响，具有磅礴的热情与丰富的想象。在外国作家中，受到歌德与惠特曼的影响，追求理想，追求自由，这样就产生像《女神》中那样的"如天马行空,不受羁勒"的诗篇。至于这些诗，一篇篇都是以现实为基础而产生的，不是超越现实全凭个人空想而产生的。特别是其中反抗的情绪，对光明的追求与对黑暗的憎恨，对人民民主革命来说是起着极大的积极作用的，所以这是属于革命的浪漫主义作品。到了后期,他已成为马克思主义者,他以无产阶级的立场、辩证唯物主义的观点来观察现实,认识现实,同时并以同样的立场观点来理解历史。他有意识地拿文艺作武器,来为人民革命开辟道路。特别是在抗战期间,他在重庆受到国民党反动派的迫害,他把他对当时黑暗现实的愤激之情以及广大人民的要求和意愿,都表现在他的历史剧《屈原》、《虎符》与《棠棣之花》等剧作中。他一面写出了一些爱国者,为了国家,为了人民,不惜牺牲一切而斗争的大无畏精神,一面又写出那般腐化的当道和官僚政客们的阴险狡诈与荒淫无耻的丑态。一面表扬了一些人,一面又抨击了一些人。尤其是《屈原》一剧,是当代少有的成功的作品,风格是那样的雄浑豪放,是五四以来革命文学中杰出的壮丽的诗篇。屈原崇高的人格与为祖国前途那种坚强不屈的斗争精神,在他这部剧作中,充分的、完整的给体现出来了。特别是第五幕第二景中,屈原很长一段的独白,那种包罗万象的胸襟与波涛汹涌如长江大河一泻千里似的词句,真让我们会想到沙士比亚鳌琊王第三幕第二章的一段来。主人公的坚强的信念与客观现实的不可调和的尖锐矛盾,借着"迅雷风烈"大自然景物的变化,而尽情地倾泄了出来。所以不论从思想上,从艺术上说,都是一部成功的杰作。没有作者强烈的爱国主义思想、丰富而又正确的历史知识以及卓越的创作天才,来表现历史上这位伟大的诗人,是绝不能胜任的。所以这部作品是革命的浪漫主义与现实主义结合起来的产品。苏联作家 H. 谢尔盖叶夫讲:

  郭沫若是一个十足的民族诗人,这是爱国的艺术家,他的作品所写的都和中国有关,都是为了中国的广大群众,从而也就是为了全世界。因为只有深刻的人民的东西,才是国际的。……同时,读者一刻也不会忘记郭沫若是我们的同时人,是战士,是革命家……他作品中的现实主义,乃是革命的社会主义现实主义。(《伟大的民族诗人》,见《译文》第三期摘译)

这些评语,都是非常正确的。

主要参考书

一、《郭沫若选集》(郭沫若)

二、《屈原》、《虎符》、《棠棣之花》(郭沫若)

三、《革命春秋》(郭沫若)

第十章 瞿秋白

第一节 生　平

　　瞿秋白(1899~1935)原名瞿双,后改名瞿爽,或署瞿霜,最后又改名秋白。江苏常熟人。少年时代,由于家庭的破败,中学未毕业即辍学就业。五四前去北京,考入俄文专修馆。五四爱国运动爆发后,瞿秋白积极地参加了这一运动,因而使他初步地踏上政治斗争的道路,同时也接受了当时的新思想,对于十月革命后社会主义的俄国,怀着无限的向往与渴慕。由于接受了新思想,五四后不久就加入了李大钊所领导的社会主义研究小组。

　　1920年,瞿秋白应北京晨报社聘,为该报社特派记者,赴俄国考察,遂由北京赴莫斯科。1922年参加中国共产党。1923年返国。北伐革命前后,曾在党中央历任委员与总书记等职。不止一次地和当时的右倾机会主义以及左倾冒险主义者进行斗争。一九三一年去上海,参加了左联的领导工作,与鲁迅等并肩,向一切反动的文艺进行了斗争。同时又提出了"大众文艺"的口号,使无产阶级文艺运动获得了长足的发展。1934年,又到苏区,担任中央工农民主政府的教育部长兼艺术局长。1935年,红军北上抗日,举行了两万五千里长征,瞿秋白因病未能参加,拟由福建转上海,途中被敌人俘获,不久即就义于长汀。平生论著,现被整理重新出版的有《瞿秋白文集》四巨册,约一百万言。

第二节　文艺批评上卓越的贡献

秋白同志是无产阶级文艺运动中杰出的批评家,他于从事领导政治革命之余,以他的丰富而正确的马克思列宁主义的文艺理论,来对中国刚刚兴起的无产阶级文艺运动,进行了指导、捍卫与推进的工作。就他在短短五六年间的表现成绩而论,已经是很卓越的了。

一、第三次文学革命口号的提出

他认为中国近代文学,曾经有过两次革命。第一次是晚清梁启超曾大胆地提出小说是文学之最上乘,因而产生了一些维新或者排满,反对官僚或者鼓吹爱国,传布其他种种当时所认为新的"新思想"的作品,如《二十年目睹之怪现状》、《官场现形记》一类的作品。这使之成就一种那时候所承认的"新的文学",但是并非"国语的文学"。所以这一次的"文学革命",结果也和辛亥革命一样是流产了。至于五四时代的文学革命,可以说是第二次的文学革命。这次结果,是造成了非驴非马的"骡子文学",虽然第二次的文学革命才算是真的文学革命,但它的成就只是建立了新式的白话的"新的文学",而还不是"国语的文学"。因此历史的趋向,显然要求着第三次的文学革命。所谓新的文学革命运动,不只是思想上是无产阶级的,而且在形式上也要是"大众化"的。他说:

(一)在文艺内容上,不但要反对个人主义,不但要反对新文学内部的种种倾向,而且要认清现在总的责任还有推翻已经取得三四十年前《史记》、《汉书》等等地位的旧式白话的文学;可是,对于这个任务,却没有人注意;(二)在文腔改革上,不但要更彻底的反对古文和文言,而且要反对旧式白话的威权,而建立真正白话的现代中国文……(《鬼门关以外的战争》三)

他又说:

新的文学革命的纲领,是要继续五四的文学革命,而彻底的

完成了它的任务。这是更彻底的造成现在的中国文……可以做几万万人的工具,被几万万人使用,使几万万人都有学习艺术的可能

这种新的文学内容和形式,他以为可以分成两方面来说。形式方面,他主张"开始利用旧的形式的优点——群众读惯的看惯的那种小说、诗歌、戏剧——逐渐地加入新的成分,养成群众的新的习惯,同着群众一块儿去提高艺术的程度"(《大众文艺的问题》)。内容方面,他主张:"要看清了群众的日常生活经常的受着什么样的反动意识的束缚,而去揭穿这些一切种种的假面具;要去反映现实的革命斗争,不但表现革命的英雄,尤其要表现群众的英雄。"(同上)

从这里可以看到他已经注意到"普及与提高"的问题和"暴露与歌颂"的问题。而他的见解基本上同毛主席文艺讲话上所讲的,可以说是先后冥符的,同时他所企图实现的第三次的文学革命,在一九四二年文艺座谈会后,由于毛主席文艺方针的正确领导,而终于完全实现了。

二、正确地理解并评骘了鲁迅在思想战线上的战斗功绩

在一九二八年左右,很有一些自命为革命的文艺作家和理论家们,对鲁迅的认识不够,以致于对他进行了很荒谬的嘲讽、诬蔑与攻击。而在当时真正能独排众议,对鲁迅的战斗功绩给以正确评价的,就是瞿秋白同志。他首先透辟地阐明了鲁迅思想的发展过程。他说:

> 鲁迅从进化论进到阶级论,从绅士阶级的逆子贰臣进到无产阶级和劳动群众的真正的友人,以至于战士,他是经历了辛亥革命以前直到现在四分之一世纪的战斗,从痛苦的经验和深刻的观察之中,带着宝贵的革命传统到新的阵营来的。(《鲁迅杂感选集·序言》)

其次,他又指出鲁迅杂文的意义和它的战斗价值。他具体地说明鲁迅杂文具有这四种特点:(一)清醒的现实主义;(二)韧的战斗;(三)反自由主义;(四)反虚伪的精神。最后他说:

> 自然,鲁迅的杂感的意义,不是这些简单的叙述所能够完全包括得了的。我们不过为着文艺战线的新的任务,特别指出杂感的价值和鲁迅在思想斗争史上的重要地位,我们应当向他学习,我们应当同着他前进。(同上)

再则,他指出鲁迅在杂文中的攻击章士钊陈西滢等,乃是把他们当作典型来揭发,来抨击的,这是非常卓越的发现。冯雪峰讲:

> 对于《鲁迅杂感选集·序言》这篇论文,鲁迅先生是尤其看重的,而且在他心里也确实发生了对战友的非常深刻的感激。因为秋白同志对于杂文给以正确的看法,对鲁迅的杂文的战斗作用和社会价值给以应有的历史性的估计,这样的看法和评价在中国那还是第一次。……关于秋白同志的批评,鲁迅先生自己谈到过,他说:"分析的是对的。以前就没有人这样批评过。"(《回忆鲁迅》)

秋白同志不仅给鲁迅在人民革命事业上的功绩以正确的说明与评价,而且也给他以相当的鼓舞和力量。从一九三一下半年到一九三三年之间,他们两人曾结下了很亲密的友谊,他们曾并肩地向着反动的封建法西斯统治和它们的走狗们作战,即如像对于"第三种人"、"自由人"和"新月社"以及提倡民族主义运动者们。

三、与鲁迅并肩在文艺思想战线上进行着两面斗争

当左联成立以后,首先给无产阶级文艺运动以诋訾诬蔑和破坏的就是民族主义派。瞿秋白当时就发表了《狗样的英雄》一文,揭穿了这派文学的反动本质,他说,从民族主义文学的作品中可以看出有两个民族,一种是"绅商所要杀的,并不是'人',而是奴隶牛马,并不是'中国民族',而是别一个民族"。另一种"这是一个另外的民族——中国的黄埔少年,保镖世家,俄国的哥什哈,德国的凶哥儿混合组成的一种民族——所谓国族"。所以民族主义文学的真面目,乃是:

> 中国绅商定做的一批鼓吹战争的小说,定做的一种鼓吹杀人放火的文学,这叫做民族主义的文学。

他们的目的,一面是鼓吹屠杀民众的"剿匪战争",一面是"口吐

白沫,慷慨激昂的口中念念有词道'你们不要懦怯,不要姑惜……你们打倒了赤俄,你们到了莫斯科,前进……前进。'"这也就是鲁迅先生所说的"为王前驱"的民族主义文学的本质。

其次是对地主资产阶级的走狗"自由人"胡秋原与"第三种人"苏汶的反动理论的驳斥与抨击(详细情形在前边已经谈过)。他的贡献就在于首先揭露了胡秋原等这种敌人的伪装马克思主义文艺理论者的姿态,而实行其进攻无产阶级文艺运动的阴谋,这种隐蔽的反革命面目与第三者背后的阶级敌人,比正面的明目张胆来反对无产阶级文艺的敌人,就更为阴险可怕。为捍卫无产阶级文艺运动的顺利发展,与暴露他们在群众中所发生的欺骗作用,而对他们的伪装面目加以揭发,是十二分迫切需要的。而秋白同志,在当时就很及时地担负起这一任务,而且做得非常的彻底。

以上是对反动的文艺思想所进行的斗争。

此外,对于革命文学作家,在创作上以及在批评上存在的缺点和错误,也进行了批评,即如他指出华汉的"地泉"连庸俗的现实主义都没有作到,不但不能够帮助改变这个世界的事业,甚至于也不能够解释这个世界,主要的原因,是由于它充满着所谓"革命的浪漫蒂克"。而这种"浪漫蒂克",是新兴文学的障碍,必须肃清这种障碍,然后才能走上正确的道路(《革命的浪漫蒂克》)。另外他对创造社在一九二八年对鲁迅的围攻,也进行了批评,他说:

>创造社等类的文学家,单说具有革命志愿的也大半扭缠着私人的态度,年龄、气量以至酒量问题,至少这里都表现着文人小集团主义。《鲁迅杂感选集·序言》)

这都说明了秋白同志对左联作家在创作与理论上所犯的错误,也是丝毫不稍宽假而要予以批判的。

第三节 创作与翻译

秋白同志不只是一位杰出的文艺批评家,而且是一位天才的杂文创作家,他推赞鲁迅杂文富于战斗性,而他的杂文也一样的具有强烈的战斗性,他当时在国民党统治区的白色恐怖下去写作时,为了要通过检查官的眼睛,在方法上就不能不隐蔽曲折,署名又不能不用笔名,而且得时时更换。他的文章有许多都是通过鲁迅送到刊物上发表的。他所攻击的敌人,从反动的统治阶级一直到他们的主子和走狗,在内容上:(一)讽刺国民党反动派不抵抗主义的,有《苦闷的答复》、《曲的解放》、《还头经》、《人才易得》等;(二)讽刺法西斯统治者的大大小小的帮凶们的,有《鹦哥儿》、《王道诗语》、《出卖灵魂的秘诀》、《流氓尼德》、《红萝卜》等;(三)揭发美帝的嘴脸的,有《美国的真正悲剧》、《美国的"同路人"》等。

在艺术上,主要能在隐蔽之下,对敌人进行了尖锐的揭发和沉重的鞭打。即如《人才易得》一文,用"大观园"来比行将崩溃没落的国民党的反动统治,用对吴稚晖与汪精卫的嘲骂,来揭穿抨击反动派对人民革命的"围剿"、对日本帝国主义的投降的反动政策。但是又不指明吴稚晖和汪精卫,而是用舞台上的老旦和花旦,来作比拟,根据内容,使人一望可知这指的是谁。由于文笔的锋利,真是极尽冷嘲与热骂的能事,达到了政治性与艺术性高度统一的作品。

在风格上,秋白同志文章的特点是明白晓畅,鲁迅曾批评他的文章,根据雪峰的记载:

> 对于秋白同志的杂文,在谈话中,我曾听到鲁迅先生有这样的评论:"尖锐明白,真有才华"……"何苦的文章明白晓畅,是真可佩服的"(《回忆鲁迅》页130)

另外,《瞿秋白文集·序》中对秋白同志杂文的批评,也是非常正确的。

> 瞿秋白同志的杂文是和鲁迅的杂文同一类型而且有自己独立的风格和光芒的创作。这些杂文,可以和鲁迅的杂文比拟,是由于它们乃是作为袭击人民敌人的利刃而创作出来,在政治斗争和思想斗争上完成过极迫切的批判、讽刺和攻击的任务,同时它们是足以为今天的杂文作者的示范的缘故。(冯雪峰《论文

集》下)

另外,瞿秋白同志早期还有《饿乡记程》(《新俄国游记》)、《赤都心史》两部散文著作,从内容上说,"是中国最早的记叙世界上第一个社会主义国家在初期的政治和社会生活情况的作品,同时又非常真挚地刻画了作者自己如何成为一个共产主义者的思想发展的过程"。从表现上说,"文笔也是深刻、清新而优美的"(同上),同时他还写有大众化的作品《东洋人出兵》,这是最早的革命文学中普及的作品,我们对以上这些著作是应该加以注意的。

其次,秋白同志还是一个精通苏联文学并且给以正确的介绍的翻译家。在一九三〇年前后,一般人介绍苏联文学理论与创作,大半是从英、法、德、日等文转译的时候,他直接从俄文介绍了苏联的文艺理论和创作。在前者,他介绍了普列汉诺夫、高尔基等人的文艺论著,并且在介绍普列汉诺夫文艺理论的同时,对他某些错误的论点,还进行了批判和纠正。在创作上,对高尔基的诗歌和小说,卢那察尔斯基的剧本《解放了的董吉诃德》,都作了介绍。这对中国无产阶级文艺运动来说,都起了奠基的作用。根据冯雪峰的记载,鲁迅是非常重视他的翻译的,"认为在国内的文艺界是找不到第二个人与他比较的"(《回忆鲁迅》)。他平生的译作,在他死后均由鲁迅整辑,印成了《海上述林》一书。

第四节 对无产阶级文艺运动所起的巨大作用

根据上边各节的论述,秋白同志不但是一个伟大的无产阶级革命家,也是一个伟大的无产阶级文学家,他的论著对无产阶级文艺运动所起的作用是巨大的。首先,他提出"第三次文学革命"的口号,认为文艺的大众化,还必须掀起一个群众性的革命运动,他的认识以及他所指出的方向,都是非常正确的。其次是在文艺思想战线上的战斗,真正是把敌人打得个落花流水,使狡狯的敌人胡秋原、苏汶,不得不承认他们的失败。这样就在无产阶级文学的前进道上,杀开了一条血路。第三是推许鲁迅,指出鲁迅是我国新文学发展中前进的旗帜,扩大了鲁迅在群众中的影响,树立了鲁迅的威望,同时也给广大的青年作者指出了学习的榜样。第四是坚实而正确的翻译,给无产阶级文艺论铺下了基础。并在创作上指出了足资学习的先进的光辉典范。

本章参考书
一、《瞿秋白文集》(瞿秋白)
二、《回忆鲁迅·关于他和瞿秋白同志的友谊》(冯雪峰)

第十一章 茅　　盾

第一节　生　平

　　茅盾原名沈德鸿,字雁宾,最初笔名为沈雁冰,后改名茅盾。浙江桐乡人,一八九六年生。父亲是一个维新派,所以在他启蒙时期,就读到了《天文歌略》与《地理歌略》之类当时属于新学一类的书籍。

　　辛亥革命前后,肄业于湖州三中,继而转到嘉兴二中。由于反对对同学们专横压制的舍监,把一条死老鼠装在红封套里送给他,并题了几句庄子,结果遭到了除名的处分。(《回忆辛亥》)

　　一九一三年进北京大学预科第一类,他父亲死时,遗嘱上让他学实业,但他没有遵守父训,学了文科。不久由于经济困难,到商务编辑馆工作。十月革命给中国送来了马克思主义,接着五四运动爆发了。五四后中国文坛上出现了新气象,文学会社象雨后春笋一样的纷纷出现了,而当时为举世瞩目、影响最大文学团体——文学研究会,就是于一九二〇年茅盾与叶绍钧、郑振铎等人的发起下组织成立的,并提出了用文学反映现实以及为人生而艺术的方向,并指出创作的主要任务是创作被压迫者的血和泪的文学。

　　一九二一年,商务印书馆的《小说月报》改组,茅盾担任了主编的职务,推荐优秀创作,着重介绍东欧及弱小民族国家的作品以及西方的文艺理论,并经常对国内创作进行批评,逐步扩大新文学的阵地。

一九二四年他辞去《小说月报》主编,在上海从事革命实际工作。

北伐革命时期,曾在武汉政府宣传部工作,一九二七年革命失败,又回上海开始工作,一九二八年发表了反映革命前后的社会生活的三部曲——《幻灭》、《动摇》、《追求》。后总名之曰《蚀》。同年赴日,一九二九年发表短篇小说集《野蔷薇》,一九三〇年春回国,不久即参加左翼作家联盟的发起工作。

一九三〇年后在蒋介石匪帮白色恐怖下,茅盾与上海地下党有着密切的联系,特别是与党的先烈瞿秋白同志有着亲密友谊关系,这是他能够用创作的笔为人民革命事业服务的重要原因之一。一九三二年发表了震动一世的长篇巨著《子夜》,同时又连续地发表了具有同样战斗意义的短篇作品《林家铺子》、《春蚕》、《秋收》、《残冬》等篇。在创作方法上同一九三〇年以前已经有着显著的发展。

抗日战争爆发后,主编《文艺阵地》。一九三九年曾赴新疆与杜重远办新疆学院。杜重远遇害后离新疆去延安,曾在鲁艺任教。不久去重庆,又去香港。一九四一年太平洋战事爆发,香港沦陷,又回重庆,发表《腐蚀》与《清明前后》等作品。抗日战争胜利后,应邀赴苏参观,回国后发表《苏联见闻录》。

一九四九年新中国成立后,曾主编《人民文学》,继而主编《译文》。现任中央政府文化部部长,全国文联副主席,全国文协主席等职务。

第二节　创作的两个时期

茅盾在创作上的发展,显然地可以分作两个时期,一九三〇年以前为前期,主要的代表作是三部曲《幻灭》、《动摇》、《追求》和短篇集子《野蔷薇》。一九三〇年以后为后期,这又可分为两个阶段,抗日战争爆发前为第一阶段,主要的代表作为《子夜》,以及短篇《林家铺子》、《春蚕》、《秋收》、《残冬》等。抗日战争爆发后为第二阶段,主要作品为《腐蚀》和《清明前后》。兹分述于后:

一、前期代表作

《幻灭》、《动摇》、《追求》这三部作品,是茅盾开始创作生活后的处女作,就它们产生的时代来说,正是北伐革命失败后,当时中国大资产阶级以蒋介石为首叛变了革命,投降了帝国主义,与封建主义携手,向人民革命力量进攻,白色恐怖笼罩了全国,一般参加革命的小资产阶级知识分子,有的在战争中得到了锻炼,在革命失败后继续坚持着斗争。有的被敌人杀害了,成为革命的牺牲者。但是还有一部分由于没有接受马克思主义,或者没有和工农群众很好的结合,因而在思想意识上还存在着浓厚的个人主义的色彩,因而在这个革命风暴中就经不起考验。他们在革命到来时以及在革命发展变化中,便表现出在思想情绪上的幻灭与动摇、悲观与失望,在行动上的盲目的追求与狂乱的挣扎。

作者当时为什么要写这三部作品,他在《从牯岭到东京》一文中讲得很清楚,他说:

> 我是真实地去生活,经验了动乱中国的最复杂的人生的一幕,终于感到了幻灭的悲哀,人生的矛盾,在消沉的心情下,孤寂的生活中,而尚受生活执著的支配,想要以我的生命力的馀烬从别方面在这迷乱灰色的人生内发一星微光,于是我就开始创作了。我不是为的要做小说,然后去经验人生。

这说明他之所以要创作,乃是想以他的生命力的馀烬从别方面在那迷乱灰色的人生内发一星微光。至于这三个中篇的中心内容,他说:

> 我那时早已决定要写现代青年在革命浪潮中所经过的三个时期:
> 1. 革命前夕的亢昂兴奋和革命既到面前时的幻灭;
> 2. 革命斗争剧烈时的动摇;
> 3. 幻灭动摇后不甘寂寞,尚思作最后的追求。

这种意图是不是实现了呢?我们说从作品中的内容看来,是实现了。作者通过了具体的人物形象和生动的现实生活,反映出在那个大时代中一部分小资产阶级和知识分子的精神面貌。

在《幻灭》中,作者主要的刻画出主人公静女士的形象,她理智上是追求光明,要求革命的,但感情上则一遇挫折,就不免要灰心。但这灰心也并不是持久的。消沉之后,又会感到寂寞,便又要寻求光明,而接着就又不免是幻灭。因而她是不断的在追求,又不断的在幻灭。她在中学时代热心社会活动,后来幻灭了,于是就埋头读书。但又不耐寂寞,终于又跌入了恋爱。她同一向接近她的女友慧女士的男子抱素发生了恋爱,但很快的发现了这个男子不但有爱人而且是一个卑鄙无耻的特务。

> 二十小时前可爱的人儿,竟太快地暴露狰狞卑鄙的丑态。他是一个轻薄的女性猎逐者,他并且又是一个无耻的卖身投靠的暗探。他是骗子,是小人,是恶鬼,然而自己却就被这样一个人玷污了处女的清白。

她为避免他的纠缠,就逃进了医院。后来又经过一连串的幻灭,末了在后方医院中碰见了强连长,和他又发生了恋爱,结果还是幻灭,强连长要去打仗,前途一片灰色。作者通过这样一个人物来象征一般人在北伐革命前对革命都多少抱着点幻想,但到革命到来后,却不免感到了幻灭。

在《动摇》中作者通过当时革命中一位主要人物方罗兰的形象,来反映出中国革命史上一个极端严重的时期,革命观念、革命政策的动摇——由左倾以致发生左稚病,由克服左稚病以致右倾思想逐渐抬头,终于为大反动。方罗兰是一个县党部的重要负责人,但他当时在思想行动上是非常动摇的,这不但表现在他对于党务和民众运动上,并且也表现在恋爱上。在政策上即如店员与店东的对立纠纷问题,店员的要求,店东不肯接受,形成了严重的对立局面。方罗兰的看法,是店员生活的确困难,但照目前的要求,未免过甚,有点太不顾店东的死活了。但他只是这样的慨叹,没有能够拿出解决问题的办法。后来省里有了命令,不准民众团体轻举妄动,静候特派员来后根本解决。方罗兰在这时一面是上级命令,不准他轻举妄动,一面又是

群情愤激,形势非常紧张。他不免张惶失措,不知道怎样才好。那种心情正如方太太讲过的这几句话:

> 我不知道应该怎样做才算是对的,这世界变得太快,太复杂,太古怪,太矛盾,我真真迷失在那里头了。

至于方罗兰的恋爱,也是始终动摇在他的太太和孙舞阳二人之间。正由于此,对革命造成了严重的失败,对他自己造成了无限的痛苦。

《追求》中着重地刻画了王仲昭、张曼青、史循、章秋柳等这几个人物形象,写出他们是不甘心昏昏沉沉过去的人物。他们都打算追求一些什么,但结果都失败了。王仲昭所追求的是想从新闻事业上作出一些成绩来,他苦心地拟出了改进他所负责编辑的那版报纸的计划,但是得不到总编辑的同意,终于没有能够实现。他追求恋爱,同一个陆俊卿女士订了婚,但不久接到他岳父的电报,说"俊卿遇险,伤颊,甚危,速来"。他追求的爱,虽然到了手,却在到手的一刹那间,改变了面目。章秋柳是一个恋爱专家,她是追求热烈痛快的,要求新奇刺激的,后来她发愿挽救史循,使他由于她的爱而振作起来,但史循由于兴奋与刺激,旧病复发,竟致丧了命,至于史循本是厌世主义者,曾经追求自杀,但是自杀也失败了。

作者在这篇作品中所以把现实生活写得如此的灰色,据作者自己讲"是因为我在那时会见了几个旧友,知道了一些痛心的事——你不为威武所屈的人,也许会因为亲爱者的乖张使你失望而发狂。……这使得我的作品有一层极悲观色彩,并且使我的作品有缠锦幽怨,和激昂奋发的调子同时并在"(《〈从牯岭到东京〉》)。

关于三部曲中的人物形象大致已如上述,那么这里边反映出一些什么问题呢?

首先,在一定程度上反映了那一个大时代中各个方面的真实面貌,特别是北伐革命的失败。虽然作者所写的仅仅限于一个小城市,但它是整个革命的缩影,从局部可以窥见全体。最初是犯了左倾幼稚病,为了纠左而又陷于右倾。领导脱离了群众,反动势力一抬头,就马上使整个局面起了变化,而全盘失败了。当时革命领导者既无一定的策略,又缺乏应变的经验,因而使反动的投机分子钻了空子,结果使革命遭到了失败,这种情况在《动摇》中表现得非常清楚。

其次,充分地刻画出小资产阶级知识分子的阶级特征,如狂热性、动摇性、盲目性、主观主义、个人主义等。这些表现在静女士、方罗兰、孙舞阳、章秋柳、史循等人物身上,都非常的突出。特别在革命低潮中,在白色恐怖下,对形势没有了正确理解的小资产阶级知识分子的悲观失望的情绪表现得非常的突出。而作者个人也不免是其中之一。正如作者后来在《自选集序》中所检查的:

> 表现在《幻灭》和《动摇》里面的,对于当时革命形势的观察和分析,是有错误的,对于革命前途的估计是悲观的。表现在《追求》里面的大革命失败后的小资产阶级知识分子的思想动态,也是既不全面,而且又错误的过分强调了悲观、怀疑、颓废的倾向,且不给以有力的批判。当我写这三部小说的时候,我的思想情绪是悲观失望的,这是三部小说中没有出现肯定的正面人物的主要原因之一。……一九二五——二七年间我所接触的各方面的生活中,难道竟没有肯定的正面人物的典型么?当然不是的。然而写作当时的我的悲观失望情绪,使我忽略了他们的存在及其必然的发展。一个作家的思想情绪对于他从生活经验中选取怎样的题材和人物,常常是有决定性的。这一个道理最初我还不承认,待到憬然猛省而深悔昨日之非,那已是《追求》发表一年多以后了。

《野蔷薇》是一个短篇小说集,包括有《创造》、《自杀》、《一个女性》、《诗与散文》、《昙》等五篇作品。作者的意图是在写一些平凡者的悲剧的或暗淡的结局,使大家猛省。

这几篇作品都是通过篇中主人公的恋爱行动,透露出各人阶级的意识形态,从这里反映出现实社会中的一些具体问题。

《创造》与《诗与散文》这两篇中写出了当时受新思潮冲激后的女子的形象。前者写一个少妇娴娴,在结婚后接受她丈夫的指导,阅读了许多新的书籍,并且在思想行动上逐步发生了变化。她原是受有乐天达观、出世主义的毒的。丈夫让她注意政治,看进化论、尼采、唯物论派的理论。她原来还有旧式女子的娇羞态度,她丈夫嫌她不活泼,在闺房之内常常是被动,为她丈夫所笑。可是后来她热心政治了,并且对她丈夫时时采取主动的行动,而她丈夫这时觉得所谓创造,只是破坏,而感到无限的悲哀。后一篇写一个体面人家的寡媳桂奶奶和寄居在她家的少年丙发生了恋爱。最初丙未得到她时,只嫌她太贞静,同她讲什么恋爱自由等等的理论。等到既得到她之后,为她所纠缠,自己感到不好摆脱的时候,又嫌她太淫荡。桂奶奶在数落丙时这样的说:

你聪明的人儿,引诱我的时候,惟恐我不淫荡,惟恐我怕羞,惟恐我有一些你们男子所称为妇人的美德。但是你既然厌倦了我的时候,你又惟恐我不怕羞,不幽娴柔媚,惟恐我缠着你不放手。你刚才竟说我淫荡了,不差,淫荡我也承认,我也毫无羞怯,这都是你教给我的,你教我知道青春快乐的权利是神圣的,我已经遵从了你的教训,这已成为我的新偶像。在这新偶像还没破坏以前,我一定纠缠着了你,我永不放手。

作者这样讲:

如果创造描写的主点是想说明受过新思想冲激的娴娴,不能再被拉回来徘徊于中庸之道,那么《诗与散文》中的桂奶奶,在打破了传统思想的束缚以后,应该是鄙弃贞静了。和娴娴一样,桂奶奶也是个刚毅的女性,只要环境转变,这样的女子是能够革命的。(《写在野蔷薇的前面》)

《一个女性》写出身于一个名士家庭中的美丽的少女琼华如何在虚伪的黑暗现实中腐蚀了她的天真与纯朴的性格。她每天藏过了她的真我,用她的私心鄙夷的假我对付人。然而这假我却帮助她在社会上高高升上去,升上去。她成了交际的明星,一乡的女王。她想起从前她以纯挚光明待人,然所得的回答是欺骗,现在她以巧诈阴狠待人,可是人们的回答却是加倍的虔敬和崇拜,这不是正当的生活吧?

然而这就是人人所愿意、所赞美、所奉行的生活,这就是真实的人生。

这样生活的结果,逐渐形成了她的双重的人格。青年李芳曾追过她,她也希望有爱的慰安,当她第一眼看见李芳时,也觉心里一动,但习惯的力将她挺直。她还是以前的她,给李芳以落落难合。虽然在静夜深闺,她又自悔白昼的言行,她又幽怨地渴望爱的抚慰,可是第二天又在人前时,她仍旧让刚毅和冷酷支使她,毫无挣扎。她自己也深知这个矛盾,但也没法解决。后来她父亲死了,家道穷了,围绕在她周围的青年也都不见了,她受人奚落、嘲笑,最后病倒,终于死掉了。这可以说是在那丑恶的现实中没落阶级的思想意识支配了她,同时也就葬送了她。作者说:

她的天真的心,从爱人类而至于憎恨人类,终成为不憎也不爱的自我主义者。但自我主义也就葬送了她的一生。

《昙》中的张女士,是生长在一个封建的官僚家庭中,她一方面受到新思潮的影响,要求婚姻的自主,另一方面她的思想意识还不能完全摆脱从那样家庭中所养成的习性。她爱一个男子何若华,但她没有勇气,甚至男的有意同她要好,她反而装做不愿意理他,及至她的女友同何若华好了,她知道了心中又不免有点嫉妒。她的官僚的父亲同姨母想利用她来结交权贵,周围的亲戚长辈也都同情他们,她孤立着,她想反抗,但没有足够的勇气,这时她只想着生办法来逃走。她从当天的新闻纸上查看各轮船公司的广州班,同时地从齿缝中间自言自语的说:

还有地方可逃避的时候,姑且先逃避一下吧。

把《创造》中的娴娴、《诗与散文》中的桂奶奶同《昙》中的张女士二者比较起来,是一个鲜明的对照。她们的思想意识的不同,性格的不同,前者那种解放的思想、那种主动与大胆的行动,和后者的犹疑徘徊的思想与软弱的行动,都是她们的现实生活环境所决定的,这就是作者所说的他的意图。

想在各人的恋爱行动中,透露出各人的阶级的意识形态。

二、后期的代表作

茅盾后期作品，又可以分作两个阶段，以抗日战争发生为界，发生前为第一阶段，发生后为第二阶段。现在先谈前一阶段的代表作品，也就是从一九三〇年到一九三七年间的代表作品。

长篇《子夜》是这一阶段的代表作，同时也可以说是作者所有作品的代表作。作者的意图是借这部对中国社会作了忠实刻画的现实主义的作品，说明中国社会的性质及其发展的必然前途，用以驳斥并抨击托派对中国社会的反动荒谬的说法的。这部作品在后边当专节论述。

此外还有《林家铺子》、《春蚕》、《秋收》、《残冬》等。这些短篇作品产生的时间和《子夜》差不多，可以说很好地配合了《子夜》，反映了半封建半殖民地的中国社会面临崩溃时期，阶级间矛盾的尖锐化、城市中小商人与乡村中农民的日趋破产，与农民在生活濒于死亡线上时的觉醒与斗争。

《林家铺子》具体地写出了城市中的小商人，也就是小资产阶级在帝国主义的侵略下，在封建统治的剥削下，在农村破产，农民购买力降低到零的程度的情况下，年关逼近了，货销不掉，债主的讨债，反动政府的勒派，结果是入不抵出，业不抵债，终于是老板逃之夭夭，店铺关门大吉。所以在这篇作品中充分地说明了中国当时的小资产阶级与帝国主义封建统治间的尖锐矛盾。在那样的情况下，小资产阶级必然要逐渐地走上破产的道路，林家铺子乃是其中的一个最典型的实例。

《春蚕》、《秋收》、《残冬》乃是有联系的三个短篇，从这里写出中国的农村从帝国主义侵入后，再加上封建统治的剥削与压迫，一步步地走上了破产。农民在这时不敢遭遇一点意外，像天灾人祸之类，一遇到就不免使生活陷入于极端悲惨的深渊。正因为农村有了这样剧烈的变化，也促使一部分农民有了觉醒，特别是那些受封建思想麻痹还不深的坚强果敢的青壮年农民，他们在形势的逼迫下，就走上了反对当时现实社会秩序的革命斗争的道路。

《春蚕》写一个自耕农老通宝家如何从最初的小康,走上了破败。老通宝他自己明明看到自从镇上有了洋纱洋布洋油……这一类洋货,而且河里更有了小火轮以后,他自己田里生出来的东西,就一天天不值钱,而镇上的东西却一天天贵起来。他父亲留下的一份家产,就这么变小,变做没有,而且负了债。

　　这年的蚕非常好,老通宝家的更好。由于蚕太好了,桑叶不够吃,叶子的行市飞涨了,他按照过去茧子的行市,决定贷款买叶子。到后来茧果然丰收了,全家像是打了一个大胜仗,每个人都瘦了许多,但心情是满快乐的。谁知茧下来了,茧厂都在关着门,他们绝没想到今年蚕花好了,日子反而非常困难。后来没办法,自己撑船到无锡脚下去卖,老通宝家结果只卖得一百一十块钱,除了盘川,剩的钱不够偿买桑叶所借的债。

　　《秋收》:农民们由于春季养蚕的亏本,打总在秋收前来了一个饥荒,家家户户没粮吃,因而就聚集起来吃大户,抢米囤。老通宝的阿四到外边贷了三斗米,他并且劝他的弟弟不要跟着大家去赶热闹,这个消息被大家知道了,结果一天早晨群众到他的庄上来搜出了他借到的三斗米,以备作早餐,一下儿就给吃光了。于是大家又呼啸着到外村去抢米囤了。通过农民这次斗争,毕竟得到了一定的胜利,这就是农民可以向米店赊米,到秋后一石还一石。当铺里来了一次免息放赈,镇上的商会等借了一百五十石米交给村长去分。

　　在插秧的时候,又遭了干旱,农民不得不租赁洋水车来抽水。后来又洒了肥田粉,于是稻子得到了丰收。可是想不到米价飞快地由十元一石跌到了六元,糙米跌到了四元。以后由乡里担到市上三元也不易出脱。老通宝的幻想像肥皂泡一样整个儿爆破了,全村的农民哭着、嚷着,骂着"还种什么田,白辛苦了一阵子,还欠债!"

　　《残冬》继《秋收》之后,老通宝死了,他的家已不可能再呆在一起了,多多头主张拆了家,他劝他哥哥同嫂嫂道:

　　　不要三心两意了,现在——田,地,都卖得精光,又欠了一身的债,这三间破屋也不是自己的,还死守在这里干么?依我说,你们两个到镇上去"吃人家饭",老头子借的债,他妈的,不管!

这就是老通宝家从一个小康的中农逐步地破败到一无所有,专指望卖劳动力混日子的无产者的过程。

从以上几篇作品,很清楚地可以看出:(一)在帝国主义封建主义以及官僚资本主义的压迫剥削下,农村中的农民,必然逐步破产,生活降低到牛马不如的地步,这是一个不可避免的命运。(二)从老通宝一家中出现了三种不同性格的人,极端顽固保守的老通宝,受封建阶级思想的麻痹很深,主张守分安命,直到他死还不明白他家所以日趋败落的原因。阿四是比较保守的农民,他总是同意他父亲的见解,他父亲死了眼看地种不成了,但他还不打算另觅生路,总不愿拆散他那个家。多多头是一个年青进取、有血性的农民,主张反抗、斗争,最后他终于同陆福庆、李老虎组织起来,解决了一支地方联队,取得了武装。(三)从《残冬》中可以看出农民在没办法时,就迷信地希望真命天子出现,使自己能够赶快地得到翻身。(四)篇中反映的农民斗争,还是一种自发式的,并不是有组织、有领导、有目的斗争。但从这里可以看出农民革命的可能性,倘有工人阶级的领导,就会成为一支强大的革命力量。

第二阶段也就是一九三七年以后的代表作,有《腐蚀》和《清明前后》。

《腐蚀》是借一个被腐蚀了的失足的青年女子赵惠明的自白(日记),来揭露并控诉蒋介石法西斯统治的主要工具——特务的血腥罪行。从这部作品中,向读者提出并说明了以下这些问题:(一)他们一面用种种阴险、毒辣、残酷的办法,像钉梢、逮捕、酷刑、屠杀,来对付中国共产党员和爱国人士。另外,并用极其卑鄙无耻的手段,来诱骗青年入其彀中,等到被骗进了这种组织后,那就万劫不复,一层层地监视,一层层地束缚,除非死了永远无法摆脱。说明了反动统治阶级如何用这种残酷的手段来腐蚀青年。(二)揭发了反动统治集团外表上虽极庞大,但里边颇有一些是被胁从的分子,他们内部存在着极其复杂的矛盾。(三)通过这部作品,不仅揭发了反动统治者的凶残的面貌,同时也歌颂了那些坚强不屈的革命战士,像小昭一类的人物。不仅给那些被胁从者以当头棒喝,促使他们早日回头,而且对一般纯洁的青年,教育他们加强警惕,防备为他们所陷害,或者上他们的圈套。

《清明前后》是一个五幕剧本,这是作者在一九四五年的清明前后在重庆选取了一个大时代的小插曲,来作题材,写了那时轰动一时的黄金案中几个人物的活动而成功的作品。在这些大人物和小人物的喜怒哀乐中间,以一个民族工业家在官僚资本主义的压迫下的矛盾与挣扎为中心,提出并解决了民族工业者的出路问题。

剧中通过官僚资本家的代表人金澹庵对民族资本家林永清在经济上的压迫,揭露了官僚资本对民族资本的吞噬与兼并的情形。另外又通过黄金案件揭发了反动政府自上而下如何的在营私舞弊,并说明了在那样的黑暗时代,是"只准州官放火,不准百姓点灯"的。余为民利用了小职员李唯勤,发了黄金的财,其结果李唯勤作了黄金案的牺牲者。他的爱人唐文君,因为受不了刺激,也发了疯。另外这个剧本的主要现实意义,即在于它教育了一些民族资产阶级,在官僚资本的垄断与控制下,想发展自己的企业,根本是不可能的,唯一的出路只有参加人民民主革命斗争。

第三节 《子 夜》

一、《子夜》产生的时代背景与作者写作的主要意图

《子夜》产生的时代背景,作者曾经这样的讲:

一九三〇年春,世界经济恐慌波及到上海,中国民族资本家在外资的压迫下,在世界经济恐慌的威胁下,为了转嫁本身的危机更加紧了对工人阶级的剥削,增加工作时间,减低工资,大批开除工人,引起了强烈的工人反抗。经济斗争爆发了,而每一经济斗争,很多转变为政治的斗争。民众运动在当时的客观条件下是很好的。(《子夜是怎样写成的》)

当时中国的人民民主革命,正转向一个新的阶段。同时中国社会性质问题的论战,也正进行得非常的激烈。作者的主要意图,是打算运用小说的形式写出以下三个方面,从而表现出他对中国社会性质的理解。

　　(一)民族工业在帝国主义经济侵略的压迫下,在世界经济恐慌的影响下,在农村破产的状况下为要自保,便用更加残酷的手段,加紧对工人阶级的剥削;

　　(二)因以上关系,引起了工人阶级的经济的政治的斗争;

　　(三)当时的南北大战,农村经济破产以及农民暴动,又加深了民族工业的恐慌。

　　这三者又是互为因果的。作者在小说中虽是提出了许多问题,但最主要的只是回答一个问题,就是回答了托派匪徒们,中国社会并不像他们所说的走上了资本主义发展的道路,相反的在帝国主义压迫下,是更加殖民地化了。中国民族资产阶级不同于十八世纪法国的资产阶级,因之他们的前途是非常暗淡的。在这样基础上,产生了中国民族资产阶级的动摇性。他们的道路是两条:(一)投向帝国主义,走向买办化;(二)与封建势力妥协。其结果,他们终于还是走上了这两条路。我们现在从作者这部三十多万言的巨著来看,确实是已经实现了他上边的这个意图。

　　二、《子夜》的内容

　　《子夜》中描述的人物故事的背景,主要是作为中国典型的半封建半殖民地的都市大上海。最主要的人物是一个具有壮志雄图的民族工业家丝厂老板吴荪甫。故事以他为中心而展开了一场极其错综复杂的阶级矛盾和斗争。吴荪甫是一个外国留学生,起初在家乡办工厂,后来在上海开裕华丝厂,乘机和孙吉人、王和甫廉价吞并了八个小工厂,这是他们组织益中公司的巨大胜利。他们满以为可以一帆风顺的发展下去,但现实不像他们所预想的那样如意,军阀的混战和外货的倾销,他们厂子里的产品都销不出去。加以他们又在交易所中和背后有帝国主义撑腰的买办金融资本家赵伯韬斗,结果是遭到了惨败。益中信托公司迅速的破产了,吴荪甫的雄图幻想破灭了,这样的严重的打击,几乎使他走上自杀的道路,最后不得已以到庐山避暑为借口,悄悄地离开了上海。

故事中所反映出的阶级矛盾和斗争是极其错综复杂的。有工人阶级与资产阶级的斗争,在工人方面又有革命工人与黄色工会的斗争,资产阶级方面有民族工业家与买办金融资本家的斗争,农村中有农民暴动,农民与封建势力的斗争。这里显示出半封建半殖民地的中国社会在面临崩溃的前夕,阶级间矛盾斗争的全貌。

在反映现实生活的画面上,有农民暴动攻破双桥镇的场面,有民族工商业不景气的场面,有工人罢工的场面,有买办金融资本家操纵金融交易所的场面。在人物的刻画上,有民族工业家吴荪甫,有买办金融资本家赵伯韬,有指导工人运动的共产党员克左甫,有黄色工会的工贼钱葆生、姚金凤,有封建僵尸吴老太爷,有封建豪绅曾沧海,有无耻的封建地主冯云卿,有资本家的走狗屠维岳、莫干承,有许多的工人和农民。

以上从这部作品中所反映的复杂斗争与多采的场面以及各色各样的人物,其主要的目的只有一个,即说明中国社会并没有走向资本主义,相反的在帝国主义的压迫下,乃是一天天更加半殖民地化了。

三、《子夜》中主要的人物形象吴荪甫与赵伯韬

《子夜》所描述的故事中的主要矛盾是民族工业家和买办金融资本家的矛盾,实际也就是中国民族资产阶级与买办资产阶级间的矛盾。而吴荪甫与赵伯韬乃是这两个阶级的代表人物,他们的矛盾与斗争也就体现了这两个阶级间的矛盾与斗争。

吴荪甫是这部作品中的中心人物,是当时中国民族资产阶级的典型人物。他有宏图壮志,认为中国需要发展工业,民族工业一发展,中国就可以富强。他还不了解中国社会的特点,他具有一般资产阶级的特性,就是只顾自己利益,不管他人的死活。他为发展自己的企业,乘人之危,以极其低廉的价钱,吞并了别人的八个小厂。他在自己厂子的产品销不出去,因而周转不灵,感到危险的时候,就加紧

地剥削工人。当工人反对降低工资,举行罢工的时候,他一面驱使他的走狗去分化工人,并且用政治力量来镇压工人。他因为要急于发财,于是就做公债的买卖,他为了在公债上和赵伯韬斗法,不惜收买一些无耻的女人从赵伯韬那里打探消息。另外他与封建统治势力有着千丝万缕的联系,他在双镇设有商号,向农民进行各色各样的剥削,当农民暴动时,他请求反动统治阶级的军队来无情的加以镇压。他从心底里反对并诬蔑人民革命力量,说什么"我真想去看看那红军是怎样地三头六臂了不起,光景也不过是匪,一向是大家不注意的纵容了出来的"。他在政治上不能不依靠封建统治势力,而在经济上最后也不得不投降帝国主义,这就是民族工业家吴荪甫的整个面目。

赵伯韬是一个买办金融资本家的代表,背后有帝国主义撑腰,他根本不搞什么工业,他认为中国人办工业没有外国人帮助是虎头蛇尾。他专搞公债,人家称他为公债大王。由于他的资金雄厚,所以他搞垮了吴荪甫。他是荒淫无耻的渔色之辈,由于他有钱,就尽情的玩弄女人,像何曼丽、冯眉卿、刘玉英等,表现了资产阶级那种腐化糜烂的性生活。但他还恬不知耻的以此自豪,说什么"人家说我姓赵的爱玩,不错,我喜欢这调门儿,我办事就要办的痛快"。由于当时中国社会的特点,这种买办金融资本家之弄垮民族资本家自是必然的趋势。赵伯韬为人是狡狯,毒辣,表现了十足的流氓作风,因此他才能成为帝国主义的宠儿。

四、《子夜》产生的现实意义

先就思想来说,这部书用具体而生动的人物形象同故事,展开了当时中国社会的真实的画面,充分地说明了中国社会的性质,从而就强有力地驳斥了为帝国主义封建主义张目的托派匪徒的谬论。同时从故事的发展中,写出了农民的暴动、工人的罢工,正确地指出旧的势力已在加速的崩溃,革命的势力正在急遽的成长,从而鼓舞了读者,激励了读者。

其次,再就艺术成就来说,这是中国革命文学发展的新的里程碑,它标志着无产阶级文学已开始有了新的巨大成就,瞿秋白曾这样地说：

> 所有这些，差不多反映了中国的全社会，不过是以大都市做中心的；是以一九三〇年的两个月中间的片断而相当的暗示着过去和未来的联系。这是中国第一部写实主义成功的长篇小说，带着很明显的左拉的影响。(左拉的金钱)自然它还有很多缺点，甚至于错误，然而应用真正的社会科学在文艺上表现中国的社会关系和阶级关系，在子夜不能不说是很大的成绩。茅盾不是左拉，他至少已经没有左拉那种蒲鲁东主义的蠢说。(《子夜和国货年》)

这种推许是非常正确的。至于《子夜》的缺点正如作者在五二年选集自序中所说的：

> 而描写革命运动者及工人群众的部分，则差得多了。但最大的毛病，还在于一、这部小说虽然企图分析并批判那时的城市革命工作，而结果是分析与批判都不深入。二、这部小说又未能表现出那时候整个的革命形势。原来的计划是打算通过农村（那时革命力量正在蓬勃发展的）与城市（那时敌人力量比较集中因而是比较强大的）两者的情况的对比，反映出那时候的中国革命的整个面貌，加强革命的乐观主义。所以在小说的第四章，就描写了农村的革命力量包围了并且拿下了一个市镇作为伏笔。但这样大的计划非当时作者能力所能胜任，写到后半，只好放弃，而又不忍割舍那四章，以致它在全书中成为游离部分，破坏了全书的有机的结构，这尚是小事，而不能表现出整个革命形势，则是重大的缺陷。

第四节 创作方法与写作特点

茅盾的创作方法显然的可以分作两个时期，以一九三〇年为界，前期是批判的现实主义，后期是社会主义现实主义。

茅盾在创作上所受外国作品的影响，他自己讲：

> 我觉得我开始写小说的凭借,还是以前读过的一些外国小说,我读得很杂,英国方面我最多读的是迭更斯和斯各德,法国的是大仲马和莫泊三、左拉,俄国的是托尔斯泰和契诃夫,另外就是一些弱小民族的作家了。这几位作家的重要作品,我常常隔开多少时后,拿来再读一遍。(《谈我的研究》)

至于中国的古典文学的小说作品,他说:

> 本国的旧小说中,我喜欢《水浒》和《儒林外史》。(同上)

从这里可知他是深深地受着现实主义和自然主义作家的影响的,但最主要的,还应该说是现实主义。因为在他没有从事创作之前,已主编了中国最有名的文艺刊物《小说月报》了。当时他曾介绍了西方的各种文艺思潮,而他所竭力提倡的,乃是写实主义。实际也就是今天我们所说的现实主义。他曾在《大转变时期何时来呢》一文中,引巴塞的话说:"和现实人生脱离关系的悬空的文学,现在已成为死的东西。现在的活文学,一定是附着于现实人生的,以促进眼前的人生为目的了。"直到一九二九年他在《写在〈野蔷薇〉的前面》中还阐明他这种现实主义的创作态度,他说:

> 真的勇者是敢于凝视现实的,是从现实的丑恶中体认出将来的必然,是并没把它当做预约券而后始信赖。真的有效的工作,是要使人们透视过现实的丑恶,而自己去认识人类伟大的将来,从而发生信赖。不要感伤于既往,也不要空夸着未来,应该凝视现实,分析现实,揭发现实,不能明确地认识现实的人还是很多着。

他在批评上也是以现实主义为标准,对当代作家如鲁迅、冰心、落花生等作了批评,而他最倾服的则是鲁迅,原因即在于鲁迅是一个"老实不客气的剥脱我们的男男女女,同时也老实不客气地剥脱自己的"清醒的现实主义者。

正因为他有着这样的文艺思想,所以他的前期作品不论是《蚀》同《野蔷薇》,其目的都在于揭发现实中的黑暗面,用他自己的话来说:

> 在我看来写一个无可疵议的人物给大家做榜样，自然很多，但如果写一些平凡者的悲剧的或暗澹的结局，使大家猛省也不是无意义的。

所以他的那些作品"伤感的情调就流露在每一篇作品之中"（钱杏邨《茅盾与现实》），这是一般批判现实主义存在着的不可避免的缺点。

一九三〇年茅盾从日本回到了祖国，参加了左联，开始用新的创作方法写出了《三人行》，但这篇作品是失败了，因为故事不现实，人物概念化，所以瞿秋白批评他这部作品说：

> 一则创作方法是违反第亚力克谛——辩证法的，单就三种人物的生长和转变来看，都是没有恰切现实生活的发展过程的，二则这篇作品甚至于是反现实主义的。

最后，他鼓励作者道：

> 如果三人行的作者从此能够用极大的努力，在取得普洛的唯物辩证法的宇宙观和创作方法，那么三人行将要是他的很有益处的失败。（《谈谈三人行》）

到《子夜》，在创作方法上和过去已经有着显然的不同了，瞿秋白誉之为中国第一部写实主义的成功的长篇小说，主要是能够应用真正的社会科学，在文艺上表现中国的社会关系和阶级关系。

此外，冯雪峰也这样的讲：

> 《子夜》虽然还不是已经胜利的无产阶级现实主义，可是它已经走上这样的道路。所以《子夜》在中国无产阶级现实主义的发展上，也尽了它开辟道路的历史作用。（《中国文学中从古典现实主义到无产阶级现实主义的发展的一个轮廓》）

至于《子夜》在创作方法上同一九三〇年以前的作品比较起来很清楚地从以下各点可以看出它的发展。

（一）反映的现实生活内容，比过去广阔了，触及到社会的各个方面，从都市到农村，从工厂交易所一直到偏僻的小乡村的各个角落，都纳入到他的作品中了。

(二)作品中的主人从以小资产阶级知识分子为主,转而为以工人农民以及资产阶级为主了。

(三)从单纯地暴露现实中的黑暗和提出问题,到写出旧的必然崩溃,与新的革命力量的成长,把社会发展的全貌给反映出来了。

(四)由具有一定的悲观情调,到富于乐观主义的精神,如在《子夜》中写农民暴动攻下了双桥镇,而在《残冬》中又写出农民的觉醒与反抗。

(五)对中国现实社会的理解是符合于马克思列宁主义的观点的,而作者的立场,显然的是无产阶级的立场。

至于茅盾一九三〇年后在创作方法所以有这样长足的进展的原因,首先,由于他在主观上的要求前进,其次,在客观上革命形势有着新的发展,要求革命作家正确而全面地反映现实,以及瞿秋白对他的鼓励,创造社的克兴,太阳社的钱杏邨对他的批评,和他的参加左联,都对他起着一定的督促和鼓舞的作用。所以茅盾的前进和他在创作方法上的发展,也标志着中国革命文学的前进和中国文艺界整个创作方法的发展。

茅盾在《从牯岭到东京》中,曾经引一位英国批评家的话说:"左拉因为要写小说,才去经验人生。托尔斯泰则是经验了人生以后,才来做小说。"至于说到他自己来试作小说的时候,却更近于托尔斯泰,因为他不是为的要做小说然后去经验人生,乃是由于自己经验了复杂的人生,想要以自己的生命力的余烬,从别方面在这迷乱灰色的人生内发一星微光,于是才开始了创作。由此可见他之从事创作,乃是企图用文学作为帮助变革现实的工具,因而他的创作态度是严肃的、认真的。他反对那些只抓掇片段的印象,或者只在空荡荡的脑子里搜求所谓"灵感"一类的"信手拈来"的即兴小说,而推赞那种具有"锐利的观察,冷静的分析,与缜密的构思"的有意的去表现一种时代现象社会生活的"有意为之"的小说(《读倪焕之》)。在这样创作观的指导之下,因而就形成了他自己的作品,具有以下的几种特点。

(一)严密的结构。作品中故事的发展以及人物性格的刻画,一般是线索清楚、个性鲜明的。像《子夜》中写工人与资本家的斗争、民族工业家与买办金融资本家的斗争以及农民与封建势力的斗争,虽是错综复杂,但是脉络井然。至于人物性格,像吴荪甫、杜竹斋、王和甫虽都是资本家,但各有各的面目,并不混同。其他的人物也都如此。作者描述故事、刻画人物所以有着这样卓越的成就,一面固然由于他具有丰富的生活经验,而他在下笔前的缜密构思是具有极大的作用的。作者讲他关于《子夜》的写作方法,是先把人物想好,列一个人物表,把他们的性格发展以及联带关系等等都定出来,然后再拟出故事的大纲,把他分章分段,使联接呼应。……有时一两万字一章的小说,常写一两千字的大纲(《子夜是怎样写成的》)。这一点是很值得我们学习的。

(二)从现实生活的全体着眼。茅盾的作品之所以不是自然主义的,而是现实主义的,就在于他不是随便掇拾生活中的片段的现象来加以描述,而是通过典型的人物故事来反映时代的特征。也就是他在《读倪焕之》中所讲的"时代性"与"社会化"。他通过对静女士、方罗兰以及章秋柳等人的刻画,来反映当时一般小资产阶级知识分子在北伐革命前直到革命后思想意识的变化,因而它们是具有现实意义的,至于《子夜》及《春蚕》、《秋收》等短篇,成就就更巨大了。从对当时现实中复杂的阶级矛盾与斗争反映上,揭露了中国社会本质的面貌,而暗示出它的前进的方向。所有这些成就,正是由于作者能站在人民立场,从历史发展与政治角度上来理解并表现现实生活的结果。

(三)注重典型人物的塑造,并通过人物反映生活。茅盾谈他的创作经验时,提出了"研究'人'"的问题。他说"'人'——是我写小说的第一目标。我以为总得先有了'人',然后一篇小说有处下手。……有了'人'还不够,必得有'人'和'人'的关系,而且是'人'和'人'的关系成了一篇小说的主题,由此生发出'人',而且这些生发出来的'人',当然不能是凭空的想"。因此他得出结论"一个写小说的人,如果要研究的话,就应是研究'人',应不是小说作法之类"

(《谈我的研究》)。这正符合于高尔基所说的文学乃是人学的理论。所以茅盾的作品,不论是长篇和短篇,都非常注意典型人物的塑造以及人物与人物之间的关系,从而表现出社会上的阶级矛盾和斗争,因而就具有极其深刻的现实意义。

至于茅盾的作品是不是也还存在着一些缺点呢?我们说是有缺点的。首先是作者有时不免使人物在某种程度上过分的服从了自己主题方面的意图,因而不免有些地方失之于勉强或偶然。即如《子夜》中吴老太爷的死、《追求》中王仲昭爱人的"遇险伤颊"、《幻灭》中静女士在刚刚与抱素有了爱的关系就发现了他的丑恶面貌之类。其次是多多少少表现了所受自然主义创作方法的影响,像关于色情的描写,这固然是为了暴露资产阶级的腐朽生活或小资产阶级堕落倾向,不得不然,但过多的细微的描述,是完全不必要的。不过这些小疵,是无妨于它的大醇的。

本章参考书

一、《幻灭》、《动摇》、《追求》、《野蔷薇》、《子夜》、《茅盾短篇小说集》、《腐蚀》、《清明前后》(茅盾)

二、《从牯岭到东京》、《谈倪焕之》(见李何林编《中国文艺论战》)茅盾

三、《谈我的研究》(印象,感想,回忆)茅盾

第十二章　批判的现实主义作家

第一节　叶　绍　钧

一

叶绍钧字圣陶,苏州人,1894年生。由于家境贫寒,中学毕业后(1911)就辍学就业,作小学教师,一直作了十年。1921年与沈雁冰、郭绍虞等共同发起组织文学研究会,作品经常发表于《小说月报》《文学周报》等刊物。1923年任商务印书馆编辑,1931年又任开明书局编辑,同时在上海立达学园与上海各大学任教。著作有长篇小说《倪焕之》,短篇集《隔膜》、《火灾》、《线下》、《城中》、《未厌集》,童话《稻草人》,等等。并曾与夏丏尊合著《文心》。全国解放后,任出版总署署长,现任中央教育部副部长。

二

叶绍钧是在五四革命浪潮中涌现出来的新作家,从他的作品中可以看出极其鲜明的人道主义的创作思想,而这种创作思想的产生,就叶绍钧来说,并不是偶然的。首先,叶绍钧是出身于比较贫寒的家庭,中学毕业后就从事社会底层的小学教育界工作,接近了人民群众,目击到现实的黑暗面,对不合理的现实感到深深的不满。其次,五四的革命浪潮惊醒了许多知识分子,使他们注意现实,想法来改变现实。叶绍钧在当时自然也是知识分子中觉醒者之一。三是五四时代的新文学,在创作思想上人道主义已经成为主潮,从鲁迅的小说,刘半农、刘大白等人的诗歌,都曾鲜明地反映出了社会上的阶级矛盾,同情于那些过着非人的生活的劳苦大众。叶绍钧自然也受到这种思想的影响。特别是具有深厚的人道主义思想的旧俄文学,有许多已被翻译到中国来,于是这种种原因的会合,就构成了叶绍钧的人道主义的创作思想。他在童话《画眉鸟》中这样说:

> 不幸的东西填满了世界,都市里有,山野里也有,小屋子里有,高堂大厦里也有。画眉看见了,总引起强烈的悲哀,随着就唱一曲哀歌。他为自己而唱,为发抒自己对于一切不幸的东西的哀感而唱,他永远不再为某一人或某一等人而唱了。

这种为自己而唱,为发抒自己对于一切不幸东西的哀感而唱,正是小资产阶级人道主义的具体表现,它的进步意义在于看见了人间的不幸,同情于那些不幸的遭遇者,但是还很不够,因为这还仅限于个人的抒怀,发抒自己对于不幸者的同情,还不是立意来改变这黑暗现实,为推翻那不合理的社会制度而从事创作,因而这和鲁迅的革命人道主义,在战斗性上就有着很大的区别了。

叶绍钧对自己所看到的现实中种种不幸的事态,只作了一个非常同情但又无可奈何的旁观者。他这种心情很清楚地反映在他的童话《稻草人》中。栽在一个田埂边上的稻草人,手里拿一把扇子,它看见了为害稻禾的小飞蛾,它想扑灭它,但它被牢固地栽在那里,不能动弹,因之一点也没办法。它看见穷的妇女在夜间捕鱼,顾不得照顾她的病孩子,它想帮她的忙,但它没办法。它又看见一个投水自杀的女子,想唤醒那个疲困的渔妇,但它干着急,半步也不能移动。这个稻草人也就是作者的自况,表现出对于一切被压迫与过着悲惨生活的人们的深切的同情,但自己却毫无力量来帮助他们变革这不幸的现实的苦恼心情,因而也就说明了他的创作思想是富有人道主义的精神的。

三

叶绍钧的作品在早期有着"问题小说"的倾向,一般的是每篇作品中都反映出现实中所存在的问题、矛盾,提出了问题,但对于问题产生的最根本的原因,挖掘还不够深。而如何解决这些问题,也未能很好地指出方向和道路。至于早期作品中反映的现实问题是很多的,即如《一生》提出的妇女问题,《饭》、《搭班子》的小学教育问题,《苦菜》、《晓行》的农民问题,但从这些问题的深处,都可看出一个总的问题,也就是阶级矛盾的问题。可是作者在当时是还没有这样的理解的,因而对于旧的社会制度的憎恶和控诉,还不够强烈。在促使旧的灭亡与新的诞生上说,比着鲁迅的小说不免大为逊色了。

五卅以后,由于中国革命形势的发展,叶绍钧的作品又向前跨进了一步,他说"中国革命逐渐发展,我粗浅地见到一些,我就写一些"(《选集·自序》),因而这一时期的作品,就鲜明地表现出作者的反帝反封建思想,从这一时期作品中所反映的现实生活与刻画的人物上看,大致有这四方面:(一)反映封建剥削与资本主义剥削使农民生活陷于悲惨境地的,有《多收了三五斗》;(二)反映反动的统治阶级对革命者与爱国者的迫害的,有《夜》与《一篇宣言》;(三)反映人民的反帝爱国运动的,有《寒假的一天》;(四)写进步的小资产阶级知识分子思想行动随着时代的发展而发展的,有《倪焕之》。这四类作品中特别是刻画小资产阶级知识分子的长篇作品是《倪焕之》,曾经被茅盾誉之为"扛鼎的力作"。

《倪焕之》在当时文坛上出现,的确是值得注意的一件事,因为在当时出现了不少具有传奇色彩的革命浪漫主义的作品,像《倪焕之》这部作品能老老实实地刻画出一个知识分子思想行动的发展变化,而且能够比较真实地反映当时的黑暗现实的作品,是不多的。所以茅盾认为"主人公的倪焕之虽然不中用,然而正可以表示转换期中的革命知识分子的意识形态。这样有目的有计划的小说,在现今这个混沌的文坛上出现,无论如何不能不说是有意义的事"(《谈倪焕之》)。

至于这部作品通过对倪焕之这个小资产阶级知识分子人物形象的刻画所表现的社会意义,有以下几点。

1. 在那黑暗现实中,小资产阶级知识分子的主观幻想的逐步破灭

倪焕之是一个小学教师,他抱着理想教育的目的,想借教育来改造社会,但是社会上的恶势力时时向他进攻,后来他这个幻想破灭了。他了解到社会制度不改变,专靠教育是无能为力的。其次,在恋爱上他认为和一个志同道合的人结合,对事业的发展是会有很大帮助的,但是结婚后的新家,使他理想破灭了。他的爱人金佩璋很快的有了孩子,对工作开始厌倦,躲在一个安静的窠里,一点也不想动,他只有把她的工作兼代起来。

2. 表现了小资产阶级知识分子性格上的弱点

照一九三〇年最初发表的原作《倪焕之》,在新教育与新家庭方面的憧憬幻灭以后,他感到寂寞了,他要求新的生活意义、新的战斗方式,从乡村到了都市上海。恰恰五卅的反帝运动到来了,这一运动的怒潮,把倪焕之冲得更远,虽然他还在做着女子中学的教员,但却参加了实际运动。一九二七年北伐革命的高潮,也把他卷了进去,但局面陡变时,他的心碎了,这时幻灭、悲哀和愤慨一齐袭来,最后肠窒扶斯终于结束了他生活的旅程。在弥留的谵语中,他这样说:"三十五不到的年纪,一点事业没成功,这就可以死么。唉,死吧,脆弱的能力,浮动的感情,不中用,完全不中用。……成功不是我们配得的奖品,将来自有与我们全然两样的人,让他们得去吧。"而这正代表了当时一大部分没有经过锻炼的小资产阶级知识分子的特点。

3. 倪焕之一生的经历,不但暴露了当时现实的黑暗,同时在一定程度上也暗示出了历史前进的道路

从倪焕之与蒋冰如为办学开辟校园和地方一些绅士地痞的对立斗争过程中,写出了地方封建势力的强横。从五四、五卅的群众反帝爱国运动以及一九二七年的北伐革命对倪焕之的影响并促进了他的思想与行动的前进上,说明了历史前进的步伐。

由于以上的成就,所以茅盾这样讲:

把一篇小说的时代安放在近十年的历史过程中的,不能不

说这是第一部。而有意地要表示一个人——一个富有革命性的小资产阶级知识分子,怎样地受十年来时代的壮潮所激荡,怎样地从乡镇到都市,从埋头教育到群众运动,从自由主义到集团主义,这《倪焕之》也不能不说是第一部。在这两点上,《倪焕之》是值得赞美的。(《谈倪焕之》)

四

最后谈一下叶绍钧的创作方法和写作特点。首先他认为文艺应该正确地反映现实;具有启发群众,教育群众的作用。他在《创作的要素中》指出作家从事创作的时候,须要注意的事项:(一)要取精当的材料;(二)要表现一切的内形的真际;(三)要使质和形都是和谐自由的。底下他又说:"到了尽能做到的时候,文学就有一种,神异的力,他一定能写出全民族的普遍的深潜的黑暗,使酣睡不愿醒的一群,也会跳将起来。"其次,在写作题材上,他更"写自己熟悉的事物,不写意想的东西"(《小说月报》12卷7号)。他对现实态度和写作目的,在《选集·自序》中讲的也很清楚。

> 为什么写小说会偏于为人生的一路?当时彷佛觉得对于不满意不顺眼的现象,总得讽他一下。讽了这一面,我期望的是那一面,就可以不言而喻。

又说:

> 假如写实主义采用纯客观的态度,我敢说我的小说并不怎么纯客观,我很有些主观见解,可是寄托在不着文字的处所。

从以上这些话看来,一方面说明了他是"为人生而文学"的一派,想借文学来唤醒"正在酣睡着的大群"。同时写自己"熟悉的事物,不写空想的东西",在表现上要求"能表现一切的内形的真际",拿现在话来说也就是要表现事物的本质,这都是现实主义的创作精神。至于他所说的采用纯客观态度的写实主义,实际乃是自然主义。现实主义乃是有拥护,有反对,有歌颂,有暴露的。叶绍钧在创作上对于不满意不顺眼的现象,要讽他一下,这正是批判的现实主义。

至于在创作上,叶绍钧确实能够实践他的理论,因为他是一个小资产阶级知识分子,因而他对于这一阶层的人物是比较熟悉的,所以在他的作品中一般都能够深入地分析概括表现了一些小资产阶级知识分子的特征的。像具有若干程度不同的封建的宗法社会思想的假意的谦虚、遇事优柔寡断、没有果敢的意志、碰到挫折就灰心丧气、畏难而退等,这类人物比较最突出的典型是《潘先生在难中》的潘先生、《倪焕之》中的倪焕之,茅盾对前一篇作这样的分析道:

> 如《潘先生在难中》的潘先生,以及他的同事(短篇集《线下》,页一九五),他们在虚惊来了时最先张皇失措,而在略感得安全的时候,他们又是最先哈哈地笑的。是一些没有勇气和环境抗争,揉揉肚子就把他的"理想"折扣成为零的妥协者。(《新文学大系·小说一集导言》)

至于倪焕之前边已有论述,这里就无须说了。

叶绍钧的作品在写作方法上的特点,就他对于人物和景物的刻画上,笔致是细腻的。他如实地描写了背景和人物活动,不过分地渲染与夸张,而能写得恰到好处。

在语言的掌握上,他也是很注意的。他说文学作品的"形式就是语言","离开了语言,无所谓文艺"。文学作者如果能够恰当地把握语言,也就是恰当的把握了"感性认识和理性认识"。最后他总结为:"想得好,就说得好,说得好,就想得好。"因此,他对于语言就掌握的非常的好,细致,严密,正确。而在风格上,就形成了清晰、明快、朴素中有着美丽。所以叶绍钧作品的美,是自然的美,而不是装饰的美,做作的美。这一点只要是细心读过他的作品的都会有同样的感觉。

第二节 老 舍

一

老舍名舒庆春,号舍予,北京人,老舍是他的笔名。五四以前,当时他年轻,从事古文学的写作,散文学桐城派,诗歌学宋朝的陆放翁和明末清初的吴伟业。到了五四后,因为受到文学革命运动的影响,才开始学写小说。但他没想去投稿,也没有投过稿。1924年出国,到伦敦东方学院教华文,以后开始创作生活,陆续在《小说月报》上发表了《老张的哲学》、《赵子曰》、《二马》等长篇小说,颇为时人所称许。

1930年回国,在归途中,因路费缺乏,于是停留在新加坡,在一个华侨中学教了半年书,受到进步学生的思想影响很大。回国后,继续从事创作,发表了短篇小说集《赶集》,长篇《离婚》、《猫城记》、《骆驼祥子》等。1937年抗日战争爆发,参加了全国文艺界抗敌协会,一面用民间形式如大鼓、小唱、快板等写出许多通俗化的抗日文学作品,一面又写了许多剧本、小说,前者如《归去来兮》、《残雾》、《国家至上》,后者如《四世同堂》。

1949年全国解放,老舍在党的领导与帮助下,写出名噪一时的剧作《龙须沟》。不久又发表剧本《方珍珠》、《春华秋实》,在肃反运动中,又写出了《西望长安》。现任全国作家协会普及工作部部长,兼北京市文联主席。

二

老舍的创作可以分作两个时期,解放前为前期,这一时期的创作就其中心思想来说,不外是人道主义和爱国主义。基于这种思想,就使他的作品具有鲜明的反封建反帝的倾向。

老舍的家庭出身是市民阶层,生活是比较寒苦的,因而他对贫苦人有着深厚的同情。他虽是知识分子,但据他自己讲,他的朋友并不都是教授与学者,像打拳的、卖唱的、拉洋车的,也都是他的朋友(《选集自序》),由于这种原因,使他能够深切地了解一般人民群众的疾苦,并且非常的同情他们,这就是他的人道主义思想产生的根源。至于这种思想最突出的表现,是他的小说《月牙儿》同《骆驼祥子》。

《月牙儿》写一个年轻而又善良的姑娘,因为家里穷,失了学,为了生活,逐步地沦为女招待,终于成为暗娼。作者以沉痛的心情揭发出了旧社会的冷酷与黑暗,以及这些被侮辱与被损害的人们在精神和肉体上所受到的残害与创痛。

《骆驼祥子》写一个老实纯洁、有志气、肯劳动的青年洋车夫祥子一生的不幸遭遇。他最初曾做过凭自己劳动来挣得一份家私,过着较好的生活的美梦。但是在那样的社会中,他的计划有时刚刚获得了初步的实现,但很快地就遭逢到意外,往日的美梦破灭了。即如他费了长时间的劳动,流了不知多少血汗,省吃俭用的积攒点钱,买了一辆漂亮的车子,但不久连车子带人,都被兵抓跑了。车子完了,他也差一点死掉。以后他的遭遇总不像他所想的那样顺溜,后来年纪越来越大,对将来也就不再作别的打算,只是混着过,拖着过,成了个得过且过的等死的人。老舍在这部作品中,虽然主要写的是祥子,但更主要的是通过祥子的遭遇,来反映当时那个黑暗的社会、无休止的军阀混战、反动统治阶级对人民的剥削与压迫、有正义感的人们的被迫害,一个穷苦的人无论怎样出死力去劳动,怎样去挣扎,终难逃出苦难的魔掌。从这对于不合理的现实的揭发中,就表现出作者的反封建反帝的思想。正如老舍自己所说的:

> 我只借着自己一点点社会经验,和心中自幼积累下的委屈,反抗那压迫人的人或国家。(《选集自序》)

其次,一个人道主义者,必然会是一个爱国主义者,因为近百年来,中国人民所遭受的苦难没有一桩不是由封建主义与帝国主义所造成的。正如毛主席所说:

> 现在也有两座压在中国人民头上的大山,一座叫做帝国主义,一座叫做封建主义。中国共产党早就下了决心,要挖掉这两座山。(《愚公移山》,见《毛选》三卷第一一〇二)

老舍的爱国主义思想,最显著的是表现在抗日战争时期的作品里。他的通俗作品教育了人民对敌人的憎恨,同时也鼓舞了人民对敌人进行顽强的斗争,他的剧本《国家至上》,主要是叫回汉民族抛弃旧日民族间的隔阂,团结一致,进行抗战。《归去来兮》,讽刺知识分子对抗日战争的动摇与犹疑。《残雾》,揭发国民党统治区的黑暗现实。但不论是讽刺,是暴露,而其总的目的则在于企图实现抗战的胜利与祖国的解放,而这就是高度的爱国主义思想的具体表现。

至于老舍前期作品,是不是还存在着一点缺点呢?我们说是存在着缺点的。最主要的是他对革命的错误理解与怀疑。据老舍自己讲,在一九三〇年后革命文学的高潮,他并不是没有受到影响,他说:

> 回到国内,文艺论战已放弃文学的革命,进而为革命的文学。配备着理论,在创造上有普罗文学的兴起。我是不敢轻易谈理论的,所以继续创作,没有参加论战,可是对当时普罗文学的长短,我心中却有个数儿,我以为他们的方针是对的,而内容与技巧都未尽满人意,一来二去,我开始写《黑白李》那样的东西。我之所以这次选用《黑白李》者,并非他比别的短篇好,而是拿它来说明我怎么受了革命文学理论的影响。(《选集自序》)

他虽然受到革命文学运动的影响,同时他也企图试写这一类的作品,但又正如他所说的,"没有能下功夫,有系统的研究理论的书籍,也不明白革命的实际方法"(同上),也就是他还不深切了解中国社会的性质、中国革命的性质以及中国革命所应走的方向和道路。其结果有时虽同情革命,但写出的作品,不免反而歪曲了革命,即如《黑白李》里边出现的革命人物,带着极浓厚的传奇色彩,而且不合乎事物发展的规律,和革命的方向也是不一致的,篇中写黑李为了爱自己的弟弟,也走上了领导车夫去砸电车的革命运动,这是非常不真实的,一则一个人没有政治思想上的觉悟,而单单基于友爱去参加革命,这是不可想象的。同时真正的革命者,只有领导电车工人去向资本家进行斗争,是不会领导那些散漫的洋车夫去砸电车的。

至于表现作者对革命抱着怀疑思想的是《猫城记》。篇中虽然讽刺了军阀政客,但也讽刺了革命人物,甚至否定了革命。篇中这样讲:

> 大家夫斯基的斗员,根本不懂经济问题,更不知道怎么创设一种新教育,其结果教了许多人,并没有能解决问题。因而认为猫国的大家夫斯基的经过,正如别种由外国来的政治主义,在别国是对症下药的政策,到我们这里,便变成自己找罪受。

这种对革命的诽毁与否定,不只由于作者不懂革命理论,而且也相信了国民党反动派对革命的毁谤与诬蔑。这种错误的见解,老舍

在《选集自序》里也作了极其沉痛的检查,他说:

> 我的温情主义,多于积极的斗争,我的幽默,冲淡了正义感。最糟的是我因对当时政治的黑暗而失望,写了《猫城记》。……我很后悔我曾写过那样的讽刺,并决定不再重印那本书。

由此可见,一个作家想写出对人民有利、对革命有所帮助的作品,专凭正义感与同情心是不行的,就必须对革命理论有正确的理解,并树立起无产阶级世界观才行。

三

作为老舍后期(解放后)创作的代表的,是《龙须沟》。这个剧本共分三幕,第一幕时间是解放前,二、三两幕在解放后。故事情节主要是写北京龙须沟沟沿上一个大杂院中几户市民的生活,从旧时代到新时代,由于社会变了,因而他们的环境同生活也变了。又由于他们的环境同生活变了,于是他们的思想认识也都跟着变了,这种变,主要表现在:(一)压在他们头上的统治势力以及恶霸流氓,都被打垮了;(二)龙须沟这条过去威胁他们的健康,甚至性命的臭沟,也被修理了;(三)人民群众当了家,作了主,这样环境改善了,生活也改善了,于是人也有了大的变化。程疯子不疯了,而且从一个废人,变成了有用的人,得到了固定的职业;丁四那样一个不成材的二流子,也成了老老实实工作的修建工人了;甚至恶霸的狗腿子冯狗子,也改邪归正了。全剧最后以新沟落成,大杂院中的人准备参加庆祝会,程疯子对街坊邻居唱了他准备在大会上唱的"数来宝"颂辞作结。

至于这部剧作的主要意图,即在于通过龙须沟和沟沿上一个大杂院里居民生活思想的变化,给新旧社会作了一个鲜明的对比,从而有力地歌颂了党和人民政府的伟大。周扬同志讲:

> 老舍同志锐利地观察到了革命的影响所引起的各种人物的深刻心理变化……程疯子不疯了,不好好干活的丁四,变成了一个好的工人了,狗腿子改邪归正了,原来像死水一样停滞的龙须沟变得沸腾起来了。把龙须沟的金鱼池改造成一个美丽的公园,就不只是程疯子一个人的梦想,也成为四嫂和一切龙须沟人

们的合理希望,就这样老舍先生描写了龙须沟和龙须沟人们的变化,有力地证实了人民政府和它的政策的旋转乾坤的力量。(《从〈龙须沟〉学习什么》)

《龙须沟》这个剧本所以能够受到人民群众的热烈欢迎,在演出上收到巨大的效果,决不是偶然的。

首先,由于老舍对人民政府是衷心的拥护并热爱的,所以这部作品才具有丰富的热情,因而才有动人的力量,他曾这样地讲:

这样感激政府的,岂止是龙须沟的人民呢?有人心的都应该在内啊!我受了感动,我要把这件事写出来,不管好与不好,我的感激政府的热诚,使我敢去冒险。(《龙须沟写作经过》)

其次是作者对现实生活发展变化的深刻观察与高度的艺术技巧,能够写出人物的思想行动和性格的特点。龙须沟虽是一个又脏又臭的贫民窟,但那里的居民,心地都是纯洁的,善良的。程疯子夫妇是那样的爱着别人家的孩子小妞子,但他们是被压迫者,程疯子在最初出台唱戏时,因为不会巴结,于是挨了打,心里一气便疯了,于是就成了废人,呆到家里。冯狗子还要狗仗人势,跑到他家里来欺负他,程娘子对她丈夫的不能工作,自己来养活他,心里并不抱怨他,嫌弃他,相反的非常地体谅他,同情他,只怕他生气。另外像丁四嫂、王大妈、二春对杨老头害病时那样的关切,以及同院邻居彼此间和睦友爱,处处表现出劳动人民那种纯真的阶级感情。

至于剧中人物的性格,不管哪一个都是非常鲜明的。王大妈的保守落后、处处胆小怕事、安分守命,二春的进步积极、对自己母亲的落后面总是采取着反抗,程娘子的温柔和善,杨老头的爽直正派、敢于和恶势力进行斗争,没有不是具体生动,栩栩如生的。

另外,作者对语言的掌握与运用,也是非常成功的。他不但熟悉人民群众的生活,并且熟悉人民群众的语言,而他在运用时,不但确切而且恰如其分。他说:

作家必须先胸有成竹地知道人物的一切,而后设身处地地写出人物的话语来,一个作家实在就是一个全能的演员,能用一

支笔写出王二张三与李四的语言,而且都写得恰如其人。对话就是人物的性格的自我介绍。(《我怎样学习语言》)

这就是老舍成功的所在以及所以能被称为"语言艺术大师"的原因。他说他写文章,作报告,尽量用大家都懂的口语,尽量删去文言的成分,尽量不用术语名词,拿同样的意思来代替这些一般人可能不懂的术语同名词,因此,他这种文章和报告,被人称作"大白话"。

第三节 巴 金

一、生平

巴金原名李芾甘,四川成都人,1906年生,出身于一个封建地主家庭。他自己曾这样讲:

> 我生在一个古旧的家庭里,有将近二十个的长辈,有三十个以上的兄弟姊妹,有四五十个男女仆人。

他的祖父在做多年官以后,便退休下来,广置田产,修建房舍,玩古董讨姨太太。他父亲作过广元县知县,据说还是清官,可是作了两年回家后买了40亩地。

1920年他在成都外国语专门学校读书,这时正当五四后,他接触了克鲁泡特金的《告少年书》,开始受无政府思想的影响。1923年他和他的三哥两人离开成都到上海去。1925年翻译了克鲁泡特金的《面包与自由》。巴金的笔名是采用俄国两位无政府主义者首尾二字的译音,"巴"为"巴枯宁","金"为"克鲁泡特金"。这两个人的思想都是唯心论的,是科学的社会主义最凶恶的敌人。马克思和恩格斯对巴枯宁曾经进行过坚决的、不调和的斗争。

1927年1月,巴金由他大哥的帮助到法国去留学,住在巴黎拉丁区一家古老公寓五层楼上的一个房间里面,他后来在一篇回忆里曾经这样讲:

> 为了安慰我这颗寂寞的年青的心,我开始把我从生活里得到的一点东西写下来,每天晚上一面听着圣母院的钟声,我一面

在一本练习簿上写一点类似小说的东西,这样在三月里我就写成了《灭亡》前四章。

从此以后他就开始了他的创作生活,当时他的创作力非常旺盛,他在给他一位朋友的信里这样讲:

> 在一年半的短促的时间里,我写了十部长短篇小说,我这样不吝惜我的精力和健康,我甚至慷慨地舍弃我日后几年的生活,来换这八十多万字。

他在1930年回国后,仍旧继续写作。他是一位多产的作者,前后发表的作品长篇有《灭亡》、《家》、《春》、《秋》、《雾》、《雨》、《电》等,短篇集有《复仇》、《电椅》、《光明》、《沉默》等,特别是《家》、《春》、《秋》受到当时广大青年读者的欢迎。

解放后他对新社会是拥护的,他曾说为了欢迎这伟大的新时代的来临,愿意用新的作品和读者见面,因此在抗美援朝战争中,他到了朝鲜前线,1953年回国后,发表了新的作品《英雄的故事》(小说四篇,散文一篇)、朝鲜通讯集《生活在英雄们的中间》。

二、作品中所反映的黑暗现实与作者的思想倾向

我们读巴金的作品,都会感到那种忧郁的悲凉的气氛,但从这里也就使我们看到作者对黑暗的现实是深恶痛绝的,他对它不只是作了无情的揭发,而且也流露出他对于未来的光明抱着如何的渴望。但是光明在他看来,总觉得是遥远的、渺茫的,因而就感到无限的悲凉,他说:

> 我的写作生活是痛苦的,因为我承认过……我不是一个艺术家,我只是把写作当做我的生活的一部分。我的生活充满了种种矛盾,我的作品里也是这样,爱与憎的冲突,思想与行为的冲突,理智与感情的冲突……这些组成了一个网,掩盖了我的全生活全作品,我的生活是一个痛苦的挣扎,我的作品也是的。我的每篇小说都是我的追求光明的呼号……同时惨痛的受苦的图画,像一根鞭子那样,在后面鞭打我,我只有拿起笔写不顾一切地写下去。(《电雨雾新版本前记》)

下边试就《灭亡》、《家》和一部分短篇作品为例,来看作者所反映的现实以及他对现实的态度。

　　《灭亡》是巴金的处女作,发表后就引起了文坛上普遍的注意。篇中写主人公杜大心是一个黑暗现实的憎恶者,他誓以自己的灭亡,来毁灭这个不合理的现实世界。他曾爱上一个女性李静淑,但自己是一个肺病患者,觉得已经没有资格来爱她了。他的同志张为群,被反动的统治者杀害了,于是他要坚决地为他复仇。一天晚上在总商会欢宴戒严司令的席上,他冒充了新闻记者,向戒严司令放了四枪。戒严司令的肩上受了微伤,被打死的是戒严司令的马弁,最后他用剩下的一颗子弹,自杀了。他曾爱过的李静淑,因为受他的影响,后来也参加了革命,成为一个领导工人进行罢工斗争的女革命家。至于这部作品的积极意义,在于:(一)揭发了现实社会的黑暗,压迫者与被压迫者的矛盾与斗争;(二)歌颂了具有正义感为革命不惜个人生命的青年知识分子。但同样也存在着严重的缺点,这种缺点完全由于对革命的错误理解,因而在奋斗的方向上,也是不正确的,首先他认为:

　　　　至少在这人掠夺人、人压迫人、人吃人、人骑人、人打人、人杀人的时候,我是不能爱谁的,我也不能叫人们彼此相爱的。凡是曾把自己的幸福建筑在别人底痛苦上面的人,都应该灭亡的。

　　但同时他又认为:

　　　　对于最先起来反抗压迫的人,

　　　　灭亡一定会降临到他的一身。

　　　　　　　　　　　　　　(《撒旦之胜利》)

　　固然压迫人的人要灭亡,而最先反抗压迫的人,也可能会灭亡,但因作者是从小资产阶级个人主义出发,以悲天悯人的英雄思想来理解革命,并对待革命,把个人利益与群众利益分割开来,因而就不免带有浓郁的悲观主义的色彩。至于无产阶级把个人与集体融合起来,认为革命是不可避免的要有牺牲,同时革命最终是必然要胜利的,即令个人牺牲了,但这种牺牲会赢得人民群众的胜利,因之无产阶级永远是乐观的,甚至在被人杀害的时候,也还是乐观的。像巴金这种都趋于灭亡的看法,就有着虚无主义的倾向。

其次,从作品中主人公杜大心的行动中,可以看出作者当时把革命看成少数人对压迫者的斗争,而不是阶级与阶级间的斗争,因而把革命理解为有正义感的人对少数压迫者的暗杀,这是一种极端错误的方向。作者还没有理解现实中的人吃人、人压迫人的不合理现象的产生根源是社会的制度。不彻底地推翻旧的社会制度,单单杀掉几个为首的坏人,是不可能解决问题的。因为在旧的社会制度下,坏人是暗杀不完的,所以这种用暗杀的方式刺杀了敌人,再来自杀,无产阶级不但不采取这种道路,而且坚决地反对这种道路。因为这种道路是建筑于唯心论的英雄史观的基础上,而不是建筑在唯物史观的基础上的。这种错误的观点,作者后来在小说《雾》中自己也进行了批判。

还有篇末写李静淑后来领导了工人运动,这也是一种空想。因从李静淑的出身环境看,她这种发展是没有更有力的现实基础的。单纯指出她对革命具有同情心,那是非常的靠不住的。

巴金在发表了《灭亡》之后,接着就继续发表了他的《激流三部曲》——《家》、《春》、《秋》。这是在故事上有连续性的三部小说,而最足以作为代表的乃是《家》。

这部作品的内容主要是写一个姓高的封建大家庭的崩溃过程。作者刻画了高家的三辈人物,祖父高老太爷的顽固保守、封建专制,下辈克安、克定的腐化堕落,再下一辈,觉新、觉慧接受了五四时代新思想的影响,要力图冲破封建的枷锁。所以到高老太爷去世后,这一个封建大家庭,就逐步走上了崩溃瓦解的道路。

书中特别着重地写出了孙子辈中长房的弟兄三人的性格特点,老大觉新一方面曾受到新思潮的影响,但同时又深深地为旧的封建思想所束缚,这样就形成了他的遇事犹疑、迁就、软弱,一点也不果断,丝毫不肯反抗的性格。因此使他葬送了两个他所最爱的女子,一个是他最初的恋人梅表妹,另一个是他的妻子瑞珏,他自己于是也陷入到悲惨的境地里。他的思想中新旧两种思想时时在矛盾斗争着,可是斗争结果,旧的总是战胜了新的。他既要寻求个人幸福,但又要作孝子贤孙,在那时这二者是不可得兼的,为了后者就不得不牺牲前者,其结果他牺牲了个人的幸福,而成为一个软弱无能的可怜虫。

老三觉慧是完全代表了新的进步的具有反抗性的革命力量,他年纪轻,受旧思想的流毒不深,全盘的接受了新思想,有理想,有勇气,敢作敢为,敢于进行反抗。他憎恶祖辈和父辈那种封建专制,荒淫无耻,他总是劝他大哥觉新要勇敢些,但他大哥不听他的。他劝他二哥,他二哥接受了他的意见,因而他二哥比他大哥要幸福一些。他因此后来成了封建势力的眼中钉,于是就毅然决然地抛弃了那个封建家庭、封建环境,而远走高飞了。

老二觉民在性格上是介乎老大与老三之间的。他没有老大的懦弱,但也不像老三那样富于反抗性。但他毕竟为了个人的婚姻问题而离开了家庭,和他的祖父作斗争,最后终于取得了胜利。觉民的性格后来逐步地有了发展,由于逃婚的胜利,鼓舞他同旧的势力的斗争,到了后来由于他的策划,使他的二妹出走。在《秋》中写他同他家中的腐朽势力进行斗争,终于影响了他的大哥,也比较地勇敢了起来。

除了以上三位生动的人物形象外,在反面人物方面也刻划出了代表封建势力的人物冯乐山。他自以为是,而且别人都认为他是一个风流名士,实际上他是一个典型的伪君子,色鬼,杀人不见血的刽子手。鸣凤为了他而自杀了,琬儿到他家过着悲惨的非人的地狱生活。

书中所描写的女性也是多种多样的。有被封建婚姻制度埋葬了的梅小姐,有典型姨太太型的陈姨太,有贤妻良母型的瑞珏,有追求幸福受到封建势力压迫时敢于采取反抗态度的鸣凤,有比较软弱,终于陷入于火坑成为欲死不得、欲生不能的琬儿。

总之,从全书中可以看出在封建社会行将崩溃的前夕,封建势力还在作最后的挣扎,在继续不断的吃人。但是一些强者已经看穿了它是在摇摇欲坠,终将要走向覆灭,因而也就勇敢地来向它进行斗争,为封建的家族制度敲起了丧钟。

这部作品是写得相当成功的,在反封建方面来说,它是起着积极的作用的。固然在半封建半殖民地社会中,主要的矛盾是农民和地主间的阶级矛盾,以及中国人民和帝国主义间的民族矛盾。《家》里边所反映的矛盾,乃是新旧思想的矛盾,也就是资产阶级民主思想与封建思想的矛盾,自然是属于当时社会上次要的矛盾。但是由于作者比较成功的艺术手法,刻画人物故事的生动真实,在一定程度上揭露封建家族制度的罪恶,从而反映中国社会的发展变化,所以它对于人民革命来说,还是起了助进的作用的。至于这部作品对黑暗现实的暴露与对读者的启发,有以下几点:(一)揭露了封建阶级代表人物的凶恶面貌,高老太爷、冯乐山,都是伪善者,特别是后者,是阴险凶恶、手段毒辣的刽子手;(二)具体的指出了封建社会制度怎样地在吃人,梅小姐、瑞珏、鸣凤、琬儿,她们都是这样的社会制度下的牺牲者;(三)写出新的一代怯懦的委曲求全的,如觉新,如何陷于悲惨的境遇;相反的,敢于反抗的,如觉慧、觉民,由于自己掌握了自己的命运,终于开拓了光明的前途;(四)从以上三点,就启发教育了读者,封建社会制度已经在走向灭亡,青年们要以觉新为戒,不要再蹈他的覆辙,应该以觉慧、觉民为法,敢于反抗,走革命的道路,来开拓自己光明的前途。

巴金的创作除长篇的外,还有短篇集多种,解放后出有《巴金短篇小说选集》,现在就《亚丽安娜》、《狗》、《电椅》三篇论述于后。

《亚丽安娜》写一个留学法国的中国青年吴某与一个波兰女革命家亚丽安娜有了爱情,这位女革命家因被法政府驱逐,不得不回国去。作品中细致地写吴某当亚丽安娜走时,内心别离的痛苦。从这里刻画出两种性格,一是小资产阶级吴某的性格,把爱情当作至上,由于与爱人的别离,痛苦得几乎到了不能支持的地步。同时也写出一个有革命信仰的女子的性格,她能把革命放到第一位,而对于和爱人离别,并不是感到多么不得了的难受。虽是回到祖国要过着十分危险和艰苦的生活,但是神情泰然,临别很从容向着送她的人说:"谢谢你。"她微笑地说"再会"。

《狗》这篇作品,是以讽刺的笔墨写一个贫穷的人流落,无家,缺衣,乏食,自己觉得连狗都不如,光想变成一个狗。一次由于他爬着,紧紧抱着那一只他渴望了许久的粉红色的腿,因而被捕了。从这里反映出社会上阶级的悬殊和阶级间的矛盾。

《电椅》写在美国做工的意大利人,一个是鞋匠,一个是鱼贩子。他们都是善良的人,既不曾抢过钱,也不曾杀过人,但竟在麻沙秋谢省以强盗杀人罪名判处了死刑。他们在监狱中绝食,进行斗争,社会上一些正义人士也呼吁援救,但是两人终于都被电椅电死了。这篇作品,揭露了美帝国主义文明的真象,所谓"民主"、所谓"自由",完全是骗人的鬼把戏。

三、巴金的世界观对他的创作方法的影响

巴金的现实主义创作方法,是受到他的世界观的极深影响的,他在小说《雾》的序中说:

> 你知道我和别的许多人不同,我生下来就带了阴郁性。这阴郁性差不多毁坏了我一生的幸福。但是我那追求光明的努力,却没有一刻停止过,我过去的短促的生涯,就是一篇挣扎的纪录。

他又说:

> 我早已不去想那黑影了。……我的爱,已经把那黑影征服了,我的对于人类的爱,鼓舞着我使我有力量和一切挣扎。所以在夜深人静的黯淡的灯光下,鼓舞着我写作的,也并不是那悲苦的心情,而是爱,对于人类的爱。这爱是不会死的,事实上只要人类不灭亡,则对于人类的爱,也不会消灭,那么我的文学的生命,也是不会断绝的吧。

在前边我们也曾引过他这一类的话,就是他的生活充满了种种的矛盾,"爱与憎的冲突,理智与感情的冲突……"这样就苦恼着他。为什么这样呢?就由于他憎恶黑暗,追求光明。但因为他这种爱和

憎,是从小资产阶级的正义感和人道主义的思想出发的,而不是从马克思主义的阶级观点出发的,所以对于如何消灭黑暗与如何获得光明,找不到一条正确的道路。他所信仰的安那其主义,这种唯心主义的政治理想,事实上是不可能实现的。同时从个人主义出发来理解革命,必然地不能正确地对待革命,这就是他的内心矛盾的根源,他的作品中一些积极人物的思想行动,不同程度的都表现了他自己的思想。但这些人物有着深的爱和憎,有着勇敢的斗争精神,但他们的行动没有不是莽撞的,没有不是脱离群众的。这种个人主义和英雄主义,其结果没有不失败的。由于看到个人奋斗的失败,因而就更憎恶现实,心中就愈苦闷,但追求光明的心,不允许消极颓唐,于是就形成痛苦的挣扎。这种基于世界观的矛盾而构成内心矛盾与痛苦,是他的作品所以会有浓厚的阴郁性,有时并带有感伤的情调的原因。

在创作方法上,由于他的世界观的局限,在解放前仅仅达到了批判了的现实主义,在作品中没有能够全面地反映中国的现实,只看到小资产阶级知识分子的革命,而忽略了中国共产党所领导的工农群众日益增长的革命力量,以及革命的伟大而光辉的前途。同时那些小资产阶级革命的道路,也是不正确的道路,这种缺点可以说完全是他的世界观所决定的。

四、对巴金应有的理解和评价

巴金在世界观以及政治观点上,解放前有着错误的倾向,同时,在某些作品中存在着较为严重的缺点,这样是不是对他应该加以否定呢?我们认为不但不应该否定,而且应该适当地给以肯定。原因:

一、他的追求光明、憎恶黑暗、对吃人的社会制度的无情揭发,这对激励一般读者的反抗旧社会,而走向革命,是起了一定的积极作用的。

二、他在政治上,虽曾经倾向过安那其主义,但却不曾从实际行动上反对无产阶级的革命以及无产阶级所倡导的共产主义。他最初同共产党距离很远,但从没有过反对共产党的行动和言论。

三、由于人民革命形势的发展,他逐渐认识到中国共产党所领导的革命,正是要打倒他平时所憎恶的那些东西。这样就使他逐渐接近了共产党,在抗日战争前,他开始接近了鲁迅。鲁迅称他"是一个有热情的有进步思想的作家,在屈指可数的好作家之列的作家"(《答徐懋庸并关于抗日统一战线》)。在抗日战争和解放前,和党的同志有较多的接触,因之在解放后他就成为人民政府和共产党的热诚拥护者。

第四节 曹 禺

一、生平

曹禺原名万家宝,天津人,清华大学毕业,曾留学美国。1933年发表处女作《雷雨》,即名噪一时。继而于1935年又发表《日出》,遂一跃而为文坛的名作家。其作品规模的宏廓、气魄的雄浑、语言的精练、对现实生活反映的主动与真实,使剧坛上许多老作家黯然失色。以后又继续发表《原野》(1937)、《蜕变》(1940)、《北京人》(1941)、《家》(1942)等作品,显示出作者具有异常卓越的创作才能。解放后任中央戏剧学院副院长,全国作家协会创作委员会委员。曾将旧作《雷雨》、《日出》、《北京人》进行修改,重新刊行《曹禺剧本选》,并发表新的《明朗的天》。

二、三部代表作《雷雨》、《日出》、《北京人》的思想内容

《雷雨》是一部惊心动魄的悲剧,内容写一个煤矿公司的董事长周朴园家庭内所发生的事变。周的后妻周繁漪和他的前妻的儿子周萍有过爱情的关系,后来周萍又爱上了他家的仆人鲁贵的女儿四凤,因而引起周繁漪精神上的痛苦。恰巧这时四凤的母亲鲁侍萍从济南回来,周繁漪就告鲁贵讲,要见见四凤的母亲,借机劝她把她的女儿四凤带走。

鲁侍萍到周家去接她的女儿四凤的时候,才了解这家的主人原来就是她三十年前的情人周朴园。她为他曾经生了两个孩子,当第二个孩子生出后不久,周朴园因为要和另一家阔人家的小姐结婚,就把她驱逐走了。她带着她的幼儿跳了河,但没有死,被人救了起来,以后嫁了丈夫,不行,又离了,最后又嫁给鲁贵。鲁贵的品质也非常的坏,喝酒、赌博,为了挣钱,就把自己年轻的女儿四凤送到周家作使女。四凤同周萍有了关系,他不但不加阻止,而且觉得这可以使他借机多敲诈周家几个钱。

鲁侍萍当知道他的丈夫的主人是周家,并且从周蘩漪的嘴中,知道他家儿子与四凤的关系后,她心中悲痛极了,坚决地把她的女儿带回家去,并且决定把她带往济南跟着她。

周萍在家中一方面爱四凤,但又摆脱不开他的后母周蘩漪对他的纠缠。他知道四凤离开他家,是周蘩漪的主意,因而坚决要离开家,到矿上去工作,并打算带四凤一块去。在他准备走的前一晚上,也就是四凤、鲁贵被解工的那天晚上,周萍去四凤家找四凤。适为鲁贵的儿子大海所撞见,周萍跑了,四凤跟着也跑了。这件事周蘩漪是知道的,因为当周萍去四凤家,她尾随在后边,后来当周萍回来与四凤两人准备逃走的时候,周蘩漪出来阻止了他们,并叫出周朴园。这时鲁侍萍、鲁大海因为找四凤,也到了周家。由于周朴园的说明,周萍与四凤才了解他二人是同母兄妹,于是四凤跑出去触电死了,周萍的弟弟周冲去拉四凤,也死了。周萍听说这个噩耗,最后在屋内用手枪自杀了。

剧中人物,作者最着力的描写的是周蘩漪,他说"在《雷雨》八个人物中,我最早想出的,并且也觉较真切的是周蘩漪"(《雷雨初版序》)。同时,她也确是全部故事中的主要人物。但她的性格是不容易为一般群众所理解的。她是一个敢于追求个人幸福的女子,她不幸落在周朴园的家庭里,周朴园对她是专制和命令。她追求爱,恰巧在这个家庭里就碰到了年龄和她相近的周萍,这样他们就不自觉的发生了在旧社会中的不伦的关系。周萍后来逐渐地理解到他们这种恋爱关系的不正常,内心有着无限悔恨,竭力地想摆脱这种关系。但是在周蘩漪却不认为这事是不应该,她竭力地抓着周萍,不肯放手。当她知道周萍与四凤有了关系时,她就马上辞掉了四凤。及至周萍坚决带四凤走时,她这时要求周萍不要走,她可以把四凤找回来,再不然也带她走。当这种退一步的希望也落空后,她就恨起了周萍,而坚决地揭发他们之间的关系。她是勇敢的,她是觉醒了的女子,在她思想上没有封建的礼教观念,她敢为追求自己的爱恋而斗争,这是一个坚强的性格。要按茅盾说明他所塑造的"桂奶奶"(《诗与散文》)的性格,认为"环境好,她可以革命",而周繁漪正有些像桂奶奶,而有过之而无不及。作者这样的讲:

> 我算不清我亲眼看到多少繁漪(当然她们不是繁漪,她们多半没有她的勇敢),她们都在阴沟里过着生活,却心偏天样的高。热情原是一片浇不息的火,而上帝偏偏罚她们枯干地生长在砂上。这类的女人许多有着美丽的心,然为着不正常的发展,和环境的窒息,他们变为乖戾,成为人所不能了解的受着人的嫉恶、社会的压制,这样抑郁终身,呼吸不着一口自由空气的女人,在我们这个社会里,不知有多少吧。遭遇这样不幸的女人里,繁漪自然是值得赞美的。她有火炽的热情,一颗强悍的心,她敢冲破一切的桎梏,做一次困兽的斗争。虽然依旧落在坑里,热情烧疯了她的心,然而不是更值得人的怜悯与尊敬吗?!这总比阉鸡似的男子们,为着凡庸的生活怯弱地度着一天一天的日子更值得人佩服罢。(《初版序》)

从作为一个敢于打破一切桎梏、追求个人幸福的角度上来理解繁漪这个形象,是非常必要的。

《雷雨》由于在一定程度上真实地反映了现实生活,因而就具有深刻的现实意义。首先,剧中对于周朴园的刻画,揭发了剥削阶级的残忍性与虚伪性,因而铸成了他家庭中后来的悲剧。其次,又揭发了旧的社会制度对于妇女的压迫。鲁侍萍是一个被遗弃的牺牲者,周繁漪因为追求真正的爱,陷入到痛苦的深渊,达到快要发狂的地步;鲁四凤蹈了她母亲的覆辙,并且陷入了不伦的血族恋爱,使她走上了自杀的道路。还有在鲁大海与周朴园的关系上,刻画出了资产阶级与工人阶级的阶级特性,同时也说明了经济生活是决定一个人品质的主要原因。鲁大海和周萍虽是一母所生,都是周朴园的儿子,但是由于鲁大海儿时就被遗弃,后来成为产业工人,因之就具有工人阶级的优良品质,和周萍恰恰是一个对立的两面。

《雷雨》在人物形象的塑造上,是相当成功的。但就故事的结构与发展来说,不能不令人感到它具有浓厚的宿命论的色彩,因而降低了作品的积极作用。时隔三十年,鲁侍萍重新又到了周家。鲁大海是周朴园的儿子,但他领导了工人向周朴园进行斗争。四凤与她的同母哥哥发生恋爱,四凤发誓"再与周家见面,那天上的雷劈了我",最后终于触电而死。这样就使观众认为这种不幸,是偶然的命运造成的,原谅周朴园,减轻对旧社会制度的憎恶。这种缺点,作者在解放后也作了批判。

其次是《日出》,这个剧的内容,是以一个在大都市中出卖灵魂的女子陈白露为线索,展开了对剥削阶级腐朽生活及相互间的斗争,以及被剥削阶级与被压迫的小人物们悲惨命运的画面。里边的寄生者除陈白露外,还有顾八奶奶、胡四之流、大流氓的狗腿黑三,此外还有不幸的人物像黄省三、小东西、翠喜等。从经济生活中,从人们彼此关系的错综复杂的依存矛盾斗争中,写出了半封建半殖民地的大都市中的阶级对立,一边是荒淫无耻,一边是痛苦的挣扎。

剧中的主要人物陈白露是一个为都市资产阶级腐化生活腐蚀了灵魂的女性,她还有一颗善良的心,同情不幸的遭遇者小东西,想法子来救她,她自己不时的追忆起幼年时那种天真自由的生活,但资产阶级腐化生活,正像一根锁链一样捆绑了她,她永远是欠着很多的债,永远是还不清的债,她不得不继续地出卖她的灵魂,来偿还她的欠债。她过着舞女不是舞女、娼妓不是娼妓、姨太太不是姨太太的生活,这是近代都市的畸形产物。她知道"太阳快出来啦,太阳不是我们的,我们要睡啦"。当方达生天真的买两个人的车票,约她一同走时,她这样的问方达生:"你有多少钱?你养得活么?咦!我要人养活,你难道不明白?我要舒服,你不明白?我出门要坐汽车,应酬,要穿些好衣服,我要玩,我要花钱,要花很多很多的钱,你难道听不明白?"但是到了最后潘经理的公债垮了台,大丰银行也垮了台,潘经理不能再给她钱了,她又向张乔治借钱,张乔治给她一个滑头,不肯借给她,她就不得不吃安眠药片,来了此一生。这种为了物质享受而出卖了自己的灵魂与肉体的女性,在大都市正不知有多少,虽然她们的结局不完全同于陈白露,但陈白露却是这一类型的女子的代表。

其次,剧中人物值得我们注意的还有李石清,他是一个运用心机和手段企图向上爬的小职员。他为了向潘经理讨好,提出裁减人员的计划,而黄省三就是在这计划实施下的牺牲者。同时他偷开潘经理的抽屉,探知他的银行存款的秘密,用这来要挟潘经理不得不升他为襄理。他为了要巩固他的襄理的地位,进行人事的拉拢,用空肚子顶石板的办法,让他老婆来同陈白露、顾八奶奶一流人打牌,应酬,实际他并没钱,是当了个人的衣服的钱。但结果他的好梦不长,潘四把他撤职了,他的儿子病了,因没钱进医院也死掉了。他受了潘四的奚落与申斥,他最后的命运和黄省三差不多。他企图报复,后来他探知潘四公债垮了台,大丰银行也要垮,他找着潘四大骂了一顿,算是泄了泄他的愤气。李石清是走社会一般往上爬的人的道路,由于他没有封建的人事关系,为达目的不择手段,其结果遭到了失败。

《日出》对于现实生活的反映,比《雷雨》向前跨进了一步。它不仅反映了资产阶级以及一些寄生者的荒淫无耻的腐朽生活和他们内部之间的矛盾斗争,同时也暴露了在帝国主义经济侵略下的中国大都市所出现的经济危机,市面的萧条,银根的紧缩,失业的增多,中等资产阶级的被挤垮,特别是在那样的社会制度下,一些被侮辱与被损害的人们,终天辗转于死亡线上,有的跳了楼,有的上了吊。同时在剧中最后并把未来的光明,寄托在没有出台的打夯的工人们的身上,并且也暗示出有些人抛撇到个人的一切,而走向为人民大众的解放而斗争的道路,即如陈白露所说的她早年的爱人那位诗人。

不过《日出》也还有很多不够的地方,它没有能够抓住当时中国社会中所存在的主要矛盾,即如都市中工人阶级与资产阶级间的矛盾。《日出》中所反映的都是比较次要的矛盾。其次,从剧中看不出造成这种悲惨的现实的主要原因是什么,黄省三、李石清一流人固然有着不幸的结局,可是潘四后来不也垮台了吗?因而使人不了解被压迫者的主要敌人究竟是谁?因而方向是不明确的。至于作者把未来光明寄托在打夯人的工人群众,这种暗示也还是比较模糊的。因此要拿《日出》与茅盾的《子夜》相比,很显然的,在思想性上以及对现实生活本质的反映来说,都是远远不如的。不过在当时能产生出这样具有批判意义的作品,已是比较难能而可贵了。

《北京人》也是作者一部代表作,写一个封建家庭崩溃没落的情况,并刻画出长期在这样家庭生活中所形成的一些人物的性格,从而暴露了封建制度的罪恶。剧中并借一个人类学者袁任敢的家庭教育,来衬托曾家的专制与腐败。并且借袁的话,说明近代文明反使人类走向堕落,表现对原始人类社会怀着无限的追怀与向往。同时也看出了作者对近代文明的厌恶与诅咒。最后以曾文清的出走,不久又跑了回来,终于吞烟自杀,曾家孙儿媳妇瑞贞参加了革命,与愫方随同袁家离开曾家出走,结束全剧。

剧中人物最值得我们注意的是曾文清和愫方两个人。曾文清是一个典型的在封建家庭环境中产生的一个废物。他会画,喜欢玩鸽子,同时也染上了鸦片烟瘾。他爱他的表妹愫方,但他又怕他的太太曾思懿,不敢公开地和她来往,总是偷偷摸摸的。他非常的软弱,又非常的无能,他受他父亲的气,又受他太太的气,他本来决定要出走啦,但出去不久又转了回来,好像是失掉了翅膀的鸟,飞不动了,最后在忧愤中,吞食了鸦片烟。在封建社会中有着千千万万的曾文清,他们都是那种社会制度下养出来的废物,特别是到封建社会行将崩溃的时候,他们的结局只有死路一条。

愫方是一个非常值得人们同情的妇女形象,她有很多优点,但也有极大的缺点。她是一个可怜的人,失掉了亲人,寄养在姨父的家里。她等于曾家的一个高等使女,伺候这个,伺候那个,特别是要伺候她的姨父,像一个奴隶一样的柔顺。她爱她的表哥曾文清,但她知道同他不能结合,而且也没希望同她结合。她为了爱他,凡是与他有关的人和物,没有不爱的。甚至连最狠毒的一直把她看作眼中钉而戏弄她、讽刺她、对她玩着种种把戏的曾思懿,她对她也非常的好。她是这样的善良,一向光想着别人,从没想到过自己。这是多么值得尊敬的品质!可是她最大的缺点,也就在这里。也就是受着旧思想的束缚太久,逆来顺受,宁肯忍受一切委屈,都不肯反抗。她的唯一的安慰就是她同她的表哥曾文清两人可望而不可即的爱。最后由于曾思懿对她的欺侮,瑞贞对她的劝说,她才决定同瑞贞一块走掉。这个人有着优良品质,只缺乏进步思想,到后来多少总算有了点觉悟。

《北京人》这个剧本中反映出时代的发展变化,封建家庭的曾家,逐渐破败,必然要为新发户他的隔壁邻居杜家所替代。再就曾家的祖孙三辈来说,曾皓、曾文清以及他们的亲戚江泰,这些老老少少的废物们的前途,只有走向灭亡。另外像新生的瑞贞,则从旧的家庭走出,踏上了光明的道路。这是历史发展的必然,而这个剧本也就显示出这个发展的动向。虽然如此,但作者对历史的发展的理解,则是不正确的,他诅咒现实,因而就不免缅怀往昔,因而有着浓厚的向后看的思想。这虽然多多少少也有着以复古为解放的意向,但却给观众以一定程度的不良影响。

此外,曾文清的自杀与愫方的出走和他们的性格多少有点不称。曾的软弱无能是不会自杀的,因为自杀也须要有着坚强的决心。愫方的出走,与她的不忍的心以及她对文清的爱是有矛盾的。

三、曹禺的世界观与创作方法

曹禺的作品就创作方法上来说,应该说基本上是现实主义的,他揭发了现实的黑暗,特别是在暴露封建大家庭以及具有封建性的家庭的黑暗和丑恶上,是比较真实的。这就是《北京人》、《家》以及《雷雨》的主要内容。从这里边深深地透露出在这样制度下被压迫的人们,特别是妇女们要求个性解放的呼声。其次是资产阶级与贫困的无产者间的矛盾。作者在《日出》中塑造了黄省三、翠喜、小东西……这些不幸的形象,而对这些人物的不幸,作了不平的控诉,这充分地表现出作者的正义感以及人道主义思想。

但是作者在作品中并未能全面地正确地反映当时的现实社会，在《日出》中作者虽使观众对那不平的社会感到深深地痛恶，但却不了解所以构成这种不平社会的主要根源何在，也就是被压迫者的主要敌人是谁，与推翻这样不合理的社会需要依靠哪些人，从什么地方下手。特别是作者在抗日战争时期，所写的《蜕变》一剧，对剧中主人公丁大夫的转变，完全寄托到一个反动的统治阶级梁专员的身上，这就是不切合实际情况的一种空想。至于《原野》一剧中，写仇虎在深林中的所见以及构成剧情的阴森气氛，很显然的说明了作者在受着没落资产阶级追求神秘怪异倾向的影响。从这些都看出了作者对现实生活的理解不够全面，有时甚至犯了错误，以致在创作方法上违反了现实主义的原则。

至于作者这种现实主义所受到的局限，追溯根源，不能不说是由于作者旧的世界观影响的结果，作者在创作上从个人的正义感以及人道主义、爱国主义的思想出发，动机是非常善良的，但由于旧的世界观对他的束缚和局限，使他没有能够从阶级观点上来理解现实中一切问题，因而对于现实以及历史的发展方向，就得不到正确的了解。这样就使他很想反映现实，但往往把握不着现实中的本质问题；很想寄托理想，但结果流而为幻想；很想有助于被压迫者，但结果某些地方反有利于当时的统治阶级。从这里就充分地说明了一个作家，任是有着怎样卓越的创作才能，但光凭个人的热情、正义感和善良的愿望，还是不够的，必须得与工农结合，改变立场，改变世界观，掌握好马列主义的理论武器，去深入现实，分析现实，表现现实，这样才能正确地全面地反映现实。作者解放后写的《明朗的天》之所以有着巨大的新成就，原因也就在这里。

本章参考书

一、《叶绍钧短篇小说选》《倪焕之》（叶绍钧）

二、《老舍选集》《龙须沟》（老舍）

三、《灭亡》《家》《巴金短篇小说选》（巴金）

四、《曹禺剧本选》（曹禺）

第十三章 反映抗日战争与歌颂抗日战争的作家

第一节 艾 青

艾青原名蒋海澄,浙江金华人,最初在杭州一个艺术学校学习美术,后来又到法国留学,九一八后回国,因参加爱国运动被捕入狱,从此就开始了他的诗歌创作,发表了他的第一部诗集《大堰河》。抗日战争爆发后,他由南方到北方,最后终于由重庆到了民族革命的圣地延安。在这期间,他发表了《向太阳》、《他死在第二次》、《火把》、《旷野》、《黎明的通知》、《雪里赞》等诗集,成为时代的号角,人民的歌手。全国解放后,又出版了《欢呼集》和《宝石的红星》,在我国当代诗坛,成为有数的大作家。

一、创作的三个时期

艾青从一九三三年发表他的处女作《大堰河》起,直到一九五三年发表他的《宝石的红星》这二十年间,从历史的发展结合他的作品的内容来看,很显然地可以分为三个时期:抗日战争前为第一期,从抗日战争爆发到全国解放为第二期,全国解放后为第三期。第一期作品的特点,主要是强烈的反帝情绪和同情那受着苦难的劳动人民,而在情感深处和他们连结了起来。

艾青虽是出身于封建地主家庭,但他是在他的褓姆家长大的,这使他在精神上与劳动人民有着密切的联系,他具有磅礴的热情和强烈的正义感,他虽到过世界上最繁华的都市巴黎,但他并不像中国一般的留学生,那些阔少们,沉醉在资本主义腐朽的物质与色情的享受里,相反的,他对资本主义的向外扩张的穷凶极恶——掠夺与奴役,以及资产阶级生活的淫靡与腐烂给以无比的憎恶和诅咒。他在《巴黎》一诗中,直斥巴黎为:

　　你患了歇斯里的美丽的妓女!
　　……
　　这淫荡的
　　淫荡的
　　妖艳的姑娘!

而怀念她过去的革命暴动和公社的诞生。在《马赛》诗中斥马赛为:

　　你是财富和贫穷的锁孔,
　　你是掠夺和剥削的贼库。

同时又指出:

　　这大邮轮啊
　　世界上最堂皇的绑匪!
　　几年前,
　　我在它的肚子里
　　就当一条米虫般带到此地来时,
　　已看到了
　　它的大肚子的可怕的容量。
　　它的饕餮的鲸吞,
　　能使东方的丰饶的土地
　　遭难得
　　比经了蝗虫的打击和旱灾
　　还要广大,深邃而不可救援!
　　半个世纪以来,

> 已使得几个民族在它们的史页上
> 涂满了污血和耻辱的泪……
> 而我——
> 这败颓的少年啊,
> 就是那些民族当中
> 几万万里的一员!

他在《芦笛》一诗里又讲:

> 谁不应该朝向那
> 白里安和俾士麦的版图
> 吐上轻蔑的唾液呢——
> 那在眼角里充溢着贪婪,
> 卑污的盗贼的欧罗巴。

从这里不仅使我们看到了作者对帝国主义的罪恶以及由于在帝国主义的掠夺压迫下的东方殖民地人民所受的沉重灾难进行了揭发与控诉,而且在作者的情感上已经燃起了熊熊的反帝烈火。

其次,表现出作者在思想情感上和劳动人民进一步靠近的是他的《大堰河——我的褓姆》,作者借大堰河控诉了中国劳动妇女不幸的命运,并进而控诉了中国农民在封建统治阶级的剥削与压迫下的悲苦的命运,同时鲜明地把农民生活与地主的作了对比。一面是大堰河的家庭和他们的生活,"檐头枯死的瓦菲"、"一丈平方的园地"(后来也典押了)、"门前长了青苔的石椅"、"乌黑的酱碗放到乌黑的桌子上"、"用自己的手搭成的灶火"、大堰河"围裙上常罩满了炭灰"、"夫儿们的衬衣上生满了一颗颗的虱子";而地主的家庭呢?"屋里安放着红漆雕花的家具"、"睡床上饰着金色的花纹"、"檐头上挂着天伦叙乐的匾额"、"吃的是碾了三番的白米的饭"、"穿的是丝的安着贝壳的纽扣的锦衣"。这种悬殊,真是有着天渊之别,作者以悲愤的心情、苦痛的心情坦率地把自己出身阶级的生活与农民生活作着对比。他正如鲁迅一样"深深地憎恶自己熟识的本阶级,毫不可惜它的溃灭"。这不但说明了作者有着强烈的革命人道主义思想,而且他在思想感情上已与劳动人民打成一片,开始宣布了对他出身阶级的背叛。作者在这篇作品中成功的刻画出了这个劳动妇女的形象,她的言语和举止、她的品质和灵魂深深地感动了我们,使我们对这个劳动妇女——大堰河,不但产生了敬和爱,而且对那不公道的世界也产生了无限的憎恶和诅咒!

我们从《马赛》和《芦笛》两诗中,看出了作者的反帝思想(在今天说来就是反殖民主义的思想)。从《大堰河》中又看出了作者的反封建剥削制度的思想。以这为础基,到了抗日战争爆发,作者进一步投入了人民革命的阵营中,成为人民解放战争时代的歌手,正是发展的必然,是丝毫不足怪的。

艾青第二期作品的特点:1.向往革命,参加了民族革命战争,歌颂了民族革命圣地;2.歌颂了人民民主制度,歌颂了伟大的革命领袖;3.控诉了敌人的残暴,歌颂了抗战,歌颂了人民。

伟大的抗日战争爆发后,作者奋勇地跃进了时代的洪流中,他向往革命,并热切地追求革命。他在一九四〇年秋所写的《公路》一诗中讲:

> 今天,我穿着草鞋
> 戴着麦秆编的凉帽
> 行走在新辟的公路上
> 我的心因为追踪自由
> 而感到无限的愉悦啊
> 铺呈在我的前面的道路
> 是多么宽阔!多么平坦!
> 多么没有羁绊地自如地
> 向远方伸展——

而在同年又在所写的《太阳》一诗中说:

> 同我们距离得那么远
> 那么高高地在天的极顶
> 那么使我们渴求得流下了眼泪

>那么使我们为朝向你而匍匐在地上
>我们愿意为向你飞而折断了翅膀
>我们甚至愿在你的烧灼中死去。

作者用象征的手法表示自己对革命圣地——延安的如何地渴望,到了一九四一年,作者跋涉千山万水,从大西南到大西北,终于到达了革命圣地延安,作者这时狂欢地歌颂了革命圣地,歌颂了伟大的革命领袖。他在《给太阳》中说:

>假如没有你,太阳,
>一切生命将匍匐在阴暗里,
>即使有翅膀,也只能像蝙蝠
>在永恒的黑夜里飞翔。

>我爱你像人们爱他们的母亲,
>你用光热哺育我的观念和思想——
>使我热情地生活,为理想而痛苦,
>直到我的生命被死亡带走。

而在《野火》里把革命圣地比作在黑夜里高山岭上燃烧起来的野火。由于它的燃烧,而使这困倦的世界因有了火光的鼓舞而苏醒起来,喧腾起来,这就充分地说明全中国人民由于伟大的中国共产党对抗日战争的领导而获得了坚定的信心,增强向敌人作持久不懈的斗争的勇气。《向世界宣布吧》大力地宣扬了人民民主政治制度的优越性,而在这样政治制度下的人们,只有一个信仰,只有一个目的,就是

>一切都为了反对法西斯主义;
>为了几万万人民的自由与幸福,
>为了这个古老的国家的独立与解放。

在《毛泽东》一诗中他热情地歌颂了我们伟大的革命领袖毛主席……

>"人民的领袖"不是一句空虚的颂词,
>他以对人民的爱博得人民的信仰;

……
是政论家、诗人、军事指挥者,
革命者——以行动实践着思想;
……
"集中"是他的天才的战略——
把最大的力量压向最大的敌人;
一个新的口号决定一个新的方向:
"一切都为了法西斯主义之死亡"。

其次,艾青以大量的篇幅暴露了侵略者日本帝国主义的凶残,使我们的城市变成瓦砾,原野变成了废墟,像《街》、《梦》、《纵火》等篇,他以无比的愤怒控诉了敌人的罪行,同时作者又歌颂了中华民族的新生,由于民族的新生,个人也获得了新生,有着无限的振奋。在《向太阳》中一面写出个人过去对于祖国感到悲哀,感到没有出路。

昨天
我把自己的国土
　　当做病院
——而我是患了难于医活的病的
没有哪一天
我不是用迟滞的眼睛
看着这国土的
　　没有边际的悽惨的生命……
没有哪一天
我不是用呆钝的耳朵
听着这国土的
　　没有止息的痛苦的呻吟。

而另一方面写出由抗战的爆发,人民的觉醒,中华民族整个起了新的变化,好像从黑暗走到了太阳光下,他说:

今天
我感谢太阳

太阳召回了我的童年了。

此外,他又歌颂了抗日的战士,写出为祖国的解放而竟至死在第二次的伟大的战士的崇高思想和信念,他们深切地知道他们应该去死,而这死就是为了那无数的未来者能比自己生活得幸福。因而感到对于他们一切的光荣,一切的歌颂,又有什么用呢?

一九四九年全国解放,我们伟大的祖国新的中华人民共和国成立了,一九五〇年作者作了访苏的旅行,从祖国划时代的历史事件和在访苏期间一切动人的见闻,产生了《欢呼集》与《宝石的红星》中的一些诗篇,这是作者第三期的作品。在这些作品中,作者歌颂了斯大林、毛泽东,歌颂了中苏两国的伟大友谊,同时也歌颂了祖国的诞辰,国庆(《献给斯大林》、《我想念我的祖国》)。至于对于人间的天堂、美丽而幸福的苏联,作者以更多的篇页,生动而形象地绘出了行将走向共产主义社会的社会图景。作者极其有力地指出社会主义社会"一切都是为了劳动者",劳动人民"根据自己的爱好和希望,用自己的手创造自己的天堂"(《奥特堡》、《新的城市》、《西伯利亚》)。从而暗示我们,应该很好地学习苏联,苏联的今天就是我们的明天!

总之,艾青二十多年的诗歌,把它们联系起来看,简直是一部中华民族近二十年来的辉煌灿烂的史诗。它反映了中国人民在帝国主义与封建主义压迫下所受的苦难,也反映了中国人民在中国共产党和毛泽东领导下所进行的伟大的艰巨的革命斗争,更反映了中国人民在斗争中所获得的伟大胜利,不但创造了自由平等的新社会,而且还要创造更幸福更美好的社会主义社会。他的诗歌给我们指出了幸福而快乐的明天,因而就益发鼓舞了我们前进的斗争的勇气!

二、作品的特点

艾青的诗作,就前期来说,在创作方法上他曾受有象征派的影响,也曾受有浪漫派的影响。他在《芦笛》中说明他耽爱着波德莱尔和兰布的欧罗巴,在《向太阳》中称赞着惠特曼卓越的天才,但他基本上还是现实主义的,他从象征派接受了重视艺术的特点,从浪漫派接受了那种无关栏的发抒个人奔放的热情的创作方法。但他是正视现实的,他并没有把自己关进象牙塔中。他的道路很有点近于郭沫若,从第一期的作品中已透露出他对于这丑恶的现实的不满和诅咒,而有着一种追求理想的热忱,这一切都是一种促使他走向正义、走向革命的潜力。到后来他终于走到革命阵营了。这样就使他的卓越的天才得到适当的环境,就越发地迸发出光辉灿烂的诗篇,现在我们总结他的诗歌特点有这几方面。

1. 格式的自由——这一点他同郭沫若的诗一样,完全打破一定的格式的限制,格式完全是随着内容的变化而变化的。他的诗,一篇中段落没有一定,每段的句数没有一定,每句的字数也没有一定,同时韵脚也没有一定。可以说是一种极端自由、极端解放的新诗中的新诗体。

2. 词句生动有力,美丽自然,音节也很和谐,但看不出一点矫揉造作雕琢粉饰的痕迹来,《大堰河》、《向太阳》等篇都可以说明这一点。

3. 组织结构最多变化——即如《火把》中长诗套着短诗。

——我背几句诗给你:
命运有三条艰苦的道路
第一条同奴隶结婚
第二条做奴隶儿子的母亲
第三条直到死做个奴隶
所有这些严酷的命运,
罩着俄罗斯土地上的女人。

其次,这部《火把》中有用对话构成的极长的诗篇(篇中的《火把》),而这种诗体,乃是把散文、戏剧同诗歌完全融合在一起了,这真是中国新诗体中一种极其大胆的创造。

4. 壮丽奔放——这是艾青诗歌在风格上的特点,要用具体的事物来形容他,就是像海洋那样的开阔,像长江大河那样的奔放。即如《火把》中的《演说》、《给我一个火把》就是一个很好的说明。

这是电的照耀

这是火的煽动
这是煽动的火焰的狂风
这是暴怒了的火焰
这是一种太沉重的捶击
每一下都捶在我们的心上

总之,艾青是现代诗坛上一个天才横溢、热情奔放的歌手。我们读他的诗会想到李白,想到拜伦,想到郭沫若。他对祖国对人民有着磅礴的热情,而又有着足够表现他这种热情的才华,因之就产生了这种热烈动人的诗篇。虽然在早期作品中某些地方还不够太大众化,但后来的作品已纠正了这种偏向,他的前途是光辉而远大的。

第二节 沙 汀

一、作品中对黑暗现实所反映的主要的几个方面

沙汀是一九三〇年以后出现于我国文坛的一位杰出的现实主义小说家。他原名杨成方,四川绵竹人,抗战期间曾去过延安,任教鲁迅艺术学院,后又回川,一面教书一面写作。他熟悉四川农村的生活情况,从抗日战争爆发直到解放战争胜利,在这十几年当中,他以四川为背景,写了不少优秀的具有巨大的现实意义的作品。解放后他整理他的旧作、重新印行了《沙汀短篇小说集》和长篇小说《还乡》。根据这些作品,我们很清楚的可以看出作者对四川当时在国民党反动派统治下的黑暗现实,主要地反映了这几个方面。

(一)抗日战争时期国统区的兵役制度

抗日战争爆发后,在国统区抽壮丁成为农村中联保主任与保长主要的任务之一。这对他们这些封建统治阶级的爪牙们来说,虽是添了许多麻烦,但却给他们不少用以送人情巩固自己的地位和发国难财的机会。作者通过《在其香居茶馆里》的主人公联保主任方治国与《替身》中的主人公保长李天心,具体地刻画出了这些国民党下层统治者的阴险狡诈的面貌,并揭发了他们的反动的阶级本质。

抗日时期在国统区封建地主豪绅的统治下,当壮丁、服兵役都是既没有钱又没有势的贫苦农民被迫去干的,不去,就用绳捆索绑,武装拘捕,押解着去。而去的又多半被克扣了伙食费,忍饥挨饿,往往到不了前线,身体都弄垮了。有势力的,不但壮丁出不到自己的头上,而且还包庇与自己有关系的。至于有钱没势的,就必须得拿出钱来,因为这些统治者的爪牙们正要借机来抓一把,就在这样情况下,各种花样都出来啦,联保主任和保长为了既能捞钱,又能做人情,而且不出乱子,因而就在人事关系的应付上用尽心机。但是在现实情况的刻刻变化下,在统治阶级内部的利害矛盾下,必然的要爆发一些斗争。

《在其香居茶馆里》的联保主任方治国,由于巩固自己的地位,由于对地方绅士么吵吵估计不足,当新县长上任宣称要整顿兵役制度的时候,他就把已经缓了四次兵役的么吵吵的第二个儿子密报了上去,结果县府兵役科就把么吵吵的儿子抓走了。这样就促成了统治阶级间内部的矛盾。一次在茶馆里两人碰上了,么吵吵先之以冷嘲热骂,继之以向前殴打,在么吵吵攻击联保主任方治国的话中,揭发了当时统治者贪污剥削的真象。

"你怕我是聋子吧,"么吵吵简直在咆哮了,"去年蒋家寨母子的儿子五百,你放了;陈二靴子两百,你也放了,你比土匪头儿肖大个子还要厉害,钱也拿了,脑袋也保住了——老子也有钱的,你要张一张嘴呀!"

联保主任方治国对么吵吵这样无情的揭发,有些出乎他的意想之外,他自知理亏,硬顶撞是不行的,只有用软的来对付,接着陈新老爷来了,很显然是为他们和解的。陈的意见让他另找人来顶替,但联保主任不同意,说什么"查出来要这个啦——我的老先生";最后陈又提出条件,联保主任仍不接受,于是么吵吵更火了,就上去扭打起来。就在这纠纷不可开交的时候,为么吵吵捎信探听情况的蒋门神回来了,告诉他人已出来了,由于报数报错了,于是就被开革了。最后还说:

不是大老爷面子大,你就再挨几个一百,也出来不了呢。起初都讲新县长厉害,其实是好说话。前天大老爷请客,一个人老早就跑去了,戴他妈副黑眼镜。

这样从联保主任、地方绅士以及县长的面貌,都一一都给刻画出来了。

至于《替身》中的李天心保长,他从抽壮丁中得到了利,但这同时也苦恼了他,往往上级命令一来,他就被投进了那个人事关系的天罗地网里。这次又因为乡长向他催交他保所欠的一名壮丁,他就又各方面打主意,后来就想到了土粮户九子痒,不过他同本乡的三太老爷有了关系,不好下手,可是一听到他老婆说九子痒与三老太爷已弄蹩了,因而好像得救了一样。决定从九子痒身上想办法。及至他找好了帮手,去捉人的时候,又听说九子痒和三老太爷又好了起来,没办法只得另打主意,到客店里去捉了一个监客来充数。

(二)法西斯主义所造成的恐怖气氛

在《老烟的故事》中,作者写一个小资产阶级知识分子老烟,是有正义感进步倾向的,但自从被特务抓去,停了些时又放出以后,就变成了一个极胆怯的人。"他的每一个意见,虽然全都经过深思熟虑,但总像是被阉过的一样,他的做人的作风,也就像被阉过的一样,不冷也不热"。后来由于特务的猖獗,经常的捕人,他就更害怕了,逐渐地成了神经病患者。终天觉着他的后边像是有人在跟踪他,末了终于被唬死了。作者在篇末很沉痛而又很悲愤地讲:

> 后来我又多方打听,终于弄不清老烟致死的真正原因,但当我一人独处,偶尔想念到他的时候,我总每每于矇眬中看见绞架、陷阱以及种种或软或硬的迫害,而好多软弱一点的人,就这样萎缩了,死亡了,但我又想这是应该的么?现在是什么时候?

这篇可以和茅盾的《腐蚀》参看,是在同一的黑暗政治环境中的产品。在法西斯的特务统治下,那种残酷的手段所造成的恐怖的气氛不知杀死了多少人,老烟不过是许许多多被迫害者里边的一个而已。

（三）人民的反对内战与渴望和平

作者通过《范老老师》与《呼嚎》这些作品，反映了广大人民在抗日战争胜利后，是怎样的反对内战和渴望和平。一九四五年抗日战争胜利后，由于国民党反动派的发动内战，刚刚稳定了的物价，又像野马似的飞涨了起来。人民在这时，反对内战、渴望和平的心思，由范老老师这个人物生动的体现了出来。当他从一个过路的金客听到和议已经成功的消息时，便立刻把它当成新闻，逢人加以宣传。但是这个消息是靠不住的，蒋介石匪帮并不顾人民的愿望，对人民革命力量不但没有停止进攻，而且逐步地扩大了起来。范老老师因此受到别人的揶揄，失去了他过去的信仰，大家认为他是一个说谎者，但他认为没有一个老百姓不反对内战，所以内战就不会打下去。可是他的信念竟未能得到证实，因而使他神经上受到刺激，竟致成为一个神经病患者。至于《呼嚎》中的廖二嫂，自从她的丈夫廖二被抽走后，终天盼望抗日战争的胜利。因为当时乡民代表主席曾允许她打平了日本就回来，所以当她一听到胜利的消息，她就非常的高兴。及至她接到了她丈夫的信，知道队伍又开到豫东，同共产党又打响，一时不能回来的消息时，马上四肢哆嗦，呼吸也困难了。她的精神非常亢奋，去找主席和乡长要人，她很坚决地讲："说清楚打平日本人就回来的，今天不还我的人不行。"这样就同乡长冲突了起了。最后虽然被关到禁闭室里，但她总是这样的喊叫："我们说清楚，打平日本人就回来的，姓廖的又跟共产党没冤没仇。"从这里充分说明了人民对内战的憎恶，廖二嫂的行动只不过是那批苦守活寡的抗属的代表而已。

（四）伪国大选举与二五减租给人民带来的灾祸

《选灾》写国民党反动派统治时期伪国大选举时地主豪绅们内部的斗争，篾匠二爸因不愿卷入他们斗争的漩涡，到选举那天，就偷偷地溜了。待他晚上回来后，才晓得他的儿媳被抓了去来顶他。他自己正在庆幸他可脱了身，谁知副保长来了，他还以为是叫他去呢，就说："唉，这个媳妇子去了，不一样吗？"但他得到的是一个惊人的恶耗："已经给打死了，是么蛮子那边先开的枪，乡长叫你马上进城去抵着告!"

《减租》反映了在农村中封建地主对农民的残酷剥削情况。在蒋介石反动政府走向崩溃的前夕,临时公布了一个欺骗性的减租条例,企图挽回他历史注定的命运,其结果给人民带来了更严重的灾难。篇中写贫农张二在减租条例宣布后,曾请求地主赵大爷不要减租,因为不减时还可以拉欠,还多少可以留点口粮,减了之后就连自己的口粮也得交出来,赵大爷不答应,他就想逃走到别一个地方去佃地,其结果自己忍痛接受了苛刻条件,回来打算搬家的时候,才知道赵大爷要派人守山,他的计划全落空了。可知土地在封建地主所有制的时代,任是什么好名目,都会变成穷人们身上的锁链,想躲过是不可能的。《减租》这篇作品,真是一篇血泪的讽刺文学。

(五)反映农民在封建统治阶级残酷的压迫与剥削下进行了群众性斗争的杰作

《还乡记》这部作品的内容写主人公冯大生因为有烟瘾和家庭生气,一时负气卖壮丁跑了出去,及至他受不了国民党部队的压迫,冒险逃了回来,他的妻子金大姐,已被当地的保队副徐烂狗刁拐走了。他忍不下这口气,先之以直接找徐烂狗拼命,没有拼成,后来继续找保长同乡长控诉,他都失败啦,想到县政府去告,别人劝阻他,就是去也一样是会失败,这时他一则了解了这些统治者都是连成一气,二则自己又是逃兵,所以对这件事的斗争也就松了劲。谁知保长的父亲罗敦五看着卖笋子有利,想从农民身上发一笔财,于是就假借办合作社替农民打主意,把打来的笋子不要卖给小贩,都交给他,他运出去卖后,再给农民钱。可是农民有很多都领过他的教,了解他的居心,所谓"嘴巴蜜蜜甜,心里揣着锯锯镰"。但是有些农民老实而又怕事,对他的话多少有点相信,就是不相信的,也慑于他的威势,一旦得罪了他,将来会吃罪不起。就在这时,以冯大生为首联合了比较少顾虑、敢斗争的分子,像刘大旺、张大爷等,不分昼夜找机会来说服那些还在动摇的邻居。这时保队副徐烂狗为保长奔走,但冯大生等则竭力揭穿他们的种种欺诈,而对于那些比较软弱可欺,又时常同保队副接触的，那他们更去得频繁，一点也不松懈。这个斗争是如此的尖锐，到最后终于爆发了。当罗敦五同他儿子召集群众开会，说明打笋子的事时，大家竟然都不同意他的办法，结果是失败了。这班家伙觉得政权在自己手里，决不肯罢手，于是弄了张告示，假充是上级命令，并且带了武装保丁，向人民进行威吓。但是冯大生等并没为这所吓倒，继续领头进行了斗争。末了他们虽然捕逮了冯大生和冯立品，但在群众愤激之下，也不能不答应释放冯大生，并答应每担笋子留给农民三十斤，让他们零售，群众斗争总算获得了一些胜利。冯大生同冯立品在保长没下令释放前，都已逃走了。后来冯大生觉得在乡间不能再呆下去了，决定跑到外乡去当长年，故事就这样结束了。在这篇作品中，一方面刻画出了国民党反动派下层统治者的面目阴险卑鄙，贪婪狡诈，他们把人民看得非常愚蠢，就是想捏圆就圆、捏扁就扁，可以任他们摆布。但是他们完全错了，就作品中可以看出农民群众的智慧和他们紧密团结起来的力量。他们聪明，他们坚决，他们勇敢，特别是那些先进者，像冯大生、冯立品同张大爷等，都有着斗争胜利的信心，从这里给我们一种希望，给我们一种鼓舞，就是他们这种自发性的斗争已经能达到这种地步，只要一有无产阶级的领导把他们组织起来，指出来目标和方向，那就会成为一种排山倒海、一股不可战胜的宏伟力量。

二、现实主义的创作道路

假若我们说鲁迅的小说给辛亥革命前后的中国农村作了极其忠实的反映，那么沙汀同样的对解放前十几年间国民党反动派统治时期中国农村作了极其真实的反映。在作者的笔底下，写出的有青年学生，有知识分子，有小市民，但比较多的则是土豪劣绅以及他们的爪牙们和被他们压榨践踏的老实农民。作者不是客观的来进行现实生活中琐碎现象的反映，乃是站在人民的立场，对黑暗的现实进行了本质的反映。作者同情人民，充分地表现在他每一篇作品中。正因为他站在人民的立场，所以对反动统治阶级那种丑恶面目，揭露得淋漓尽致。其次，作者在作品中塑造了各色各样的典型人物形象。统治阶级的人物,像联保主任方治国、保长李天心、保队副徐烂狗,农民形象像冯大生、刘兴旺、冯立品、冯有义。这些人物的言语行动,一方面代表了他们的阶级特点,表现了他们的阶级本质,同时也由于他们各个人的年龄地位、环境、阅历的不同,也各有其独特的个性。此外作者在反映现实的矛盾时,是多样的、复杂的。有统治阶级内部的矛盾。像《在其香居茶馆里》的么吵吵与方治国,《还乡记》中的罗敦五与乡长老咪,他们的矛盾是私人利害的冲突,是狗咬狗,到利害一致的时候,就又合作了。其次是农民与封建统治阶级的矛盾,像《还乡记》中冯大生、刘兴旺等对保队副保长的斗争。但作者主要是在反映后者,就是在写统治阶级间矛盾斗争时,其目的还是在写统治阶级与人民间的不可调和的矛盾。作者现实主义的创作方法,从这里得到了充分的说明。

其次,作者在他的作品中,也写出了为追求光明与理想而毅然摆脱旧的社会,奔赴革命圣地的青年袁小奇(《磁力》),同时也写出坚强不屈、对未来抱着希望的农民冯大生,他对他的敌人认为"我肯信他永远当保长",认为"皇帝老倌都还要垮台哩"。从这里,作者透露出他对未来的乐观的看法,因而他这种现实主义已经是接近了社会主义现实主义。

三、艺术成就与写作的特点

沙汀的作品不但在内容上反映了当时现实社会中阶级间的主要矛盾和农民对革命的要求和倾向,而且在表现上也有着卓越的成就。就人物来说,一般说来形象是突出的,给读者的印象都是非常鲜明的。作者善于从人物的相貌、思想、动作、言语来突出人物的个性和阶级性。即如《替身》中的保长李天心,他的样子是:

> 又长大、又结实,白皙的面孔上有一些细麻子。因为小时候左眼睛弄坏了,他就特别架上一副通光眼镜,但这个就可以掩盖过他的缺点,叫一个陌生人不容易辨认出左眼睛有毛病。却又常常引起误会,因为每逢他集中注意看人的时候,他总扭歪脖子,正像对谁装满了一肚子不痛快,随时都会爆发一样。

对事处理的态度是：

  自来他就按照惯例行事，即便是用脑筋，也都简单得很。比如吧，每逢派款，他总要费一点心血，但也并不繁难。某人冬天送过他几斤白果，少派点吧，但又派不足额，而且是老实人，于是照样添上，不再管了，诸如此类，真是等于白想。至于是否公平正当，那是不在他思考范围内的，而他之不会想到这些，正如公鸡不会下蛋一样。

他的语言，篇中写他一涉想到壮丁问题，他就立刻投身在那个人事关系的天罗地网地里，没有一点把握了。也许动了肝火，也许是挽了结搭，他忽然大声地自言自语起来：

"唉！"他生了气，一下坐下来了，"刘狗监几个儿子一个不送，都要留着当皇帝啦！杨大万你不出壮丁不说了，还要给老表撑腰，现在连痣鬎子也都动不得了。"

"霉了！"从厨房里女人糊糊涂涂地插嘴叫道："他个空子都怕！"

"你晓得个屁！"保长跳起来破口大骂。"已经同副乡长的舅子开了亲了！"

原来他女人告他说九子痒开罪了三老太爷，于是就决定找他的拜把子弟兄徐烂狗，去从九子痒儿子们身上打主意。他说想来想去，只有在九子痒身上想办法了，他妈的三四个儿子都留着做种啦，不管大的小的，抓他一个算事，谁知烂狗告诉他同三老爷已经又解释好了。后来从本保人事关系上想来想去没有办法，最后只有到店里去抓过路客人了。从这一系列的对保长李天心刻画上，显示了他的性格是很会为自己打算，为个人地位着想的一个自私自利者。他的脑筋似乎很简单，但实际并不简单。似乎很有脾气，很执拗，但又是很恭顺很怯懦，前者是表现在他对于一般老百姓身上，是个老实人，虽然给他送过礼物，但他觉得不能怎么样他，于是该咋办还是咋办。对有势力的，他觉得惹不起，他就不去惹。他对抓到的盐客说："什么，可惜你是我老子，我今天都要送你。"话说得很勇敢，实际与一个乡绅合伙做生意的九子痒,他就不敢去招惹,这种故作大言壮语,实际他是非常的卑怯,所以这个形象是非常突出,非常鲜明的。这是作者艺术成功的所在。

其次,作者成功地塑造了典型的人物形象,他不只塑造了反面的,而且也塑造了正面的,特别是《还乡记》中的主人公冯大生。作者通过他一系列的斗争,从个人斗争的失败,到进一步鼓动群众,带头领导群众,向统治者进行集体的斗争,显示他的特有的农民气质。他的爱人被保队副刁拐走霸占了去,他不甘心,想说理,出出这口冤气,但他失败了,他心里窝一肚子死血,遇机总要爆发的。恰巧保长与乡长联成一气,打笋子的事件发生了,他于是决定来同他们干。他这时为了个人,同时也是为了群众。他看清了敌人的手段是"呵、哄、骇、诈",在斗争的紧急关头,要有人出头同敌人讲理,有人说:"戏倒点了,只看什么人来唱啊!"这时他马上指出自己,叫喊道:"我!溜了简直是你们众人养的!"当金大奶劝告他敌人准备逮捕他的时候,他很干脆的答覆她:"我给你讲,他就是安的油锅,老子都要去的,我早横了心了。"作者就冯大生的出身阶级和他的遭遇,以及在斗争中的发展中,突出了这个典型人物的倔强、坚决、勇敢的斗争性格。同时作者不但写出冯大生的特有性格,而且也写出其他的农民的特有性格,像冯有义、张大爷、刘大旺、亮油壶、冯立品。而他们的性格,也都是为他们的年龄、遭遇、现实生活所决定了的,从这里充分地说明了作者现实主义的创作方法和他在运用这种创作方法上所获得的巨大胜利。

最后是作品中带有浓厚的乡土气息。从这些作品中,生动而真实的反映了四川农村中的一些特有的风习。即如吃讲茶,在茶馆里进行说理,另外帮会组织,像哥老会,在文中一再地提到,这些都是四川所特有的情况。在语言上,更是充满当地的方言,即如"借点钱翻梢好吧"(《替身》)、"你怎么去撞鼓架子哇!杂种带了三老爷的过,光棍都搁了,还差点挨一顿"(同上)、"又到亮油壶那里凿烂子去了"(《还乡记》)、"杂种,分明在说采话"(同上),这种方言在优点上,是生动真实的写出了人物的身份个性,缺点是有着一定的局限性,不容易为广大的读者所理解,固然有些作者也适当地作了注解,但还有许多是没有注解的。

总的说来,作者在写解放前的农村上,是有着巨大成就的作家,他是在鲁迅之后,继承了鲁迅前期创作的批判的现实主义精神,反映了另一个时期的农村面貌。这时的农民,同辛亥革命前后的农民已有所不同,他们之中的前进者,已不甘于作奴隶,老老实实地听人宰割了,他们要反抗,他们要斗争,他们不愿再听命运来支配了。这说明了新的伟大时代就要到来了。这些人还缺乏无产阶级的领导,还没有明确的方向,一旦有了无产阶级的领导,他们就会作出翻天覆地的伟大的解放事业来。

第三节 夏 衍

夏衍即沈端先,一九二七年后中国无产阶级文学已逐渐由萌芽而趋于壮大,他最初从事苏联文学的介绍,在理论上如《新兴文学论》、《伟大的十年间的文学》等,在创作上如高尔基的《母亲》,革拉特柯夫的《醉了的太阳》,等等。九一八后,他开始用夏衍的笔名发表了名噪一时的报告文学《包身工》,揭发了资本帝国主义在中国所办工厂对工人所进行的残酷的压榨。而这些工人是如何地过着暗无天日的人间地狱生活。他以生动的笔,写出了令人怵目惊心的事态,是当时反帝的最响亮的号角。从一九三四到一九四四年,他陆续发表了十一个剧本,而代表作乃是最近出版的《夏衍剧作选》中的三个剧本,即《秋瑾传》、《心防》、《法西斯细菌》。

一、《秋瑾传》,这是写中国资产阶级民主革命的先驱者秋瑾女士的伟大而壮烈的斗争事迹。剧中写她如何的关心国家的危亡,关心人民的痛苦。当她看到过去给她家作过长年的阮财富,因为被恶霸教徒黄七所欺压向县官告状被拘留的时候,她就挺身而出来保释他;当她看到报纸上满清政府逮捕了革命党人的消息之后,就忿然地把报纸一扔说:"哼!中国政府真是个丛中的鹠,水中的獭,定要把祖国瓜分了才算数。"因此,她就决心到日本留学去,她丈夫王廷钧不同意,她不惜同他离婚,坚决的非去不可,王廷钧说什么

你真个要去你就去,只是你与我没有半点儿情分,我得先休了你,再让你到外面去,我可不能让我的妻子在外面丢丑。

她的答复是:

很好!我可以不做你的妻子,但是我不能不做一个中国人,你写休书休我,今后有什么事我自个儿承当,决不会连累你,决不用你姓王的名字。

她的朋友吴兰石听说她要去日本留学,劝她学什么女子师范、家政、保姆,后来又劝她学什么医学、看护、蚕桑,她都不同意,她认为天下事情要有本末之分,假使根本问题没有解决,那是不论怎样的学问,还是没有用的。她认为不把中国弄强盛,不把政治弄清白,就不可能把两万万女同胞从黑暗里解放出来,她的朋友认为她的志向太大了,认为她的主张已不单是家庭革命,她的答复是:

大姊!也许你看我太狂妄,可是我真的想这样做。我想救女界,同时我也想救中国。我情愿做上断头台的法国罗兰夫人,但是我不希望做得英国维多利亚奖章的南丁格。

从这里可以看出她的革命的宏愿和她不惜为革命而抛掷头颅的决心。

她到东京以后,就参加了革命团体,她不仅跟着时代走,而且走在时代的最前面。当留学生闹风潮的时候,她当了敢死队的队长,回国后,最初办女学报,后来就参加了革命党的起义运动,当她决心参加的时候,她对她的朋友们这样地讲:

我以为中国这个睡狮睡得太熟了,现在单靠敲敲鼓,打打锣,是不会醒的,一定要打一个响雷,放一把猛火,才能吓醒她。

她知道这是要冒险的,但她不怕冒险,她认为要把这狮子惊醒来,总得有人去冒险啊。

当他们起义的消息被暗藏在他们内部的奸细泄露后,在情势危

急下,别人都劝她走,她坚决地不走,她说:

> 我不能走,这次事情的失败是我的责任,杀身成仁是革命党的本色,伯荪的消息传来之后,我早已有了决意了。

但她对于未来的胜利,还是抱着乐观精神的,她说我们的同志多得很呐!他们一定能够继续我的事业的。当她被敌人审讯的时候,她这样讲:

> 成仁取义这是我们革命党分内的事情,我的头不会白断,我的血不会白淌,全中国的同志一定会继续我的遗志,中国妇女的自由平等,中国民众的解放独立一定会实现的,只是对于你们这些走狗可未免太便宜了。你们……

这些话充分的表现了这位革命先烈的坚贞不屈、视死如归的精神和认为革命胜利的乐观主义的精神。作者从这本剧中,不但是刻画了这位英雄人物的精神和高贵品质,同时也刻画出了一部分封建知识分子的改良主义思想,封建统治阶级满清王朝的奴才走狗们那种卑鄙无耻的丑恶面目,作者赤裸裸地揭发了他们如何的混到革命阵营中作内线,如何向他们的主子告密,以及如何的穷凶极恶地对待那些至死不屈的革命志士,作者很自然地把那堂堂的巨人和那些向主子摇尾乞怜的走狗,作了极其鲜明的对比,而给后者以有力地鞭挞和讽刺。所以这个剧本是具有极其重大的教育意义的。

二、《心防》,这篇剧本写抗日战争初期,上海沦陷后,留在上海的文化工作者与敌伪坚持斗争,建立并巩固思想上的抗敌防线的情形。剧中歌颂了一些爱国志士,而就中最主要的人物则是新闻界的骨干刘浩如。最初他已决定其他一些人撤退到后方去的,当大家给他饯别的时候,他劝他留在上海的朋友沈一沧要勇敢的担负起保卫上海的责任来,沈不懂他的意思,他进一步地解释道:

> 我们的军队退出了上海,闸北的防线放弃了,沪西的防线放弃了,现在南市的防线也放弃了,可是还有一条防线,我们不曾放弃,而且永远也不能放弃。
>
> 这就是五百万中国人心里的防线,精神思想上的防线!

……是如何死守这一条五百万人精神上的防线……这就是留在上海的文化工作者的责任。

他在劝朋友沈一沧的当中，自己也逐渐明确了这个责任的重大，因而最后坚决的不走了。他说：

我们过去老是喊着文章报国，可是被新闻界排挤出来，没有报国的机会，现在我们有责任，有机会可以用我们的笔来保卫这一条五百万人的精神上的防线了！

他终于留在上海，纠合同志从报纸到戏剧建立了抗日的阵线，最初和日本帝国主义进行斗争，以后汪精卫投降日本后，又同他的汉奸思想展开了斗争，敌人用重重威胁利诱的方法给他送礼，不是人头、人手、手榴弹，就是注进了毒素的水果，另外还派特务打进了他们内部，来瓦解他们，并对刘浩如的爱人进行劝诱，叫刘浩如到南洋去，但这些都失败了。后来汪逆从潜伏的活动变成公开的汉奸，对外商报纸进行了收买，而且对爱国分子进行了绑票与暗杀，刘浩如不能不加倍警惕起来，经常转移住址，而且不常见人，但是更坚决的用文字向汉奸进行着斗争。可是后来上海已成为敌人横行的世界，他尽管警惕小心，终于还不免遭了敌人的暗算。但当他中弹倒下去的时候，他还带着笑容，交出了已被鲜血染红的明天要发的社论稿子和早已准备好了的一份遗嘱。从这里说明了这位爱国志士为了祖国而牺牲的意志是如何的坚决。他这种爱国主义的伟大精神是怎样的鲜明突出。自然这个人物在斗争中也曾为了爱情而苦恼过，但终于为了祖国的解放事业，克服了这种思想。

三、《法西斯细菌》，这个剧本中的故事在时间上是从一九三一年秋到一九四二年春。地点是东京、上海、香港、桂林四个地方。内容主要写一个埋头治学、不问时事、不问政治的医学家俞实夫，他是怎样地逐步从客观现实的教训中，思想意识上发生了变化。他在抗日战争中，在上海不能安心从事研究工作了，不得不跑到香港，可是后来香港也沦陷了，在沦陷时，他亲眼看到日本的横暴侮辱了他的爱人，破坏了他研究的设备，并且枪杀了终天同他在一起的青年学生钱裕,这种惨痛的现实,不能不使他改变了过去的看法。所以当他从香港逃回到祖国的桂林后,他准备参加实际的医务工作,接受他的朋友邀请,到红十字医院去。他同他的爱人静子和他的朋友赵安涛讲:

> 我想了很久,也许你会觉得奇怪,我已经允许了他的要求,我想尽管力量小,这倒是一件工作,一个扑灭法西斯细菌的实际工作,讲得大一点,为了国家,为了伤兵、难民要去;讲得小一点,为了阿裕的遗志,我也要去。

至于他的研究工作,他这样讲:

> 我打算在实际工作里研究,一方面说,我年纪还不算大,等这一次反法西斯战争完了之后,还有一大段时间。

这说明一个高等知识分子从书斋走向实际工作的一个转变过程,不过这还是不彻底的,因为俞实夫的方向还不够明确,他只是意识到不能而且不可能再埋头研究,要参加反法西斯的战争工作。那么到了战争结束后,自己还可以搞自己的专门研究,他还不晓得法西斯主义是资本主义没落时期所必走的道路。倘若工农群众的革命斗争得不到胜利,国内的反动统治阶级不彻底推翻,帝国主义不彻底打垮,则法西斯细菌就不可能彻底消灭,所以就这一方面说,这个作品对主人公俞实夫的出路,指示得还不够明确。不过这决不是作者在当时没有进一步认识,而应该说当时的现实不容许作者作进一步的表现。

其次,从这个作品中,又说明了一个问题,就是法西斯是与科学不两立的,正如作品中主人公俞实夫讲的:

> 人类最大的传染病法西斯细菌不消灭,要把中国造成一个现代化的国家不可能,就是要关上门做一些对人类有贡献的研究,也会时时受到阻碍与破坏。

所以离开政治而高唱科学救国,那是梦话。必须在政治上得到彻底的解决,打出帝国主义,推翻封建统治,建立人民政权,才真正有从事研究科学的条件。这三部代表作,作者的反封建反帝的爱国主义思想,像一根红线似的把它们整个地贯穿了起来。《秋瑾传》中的秋瑾,为了不忍坐视祖国的危亡,反对腐化的满清王朝的封建统治,反对帝国主义对中国的侵略,才坚决地走向革命的道路的。《心防》中的刘浩如,为了抗日,为了祖国,才坚持死守那一条五百万人精神上的防线,不惜牺牲一切来同敌人进行斗争的。《法西斯细菌》则是揭发法西斯主义对整个进步人类的危害,不消灭法西斯,人类就要走上灭亡之路。所以总的目的,则是通过这些爱国志士、革命英雄的形象,来教育广大的群众,使之都能够为祖国的自由解放,献出自己的一切来。

就这三部剧本来说,都是现实主义的作品,作者根据一定的历史条件,展开了人物故事在发展中的矛盾和斗争。而人物个性的发展,也是随着人物环境的发展而发展的。即如秋瑾这一革命女英雄,她从一个封建家庭中的太太逐步成为参加群众运动的积极分子,成为领导暴动、独当一面的指挥者,终于临难不惧,见危受命,面斥敌首,慷慨就义,而成为中国近代革命史上极其光辉的人物。作者通过短短的四幕剧,写出这一历史人物性格的发展,使我们觉得异常的自然,一点也不突兀,这充分说明了作者很纯熟地运用现实主义的创作方法,抓住了历史发展中的重要环节与主要矛盾,所以才有这样巨大的成就。其次,在这三个剧本中,都充满了革命乐观主义的精神,虽然前两个剧本中的主人公都在同敌人斗争中牺牲了,但是他们都是自觉地认为他们的斗争是正义的,是为祖国的解放,代表了千百万人民的利益的。他们的事业是终于会获得胜利的。他们之不怕牺牲而且勇于牺牲,正因为他们具有这种坚强的信念,他们知道他们个人虽然倒了下去,接着就会有千百个跟着站起来。秋瑾在殉难前讲道:"我的头不会白断,我的血不会白淌,全中国的同志一定会继续我的遗志,中国妇女的自由平等,中国民众的解放独立,一定会实现的。"这种壮烈的场面,给观众的印象不是灰心丧气,而是激昂和奋发。

这三个剧本,在艺术上也有着巨大的成就。作者对人物的刻画,首先是通过语言。戏剧本来是语言的艺术,作者在掌握语言与运用语言上,是达到非常准确地步的。所谓准确,就是合于剧中人物的身份和性格,同时也就是借语言突出了人物的身份和性格。即如秋瑾的语言同刘浩如就不大相同。秋瑾是清末的知识分子,在侃侃而谈的时候,虽是用的口语,但也往往夹杂一些文言的话头,即如当敌人审讯她的时候,她的话中就有"压迫汉人,屠杀无厌,在上荒淫无度,在下民不聊生,自从和西洋互市以来,频年丧失国土,弃了安南、缅甸,割了朝鲜、台湾……"(第三幕)在清末,知识分子的语言,大抵是这样。但在《心防》中的刘浩如的语言,就不是如此。其次,作者也善于用对比的方法来突出主人公的性格特点,即如在《秋瑾传》中用吴兰石那种婆婆妈妈的儿女之仁(她为了要救一个会写诗的妓女李苹香,打算卖她家藏的抄本《史记》)来衬出秋瑾为了整个的妇女解放与祖国的解放而革命的那种大勇大仁的革命精神。用吴兰石的改良思想,来衬托秋瑾的革命思想,至于其他剧本,也都有这样写法。第三,借剧中次要人物的对话,来说明主人公的某些主要活动,来代替剧中所没有的场面,即如秋瑾去日本留学的情况,作者把这一段省略了,但她在日本的活动,也必须交代,不然她回国后那种活动就成为不可解的了。在这样情况下,作者在第二幕中借秋瑾的女友徐绮尘与吕萌的对话,交代了秋瑾在日本时的活动。这样,回国后,她与革命党人的往来,就觉得不突兀了。关于人物的安排、故事的发展、情节的穿插,也都紧密而自然,这都是这些剧在演出后,能得到观众好评的重要原因之一。

至于作者在创作上是不是还存在着一定的缺点呢?不可讳言,这是有的。主要的是剧中人物大抵是小资产阶级知识分子,对于未来缺乏明确的指示。特别是像《法西斯细菌》中主人公俞实夫去参加红十字医院工作,是不是就是一个正确的出路,是很值得怀疑的。在这一点,作者曾在他的《选集代序》中作了检查,他说:

> 我们可以完全相信,在任何以进步的文艺工作者自诩的人,在口头上,在理论上,是决不会肯定"未死"而否定"方生"的,问题是在于我们太过于被动地遵从客观主义的传统,没有鲜明的立场,不能狠心的斩断对旧社会旧事物的"千丝万缕的联系",在

描写陈旧的真理当中,没有指出新的真理,没有指出在崩溃的古老事物的混乱中人的内心,已经产生的那种新的东西,更没有用最大的力量去指出这种新的东西已经存在,已经成长,而且也只有这种新的东西才能起永远的作用和不可战胜而已。

作者由于长时期在国统区工作,这一方面由于客观的限制,使他不可能与工农群众生活在一起,另一面为了使剧本可以上演,就更不能不有所要避忌,这是他的作品之所以没有能够指出新的,给以热烈歌颂与对于旧的进行无情鞭挞的客观原因。同时又由于环境的限制,因而也影响了作者的自我改造,因而不可避免地在他的作品中表现了对小资产阶级知识分子的同情。作者在检查之余,最后肯定地说:"这就是毛泽东同志所说'把口头上的马克思主义,变成为实际生活里的马克思主义'的问题。这就是文艺工作者,联系实际,深入生活,改造自己的问题。"

本章参考书

一、《艾青诗选》(艾青)

二、《春天》(艾青)

三、《沙汀短篇小说集》(沙汀)

四、《还乡记》(沙汀)

五、《夏衍剧作选》(夏衍)

第十四章　具有划时代意义的
毛主席在延安文艺座谈会上的讲话

第一节　延安文艺座谈会召开的原因

　　一九四二年,陕甘宁边区发动了整风运动,"整"的对象是党风、学风和文风。其目的乃在"领导全党的干部和党员,来认识和克服广泛存在于党内的伪装马克思列宁主义的小资产阶级的思想作风,特别是主观主义的倾向,宗派主义的倾向,和这两种倾向表现的形式——党八股"(胡乔木《中国共产党的三十年》),而文艺座谈会,正是为整顿文风而召开的,其成就,是在会中由于意见的纷歧,就发生了热烈的争论,"把问题展开了,并且具体化了"。最后就由毛主席总结了这次会议,而发布了在延安文艺座谈会上的讲话。

第二节　座谈会前
文坛所曾经提出与存在的问题

　　我们要打算了解毛主席《文艺讲话》的伟大意义和成就,就必须从历史的发展上来分析,现在就我们讲过的这一段中国新文学的发展史来回顾一下,在五四时代,无产阶级的思想,领导了思想革命与文学革命,到了五卅以后,马列主义的文艺理论出现于中国文坛,从一九二八年前后,创造社提倡革命文学起,到一九三九年和一九四〇年民族形式的讨论止,十年间中国文坛上经过了不止一次的理论上的论辩和斗争,提出了许多具体的问题,至于在这多次的论争中所提出的问题,文艺阶级性问题比较提出的较早,但同时也就是马克思主义文艺理论中的根本问题。这一问题在一九二八年讨论时,虽然很热烈,而且对它有着相当透辟的阐发,可是一些觉悟不够的小资产阶级同资产阶级的文艺工作者,并没有真正接受这种理论,因之到了一九三二年就有"文艺自由"与"第三种人"的论战。这一次的论战,就问题的本质说,实际仍是文艺阶级性论战的继续。但从这里又引申出了文艺理论问题。至一九三二年宋阳提出"新的文学革命"的口号,才进一步触及到文艺应为谁服务和怎样服务的问题。一九三五年"国防文学"与"民族革命战争的大众文学"的论争,乃是左联内部对于文艺统一战线号召的口号涵义之争。但这已经把文艺与政治任务具体地配合了起来。也就是中国新文艺第一次服从于政治方向后所宣布的文艺政策。抗日战争爆发后,又有政治性与艺术性统一的问题和"民族形式"问题……的讨论。这是进一步对文艺如何更好的为政治服务,以及如何同广大人民群众结合问题的讨论。这一些讨论尤其是最后一次热烈争辩,虽都没有获得一个统一的结论,但由此却又引出一些另外有关的问题来,如对五四以来,新文艺传统的继承问题,对旧形式、新形式以及民间形式的批判接受问题,创作的源泉问题,以及作者的修养与个人思想改造问题。

  以上的讨论和争辩,是不是有收获呢?我们现在可以肯定地说,是有的。这种收获,就是使一般从事文艺工作者,了解了现在文学上还存在有这一些问题,进一步地去解决这一些问题。但是论争的结果,是不是已经解决了所有从事文艺工作者的文艺思想问题呢?这可以肯定的说,是没有的。因为一般的从事文艺工作者,大抵是小资产阶级出身,往往是拿个人自由主义的态度来看问题。对于以上这些问题,比较落后的不必说了,就是进步的,也往往认为在理论上是正确的,但一到写作的时候,就很少能去实践理论。甚至有些认为这不过是许多理论中的一种罢了。理论自理论,在创作上仍不妨"我行我素",因为这种关系,所以经过这多次的讨论,确切也推动了创作的发展,但就一般作家来说,还未能全面的彻底的解决他们对文艺认识上的一些根本问题。

第三节 文艺讲话的现实基础

那么《文艺讲话》发表前的现实情况怎样?首先是当时的国际与国内的情势,正如毛主席所说的:

> 中国的进行了五年的抗日战争;全世界的反法西斯战争;中国大地主大资产阶级在抗日战争中的动摇,和对人民的高压政策……八路军新四军的抗日民主根据地……大批文艺工作者和八路军新四军以及工人农民的结合。

至于在文坛上理论方面,一般来说,还是相当的混乱,在国统区,竟有一些大地主大资产阶级的爪牙们,鼓吹反动的法西斯理论,像所谓战国策派同文艺上抗战无关论。在解放区,比较起来,对文艺的认识是正确的,而且是接近一致的。但也还存在着一些糊涂思想、荒谬的理论和在创作中所遇到的不易解决而引起争论的问题。

就前者来说,像"人性论"和"人类的爱"等资产阶级与小资产阶级文艺思想的残余,还在影响着一些认识不清的作家。甚至如王实味竟公开的宣传反动的文艺理论,发表了《政治家与艺术家》一文。他用巧妙的说法,宣传着托洛斯基派的文艺论,而否定文艺服从于政治与文艺为阶级斗争武器的这种正确论点。王实味在当时不过是混进革命阵营的一个奸细,所以比较突出。至于非反动,但对问题认识不明确,而存在着一些糊涂思想的,自然也大有人在。

至于在创作中所遇到的一些不易解决曾经引起争论的问题,像"普及提高"问题、"暴露歌颂"问题,其他还有种种,都是需要给以明确的解决的。

第四节　毛主席总结性讲话的伟大成就

讲话中,针对着中国文艺的历史发展与现实情况总结了一些什么问题,解决了一些什么问题呢?

一、文艺的阶级性与党性问题

一般的资产阶级与小资产阶级都否认文艺的阶级性,这从一九二八年文坛上阶级性的论战可以看得出来,同时托洛斯基派又反对文艺的党性。这从一九三二年文艺自由论战中胡秋原的主张以及在整风前王实味的言论,也都可以看出来,因此毛主席在讲话中明确的指出:

> 一切文化或文学艺术都是属于一定的阶级,属于一定的政治路线的。为艺术的艺术,超阶级的艺术,和政治并行或互相独立的艺术,实际上是不存在的。无产阶级的文学艺术是无产阶级整个革命事业的一部分,如同列宁所说,是整个革命机器中的"齿轮和螺丝钉"。因此,党的文艺工作,在党的整个革命工作中的位置,是确定了的,摆好了的;是服从党在一定革命时期内所规定的革命任务的。反对这种摆法,一定要走到二元论或多元论,而其实质就像托洛茨基那样,"政治——马克思主义的;艺术——资产阶级的"。

这一段话很透辟。他说明了文艺的阶级性与党性的问题,对要求"文艺自由"与要求作"第三种人"以及认为文艺与政治可以相互独立的人予以严正的批判。同时所谓"人性论"、"人类的爱"种种缺乏阶级观点或否定阶级观点的荒谬言论,也都可以不攻自破了。

至于文艺作为斗争的武器的问题,也由于对文艺与政治关系的确立,而被肯定了起来。毛主席又讲:

> 文艺是从属于政治的,但又反转来给予伟大的影响于政治。……我们所说的文艺服从于政治,这政治是指阶级的政治、群众的政治,不是所谓少数政治家的政治。政治,不论革命的和反革

命的,都是阶级对阶级的斗争,不是少数个人的行为。革命的思想斗争和艺术斗争,必须服从于政治斗争,因为只有经过政治,阶级和群众的需要才能集中地表现出来。

这不只说明了为什么文艺要服从于政治,并且也说明了它的作用和它为什么也是阶级斗争的有利武器。

基于文艺必须服从于政治这一原则,那么政治上在执行抗日统一战线的政策的时候,文艺自然也应采同一的步调,由于抗战前期,文艺界在这方面执行上所产生的偏差,于是毛主席又特别的指出,要有团结,有斗争,既不应犯右倾的投降主义,尾巴主义,也不应犯"左"倾的排外主义,宗派主义。而在统一战线的力量里面,特别要争取小资产阶级文艺家,帮助他们,克服缺点,使他们走到为工农兵大众服务的战线上来。

二、文艺应该为什么人服务的问题

解决了文艺的阶级性、党性以及文艺武器等问题,进一步就可以解决文艺应该为什么人服务的问题了。第一个问题是文学的本质问题,本质已明,那么为什么人服务就提出了作者的立场问题。对于这一问题,在一九三二年宋阳提出"新的文学革命"的口号时,就已经触及到了。后来鲁迅先生也曾论到这一问题,他说革命文艺战线的不统一,因为是缺乏共同的目的,而这共同的目的,就是为工农。这个问题,在上海有,抗日战争后重庆也有,至于抗日根据地方面,是不是也存在着呢?毛主席讲:

> 在我们各个抗日根据地从事文学艺术工作的同志中,这个问题似乎是已经解决了,不需要再讲的了。其实不然。很多同志对这个问题并没有得到明确的解决。因此,在他们的情绪中,在他们的作品中,在他们的行动中,在他们对于文艺方针问题的意见中,就不免或多或少的发生和群众的需要不相符合,和实际斗争的需要不相符合的情形。

因此,毛主席特别强调的指出,文艺不是为地主阶级、资产阶级、帝国主义的,而是为人民大众。所谓人民大众,是占全国人口百分之九十以上的工人、农民、兵士与城市小资产阶级。不过在这四者之中,最重要的是工农兵,其次才是小资产阶级。由于在根据地的文艺工作者,多半出身于小资产阶级,他们不是把自己的作品当作小资产阶级自我表现来创作,就是对于小资产阶级出身的知识分子给予满腔的同情,连他们的缺点也给予同情,甚至鼓吹。而对工农兵则缺乏接近,缺乏了解,缺乏研究。不善于描写他们,倘若描写,也是衣服是劳动人民,面孔却是小资产阶级知识分子,所以毛主席又特别号召大家:

> 我们的文艺工作者一定要完成这个任务,一定要把立足点移过来,一定要在深入工农兵群众、深入实际斗争的过程中,在学习马克思主义和学习社会的过程中,逐渐地移过来,移到工农兵这方面来,移到无产阶级这方面来。只有这样,我们才能有真正为工农兵的文艺,真正无产阶级的文艺。

三、"如何去服务"的问题

前一问题主要的是解决作品的内容问题,也就是思想感情问题。而这一问题主要的是要解决作品的形式问题。过去从"大众文艺"的讨论到宋阳提出"新的文学革命"的口号,一直到一九三八年"民族形式"的讨论,始终对这一问题没有获得具体的解决。到了文艺座谈会,毛主席才很明确的指出普及与提高的关系,纠正了过去一般的严重的轻视和忽视了普及,而不适当的太强调了提高的偏向,认为"普及是向工农兵普及,提高是从工农兵提高",他们两者相互的关系是"提高是在普及的基础上提高,而普及又是在提高指导下的普及",过去对这两个问题,不但对之有轻视与忽视的错误看法,而且也犯了把它们截然割裂开的严重错误。毛主席根据为什么人服务的原则,而指出了普及的重要性,同时并说明了它们相互间辩证的联系性。于是这一问题,才算获得了彻底的圆满的解决。

跟着上一问题接踵而来的是"创作的源泉"问题。关于这个,在一九三八年民族形式讨论的时候,曾引起激烈的争辩。向林冰认为民间形式,是"民族形式"的中心源泉,郭沫若、葛一虹等则认为现实

生活才是民族形式的中心源泉。到这时,毛主席明确的指出:

> 一切种类的文学艺术的源泉究竟是从何而来的呢?作为观念形态的文艺作品,都是一定的社会生活在人类头脑中的反映的产物。革命的文艺,则是人民生活在革命作家头脑中的反映的产物。人民生活中本来存在着文学艺术原料的矿藏,这是自然形态的东西,是粗糙的东西,但也是最生动、最丰富、最基本的东西;在这点上说,它们使一切文学艺术相形见绌,它们是一切文学艺术的取之不尽、用之不竭的唯一的源泉。这是唯一的源泉,因为只能有这样的源泉,此外不能有第二个源泉。

毛主席根据马克思列宁主义的反映论,说明文艺是客观现实生活在作家头脑中反映的产物。作家创作的中心源泉乃是人民生活,离开了人民生活,也就根本谈不到创作。

由于"创作的中心源泉"问题获得了解决,于是在过去争论不休的"民族形式"问题,自然也就跟着获得了圆满的解决。因为这一问题主要的目的,在解决文艺如何进一步同群众结合问题,现在既已了解人民生活中自然形态的文艺为创作的中心源泉,作者为了了解人民生活并掌握自然形态的文艺,就必须参加群众的斗争生活,从实践中体验学习。这样一方面在作品的内容上,是写的群众的斗争生活,而在形式上,乃是用群众的语言和人民中间所流行的歌谣、故事等口头文学的结构形式,而给以加工、改造和提高,那么这种形式,自然而然地是"新鲜活泼"的、为群众所"喜闻乐见"的、新的"民族形式"。

四、文艺批评的标准问题

在整风前,一般的都忽视了文艺批评,同时对于文艺批评的标准,意见也不一致。比较落后的作家往往是太重视艺术性而忽视了政治性。至于进步的又往往强调政治性而忽视了艺术性。毛主席在这里指出,政治标准和文艺标准都是很重要的,但在具体的执行批评工作时,政治标准应放在第一位,而艺术标准应放在第二位。因为内容愈反动的作品,愈带艺术性就愈能毒害人民,就愈应该排斥。不过我们所要求的,则是政治与艺术的统一,内容和形式的统一,革命的政治内容和尽可能完美的艺术形式的统一,我们既反对政治观点错误的艺术作品,也反对只有正确的政治观点而没有艺术力量的所谓"标语口号式"的倾向。我们应该进行文艺问题上的两条战线斗争。

在论述了这一问题之后,毛主席对延安方面一些作家由于缺乏基本的认识和修养而发生的各种糊涂观念,最主要的像暴露与歌颂问题、动机与效果问题等,作了分析与批判。从这里可以说明了政治思想的重要。一个革命的文艺工作者,必须提高自己的政治水平,从具体实践的磨炼中,才能站稳立场,掌握好观点方法,对个人过去的错误认识,糊涂观念,加以克服与澄清,对现实有着比较正确的了解,而避免在写作上犯着严重的错误。

五、作家的修养与自我改造问题

在一九二八年文艺界对于文艺阶级性从事论争的时候,语丝社中如冰禅、甘人等,认为非无产阶级的作家不可能创造出无产阶级的文学,因此认为进步的作者所写出的革命文学作品,都是虚伪的作品。但在创造社方面,如克兴等则明确的指出,小资产阶级的作家必须掌握了无产阶级的世界观,转变了自己的阶级,才能写出无产阶级的作品。语丝社诸人的看法,当然是错误的,他们把问题看的太机械了,不了解阶级是可能转变的,至于创造社诸人的看法,自然正确得多,指出阶级是可能转变的,但认为只要掌握了无产阶级的世界观就可以转变阶级,这未免对问题看的有点太简单了。到了一九三〇年左联成立时,鲁迅先生的讲演,曾提到作家需要参加群众的斗争问题。直到一九三九年民族形式的讨论时,又有不少人提出作家要到群众中去观察体验现实生活,但都只是为了要现实民族形式的创造,才这样主张的。毛主席在讲话中号召革命的文艺工作者到群众中去,到火热的斗争中去,这样就同时解决了两个大问题。

(一)作品的内容问题

就是作者的思想情绪,必须与工农兵大众的打成一片。而要达到这一目的,就得下大决心,经过长期的,甚至痛苦的磨炼,毛主席曾把他自己的感情转变的经验,告诉了我们。最初他觉得工农兵总是比较肮脏的,但到后来,感到他们是最干净的。不只是精神方面,就是身体也是如此。毛主席讲,这就叫感情起了变化,由一个阶级,变到另一个阶级。

(二)作品的形式问题

因为人民生活是观念形态的文学艺术的唯一源泉,所以毛主席讲:

> 中国的革命的文学家艺术家,有出息的文学家艺术家,必须到群众中去,必须长期无条件地全心全意地到工农兵群众中去,到火热的斗争中去,到唯一的最广大最丰富的源泉中去,观察、体验、研究、分析一切人,一切阶级,一切群众,一切生动的生活形式和斗争形式,一切文学和艺术的原始材料,然后才有可能进入创作过程。

所以一个作家,单纯的取得了无产阶级世界观,掌握了唯物辩证的方法,是不够的。因为这只是理论,必须与实际的群众斗争结合起来,然后个人的政治思想才能真正提高,立场才能真正站稳,而旧的阶级意识才能真正转变。同时在创作上,光喊"小众化"是不够的,因为这是空洞的调头,是不着边际的,也必须深入到群众中去,与群众打成一片,向群众学习,熟悉自然形态的文艺,这样才有真正的原料,才可能进行加工的工作,这才是理论与实践的一致。过去一般的作者在思想上,总是把自己高高地放在人民的上头,存着一种轻视群众,瞧不起群众的心理,根本不了解"必须作群众的学生,才能作群众的先生"的道理。所以尽管自以为是"大众化"的作品,实际仍不免于是"小众化"。所以不论是作品的内容或形式,真正打算要为工农兵服务,而且要服务得好的作者,就必须得和群众的斗争生活密切的结合起来,这样才能一方面改造自己,转变了自己的阶级,一方面很好的解决了作品的内容与形式的获得与处理问题。

第五节　毛泽东文艺方向的正确性及其伟大意义

实践是验证理论最准确的标尺,自从毛主席的讲话发表后,解放区的文艺工作者,都在毛主席的指示与号召下,自动的参加了群众的斗争生活,终于产生了许多杰出的创作。从这些创作里,反映出这一个史无前例的轰轰烈烈的劳动人民彻底翻身,而挣脱了一切锁链,开始走向自由幸福之路的伟大时代,即如周扬同志所讲:

> 文艺座谈会以后,在解放区文艺的面貌,文艺工作者的面貌,有了根本的改变,这是真正新的人民文艺,文艺与广大群众的关系,也根本改变了,文艺已成为教育群众,教育干部的有效工具之一。文艺工作已成为一个对人民十分负责的工作。

又说:

> 毛主席的文艺座谈会讲话,规定了新中国的文艺方向。解放区的文艺工作者,自觉地、坚决地实践了这个方向,并以自己的全部经验,证明了这个方向的完全正确,深信除此之外,再没有第二方向了,如果有,那就是错误的方向。《新的人民文艺》

这是总结了从一九四二年到一九四九年中七八年间解放区文艺工作者在文艺创作上实践的结果。而对毛泽东文艺方向和道路的正确性,予以最有力的证明。

为什么文艺讲话中所指示的方向和道路是这样的正确呢?主要原因,是由于这是用马列主义的普遍真理,根据中国新文学的历史发展与当前的现实基础而对文艺界的一些纷纭错杂、争论不决、成为一般人所迷惘、糊涂、认识不清的问题,给以明确的彻底的解决与澄清,这是总结了中国二十三年来革命文学发展过程中的经验和教训,依照现实的客观情况与实际需要,肯定了过去的优点,而纠正了已往的缺陷,给中国新文学史开辟了新的时代,也就是真正的人民文学的时代。

所以这次的座谈与讲话,就意义上讲,比着五四的文学革命运动,在性质上相近,而成就则更为伟大。相近的是二者都是从量变到质变,转旧的时代为新的时代,而更伟大的,则是对于文艺的方向和道路,指示得非常的明确,使中国的新文艺真正与广大的人民结合了起来,而达到更高的阶段,而有着更光辉远景,周扬同志讲:

> 一九四二年毛泽东同志的《在延安文艺座谈会上的讲话》把新文艺推进到了一个新的历史阶段。假如说"五四"是中国近代文学史上的第一次文学革命,那么《在延安文艺座谈会上的讲话》的发表,及其所引起的在文学事业上的变革,可以说是继五四之后的第二次更伟大更深刻的文学革命。(《坚决贯彻毛泽东文艺路线》)

这是个非常正确的说明。

本章参考书

一、《毛泽东选集》(第三卷)

二、《坚决贯彻毛泽东文艺路线》(周扬)

第十五章 一九四二年后解放区与国统区文艺的发展

第一节 解放区文艺的发展

一九四二年后,在解放区由于毛主席《在延安文艺座谈会上的讲话》的发布,对文艺工作者进行了具体而正确的指导,解放区人民政权与人民部队对文艺的重视与扶植,特别是文艺工作者兴奋鼓舞地响应了毛主席的号召,坚决地执行了毛主席的文艺方针,纷纷地参加了人民群众的火热斗争,观察、体验、分析、研究,从而进行创作,这样就使解放区的革命文艺,真正的达到了为工农兵服务,与工农兵群众相结合的地步。从一九四二年延安文艺座谈会的召开,到一九四九年全国第一届文代会的召开,仅仅七年的时光,解放区的新文艺显然地呈现出一种崭新气象,有着极其辉煌的成就,不论内容或形式,都有其独特的面目。先就内容说:

首先,从作品中出现了新的主题、新的人物。

这正如周扬同志在一九四九年全国第一届文代大会报告中所说的:

> 民族的,阶级的斗争与劳动生产,成为作品中压倒一切的主题,工农兵群众,在作品中如在社会中一样,取得了真正主人公的地位。知识分子一般的是作为整个人民解放事业中各方面的

工作干部,作为与体力劳动者相结合的脑力劳动者被描写着,知识分子离开人民的斗争,沉溺于自己小圈子内的生活及个人感情的世界,这样的主题就显得渺小了与没有意义了,在解放区的文艺作品中,就没有了地位。

这是一个很大的发展,而这正是实践了毛泽东文艺的路线后所得到的一个飞跃的前进的具体表现,中国的革命文艺在一九四二年以前,是不是有新的主题和新的人物呢?是有的。但是这类作品数量是很小的,那仅仅是一个萌芽,是一个开端。而描写知识分子的,则是占着大量的数目。另外就是写的是工农兵,但往往如毛主席所说的"衣服是劳动人民,面孔却是小资产阶级知识分子"。可是一九四二年以后不然了,不但阶级斗争与劳动生产成为作品中压倒一切的主题,而且,劳动人民在作品中确如在社会中一样取得了主人公的地位。特别是能从意志情感上写出了劳动人民的本质,基本上克服了过去的缺点,这是剧变,同时也是一个飞跃。

其次,是随着现实的发展在作品中所反映的新事物。

(一)反映了抗日战争与解放战争中广大的劳动人民与英勇的解放军在党的领导下,对敌人进行了坚决斗争的雄壮史迹,一些战士们的英勇气概和可歌可泣的伟大事件。如马烽、西戎的《吕梁英雄传》,赵树理的《李家庄的变迁》、晋冀鲁豫文工团的《王克勤班》(歌剧)、战斗剧社的《女英雄刘胡兰》(歌剧)、刘白羽的《无敌三勇士》、韩希梁的《飞兵在沂蒙山上》(小说报告),等等。

(二)反映土改过程中农民的觉醒以及与地主进行尖锐斗争。如赵树理的《李有才板话》、王力的《晴天》、王希坚的《地覆天翻记》、丁玲的《太阳照在桑乾河上》、周立波的《暴风骤雨》、马加的《江村十日》,等等。

(三)通过对封建社会中受压迫最深的妇女的翻身的描写,展开了农村阶级斗争的剧烈场面,同时也写出了解放后农村中男女婚姻自由的愉快光景。如李季的《王贵与李香香》、贺敬之的《白毛女》(歌剧)、阮章竞的《赤叶河》(歌剧)、赵树理的《小二黑结婚》、菡子的《纠纷》、康濯的《我的两家房东》，等等。

（四）歌颂生产劳动并写出在党的正确领导下具有落后意识的工人和农民，得到了教育改造，而成为积极的劳动者。如傅铎的《王秀鸾》（歌剧）、欧阳山的《高乾大》、柳青的《种谷记》、草明的《原动力》（小说）、陈其通的《炮弹是怎样造成的》（话剧）、鲁煤等的《红旗歌》，等等。

第三，真实地反映了现实，表现了新社会发展的本质。

即如以上所举的这些作品，总起来说是反映了千百万的劳动人民在中国共产党和毛主席的领导下，组织了起来，觉醒了起来，行动了起来，面向着阶级斗争与生产斗争的道路，大踏步的迈进，而形成了一种不可战胜的力量，同时也把中国社会在革命过程中的发展本质表现了出来，这就是腐朽力量的崩溃与覆灭，新生力量的成长与壮大。落后的意识逐渐克服，进步的意识逐渐增长，刻画出新中国未来的光明灿烂的远景。

第四，人民性、党性。

这一些作品，一方面是具有强烈的人民性，它们写出了广大劳动人民的生活和意愿，并且表现出了他们的高贵的优良的品质——朴实、勤劳、勇敢、坚毅。另一方面也富有强烈的党性，具体地写出了党在革命中所起的领导作用，有了党的领导，斗争就会得到胜利，否则就要失败。同时党员正确的执行党的政策就会胜利，否则就要失败。而且还写出优秀的党员那种坚强、明敏、耐劳、忍苦、虚心、谦抑，种种的高贵品质，与为人民革命事业无限忠诚的伟大精神。因而使读者对于党产生了无限的信仰和热爱，从思想上明确了只有依靠党，跟着党走，才能克服一切前进中的障碍，获得辉煌的胜利，否则就要陷于错误而走向失败。

解放区的文艺在内容上既然像上边所说的是新的主题，新的人物，当然由于这种新内容所决定的形式，自然有着许多的新创造。

首先是大众化的语言。

由于文艺工作者努力与工农群众相结合，努力学习工农群众的语言,所以他们所用的语言,真正是从群众中来的,但也并不是死搬硬套,一般都是经过加工与洗练的过程的,所以就非常平易自然,看不出镶嵌造作的痕迹,而就中最成功的,是赵树理。

其次是改造了民间形式与旧形式,而创造出了新形式。

解放区的文艺一般地是和民间文艺的传统保持着血肉关系的。但这正如周扬同志所说:"并不是简单旧瓶装新酒,而是推陈出新。"即如《李有才板话》、《王贵与李香香》、《白毛女》,都是采取了民间歌曲的形式,柯蓝的《洋铁桶故事》,西戎、马烽的《吕梁英雄传》都采取了章回小说的写法,特别是赵树理的小说,吸取了民间故事写作特点,他们都是适当地接受了旧形式中的优良部分,加以改造发展,这样就形成了新的文艺形式。而这种方法"是完全符合一个民族的文艺发展的正常规律的"(周扬语)。

所以总结起来说,解放区的文艺形式,由于毛主席的正确领导,文艺工作者的积极努力,把五四以来进步的革命的文艺工作者不只一次的提出与讨论过的"大众化"、"民族形式"等等问题,在过去一向没有得到彻底解决的,现在都得到了彻底的解决。

最后是关于创作方法。

在解放区有这三方面是值得我们注意的:

一是社会主义现实主义的创作方法的运用,这种创作方法在一九四二年以后,由于解放区文艺工作者在那样民主自由的政治环境中,个人的深入群众斗争生活得到了合理的解决,理论的提高与思想的改造,因而得到了更进一步的发展。以上所列出的这些作品没有不是写出了新生力量的壮大与胜利,腐朽势力的崩溃与灭亡的。同时在内容上充满了乐观情绪与胜利的信心,对未来幸福的生活有着预示,有着展望,它们反映人民英勇的斗争,同时又反过来更加鼓舞了人民去进行英勇的斗争,所以茅盾讲"一九四二年以后达到了新现实主义的时代。"

二是真人真事的表现,如《一个女人翻身的故事》、《女英雄刘胡兰》、《李国瑞》,这表现了新的人民时代的特点,写出了惟有这样的时代中,才会产生出如此平凡而又如此伟大的英雄模范人物。

三是集体创作,像《白毛女》、《兄妹开荒》,尤其是前者,是非常成功的。有些虽不是集体,但大都由作者征询过许多人的意见,而进行了多次的修正与润色的。这一切都是解放区文艺之所以有如此光辉成就的原因。

第二节　国统区文艺的发展

一九四二年后国统区的文艺与解放区的是有着极大差别的,我们知道国民党反动派是一刻也不曾放松对于人民革命力量的压迫同破坏的。他们一再地发动反共高潮,向解放区进攻。而在他们的统治区内,对进步的书报刊物,则加以禁锢破坏,对进步的作家,则进行监视、暗杀,另外还唆使一些反动的文人,宣传极其反动的文艺论,并从事对于汉奸特务的歌颂,色情肉欲的宣扬,借以来欺骗读者,麻醉读者,为蒋匪帮的反动统治张目。所以在国统区文艺上所反映的斗争,基本上是民族内部的阶级斗争,特别在后期,这种斗争益发的尖锐化、剧烈化了。

先就理论上的斗争来说,抗日战争前期,在昆明曾经出现了"战国策派",主要的人物是林同济、陈铨等,他们以主观唯心论的思想,鼓吹"力",鼓吹"四体膨胀",鼓吹"英雄崇拜",鼓吹法西斯主义,他们说什么"我思故我在,我在故我能","你和宇宙打成一片,不,你征服了宇宙,要变成宇宙的本身,你四体膨胀——膨胀到无极之边。你之外再无存在,你之内一切油油然生"(林同济《寄语中国艺术人》)。他们又说什么"人类意志是历史演化的中心,英雄是人类意志的中心,只有站在一个立场,我们才能够彻底了解历史的现象"(陈铨《论英雄崇拜》),正因为如此,所以他们反对五四时代提倡的民主与科学,"需要'金''银'的分子处在统治者的地位,天赋人权的学说,平等的理论,须要加以正当解释"(陈铨《再论英雄崇拜》),这正是蒋介石御用走狗所宣扬的典型的法西斯主义,这种反动的理论,由于受到抨击,逐渐消沉了下去,但后来继之而起的,乃是反革命的胡风集团所提倡的"主观战斗精神"与"自我扩张"。他们以进步作家的面目,披着马克思主义的外衣,贩运着反动的主观唯心论的文艺论,他们的中心思想与林同济、陈铨之流,可以说是一丘之貉,丝毫也没有差别。

当时胡风集团中的舒芜,在一九四五年他们所办的《希望》第一期上,发表了《论主观》,胡风也发表了《置身于民主战斗之中》。他们把对于主观问题的见解,作了系统的说明。实际也就等于他们对文艺运动所提出的宣言,他们强调主观的意义和作用,说什么:

今天的新哲学,除了其全部基本原则当然仍旧不变外,主观这一范畴,已经被空前提高到最主要的决定地位了。(《论主观》)

人类的斗争历史,始终是以发扬主观作用为武器,并以实现主观作用为目的的。详言之,人类并不是用自然生命力或社会势力来斗争,而是用真正主观作用来斗争,也并不是为了社会本身或自然生命力而斗争,而为了那比自然生命本质上更高,并且中间就有机的统一了社会因素的主观作用之真正充分实现而斗争的。(同上)

而这就是胡风经常所提倡的"原始的生命力"与"主观战斗精神"的理论上的说明。这种理论具体到对于作家的指导上,就抹煞了作家和人民大众现实斗争相结合的必要性。他们强调封建统治所造成的人民身上的缺点,称之为"精神奴役的创伤",作家不是须要向人民群众学习,而是须要向人民群众的缺点作斗争,他们反对有领导的集体主义自觉斗争,而是崇拜个人主义的自发式的斗争。

这种披着马克思主义的外衣,实际是反马克思主义的反动的文艺论,在一九四五年就已为进步的文艺理论家所揭发。黄药眠曾发表《论约瑟夫的外套》一文,指出舒芜的《论主观》一文的内容,乃是唯心论、生机主义、唯生史观,但他硬要在唯心论上面借点机械唯物论来装点门面,便趁此机会披上了约瑟夫的外衣,而侪于唯物论之列。同时,他还大声疾呼的说:"对于这种伪装,我认为每一个忠诚的唯物论者,都有揭发他的义务。"到一九四八年,在香港的革命作者,又曾集中火力对这种反动理论进行了批判。当时最有力的文字,是乔冠华的《文艺创作与主观》、荃麟的《论主观问题》、默涵的《个性解放与集体主义》、胡绳的《评路翎的短篇小说》,等等。特别是荃麟文中,很扼要的指出舒芜把主观提高到最主要的决定地位,无异于否定了马克思唯物论哲学最基本的原则,就是"存在决定意识",同时又指出舒芜对主观作用强调与扩大,说什么"人类的斗争历史,始终以发扬主观作用为武器,并以实现主观作用为目的的",这简直是抹煞了马克思唯物主义中关于生产力与生产关系的矛盾与发展的学说,把主观与客观的矛盾看成历史发展的动力了。另外他具体指出马克思主义者与这种主观论者的见解毫无共同之处,恰巧是对立的两面,他说:

> 毛泽东思想,就是马克思主义与中国革命实践的结合,毛泽东总是要求大家处理一切问题,必须从客观实际出发,要求全面熟悉客观情形,与群众需要,要求调查研究,要求实事求是。例如对于文艺问题,他就说"应当从实际出发,不是从定义出发"。这说明马列主义者,在一切问题上,总是首先从客观的认识与实践,而达到理论的掌握现实,掌握群众,反之,照主观论者的理解,则主观作用既是最主要的决定因素,在一切问题上,便是首先从主观要求出发,以达到对客观的征服。在哲学上如此,在文艺上也是如此,这是我们在思想上两条基本不同的路线……

胡风反革命集团,实际是打到我们革命文学阵营内部的奸细,他们正是伪装革命,伪装马克思主义者,来宣扬他们的主观唯心论的文艺观,来破坏革命文艺,而为反动的蒋匪帮服务的。他们的理论与"战国策派"鼓吹的法西斯主义面目不同,而其本质实际是一致的。但在当时我们虽已揭破了他们理论的反动本质,但还认为他们是革命的小资产阶级作家,所以仍然是用对朋友的态度,对他们进行着善意的批评。但他们是不觉悟的,而且一定的阶级立场决定了他们是要反动到底的,除了里边极其少数的个人,如舒芜后来从他们当中分化了出来。至于这一次的斗争,是具有非常重大意义的。从此他们的反动理论,已开始在有识者的面前暴露出它的真象,在一定程度上已失去了它的欺骗与迷惑的作用了。

在创作上,由于反动的统治阶级对群众运动的发展进行种种疯狂的压制,文艺工作者也就不可能同人民群众接近。随着现实的发展,反动派采取反共反人民越来越凶残的态度,进步的文艺运动所受到的迫害,也就愈来愈严重。在白色的恐怖下,进步的作家随时都有进集中营的可能,一部分作家,由于身受严重的政治和经济的压迫,而表现了消沉的情绪。但整个来说,进步的作家并没有因此而失去对抗日战争胜利的信心。共产党领导下的在敌后坚持抗战的军民大众的伟大力量,始终成为鼓舞国统区一切文艺工作者加强其信心的基本动力。而在这一阶段,文艺上所反应的斗争,主要是阶级斗争,革命的作家用各种形式来暴露反动统治,并鼓舞人民的斗争情绪,具体分析起来,有这几方面。

一、借现实中的事件,来揭发反动官僚资产阶级卑鄙无耻、营私舞弊、操纵金融、吞噬私人资本的阴险伎俩的,有茅盾的《清明前后》,至于对蒋匪帮的特务统治对进步人士进行血腥的迫害而加以暴露的,又有茅盾的《腐蚀》。还有对农村地主乡绅以及乡镇保甲长的鱼肉农民进行控诉的,有沙汀的《还乡记》、艾芜的《石青嫂子》,等等。

二、用历史故事,来借古喻今,对黑暗现实进行抨击的,有郭沫若的《屈原》、阳翰生的《天国春秋》,等等。

三、对现实中的丑剧,给以无情的揭发与讽刺的,有袁水拍的《马凡陀的山歌》、陈白尘的《升官图》、黄谷柳的《虾球传》、冯雪峰的《今寓言》,等等。

以上这些作品,从城市到农村,从反动的统治到被压迫的人民,一面揭露了在国统区所存在的尖锐的阶级矛盾,一面也分析了反动统治的反动本质,并辛辣地给他们以讽刺与抨击,从而激发读者反抗黑暗现实的热情,进行对前途光明的追求。这些对人民的革命事业,都是起着极其巨大的积极作用的。

此外，在某些自以为进步作家的作品中，也还存在了不少的缺点，即如曹禺，在这个时期写出了《北京人》和《家》，他的倾向正如茅盾在一九四九年全国第一届文代大会上所作的报告里所说的：

> 有一些作家以人道主义的思想情绪，来填塞他们的作品，他们有正义感，有同情心，他们局部地揭露了现实的黑暗，也表现了若干客观的真实，但是他们回避了社会中的主要矛盾，与主要斗争。他们认识世界的方法是经验主义的，他们的作品也多少流露着感伤的情绪。(《在反动派压迫下斗争和发展的革命文艺》)

另外如臧克家所写的《泥土之歌》，虽是反映了农村中的农民生活，但从那里面闻不出多少斗争的气息，这又如茅盾所说的：

> 题材取自农民生活的，则常常仅止于描写生活的表面，未能深入核心，只从静态去考察，回忆中去想像，而没有从现实斗争中去看人民。(同上)

还有一些自命为"进步的作家"，实际只不过是一种骗人的伪装，就像胡风反革命集团，他们为了使作品"有力"，就去描写人物的变态的精神状态。他们不是在真实地反映客观现实，乃是以自己的主观，来任意解释和说明客观现实，其结果是歪曲了人物的面貌，成为反现实主义的东西。就像路翎的长篇小说《财主的儿女们》，他在这部作品中，歌颂了封建大地主，歌颂了反革命头子蒋介石，歌颂了无耻汉奸汪精卫，歌颂了托派匪徒陈独秀。但对于劳动人民，则备加诬蔑，写他们勾心斗角，互相猜忌，互相殴打，厮杀，咒骂。充满了原始野性，充满了神经质的疯狂性、痉挛性等等。胡风反革命集团的反动立场，是非常分明的，不过他们比当时那班反动统治者的御用走狗文人，更为隐蔽，他们的手段更加毒辣罢了。至于那些公开地站在敌人方面，来歌颂特务，如陈铨、荆有麟，描写色情，如徐訏、无名氏之流，由于他们政治目的是人所一目了然的，所以也就从来没有能在广大读者中抵销进步文艺所起的积极影响。当国民党反动派崩溃垮台以后，他们这些东西也就随之而烟消火灭了。

总之,从抗战后期到全国解放,六七年间,国统区的文艺,作为主流的仍是革命的文艺,它虽然备遭压制与破坏,但仍然遏止不住它的成长与发展,因为它代表了广大人民的意愿、广大人民的呼声,受着广大人民的拥护和支持。相反的,代表反动阶级的文艺,它们虽企图用以量胜质的办法,来抵销进步文艺的积极作用,但他们是徒劳的,他们只有用以来进行自我麻醉,他们是无法挽救他们那种崩溃覆灭的必然命运的。所以从国统区,革命文艺与反动文艺的矛盾斗争中,益发使我们了解到文艺是现实生活在作家头脑中的反映的道理,同时更足以证明文艺是阶级斗争的武器这个理论是颠扑不破的。

主要参考书

一、《新的人民文艺》(周扬)

二、《在反动派压迫下斗争和发展的革命文艺》(茅盾)

第十六章　中华人民共和国成立后人民文学的新发展

第一节　全国解放后新形势的发展

　　一九四九年秋,全国解放,到了十月一日,宣布了中华人民共和国的正式成立。这一惊天动地的历史事件的伟大意义,正如毛主席在九月二十一日中国人民政治协商会议第一届全体会议开幕词中所说的"占人类总数四分之一的中国人,从此站立起来了"。这标志着过去漫长的黑暗而痛苦的半封建半殖民地的旧时代,从此结束了!而一个光辉灿烂、美好幸福的人民自己当家作主的新时代,从此开始了!

　　在开国之后,不久就相继地在社会的各个方面,开展了一系列的伟大的政治改革运动。首先是土地改革,在全国范围内从华北、华中一直到华南,进行了彻底的推翻封建土地所有制的翻天覆地的大革命运动,广大的农民群众在中国共产党的领导下,消灭了地主阶级,打垮了封建势力,获得了彻底的翻身,从而在农业生产上,解放了生产力,为实现社会主义改造创造了前提。

　　一九五一年,由于美帝国主义企图破坏我国的建设,干涉我国的内政,使蒋匪帮重新复辟,于是重循日本帝国主义过去侵略中国的老路,以朝鲜为跳板,来进攻我国的东北,于是发动了侵略北朝鲜的战争。我们为了保卫我们祖国的伟大建设,为了保卫世界和平,于是就派志愿军去支援朝鲜,抵抗美帝的侵略,于是在国内就掀起了伟大的抗美援朝运动,因而大大地提高了全国人民的爱国主义与国际主义的思想觉悟,成为推动全国人民在各个战线上勇往奋斗的伟大动力,终于在中朝双方的共同努力下,志愿军与朝鲜人民军协同对敌人的英勇奋击打垮了美帝国主义,取得了伟大的胜利。

随着抗美援朝运动的开展,同时也进行了镇压反革命运动。在抗美援朝的战争中,国内暗藏的阶级敌人乘机蠢动,企图扰乱后方,进行复辟活动,因而人民政权进行了镇压反革命运动,通过这一运动,基本上肃清了人民的敌人,暗藏的破坏分子、特务、土匪、恶霸等,从而巩固了人民政权,并加强了抗敌的力量。

一九五二年全国进行了三反、五反运动,三反是对国家干部与知识分子进行的思想改造,五反则是打退资产阶级对工人阶级的猖狂进攻。通过了这些轰轰烈烈的群众运动,基本上为进行社会主义建设与社会主义改造打下了有利的基础。

在以上的各个运动都已获得了辉煌的胜利的基础上,我国的国民经济得到了恢复,因而在一九五三年党就发布了"党在过渡时期的总路线"而开始了第一个五年计划。一面从事全国性的大规模的社会主义经济建设,同时开始了有计划的进行对农村中个体农民、都市中的手工业者以及私营工商业者的社会主义改造。因而我们的革命已经很显著地跨上了一个新的阶段,就是由人民民主革命发展到社会主义革命的新阶段了!

文艺是进行革命所必须的一个有力武器,而文艺大军在革命阵营中也是一支有力的队伍。所以党和毛主席很早就注意到它的作用。毛主席《在延安文艺座谈会上的讲话》中说:

> 我们不赞成把文艺的重要性过分强调到错误的程度,但也不赞成把文艺的重要性估计不足。文艺是从属于政治的,但又反转来给予伟大的影响于政治。革命文艺是整个革命事业的一部分,是齿轮和螺丝钉,和别的更重要的部分比较起来,自然有轻重缓急第一第二之分,但它是对于整个机器不可缺少的齿轮

和螺丝钉,对于整个革命事业不可缺少的一部分。如果连最广义最普通的文学艺术也没有,那革命运动就不能进行,就不能胜利。(《毛泽东选集》三卷,页八六六)

所以当一九四九年全国刚一解放,在北京就召开了第一届全国文艺工作者代表大会,成立了全国文联以及省市文联,团结并改造新旧作家,组织、领导他们参加了各种伟大的斗争运动,如土地改革、抗美援朝、三反、五反等。特别是一九五二年全国进行的文艺界的整风运动,对文艺工作者又进行了一次深刻的思想改造。所以从一九五〇年以来,文坛上就出现了新的繁荣气象。大致说来,在文艺思想上更明确地提出继续大力贯彻毛泽东的文艺路线,深入生活,加强思想改造,使创作更好地为政治服务,为工农兵服务。同时对反动的资产阶级文艺思想向人民文艺的猖狂进攻给以沉重的反击。因而使一般作者在认识水平上大大地提高一步,在创作上,由于一般作家深入了群众,参加了火热斗争,而写出了反映伟大斗争的优秀的作品,但也有些作家由于对群众生活不够熟悉而急于写出作品,因而产生了公式化与概念化的偏向。另外由于党的关怀文艺,对老作家进行了帮助,对新作家进行了培养,因而产生了一些新的优秀的作品,出现了一些新生的力量,像老舍、巴金解放后都有较成功的作品问世。至于农民作家陈登科,战士作家高玉宝,杜鹏程,青年作家李準,这都是在党的培养教导下,而出现的文坛上的生力军。这充分地说明了伟大的毛泽东时代,给中国文学开辟了一个新的领域,给所有的革命作家们展开了一个广阔的创作道路,党和政府又给作家们以亲切的关怀和领导,这就给新中国人民文学的发展以无比优越的环境和条件,因而它将来的繁荣就成为指日可待的了!

第二节 文艺理论与政策

一、第一届全国文代会对过去的总结与对今后的策划

一九四九年全国解放战争取得了伟大的胜利,全国政治协商会

议正准备召开,为了配合革命的需要,就召开了第一届全国文代大会。这是有史以来中国全国文艺工作者第一次的代表大会,这是老区与新区在全国解放后两支文艺大军的大会师,它是具有极其重大的历史意义的,这次大会由于党的正确领导,一面总结了一九四二年后中国文艺在毛泽东文艺方针正确领导下,在发荣滋长中的工作经验,同时也根据当时现实的具体情势确定了以后发展的方向。

先就经验总结来说,周扬同志在大会上曾作了详细的报告,最重要的是理论方面,由于毛泽东文艺方针的正确指示与解放区文艺工作者自觉地积极地实践了毛泽东文艺方针,因而不少的作者产生了一些辉煌的作品,正确地反映了斗争,同时也推动了革命斗争。在作品上不论是主题同形式,都有了新的开拓、新的发展与新的创造。

在主题上主要是反映了民族的阶级的斗争和劳动生产的斗争。至于写知识分子离开人民斗争,单纯地沉溺于自己小圈子内的生活,及个人情感世界的作品,在解放区文艺作品中已没有它的地位了。

在形式上,由于有了新的内容,所以形式也就跟着有了新的创造,语言方面学习了群众的语言,而又给以加工和提高,体裁方面,与民间的文艺传统保持了密切的联系,这不再像过去那样是旧瓶装新酒,乃是在旧的基础上给以改造和提高,正如鲁迅所指出的"推陈出新"。

在工农兵群众文艺活动方面,由于解放区人民在政治经济上得到了翻身,因而文化也跟着得到了翻身,广大的工农兵群众积极地参加各色各样的文艺运动,从而表现出他们惊人的创造力。特别是在诗歌方面,产生了许多精彩的作品,生动而具体地写出了他们的感情和思想,反映了时代的主要矛盾,如《打仗要打新一军》、《不能再落后了》、《揭了石板看》、《进了地主门》等。

在旧剧改革上,主要是用历史唯物主义的观点,来创造新的历史剧,这样就批判了历史故事中的封建性,而发扬了它的人民性,因而就具有更大的现实意义与教育意义,如《逼上梁山》、《三打祝家庄》

之类。

　　周扬同志在总结了一九四二年后革命文艺在毛泽东的文艺方针指导下获得各方面的巨大成绩之后,接着就指出我们决不应以此自满,我们的文艺工作还远落后于革命形势的发展与革命任务的需要,文艺战线比起军事战线所达到的水平来,是相差很远很远的。于是他号召全国的文艺工作者,首先必须学习政治,学习马列主义、毛泽东思想与当前的各种政策,在写作上必须学习技术,但又必须反对与防止一切技术至上主义、形式主义,必须确立人民文艺的新的美学的标准,从而创造出无愧于这个伟大的人民革命时代的有思想的美的作品。

　　至于对以后文艺工作的策划上,周恩来总理在大会上曾作了具体的指示,最主要的有这几点。

　　(一)团结问题。周总理指出这次大会就是文艺界的团结大会,希望代表们回去后,能领导各方面的文艺工作者,发扬这次大会的团结精神。

　　(二)为人民服务问题。深入广大群众,应该首先熟悉工农兵,只有熟悉了他们才能反映出这个伟大的时代,反映出创造这个伟大时代的伟大劳动人民。

　　(三)普及提高问题。还是"普及第一",解放区作了一些普及工作,但是离普及的需要还很远,普及性的文艺作品,虽然还不多,但它们却是为广大人民所喜闻乐见的,所以我们必须重视新文艺在普及方面的生长和成就。即使是一些小的生长、小的成就。

　　(四)改进旧文艺问题。对旧艺人要团结他们,改进他们,组织他们,领导他们,同时对于旧文艺也要普遍地进行大规模的改革。

　　(五)组织问题。要建立组织,以便在系统的领导下开展文艺工作。在大会闭幕之后,从中央到地方,成立了各级文联,文艺工作已成为整个革命事业中的一个组成部分,文艺工作者从此在党和毛主席的领导下有计划有步骤地来为贯彻毛泽东文艺方针,努力为彻底完成无产阶级革命而斗争。

二、文艺思想战线上无产阶级思想对小资产阶级思想以及反动的资产阶级思想所进行的战斗

新中国成立后,由于资产阶级还是我们所要联合的阶级,而且它也是中国人民统一战线中一个组成部分,这是一种客观存在,反映到文学上就出现了宣传资产阶级思想的作品,其次,一些小资产阶级文艺作家,没有经过彻底的思想改造,到都市后,受到资产阶级思想的腐蚀,因而在作品中表现了资产阶级与小资产阶级的思想观点。这些作品对无产阶级革命事业是有着严重危害的。它宣传着卑鄙的个人主义思想,宣传着政治上的改良主义,宣传着对敌人妥协投降的思想,同时在作品中所表现的劳动人民,则给以严重的丑化和歪曲,我们为了使文艺更好地为政治服务,用这一有力武器来打击敌人,教育人民,对这种腐朽的资产阶级思想,就不能不给以严厉的斗争,这就是从一九五〇年后新中国文坛上为什么展开一系列的无产阶级思想对反动的资产阶级思想以及小资产阶级思想的激烈斗争的原因。

(一)对孙瑜电影剧本《武训传》的批判

一九五一年电影《武训传》摄制成功后,在京沪各大都市上演,这一影片把武训这个封建社会中最丑恶、最虚伪、最反动的奴才,这个腐烂的封建文化的狂热宣传者,描写为"和封建统治者作了一生一世的斗争的坚韧的革命战士,不,简直描写为一个神圣化了的人物。他"'在云端向下界微笑,给正得着解放的本阶级劳动同伴们祝福'呢!"所以,当这个影片演出后,就曾引起有些观众的怀疑。一九五一年五月二十日,《人民日报》以《应当重视电影武训传的讨论》为题,发表了社论,因而就形成了讨论的热潮。最后周扬同志发表了近似总结性的论文《反人民反历史的思想和反现实主义的艺术》。他从两种历史观点(科学的反科学的)上,来指出《武训传》的内容,乃是反科学历史观的产物,也就是资产阶级思想影响下的产物。因而它与马克思列宁主义的历史观是对立的,最后他明确的指出:

电影《武训传》污蔑了中国人民历史的道路,宣传了资产阶级的反动思想,用改良主义来代替革命,用个人奋斗来代替群众斗争,用卑躬屈节的投降主义来代替革命的英雄主义,电影武训传的形象,是丑恶的、虚伪的,在他身上反映了我国封建社会的黑暗和卑鄙,歌颂他就是歌颂黑暗和卑鄙,就是反人民、反爱国主义的。

这一严厉的批判,给当时受资产阶级思想的腐蚀,不自觉地在创作中表现了腐朽的资产阶级思想的作家一个当头棒喝,自此之后,在文坛上一系列的展开了对反动的资产阶级文艺思想的剧烈斗争。

(二)对杨绍萱《新天河配》,萧也牧《我们夫妇之间》、《海河边上》,等作品的批判。在批判《武训传》的同时,文坛上也展开了对杨绍萱《新天河配》的批判,杨绍萱一向是以新的观点整理与改编戏曲遗产自命的,解放后他发表了他改编的《新天河配》,他企图借这样一个民间传说,来结合当时抗美援朝的实际,因而主观的来任意的给这一故事添进了许多东西,他让剧中的老黄牛唱起了鲁迅的诗"横眉冷对千夫指,俯首甘为孺子牛"来,而在剧情中,也贯穿了和平鸽与鸥枭的斗争,来影射当时的国际关系,而最后是以"牛郎放牛在山坡,织女手巧能穿梭,织就天罗和地网,捉着鸥枭得平和"的诗句作结尾。最早对杨绍萱这个剧本进行批评的是艾青,他首先指出这个传说的内容意义是反映了中国古代的劳动人民对于幸福生活的渴望,对于婚姻生活的民主观念,但由于社会制度的限制,不可能美满的实现,王母娘娘的阻碍,象征中国封建宗法社会的压迫,这个传说是一首极美的想象的诗,纯朴而又健康,所以它能如此久远的深入人心。根据这样的理解,认为杨绍萱以及与杨绍萱对待神话态度相同的人的作法,乃是破坏了原来神话的优美情节,是一种用轻率的态度处理民间传说的作风,是把原来很美丽的神话加以任意宰割的野蛮行为,他们把文学反映实现与联系实现的意思,理解成简单化,庸俗化了,这一些错误的态度和看法,是应该加以反对的(《谈牛郎织女》)。但是杨绍萱对这一批评不但不接受,进行自我检查,反而狂妄地要求发表这种批评的人民日报彻底检讨,认为艾青的文章在本质上则是违反了戏曲文艺政策,因而何其芳就又发表了《反对戏曲改革中的主观主义与公式主义》一文,不仅批判了他的《新天河配》,而且把他过去所改编的《新大名府》、《新白兔记》等作品也进行了批判,他指出从杨绍萱的论文和剧本中可以看出:

> 他在思想方法上存在着浓厚的主观主义,表现在创作方法上,则成为公式主义。这种主观主义、公式主义,使他写出某些带有反历史主义色彩的剧本,并且严重到公然赞扬许多鼓吹封建奴隶道德的旧戏。
>
> ……
>
> 他硬要把《大名府》和《白兔记》的故事,加上民族战争的内容,硬要把卢俊义同刘知远写成富有民族思想,于是他看《水浒传》和五代史材料的时候,凡是可以借他夸大附会的地方,他就特别注意,而不利于他的主观想法的地方,他就视而不见,或者有意抹杀。

后边他指出写历史剧的态度:

> 应当按照历史事件,历史人物的本来面貌去描写,使读者和观众得到对于他们的明确认识,得到本来可以从之得出的经验教训,或教育效果,这就是历史剧为现实服了务,用新观点去研究历史,正是为了扫除过去的反动统治阶级对于历史所加的一切伪造的曲解,正确地了解它本来的面目和意义。绝不是说我们有了新的观点,就可杜撰历史,篡改历史,从外部生硬地增加一些不可能有的东西到历史上去。当然以历史为题材的文艺作品和科学的历史著作,并不完全相同,它容许细节上的想像和虚构,容许适当的夸张和必要的集中,但根本之处仍然不能违背历史。

具体到《新天河配》,何其芳同志指出这一民间传说,它主要是反映古代封建社会里面恋爱和婚姻的不能自由,这种有确定的含义,并深入人心的传说,硬要用它来反映抗美援朝,保卫世界和平,显然是反现实主义的。

这个批判非常的深刻,非常的正确。在当时这种主观主义公式主义的改编旧剧的作风,不只杨绍萱一人,已经成为风气。杨绍萱不过是其中的典型,批判了杨绍萱同时也就是批判这种错误的反马克思主义的不良倾向,澄清了错误观念,指出了正当的道路,所以以后比较好的整理旧剧的剧本,像《柳荫记》、《白蛇传》就出现了。这不能不说是这次对杨绍萱《新天河配》批判的一个收获。

与批判《新天河配》的同时,文艺界对萧也牧的《我们夫妇之间》与《海河边上》等作品,也进行了批判,这些作品是产生于一九四九年的下半年,在全国刚刚解放之后,一方面没有经过彻底改造的小资产阶级作家,从农村到了都市,由于客观环境的影响,久已被压抑的旧的思想意识又萌动了,这种旧意识在老解放区还是没有它的市场的,但一到新区,就有了同调,所以萧也牧这些作品发表后,就受到一些人的赞赏,认为"即是一件很平凡的事,也能发现有现实意义的主题,这个主题就是两种思想斗争,和真挚的爱情"(《白村谈"生活平淡"与追求"轰轰烈烈"的故事的态度》),而且前一篇还被搬上银幕。其次,在一九四九年文代会时,有一些新区的作家,认为解放区的文艺太枯燥,没有感情,没有趣味,没有技术等。但这种思想倾向,被坚持毛泽东的工农兵的口号压下去了,及至萧也牧的作品出现后,它的内容倾向正与那些人所追求的不谋而合。因而借机就大发议论,大作文章。

这种倾向是迎合市民阶级趣味主义的小资产阶级文艺的倾向,是一种反毛泽东文艺方针的倾向,为了使人民文艺循着毛泽东所指示的道路顺利进展,对这种倾向就不能不加以批判。当时陈涌发表了《萧也牧创作的一些倾向》,丁玲发表了《作为一种倾向来看》、《给萧也牧一封公开的信》。丁玲文中具体指出《我们夫妇之间》在内容上的虚伪性。这种虚伪性就表现在作者通过这篇作品,俨然地在那里指点人们应该如何改造思想,如何走上工农分子与知识分子结合的典型道路,它表面上好像是说李克不好,需要反省。他的妻子——老干部,是坚定的,好的,但结果作者还是肯定了李克。而反省的,被李克所"改造"过来的,倒是工农出身的女干部张同志。这恰恰正像毛主席所说的小资产阶级出身的人们，总是经过种种方法顽强地表现他们自己，宣传他们自己的主张，要求人们按照小资产阶级知识分子的面貌来改进党，改进世界。陈涌文中同样指出《我们夫妇之间》里边，怎样的丑化了工农干部，狭隘、保守、吝啬、满口骂人话等，而且把知识分子与工农干部之间的两种思想斗争庸俗化了。

至于《海河边上》写一对青年男女工人的恋爱，作者把这两个工人的恋爱以及他们的个性，都加上了许多知识分子的趣味和想象。他们心底狭窄，觉悟很低，从他们身上一点看不出在新的时代里，在党的领导教育下生长起来的新人物的新品质。这也说明这篇作品所写的人物，是不真实的。

总起来说，萧也牧这些作品，不是他有意地来歪曲这些人物形象，就是自然主义的描写，而归根是反现实主义的作品，陈涌与丁玲对他的批评是非常及时的，这样就给那叫嚷着要走小资产阶级文艺道路的人们，一个当头棒喝，受教育的当不只萧也牧个人。

（三）再一次的对胡风反动的资产阶级文艺思想的批判

在解放前，胡风及小集团中的舒芜，曾提倡所谓"主观战斗精神"，强调主观的作用，后来曾受到乔冠华、荃麟诸同志的批判，详细情况前边已经谈过，解放后，胡风小集团中的"舒芜"在文艺思想上有了转变，在一九五二年全国文艺界纪念毛主席《在延安文艺座谈会上的讲话》发表十周年的时候，他发表了《从头学习〈在延安文艺座谈会上的讲话〉》，批判了过去的错误，坦白地承认他过去错误的根源是因为：

> 当时好些年来厌倦了马克思列宁主义，觉得自己所要求的资产阶级的个人主义的个性解放，碰到马克思列宁主义的唯物论观点和阶级分析方法，简直被压得抬不起头来，怎么办呢？找来找去找到一句"主观对于客观的反作用"，这一下好了，有"理论根据"了，于是把这个"主观"当作我的"个性解放"的代号，大做其文章，并且尽量摭拾马克思列宁主义的名词术语，装饰到我的资产阶级唯心论思想上去。

不久，他又发表了《致路翎的公开信》，进一步地指出他们过去这个小集团，在文艺思想上是与毛泽东路线背道而驰的，不仅批判他自己在理论上夸大主观精神与追求生命力的扩张的错误，而且也指出路翎小说中那种崇拜人民群众盲目的自发斗争的错误，而希望他以及他们小集团中其他的作家都能够认清自己的错误，而彻底地加以批判。但是坚持反革命立场的胡风及其小集团分子，是不肯放弃他们的反动理论的。虽然当时我们的党对他耐心的帮助，为他召集了座谈会，让他进行检查，进行自我批判，但他总是虚为应付，对党对人民抱着仇视的态度。在这样情况下，所以到一九五三年才又一次的对他的反动文艺思想进行了公开批判。

当时对胡风反动的文艺思想给以深刻而有力的抨击的，是林默涵与何其芳两同志，由于当时对胡风反革命的阴谋还没有揭穿，所以虽批判了他的反动理论，但对他的态度还是善意的帮助，而希望他很好的觉悟。至林、何两同志的论点都清楚地指出胡风所提倡的"主观战斗精神"乃是取消了文艺的阶级性，不是从阶级根源去考察各种文艺现象，而是离开了阶级关系去寻求文艺现象的原因。正因为如此，他的文艺思想是反马克思主义的，是和毛泽东文艺方针背道而驰的，他这种反动文艺思想的具体表现：

1. 认为作家只要忠实于艺术，就"能达到高度的艺术的真实"。他说什么"真实的现实主义的创作方法，能够补足作家的生活经验上的不足和世界观上的缺陷"（《密云期风习小纪》）。这分明的说明作家只要掌握现实主义创作方法，就不需要去深入地体验生活，不需要有什么进步的思想与进步的世界观，而这正是资产阶级虚伪的艺术理论。

2. 认为现实主义就是作家的"主观战斗精神"和客观现实的"拥抱"或结合，而不是毛主席所说的作家深入群众斗争生活，了解并熟悉工农兵，转变自己的阶级，正确的反映工农兵的生活，所以胡风大唱其"人民在哪里？在你的周围。哪里有生活，哪里就有斗争"（《为了明天》）。这样他就否定了作家创作必须参加群众火热斗争和进行自我改造。

3.模糊了"现实主义"与"社会主义现实主义"的区别,歪曲了鲁迅思想发展与创作方法发展的过程。他认为鲁迅的成就,是单纯地由于对实际的观察,而否认他如何的接受马克思主义,如何的进行自我改造。这样的反对作家学习马克思主义,树立共产主义世界观,以及进行自我改造,同时也糊模了"社会主义现实主义"与"现实主义"的区别,基本上乃是阶级立场与世界观的区别。

4.轻视人民群众的创作——民间文学,反对继承古典文学的优良传统,谁要有这样的主张,就给谁加上一个复古主义者的帽子。但他则不惜拜倒在资产阶级文学的脚下,这种对民族遗产的蔑视,与帝国主义者所倡导的反动的世界主义的思想,完全是一致的。

总之,胡风的文艺思想是资产阶级唯心主义的,因而它和无产阶级的辩证唯物主义的文艺观,没有不是针锋相对的。这拿他的主张与毛泽东文艺方针作一比较,就说明了这一点。但他还要披着马克思主义的外衣,在广大的读者面前招摇撞骗,破坏人民文学的发展,来为反动的剥削阶级服务。林、何两人的批判,详细地揭露了他的假面具,指出了他的反动本质,因而使他和他的小集团恨之人骨。"雪地终于是埋不住死尸的",假面具早晚要被揭穿的。到一九五四年冬,由于对俞平伯《红楼梦研究》的批判,发展到对胡适、胡风反动的资产阶级文艺思想的批判,最后终于破获了这一批反革命的小集团。从这里益发证明了文艺思想上的斗争,乃是阶级斗争的反映。胡风反革命匪帮所坚持他的反动理论,乃是他的坚决的反革命的阶级立场所决定的,但从这里更说明了文艺思想战线上的斗争,是一点也不容放松的。

(四)一九五二年文艺界的整风运动,由于《武训传》演出以及萧也牧小说《我们夫妇之间》的出版,而得到不少人的称赞,说明了文艺工作中存在着严重问题,与文艺思想上的混乱状态,也就是资产阶级、小资产阶级思想倾向在文艺界的具体表现。如果不纠正这种倾向,毛泽东文艺路线就不能够贯彻,人民文学艺术事业就不能够顺利前进。这就是一九五二年全国文艺界整风运动所以开展的原因。

在运动开展之前,周扬同志曾给北京文艺界作了动员报告,在报告中很明确地指出,文艺整风就是要在革命的文艺家、批评家,特别是文艺的领导工作人员的思想上,树立无产阶级思想领导的思想,并能很清楚辨别出其他一切非无产阶级思想,而和它们划清界线。他说:

> 革命的文艺家批评家,特别是文艺的指导人员,必须具备这种思想的辨别能力,否则就必然会在文艺领域内,引起思想的混乱。工人阶级不但要与帝国主义,封建主义划清思想界线,肃清一切帝国主义,封建主义思想残余,同时也要和人民内部,农民阶级,小资产阶级,资产阶级划清思想界线。毛泽东同志在新民主主义论中就已指出新民主主义的文化,只能由无产阶级领导,只能由共产主义思想领导,而决不能由任何其他阶级其他思想领导,他在《在延安文艺座谈会上的讲话》中又明确地指出"真正人民大众的东西,现在一定是无产阶级领导的。资产阶级领导的东西,不可能属于人民大众"。如果在文艺工作中放弃了工人阶级思想的领导,那么就是容许资产阶级思想领导,那么文艺就不是人民的了。

其次,他又指出,文艺整风基本上就是小资产阶级的思想改造。他说:

> 在文艺界影响比较最大的是小资产阶级文艺家,他们在政治上是倾向革命的,但是在他们没有经过思想改造之前,他们的思想和艺术作风,基础是属于资产阶级的。他们当然也不可能成为文化战线上的领导力量。

他又说:

> 文艺工作者的职责,就是通过自己的作品去教育人民,改造人民的思想,要教育和改造别人,首先就得教育和改造自己。毛泽东同志在延安文艺座谈会上的讲话中,解决了文艺上的许多基本问题,例如文艺与政治的关系,普及与提高的关系等等问题,但是其中一个最根本的问题,就是思想改造。如果我们放弃

对文艺工作者的思想改造工作,那就是去掉在延安文艺座谈会上的讲话的革命内容,使这个讲话降低到一切资产阶级小资产阶级的自由主义者都可以接受的程度,放弃思想改造,就是放弃共产主义的原则立场。

最后,他号召参加整风的文艺界的同志:

> 对待思想改造,都应该采取自觉的态度,缺少自觉是改造不了的。

一九五二年文艺界的整风,与一般知识分子的三反思想改造,是在同一时期进行的,由于党的正确领导,基本上达到了肃清封建思想、法西斯思想,批判了资产阶级思想,树立了无产阶级领导思想的目的。因而给中国人民文学的发展奠定基础,纠正了过去一切在创作思想上,在工作作风上的不良倾向。周扬同志在第二届文代大会上讲:

> 文艺思想整风学习的结果,促使更多的作家、艺术家,到工厂、到农村和朝鲜前线去深入地体验生活,这就为文艺创作和广大群众斗争更进一步相结合,开辟了广阔的道路。(《为创造更多的优秀的文学艺术作品而奋斗》)

三、《党在过渡时期总路线》的发布与第二届全国文代会上对"社会主义现实主义"创作方法的明确提出

一九五三年党中央为了领导全国人民走向社会主义工业化,对个体经济与私人资本主义经济进行社会主义改造,因而发布了《党在过渡时期的总路线》。正如毛主席所说的"总路线像灯塔一样,它照耀着我们各个方面的工作的前进方向",全国文联为了配合总路线的实施,就在这年召开了第二届全国文代会。而这次大会最重要的措施,就在于对"社会主义现实主义"创作方法的明确指出。首先,周扬在他的报告中,根据中国这时的现实形势,响亮地号召作家向着社会主义现实主义的道路迈进。他说:

> 现在我们的国家正在逐步地和广泛地进行着社会主义改造,在人民生活中,社会主义因素正日益迅速的增长着,并起着

决定的作用。强大的社会主义国营经济,已取得了整个国民经济中的领导地位。共产党作为国家政权的领导者,在人民当中享有无上的威信。马克思列宁主义的理论,以及毛泽东同志关于中国革命的学说,在全国人民中有极广泛的传播,这就使得社会主义现实主义的文学艺术的发展,有了更广大的现实基础。因而进一步学习和掌握社会主义现实主义的方法,对于我们来说就具有更迫切和更重要的意义了。一个作家如果不努力去熟悉人民的新生活,努力用社会主义精神去教育群众,帮助他们前进,那他就将要不可避免地为人民所不需要,而为时代的落伍者。并且他很明确地这样要求所有的作家:

> 我们把社会主义现实主义方法,作为我们整个文学艺术创作和批评的最高准则,工人阶级的作家,应当把自己的作品提高到社会主义现实主义的水平。同时积极地耐心地帮助一切爱国的愿意进步的作家,都转到社会主义现实主义的轨道来。

当时参加大会的,曾有些人怀疑,这样要求是否过高?还有人以为我们国家现在还没有进入社会主义,为什么要强调文学上的社会主义现实主义呢?对于这个问题,茅盾在报告中曾经具体加以解释,对前者他这样讲:

> 我以为这种怀疑是不必要的。这种怀疑是由于有些人对社会主义现实主义不够了解。事实上社会主义现实主义在我国文学上不是一个新问题,"五四"以来,中国文学的革命运动,就是在工人阶级思想领导下,沿着社会主义现实主义的方向发展过来的。特别从一九四二年毛主席在延安文艺座谈会上的讲话以后,更明确地奠定了中国文学上社会主义现实主义的理论基础,因而把"五四"以来的工人阶级领导的中国文学运动推进到一个新阶段,毛主席《在延安文艺座谈会上的讲话》中所指示的关于创作上的原则……难道不就是社会主义现实主义的原则吗?许多年来我们大家努力为毛泽东的文艺方针而奋斗,很少有人说过这是"过高"的要求,为什么现在对于社会主义现实主义的口

号就觉得是过高的要求呢？

对于后者他又这样讲：

> 这样的错误想法是必须澄清的，要知道第一，即使并不描写社会主义社会，一个社会主义作家的创作方法，仍然应当是社会主义现实主义的。例如阿·托尔斯泰之写《彼得大帝》，或者高尔基之写《母亲》都是如此；第二，我国今天并不是没有社会主义，相反的在今天我国的政治、经济、文化各方面，社会主义的强大的领导力量，都是早已经存在，并且加速地发展着，今天我国的现实生活中，不但已经有巨大的社会主义企业，而且已经有大批的英勇的先进者，正在为社会主义社会的现实而创造条件。已经涌现了千千万万的劳动人民，具有社会主义的高贵品质。

最后，他肯定地说：

> 为了能够很好地担负起我们的任务，我们必须明确肯定社会主义现实主义的方法，必须坚定不移地向这方向去努力。

（《新的现实和新的任务》）

所以"社会主义现实主义"创作方法的提出，配合总路线的发布，是非常正确而及时的，这样给全国作家指出了一条道路，并指出了一个努力的目标，也只有大家在这个同一轨道、同一目标上共同努力，争取百花齐放，才能促使社会主义社会的早日实现。

第三节　创作上的新成就

一、文坛上的千岩竞秀、万壑争流

中华人民共和国成立后，中国人民掌握了政权，在中国历史上出现了一个伟大的毛泽东的新时代，这不仅给所有革命的文艺作家，提供了优越的创作的新环境，而且也给他们安排好了怎样反映这一伟大时代的光荣任务。事实证明，一般革命的文艺作家，在党的领导关切与鼓舞之下，短短的三四年光景，不仅在文坛上出现不少的杰出的作品，而且也涌现出了一批新生力量。现在就作品的内容上分作以下几方面来加以论述。

（一）反映解放战争时期人民革命斗争的英勇史迹的作品。主要的有柳青的《铜墙铁壁》，写陕北战役胡匪宗南部队进攻绥德、米脂时，被我军加以聚歼的故事，另外写同一主题的还有杜鹏程的《保卫延安》。陈登科的《活人塘》，写苏北战役解放军解放了新河集，打垮了国民党匪帮的地方武装，消灭了该地的地主恶霸的故事。刘白羽的《火光在前》，写四野横渡长江，以急行军解放江南的故事。马加《开不败的花朵》，写一支工作干部队，从陕北开往东北时，路途上的遭遇以及他们和叛变的保安团作战的故事。在这几部作品中，都刻画出了一些革命的英雄人物的形象，以及他们和群众所创造的伟大的英雄史迹。像《铜墙铁壁》中的石得富，《活人塘》中的刘根生和大凤子，《火光在前》中的师长陈兴才、师政治委员梁宾，《开不败的花朵》中的曹团长和副团长王耀东。他们有的在坚苦的斗争中获得了光荣的胜利，有的则为革命事业流出了他们最后的一滴血，他们都是在党的培养教育下，树立了坚定的革命人生观，他们对未来有着美好的理想，对革命斗争有着顽强的意志，同时又具有把自己的一切献给革命的高贵品质。这些人物在革命阵营中，不只一个两个，而是数以千万计的，小说中所提出的只不过其中最典型的就是了。在这几部作品中，写得最出色、最成功的是杜鹏程的《保卫延安》里边出现了战斗英雄周大勇、联合军指挥彭总司令的形象。冯雪峰誉之为第一部"英雄史诗"（《论保卫延安》）。

剧本胡可的《战斗里成长》，通过赵铁柱与赵石头他们父子的离合，反映封建恶霸地主对农民的压迫，革命形势的发展和农民如何在党的领导教育下，从斗争中新的品质成长了起来。

（二）反映抗美援朝伟大斗争的作品。用通讯的体裁写出最杰出的作品的是魏巍，他的《谁是最可爱的人》发表后，感动并教育了千千万万的读者。他以激动的热情、诗歌的笔调，生动而真实的刻画出志愿军战士的爱国主义与国际主义的典型人物与典型事例。每一个人、每一件事情，使读者都不能不激动，而深深地觉得我们战士的可敬和可爱，并以我们祖国有着这样战士而自豪。同时我们的爱国主义与国际主义的思想觉悟，也因之而有所提高。另外又如巴金的《黄文元》写一个青年战士为了执行上级所交给他的任务，当自己旁边落了烧夷弹，衣服着火的时候，由于恐怕暴露目标，使进攻计划遭受失败，竟忍着剧烈的疼痛，一动也不动的活活被火烧死了。而李蕤的《张渭良》写一个深入敌后的战士，在负伤之后，竟能爬着，历时几昼夜，终于回到自己的阵营。这些战士英雄的形象，借这些作家们的彩笔，将永远活在人民的心里。而这些作品也将随着这些英雄人物而永垂不朽。

小说方面杨朔的《三千里江山》是一部能真实地反映现实中主要斗争，与在斗争中所出现的新的典型事物的作品，它是通过铁路工人所组成的志愿军，写出了工人阶级在抗美援朝斗争中所表现的共产主义思想、爱国主义思想和国际主义思想的作品。几个主要的人物像姚长庚、姚志兰、小朱、老包头等，都由于他们具有这样思想，才使他们离开家庭，离开祖国，抛父母，别妻子参加艰苦而激烈的抗美援朝斗争。正因为如此，所以，这些人物的先进思想与崇高的行动，就深刻而广泛地感动了读者，教育了读者。

陆柱国的《上甘岭》，内容写一九五二年秋，志愿军与美国侵略者在上甘岭战役中激烈战斗的情况。由于我军战士的英勇奋战，给进攻的敌人以多次毁灭性的打击，结果使敌人一步也未能前进，作者通过对一个英雄连队的描写，反映了当时战斗的激烈情况，从而歌颂了我军指战员与战士们的高度的爱国主义精神与坚忍不拔的英雄品质。特别是像连长张文贵、步行机员苗小春、战士刘才学和林茂田，都给我们以不可磨灭的深刻印象。

（三）反映解放后工人阶级在党的领导下，所表现的新的面貌与新的气象的作品，白朗的《幸福的明天》，写女工邵玉梅在党的教育下，新的品质的成长，她为祖国的财产的安全，不惜牺牲自己，在工作中三次负伤，左臂被割掉了，右臂赖苏联友人的治疗，始得保全，她这种精神，完全是基于她的高度觉悟，她在答复一个中学校教师们的信中讲:"党员个人利益,无条件服从党和人民的整个利益。任何一个党员在个人利益与党的利益发生矛盾时,就只有坚决牺牲自己而不该考虑别的。"而她正是实践了党的这一原则的。

李庆升《四十年的愿望》具体地写出重庆的钢铁工人,为赶修成渝铁路供应钢轨,在厂里掀起了工作的热潮,由于设备条件差、部分人在技术上的保守思想、敌特的阴谋破坏,使工作困难重重,不能顺利开展,但由于党的正确领导,工人兄弟忘我的劳动,并发挥了卓越的智慧,最后终于及时供应了铁轨,保证了成渝路的修筑计划的顺利完成。特别是剧中工人中的老赵和老梁两个人生动形象,体现了工人阶级刻苦耐劳,能克服一切困难的高贵品质。

杜印《在新事物面前》,反映党的领导干部在领导工业生产的新事物面前两种思想的矛盾斗争,一方面是积极进取,具有毛泽东的创造性的思想作风,与具有右倾保守、缺乏马列主义理论指导的经验主义思想作风的斗争,最后终于前者进取积极的取得了胜利。此外,剧中通过事件的发展,鲜明地刻画出了英雄人物薛志刚的形象。这种写法是符合于"把人民和代表人民的典型人物,放在主体地位上描写,放在主人公地位上描写"这一创作原则的。

(四)反映解放后农村中的青年在党的教育下,新的品质的成长的作品。谷峪的《新事新办》、马烽的《结婚》,这虽然都是短篇小说,但这些作者看出了在新的社会中新的事物是如何的在萌芽发展,而他们就抓着这一点,而加以表现。前者写村干部王德贵和他的爱人凤兰两人对婚姻的处理,完全符合于现实情况对他们的要求,同时也表现出农村中青年对事物的新的观点,至于后者又写出一对青年男女随时随地都能把群众的利益放到前边,而把个人利益放到后边,这就是社会主义思想在农村青年思想中的萌芽。

(五)配合总路线而产生的以社会主义思想教育人民的作品。当党在过渡时期的总路线发布后,不久就出现了李準的《不能走那条路》的短篇小说。作者通过现实农村中典型的人物宋老定,为了企图买地遭到他的儿子共产党员宋东山以及社会舆论的反对,而改变了原来打算的故事,反映我国农村中社会主义思想如何在与农民的资本主义自发倾向进行斗争中获得了胜利,这个作品写的是成功的,它真实地历史地具体地反映了现实生活,并且以社会主义思想教育了广大农民。因此,这篇作品发表后,引起全国文艺界的注意,而在人民群众中,也得到很好的反映。即如有的农村青年,读了这篇作品后,感到应该学习东山的模样,并抛弃了买地思想,提高了社会主义觉悟,这就是一个很好的证明,而作者李準是从事文艺创作不久的文坛上的新人,而竟能写出这样成功的作品,这就更值得我们注意了,这不能不说是在党的领导下新的社会新的文坛的新的收获。

安波的剧本《春风吹到诺敏河》反映了东北农村中一个农业生产合作社在建设过程中,干部对农民采取说服自愿与强迫命令两条路线的斗争,而终于前者取得胜利,同时也显示出半社会主义性质的合作化,在生产上的优越性与党的领导政策的正确性,从而教育了领导干部,也教育了广大农民。作品中人物党支部书记高振林、党员崔成、农民孙守山写的都是非常的生动形象,而且在农村中都有他们的代表性。所以也是一个成功的作品。

第四节 所以有这种新气象与新成就的原因

从一九四九年到一九五三年这短短四年多当中,在新中国文坛上不论是文艺思想战线上以及在创作上有以上的巨大的胜利和辉煌的成就的缘故,我们应该说是由于以下几种原因。

一、党和政府对文艺的坚强领导与大力的扶持。对于作家进行了团结、改造和帮助,组织他们下乡、下厂,到朝鲜前线去,使他们深入了人民群众的火热的斗争生活,改造了自己并获得了创作的素材。

二、毛泽东文艺路线的贯彻,即工农兵方向的贯彻。我们就从以上所举的作品来说,里边的主人公不是农民就是工人,再不然就是战士。因为今天时代的主人,就是他们,而今天伟大的历史创造者,也就是他们。因而真实地反映现实,就必然要写出他们的崇高的精神品质、他们的英雄史迹。

三、对老作家的大力帮助,对工农作家的大力培养。如老舍、巴金这些老作家,在解放后由于党对他们关怀与帮助和他们自觉地前进,因而都写出比较成功的为人民服务的新作品。至于从工农群众中涌现出的新作家如陈登科、高玉宝、杜鹏程等,他们的成就与党对他们的大力培养是分不开的。

四、现实的飞跃的发展,对作家的激励和鼓舞。从一九四九年以来,全国各个战线上的伟大胜利——土改的胜利,镇反的胜利,三反、五反、抗美援朝的胜利,国民经济的迅速恢复,五年计划的实施,伟大的经济建设突飞猛进,人民生活的一天天的提高,这种新的令人时时刻刻兴奋着的现实,给作家以多么强烈的巨大的鼓舞与激励啊!

由于以上的原因,就促使了作家们不可遏抑地用他们的笔来歌颂这个伟大的新时代,歌颂一切新的事物的萌芽与成长,保卫人民革命斗争胜利的果实,创造美好的幸福的将来,而同一切蓄意破坏我们的建设的国内外的敌人、帝国主义与反革命分子进行坚决的斗争,而使人民文艺成为人民革命事业中一个强有力的组成部分。

本章主要参考书

一、《中华全国文艺工作者代表大会纪念文集》

二、《武训和武训传批判》

三、第二届全国文代会各种有关文件(见一九五三年《人民文学》十一月号、《文艺报》十九号)

四、本章所引的主要作品

第十七章　社会主义现实主义的人民诗人

第一节　李　季

一

　　李季,河南唐河人,是一九四二年后出现于中国诗坛的一位优秀的新作家。早年参加革命,抗日战争时期,在陕北三边(定边、靖边、安边)工作过一个相当长的时期。一九四九年全国解放后,曾任中南文联委员。一九五一年赴苏联观光,回国后在玉门生活过一个时期,一九五五年底又在甘肃银川生活。现任全国作协理事会理事,作协创作委员会副主任。主要作品有《王贵与李香香》(一九四五)、《短诗十七首》(一九五二)、《菊花石》(一九五三)、《生活之歌》(一九五四)、《玉门诗钞》(一九五五)……而足以作为他的代表作的是《王贵与李香香》。

二

　　一九四五年李季长篇叙事诗《王贵与李香香》的出现,引起了许多人的重视,因为它给中国诗发展前途开辟了一条新的道路。我们知道自从五四以后,中国的诗歌从死板的旧形式中解放了出来,但是解放后究竟应该走什么道路,当时是一个没有解决的问题。最初曾有一些人模仿民歌,慢慢地认为走不通了,因之就放弃了这条路。后来又有些人模仿外国诗歌，学写什么"商籁体"（Sonnet），结果变成了新的形式主义者，写出的作品，不但广大人民不了解，就连知识分子也读不懂。左联成立后，在文艺上提出了"大众化"的口号，但是诗歌如何大众化，是一个问题。田间是首先向这条方向摸索的一位诗人，他用民歌的形式，群众的语言，写出一些为抗战服务的作品，是相当成功的。但是民歌的道路在田间的全部作品中，还只是一个试验。一九四二年后，在毛主席文艺方针的指导下，完全用民歌体的形式，来写出七百多行，五千余言的长篇叙事诗，而获得成功，这就不能不推李季了。

《王贵与李香香》因为是一个长篇的叙事诗，所以里边就塑造出了生动的人物形象。在正面人物方面主要的是王贵和李香香。

作品中主要通过对王贵的出身、遭遇，与李香香的恋爱，以及后来参加革命，写出他的思想与性格的发展。

首先，王贵同地主恶霸崔二爷有着血海深仇，他老子王麻子是被崔二爷的狗腿子们逼租，活活打死的。他被崔二爷家抓去，顶他父亲的欠债，过着奴隶的生活，吃不饱，穿不暖，天天受着折磨。他所爱的李香香，崔二爷企图要霸占去作他的小老婆，这样就造成了王贵与地主恶霸崔二爷中间的不可解消的矛盾。正像诗中所说的：

　　别人的仇恨像座山，
　　王贵的仇恨比天高。

这就是王贵当陕北来了共产党，他马上就参加了赤卫军的根本原因。

其次，王贵参加革命的热情，是非常高的，他白天照例得替地主干活，晚上还得跑十几里地以外去开会，简直没有休息的时候，但他丝毫不感到厌倦，这就是诗中所写的：

　　白天放羊一整天，
　　黑夜不眨一眨眼。
　　身子劳碌精神好，
　　闹革命的心劲一满高。

还有王贵由于阶级出身,与痛苦的遭遇,和革命对他的教育,培养成他的能经得起考验的坚强不屈的性格。当崔二爷发现了他参加了革命活动,就不论分说,把他吊起,打了个死去活来,硬的来不行了,就用软的。但是王贵由于革命意志的坚强,阶级立场的坚定,真是视死如归。就在被打的时候,还同敌人进行了斗争,揭发了他的阴谋诡计,他骂崔二爷:

　　老狗你不要耍威风,
　　不过三天要你狗命。
　　我一个死了不要紧,
　　千万个穷汉后面跟。

又说:

　　跳蚤不死一股劲的跳,
　　管他死活就是我这命一条。
　　要杀要剐由你挑,
　　你的鬼心眼我知道。
　　硬办法不成软办法来,
　　想叫我顺了你把良心坏。
　　趁早收起你那鬼算盘,
　　想叫我当狗难上难。

李香香是农村中一位青年劳动妇女形象,她是一个非常美丽的少女,诗中是这样地来形容她:

　　山丹丹开花红姣姣,
　　香香人材长得好。
　　一对大眼水汪汪,
　　就像那露水珠在草上淌。

香香是从小就参加了劳动的女子,爹爹年老了,没有母亲,也没有兄弟姊妹,诗里说她

　　十六岁的香香顶上牛一条,
　　累死挣活吃不饱。

这样使她具有劳动人民的高贵品质,由于她和王贵的经常接近,使她很自然地和王贵发生了爱情。诗中着重地刻画了香香这个具有高贵品质的劳动妇女的形象,这种品质的具体表现:(一)香香对王贵的爱是真挚的,她爱王贵的能干,她爱王贵的实诚。

　　马里头挑马四银蹄,
　　人里头挑人就数哥哥你。
　　妹妹生来就爱庄稼汉,
　　实心实意赛过银钱。

当王贵受崔二爷的毒打时,她看见打王贵就像打着她,这时她就决定把消息报告给游击队,好来搭救王贵。(二)香香对王贵的爱是忠诚不二的。当崔二爷又回到死羊湾,就计划着要娶香香,但她怎样也不为崔二爷的威吓利诱所动。她因想念王贵得了病,自己以为恐怕活不久了,于是做了双鞋交给刘二妈,嘱咐她死后一定要捎给他。(三)香香的宝贵性格另一面,就是鄙视崔二爷那种从别人身上压榨来的不义之财,鄙视他的无耻,同他坚持斗争,崔二爷第一次来调戏她,就遭了她的抢白。后来想拿钱来买动她,她红着脸骂了他。及至崔二爷又回到死羊湾又到她家来欺负她,她就

　　双脚乱踢手乱抓,
　　崔二爷脸上叫抓了两个血疤疤。

最后崔二爷把她抢到他的家里,

　　她又是哭又是骂,
　　姓崔的你怎么不娶你老妈妈。
　　有朝一日遂了我心愿,
　　小刀子扎进没深浅。

像这样对王贵的一往情深,至死不贰,同仇人自始至终进行了坚强的斗争,这是香香性格的特点,同时也是农村中劳动妇女优良品质的鲜明的体现。

至于这篇诗中反面人物形象,就是崔二爷。作者通过这个人物,写出了农村中所有地主恶霸的特点。(一)用残酷的压榨手段,来积

累财产。为了逼租,活活地把王麻子打死,然后拉走了他的儿子,作他的奴隶。(二)荒淫无耻,硬想霸占人家的妇女,来满足他的兽欲。生活腐化堕落,抽鸦片、打牌,无所不为。(三)勾结日军,镇压人民革命。(四)阴险毒辣,玩弄手段,毒打了王贵,还要再说些软的,想使王贵投降。送米送面,想买香香的心,后来看不行,就用硬抢的办法。

总的说来,这篇诗中所刻画的三个人物形象是真实的、生动的、活生生的人物。

这篇诗就主题来说,好像是着重的在写一对青年男女的离合悲欢,但是它决不同于《孔雀东南飞》,因为那是一对男女在封建制度压迫下遭到牺牲的悲剧。也不同于元明以来才子佳人式的小说和剧本,因为那是往上爬的知识分子的幻想,把金榜题名与洞房花烛联在一起。而这是借他两人恋爱的波折,来反映当时中国共产党所领导的反封建土地革命斗争的发展。他们的命运是和革命的发展血肉相连的,也就是劳动人民必须在政治上得到翻身,婚姻才能获得到自由。个人的自由和整个劳动人民的翻身,是分不开的。这正如诗中最后所说的:

不是闹革命,穷人也翻不了身。

不是闹革命,咱们也结不了婚。

革命救了你和我,

革命救了咱们庄户人。

三

《王贵与李香香》从写作方法上看,是有其独特之点的。

首先,它采用了民歌体,这是用陕北民歌顺天游(或称信天游)的形式。一般是两句一章(姑且说是章),两句的字数可以相等。如:

一天的云彩风吹散,

咱俩的婚姻人搅乱。

都是八个字。但也有不相等的,有时前一句字数少,如:

南瓜开花一样样黄,

大闺女折了小媳妇的行。

前八后十。有时后一句字数少,如:

> 牵牛牛开花红通通,
> 露水夫妻一场空。(信天游(一)十六,见何其芳《陕北民歌选》)

前八后七。两句必须协韵,如要抒情、叙事,可以一章章的续下去。至于章与章之间,意思可以相连,但不一定要押同样的韵,可以随时变换,这样就给作者以极大的自由。虽有人称民歌体为"格律体",但这与我们古诗中的近体诗,是有着极大的不同的。而《王贵与李香香》也正是采用了这样的体裁。

其次是比兴的写法,一般诗都脱离不了这种写法,但民歌尤其突出,而这篇诗也正是继承了这种优良的传统。如:

> 山丹丹开花红姣姣,
> 香香人才长的好。
> 唐僧取经过了七十二个洞,
> 王贵和香香受的折磨数不清。

第三是大众化的语言。这一点也是这篇诗最突出的地方,它广泛地引用民歌的现成语句,如:

> 小曲好唱口难开,
> 樱桃好吃树难栽。

《信天游》歌词中的现成语句,如:

> 百灵子雀儿百灵子蛋、
> 羊肚子手巾包冰糖、
> 马里头挑马一般高。

谚语的句子,如:

> 天上下雨地下滑,
> 个子跌倒个子爬。

以及大众的语汇,如:

> 一家人落了个光踏踏、干粮冻得硬梆梆、李老汉年老心肠软、王贵年轻是个穷光蛋、崔二爷来胡日弄。

每句的后三字,都是普遍各地的大众语汇。难得的是作者把这些人民群众的创造,放到他的创作中,使之融合而无间。这一方面说明了作者卓越的创作才能,同时也更说明了全部作品的语言都是群众的,因而才能形成风格上的一致。

由于作者运用了民歌的体裁,运用了群众的语言,来反映了人民的革命斗争,因而在风格上与一般民间文学有着共同的特点,就是刚健清新。这是广大人民群众所能接受,而且喜欢接受的作品。一九四二年后在实践毛泽东的文艺方针上,就诗歌而论,李季的《王贵与李香香》,可以说是有着巨大成就的作品。

不过这篇还存在着一些缺点:(一)对土地革命时期的农民与地主的斗争,写得还不够丰富多彩,故事比较单纯,是一种直线的发展。对革命斗争的复杂性与艰苦性的程度,表现得还嫌不够。(二)个别的写法不太妥当,如"坟堆里挖骨磨面面,娘煮儿肉当好饭"。像后边一句所写的情况,是不是有,可能有,但毕竟是很少见的,这固然显出了灾荒的严重性,但同时对劳动人民这样写法,总归是不太妥当的。(三)诗中第二部的第四段自由结婚的末尾从"沟湾里胶泥黄又多,挖块胶泥捏咱两个"直到"哥哥身上有妹妹,妹妹身上也有哥哥",与赵子昂夫人管夫人的《我侬词》意极相同,不知作者是否袭用这篇作品的意思,如果是的,似应在《序》或《后记》中加以说明,以免掠美。总之,这篇作品的巨大成就,还是主要的。特别是在新的形式的创作上,给新诗开辟了一条新的道路。周扬同志讲:

> 我们对待旧形式,已不是简单的旧瓶装新酒,而是推陈出新,这是完全符合一个民族的文艺发展的正常规律的。鲁迅曾说过:"旧形式的采取必有所删除。既有删除,必有所增益,结果是新形式的出现,也就是变革。"鲁迅这个预言,在解放区是已经初步实现了,现在没有人会说《李有才板话》、《王贵与李香香》是旧形式,秧歌是旧形式,相反的它们正是我们所追求所探索的新形式。(《新的人民文艺》)

冯雪峰同志也讲:

第二类是从民歌蜕化出来的,就是说虽然比原来的民歌已经有变化,但是保持有规律可寻的格律的。从这种蜕化来创造格律,当然是新的创造,并且是很要紧很有成效的创造。李季的《王贵与李香香》,就已经给这种创造带来了好的消息,这作品应该是这一类创造的一个起点。(《我对新诗的意见》)

由此可知,大家对李季这篇诗的成就和它对新诗发展上的重大意义是一致的肯定并重视的。

作者于一九五二年发表的《短诗十七首》里边,有不少优秀的短篇。一九五三年的长篇叙事诗《菊花石》是篇失败的作品,还需要再加修正。一九五四、一九五五两年连续发表的《生活之歌》和《玉门诗钞》反映了在塞外的戈壁滩上油矿工人同志们的社会主义的劳动热情,同时也写出了祖国的巨大变化。往日一般人所认为荒凉寥落、渺无人烟的地区,现在是喧闹沸腾,成为现代化的都市了。由于现实生活的巨大发展,因而这个作品从内容到形式,比较《王贵与李香香》也有了显著的发展,标志着作者新的巨大成就。但是它们并不像《王贵与李香香》那样,引起了广大群众的注意,这应该说是今天的文艺界与一九四五年左右已有所不同,而一般的读者,在对于文艺创作也有了更高的要求的缘故。

第二节　贺敬之　丁毅

一

贺敬之、丁毅这两位诗人,都是山东人,一九四二年毕业于延安鲁迅艺术学院。贺的作品有《秦洛正》,诗集《笑》、《并没有冬天》等。丁的作品有戏本《刘二起家》、《二流子变英雄》、《一个解放的战士》等。

一九四五年春延安鲁艺集体创作了歌剧《白毛女》,而剧本的执笔人就是他们两位。一九四六、一九四七、一九四九年在演出时,都进行过修改。一九五〇年又摄成电影。不论剧本和电影,在演出后,都得到了广大群众的欢迎。一九五一年荣获了斯大林文艺奖金三等奖。

二

《白毛女》是一九四二年后在剧本上一部不可多得的杰作。我们研究这个剧本,首先就需要对剧中的几个主要人物来加以分析。所谓主要人物,就是女主人公喜儿、老一辈的农民杨白劳、赵大叔;年青一代的农民大春、大锁;另外,反面的人物黄世仁、黄母、穆仁智等。

喜儿是贯穿全剧的最重要的人物,从剧中故事的发展中,可以看出喜儿性格的发展。这种性格的发展,正是随着她的客观环境的发展而发展的。过程可以分作三个阶段:(一)杨白劳没死之前,她完全是农村中一个无邪的少女,天真活泼,处处惹人喜欢。(二)她的父亲杨白劳死后,她被掠到地主黄世仁家,直到她还没发觉黄世仁要卖她之前,这时她已深深地认识到地主阶级残酷,她受到压迫,受到凌辱,精神上受到沉重的打击。但她含垢忍辱,还没有任何反抗斗争的决心。原因是她肚子里已经有了孩子,甚至多多少少还把黄世仁欺骗她的话,说要娶她,有点当真,乃至张二婶把黄家打算卖她的阴谋告诉她以后,她这时才更进一步认识到黄家的凶狠毒辣,产生了和他们坚决斗争的意志。剧中对喜儿这种思想的发展,写得很好,作者没有把喜儿写成非凡的神,而把她写成了一个真实的女性。她说:

二婶子呵,我就是不明白他的心到底有多黑,把我害成这个样子还不够,到这会儿还编上这个法儿来骗我。

后来又说:

哼!二婶子,你看着吧,他黄家别太把道儿走绝了,我就是再没有能耐,也不能再像我爹似的了,杀鸡还能蹬打他几下子哪,哪怕是有一天再把刀架在我脖子上吧,我也要一口咬他一个血印。

从此她的意志坚强了起来,坚决地要活下去。(三)后来她在张二婶的帮助下逃出了虎狼窝,到深山里边,坚持的活了下去。她大声疾呼地说:

娘生我,爹养我,生我,养我,我要活,想要逼死我,瞎了你眼窝。舀不干的水,扑不灭的火,我不死,我要活,我要报仇,我要活。

终于在深山穷谷中,历尽了艰难,活了下去,得到了解放。所以喜儿具有中国妇女最优良的品质和最可宝贵的性格。她是中国劳动人民能够克服一切困难,坚强地生活下去,企图等待时机,同敌人进行斗争的不屈不挠精神的最好体现者。

杨白劳和赵大叔都是老一辈的农民,但他们二人的思想意识,有极大的差别。杨白劳是一个受封建阶级思想意识麻痹较深的善良的农民,他也能深刻地理解到压迫他的是哪些人,他对他们有着无比的憎恨。他在自杀前也喊出了:

县长,财主,狼虫虎豹!

但是他相信命;这种命定思想,就限制了他,使他没有和他们进行斗争的勇气和决心。从他这短短话中,充分地宣泄出几千年来农民在封建地主压迫下,所遏抑不住的愤恨的呼声。但他看不见将来的出路,最后不得不悲痛绝望地喊道:

哪里走,哪里逃啊?

哪里有我的路一条?

最后不得不走上自杀的道路。杨白劳是中国一般善良农民受到封建思想麻痹极深的典型,几千年来像杨白劳这样被逼死的农民,不知道有多少。

至于赵大叔,他在年龄上虽和杨白劳相仿,但思想和他却大不一样。他是一个能够往前看,而且具有乐观主义的农民。他不像杨白劳是一个宿命论的信仰者,相反的则是相信"穷则变,变则通"的道理的。他曾这样地讲:

哼!等着看吧,这世道该有个讲究啦。你们记着,他黄家总有气数尽的一天,总有一天会改朝换代的。

这种思想的产生和他曾亲眼看见过红军,应该说是有着极大的关系的。红军所到之地,给人民群众留下了极其深刻的印象与希望。

毛主席讲:"长征是宣言书,长征是宣传队,长征是播种机。"(《论反对日本帝国主义的策略》,《毛泽东选集》一卷,页一五〇),赵大叔因为一九三四年红军长征时,看见过他们所到之处,如何为老百姓撑腰,铲除了地主恶霸,因而对未来总抱着希望。每当他看到不顺眼事情的时候,他就企图离开这个黑暗的地方,到外边去,寻求光明。有时又觉着时代一定更变,九九归一,有一天关老爷磨刀,红军还会来的,这就是他的乐观情绪产生的根源。而这种情绪,也给他周围的那些青年农民们以极大的影响。

大春、大锁都是青年一代的农民,他们少顾虑、有勇气、敢斗争。他们打了地主的狗腿穆仁智,结果大锁被送到县里押了起来,大春跑了出来,参加了革命。

至于反面人物黄世仁和他的母亲,完全是恶霸地主的典型,黄世仁向杨白劳逼债时,那种残酷凶狠毫无人心,同时强奸喜儿时那种卑鄙无耻的丑态,黄母是一片假慈悲,外表装着是多么慈善,背地里喜儿侍奉她稍不如意,就用烟枪来刺喜儿的肉,都表现了封建阶级的阶级本质。穆仁智全是狗腿子小丑的嘴脸,一味地谗上压下,企图从主人嘴里讨啃一些肉骨头。

总起来说,这个剧本对人物形象的塑造是非常成功的。

这个剧本的中心思想,主要在反映新旧社会本质上的不同,也就是"旧社会如何把人变成鬼,新社会如何把鬼变成人"。同时并通过故事的发展,重要人物形象的刻画,一面表现了农民强大的革命潜力,以及坚强不屈的反抗意志和求生力量,一面揭发了封建势力对劳动人民的压迫与束缚,从经济、政治,一直到思想意识,是如何的广泛而深邃,从而说明这种反封建的革命运动,只有在无产阶级领导下,才能获得胜利。

其次,这个剧本通过对现实生活的刻画,特别是新旧两个时代那种天翻地覆的变化,给广大的人民群众以深刻的教育作用。首先,它批判了农民的宿命论思想和迷信思想,使他们从封建思想的束缚中解放了出来。其次,对农民意识中所具有的宝贵的生命潜力、顽强不屈的反抗意志和求生力量,以形象化,给他们指出了斗争的榜样。特别是从事实的教训中,鲜明地指出农民的自发式的散漫的斗争,是不可能把敌人打倒的,像杨白劳的自杀、大锁的被关进牢狱、大春的出走、喜儿的逃入深山穷谷,只会有这样的结局。这种革命潜力,必须在无产阶级的组织和领导下,才能发挥它的伟大的作用,才能彻底的消灭敌人,获得真正的翻身。

  这个剧本就创作方法而论,是属于社会主义现实主义范畴的作品。它是取材于民间传说白毛仙姑的故事。作者根据原来的故事,结合革命发展的实际情况,很恰当地给以删除与补充。一面保持了它原有的浪漫气氛,另一面对人物的刻画以及人物性格的发展,都是依照着现实发展的规律而发展着。所以故事的开展,令观众觉得很自然,一点也不突兀或勉强,不带丝毫生拉硬凑的痕迹,这是符合于现实主义的创作原则的。同时从作品中很明确地显示了历史发展的面貌,揭露了旧社会的黑暗,歌颂了新社会的光明,使人们看出了未来的、幸福的远景,因而鼓舞了群众的斗争热情。

  剧中前半部情节很沉郁,充满了悲惨凄凉的情调,虽然也有个别场面多少带点欢快的气氛,这正是旧时代农民生活的真实反映。但到后半部,喜儿出走后,局势渐渐地越来越开阔,斗争越来越剧烈,乐观的气氛逐渐加强,在群众面前展开了一幅新的自由世界的图景,而成了一部歌颂农民斗争地主获得胜利的壮丽诗篇。

  至于在写作手法和技巧上,也有值得我们特别称述的地方:(一)善于选择主题,表现主题,揭发了现实中的主要矛盾。据作者自述,这个传说最初有人认为是一个没有什么意义的神怪故事,另外有人说可以作为一个破除迷信的神怪故事写。但他们既没有把它当作一个没有什么意义的神怪故事看,同时也没有把它作为一个单纯地破除迷信的题材来处理,而是抓取了它的更积极的意义——表现两个不同社会的面貌,表现人民的翻身。这样通过这个故事,就表现了社会发展的本质。(二)采用了民歌的韵律,在曲调中采用了民间歌曲,如山西秧歌《捡麦根》、河北民歌《小白菜》等,因之歌词就不能不

适应歌曲的调子,采用民歌的韵律,即如第四十二曲喜儿的唱词:
>进他家来几个月呵,
>口含黄连过日月呵!
>先是骂来后是打呀,
>一天到晚受折磨呵。
>眼泪流到肚子里呀,
>有话只对二婶子说呵。
>
>(根据小白菜改编)

用大众的口语和民歌的调子来写群众所熟悉的斗争生活,所以在演出后才会受到普遍的欢迎。(三)集体创作。因为是歌剧,所以在剧本中属于文学部分是贺敬之、丁毅二人写成的,音乐部分是马可、张鲁、瞿维等写成的。同时在演出后又不惮烦地接受群众意见,来修正它,终于使它成功为一部很完整的歌剧。这种集体创作的精神,给中国文坛上开了一个很好的范例,是值得一般从事写作者学习的。

三

中国戏剧的传统本来是歌舞剧,但这种歌舞剧到后来逐渐地脱离了现实生活,只着重地排演历史故事,因而它的现实主义就未免有点削弱了。五四后的话剧,对反映现实生活来说,是能够比较及时的。但由于内容和大众距离较远,而且在形式上也不大合乎群众的口胃,因而话剧始终未能深入到人民群众中去。大剧作者中也有试作歌剧的,但大抵模仿外国的写法,成功的也很少。这样中国戏剧中间就存在着一种严重的矛盾,这个矛盾就是旧的歌剧内容不能很好地反映现实生活,而能及时反映现实生活的话剧和人民群众又有距离,不受人民群众的欢迎。

《白毛女》的出现,可以说初步解决了这个矛盾,因之可以说这是一个新的创造。冯乃超讲:

>《白毛女》对中国旧歌剧来说,是形式的革新者。它和改良平剧,改良地方戏,或模仿的西洋歌剧,是有区别的。它首先吸

收了话剧的特点,以对白为主,但由于观众欣赏习惯的程度,这种对白大体还是沿用了旧剧的自我介绍的方式,因此它是从旧歌剧过渡到话剧去的一种新的形式。在旧歌剧只留下形式的躯壳时,新歌剧为要能够装载新的内容,从戏剧形式发展历史看来,大概要循着这条路线发展的。(《从白毛女的演出看中国歌剧的方向》)

现在的歌剧主要有两种:一是古装戏,即旧的歌剧。二是时装戏,是一种反映现实生活的新歌剧。前者是中国旧剧的传统,而后者则是从《白毛女》发展来的。从整个歌剧的前途来看,古装戏将会继续的发展下去,用它来演历史故事和民间传说故事。至于时装歌剧,恐怕正如冯乃超所讲,乃是一种过渡的形式,将来话剧普遍开展以后,可能就会为话剧所代替。

本章主要参考书

一、《王贵与李香香》(李季)

二、《白毛女》(贺敬之、丁毅)

第十八章 社会主义现实主义的人民小说作家(上)丁玲

第一节 作品的三个时期

丁玲是我国文坛上不可多得的有着巨大成就的女作家。她原名蒋祎,后改丁冰之,出身于湖南临澧的一个没落的封建家庭里。母亲姓丁,也是常德的大族。五四时代,丁玲在长沙上中学,接受了新的社会思潮,1921年去上海,先后在平民女校与上海大学读书,但为时都不久。1923年去北京,次年就和青年作家胡也频同居了。1928年与胡也频去上海,1931年在国民党反动派的白色恐怖下,胡也频被杀害,因而就更激起了丁玲对黑暗现实的愤怒,遂参加了革命斗争工作,主编左联的机关刊物《北斗》。1933年被捕,1936年从狱中逃出,由北京转赴延安,她的创作随着她的生活的变化发展而变化发展。平生著作最重要的有《在黑暗中》、《韦护》、《一个人的诞生》、《母亲》、《水》、《延安集》、《太阳照在桑乾河上》等。就她创作发展的历史进程来说,显然的可以分作三个时期。

一、苦闷彷徨与感伤绝望,具有虚无主义思想倾向的时期(1927—1930)。丁玲的名字开始为文坛所注意,是始于1927年。茅盾讲:

　　1927年丁玲发表了她的第一篇小说,那时她始用丁玲这笔名,这个名字在文坛上是生疏的,可是这位作者的才能立刻被人认识了。接着她的第二篇短篇小说《莎菲女士日记》也在《小说月报》上发表了,人们于是更深切地认识到一个新起的女作家,在谢冰心女士沉默了的那时,以一种新的姿态出现于文坛,在《莎菲女士日记》中所显示的作家丁玲女士,是满带着五四以来时代的烙印的。如果谢冰心女士作品的中心是对于母亲和自然的颂赞,那么初期的丁玲的作品全然和这幽雅的情绪没有关涉。她的莎菲女士是心灵上负着时代苦闷的创伤的青年女性叛逆的绝叫者。(《女作家丁玲》)

同时丁玲自己也曾对她这一阶段的思想情绪作过极其深刻的分析:

也同初觉醒了的青年一样,有着一些梦想,但结果都碰了壁,虽然也有着极端反叛的情绪,盲目的倾向于社会革命,但因为小资产阶级的幻想又疏远了革命的队伍,走入孤独的愤懑挣扎和痛苦。所以我的狂狷和孤傲,给也频的影响是不好的,他沿染上了感伤与虚无,那个时期,他的诗,的确充满了这种可悲的感情。(《一个真实人的一生》)

作为她这个阶段的代表作品的是《梦珂》、《莎菲女士日记》、《阿毛姑娘》,而最主要的是《莎菲女士日记》。这是一篇用日记体写成的短篇小说,里边非常鲜明地刻画出三个人物形象:莎菲和她的两个恋人苇弟与凌吉士,而主人公则是莎菲。

莎菲是五四后接受了资产阶级个人主义思想的女性,是中国封建礼教思想的叛逆者,在这一点上,她和冯沅君《旅行》中的女主人公,曹禺《雷雨》中的周繁漪,在大胆的追求爱情的满足上,颇多相似之处。

莎菲是一个爱的追求者,是一个爱情至上主义者,她爱上了凌吉士的时候,她是这样地坦率地自白:

唉!无论他的思想是怎样坏,而他使我如此癫狂的动情,是曾有过而无疑。那我为什么不承认我是爱上了他咧?并且,我敢断定,假使他能把我紧紧地拥抱着,让我吻遍他全身,然后他把我丢下海去,丢下火去,我都会快乐的闭着眼,等待那可以永久保藏我那爱情的死的来到。唉!我竟爱他了,我要他给我一个好好的死就够了……

当她在爱情上感到幻灭的时候,她是那样的感伤:

总之,我是给我自己糟塌了。凡一个人的仇敌就是自己。

我的天,这有什么法子去报复而偿还一切的损失?

好在在宇宙间,我的生命只是我自己的玩品,我自己浪费得尽够了,那末因这一番经历,而使我更陷到极深的悲境里去,似乎也不成一个重大的事件。

但是我不愿留在北京,西山更不愿去了。我决计搭车南下,在无人认识的地方,浪费我生命的余剩;因此我的心从伤痛中又兴奋起来,我狂笑的怜惜我自己。

"悄悄地活下来,悄悄地死去,啊,我可怜你,莎菲!"

其次,她是那样的神经质,那样的多情善感,她为没有人真正了解她而伤心,她为要去西山又怕无声无息地死在那里,没人发现她的死尸而落泪,她又为去西山感到未来的寂寞而难过。她去西山为了要躲开凌吉士,可是反而想他想得更厉害,"我本想放松了他,而我把他捏得更紧了"。

第三,她对于爱有着她的理想,就是对象要有优美的仪容,纯洁的思想,以及温柔大方、坦白而又多情的态度,同时也是其真能够了解她的。

她拿这样的标准来衡量和她常常接触而且主动地追求她的苇弟身上,她感到是很不够的。她觉得他太老实,太不了解她,有些举动很可笑。他说他不喜欢凌吉士,乃是无谓的嫉妒,自私的想占有她。她说并不是我愿意别人虚伪点,做作点,在爱上,我只觉得想靠这种小孩举动,来打动我的心,是全然无用。后来她遇到了凌吉士,她竟为他美貌的仪容与温柔大方的态度而迷醉,而陷入到情网中。但当发现了他庸俗的思想——作金钱的追逐,过着资产阶级生活方式的一个典型的资产阶级的青年。

他需要的是什么？是金钱,是在客厅中能应酬他买卖中朋友的年青太太,是几个穿得很标致的白胖儿子。他的爱情是什么？是拿金钱在妓院中,去挥霍而得来的一时肉感的享受,和坐在软软的沙发上,拥着香喷喷的肉体,嘴抽着烟卷,同朋友任意谈笑,还把左腿叠在右膝上;不高兴时,便拉倒,回到家里老婆那里去。热心于演讲辩论会,网球比赛,留学哈佛,做外交官、公使大臣,或继承父亲的职业,做橡胶生意,或资本家……这便是他的志趣。他除了不满于他父亲未曾给他过多的钱以外,便什么都可使他在一夜不会作梦的睡觉;如有,便也只是嫌北京好看的女人太少,让他有时也会厌腻起游艺园、戏场、电影院、公园来……

这时她思想上产生了矛盾,感到了悔恨。

唉！我能说什么呢？当我明白了那使我爱慕的一个高贵的美型里,是安置着如此的一个卑劣灵魂……想起那落在我发际的吻来,真又使我悔恨到想哭了！

这时她内心产生了激烈的斗争,一面是醉心于凌吉士的美的外壳,同时又卑视他的灵魂的鄙俗。

我有如此一个美的梦想,这梦想是凌吉士所给我的。然而同时又为他而破灭。所以我因了他,才能满饮着青春的醇酒,在爱情的微笑中渡过了清晨;但因了他,我认识了"人生"这玩艺,而灰心而又想到死;至于痛恨到自己甘于堕落,所招来的,简直只是最轻的刑罚。

她后来认为凌吉士并没有真正得到一个女人的爱,同时他也并没有真正地爱过这个女人,因而她决定来"教教这个大学生,这个宇宙并不是像他所懂的那样简单的啊？"她终于从腼腆拘束的心理中摆脱,从被动的地位,进而为主动的地位。在一度吻了那青年学生的富于诱惑性的红唇以后,她就一脚踢开了那个她不值得恋爱的卑屑的青年。

这种描写,正如茅盾所说:"是大胆的描写,至少在中国那时的女性作家中,是大胆的。"(《女作家丁玲》)这是在五四后从封建礼教思想中解放出来的,受着资产阶级恋爱至上主义思想影响,而在追求个人理想的爱的现实中,碰到幻灭,产生了矛盾思想与苦闷情绪的青年女性的典型。

这种女性,她的特点:(一)具有个人的理想;(二)为了追求自己所要追求的,敢于打破封建的理教,而采主动的精神;(三)鄙弃资产阶级卑俗的生活方式,与生活目标。这一些都应该说是这个人物的积极面;(四)从个人主义出发,抱着恋爱至上主义的思想,好像人生除了爱情,别的就没有值得追求的东西似的;(五)为了一个男子的仪表的美而癫狂,终于为实现这样目的,躺到这样卑俗的人的怀抱里,到后来感到无限的悔恨,理想竟作了个人不正确的欲望的俘虏。这又是这个人物的消极面。

在这样的情形下,就作者的思想说,是面临着一个危机,像莎菲这样的女性,以后如发展了她思想中的积极面,就会成功为一个革命者、旧的社会的叛徒。但相反的,要使她的思想中的消极面发展下去,就会成为一个玩世不恭的颓废者与堕落者,而走上自我毁灭的道路。但作者由于自己主观的努力,与客观环境的影响,终于走上了革命的道路。冯雪峰曾分析丁玲这个时期作品的倾向本质。

可以说是个人主义的无政府性,加流浪汉(Sumkcn)的知识阶级性,加资产阶级颓废的和享乐而成的混合物。(《关于新小说的诞生》)

任情的反映了作者自己的离社会的,绝望的,个人主义的无政府的倾向。(同上)

这种批评虽多少有些过火,但大体还是对的。因为从它的效果来说,对读者是起着消极的影响作用的。

一九二七年北伐革命的失败,给丁玲以相当大的刺激。一九二八年同胡也频到上海。当时革命文学运动,已随着革命形式的变化而蓬勃了起来。这时她对于胡也频一些反映革命斗争的作品,还认为是左倾幼稚病,认为搞革命就不能搞文学,要搞文学就应该先搞出一个名堂来。一九三一年胡也频为反动派所迫害,这时她才坚决地走上革命的道路。

这一个时期的最后一段,她写了《韦护》、《一九三〇年春上海》等,内容是写恋爱与革命二者矛盾的故事。据茅盾讲,前一篇是作者企图写她已故的好友王剑虹的思想转变,书中的丽嘉就是王女士的影子。而在结尾作者则特地改变了她的故友的事实,表示革命战胜了恋爱(《女作家丁玲》)。这两部作品虽然不免也蹈袭了一九二八年后一般革命文学的公式主义,但也标志着作者的倾向,已显明的在转变,而成为发展到第二阶段的过渡。

总之,丁玲这一时期的作品,说明了一个小资产阶级的作者在当时社会有着急剧发展的动荡时代,虽有着革命的倾向,但还没有接受革命的理论,参加革命的实际斗争。因而思想是空虚的,一切从个人主义出发,从主观愿望出发,这和冷酷的现实中间就形成了尖锐的矛盾,但自己又不甘心失败,不甘心作现实的俘虏,于是就形成了作品中的空虚和感伤的情调。

二、开始走向革命,初步写出群众的斗争生活(1931—1942)。作者在一九三〇年以后,从参加"左联",主编《北斗》,一直到从国统区逃出到延安,这一阶段是作者创作的第二期。在这十年中她写了《田家冲》、《水》、《东村事件》、《我在霞村的时候》等。而最值得我们注意的,则是《水》和《我在霞村的时候》两篇。

《水》是最初在丁玲所主编的左联机关刊物《北斗》上发表的,它是以1931年中国十六省的水灾为背景而写的。遭了水灾的农民群众,是故事中的主人公,他们和洪水斗争,和饥寒斗争,而最后又和欺骗他们的官吏绅士放赈委员们进行斗争,和自己队伍中具有动摇思想的落后人物作斗争,而终于全体农民团结起来,成为一支有力的革命队伍。他们男人走在前面,女人也跟着跑,吼着生命的奔放,比水还凶猛的朝镇上扑了过去。

这篇作品虽然存在着极大的缺点,但作为作者作风的转变,作为新的创作的一个起点看,是非常值得注意的。原因即在于作者的立场有着显著的转变,明确地站在劳动人民的一边。而作品的主题,也由小资产阶级知识分子的个人生活,而转为劳动人民的斗争生活。其次是作者已经着眼到大众的力量,相信大众是会转变的,这完全克服了以往知识分子所受唯心史观的影响,而形成轻视群众的偏见。因此,冯雪峰同志认为这是中国"新的小说的一点萌芽"(《关于新的小说的诞生》),而茅盾也认为"不论在丁玲个人,或文坛全体,这都表示了过去的革命恋爱的公式已经清算"(《女作家丁玲》)。

《我在霞村的时候》是作者这一时期产生较晚的作品(1940),但同时也是写得比较成功的作品。其所以成功,乃在于它刻画出农村中新的女性的形象。这种女性因为受到新的思想的教育与启发,使她灵魂整洁了,生活有意义了,前途也开阔也光明了,从一个可怜的人物,变成为可钦可敬的人物了。

这篇作品中的主人公是贞贞,她是农村中一个十七八岁的女孩子,她为了个人对婚姻的理想,同她的封建家庭作了斗争,她宁愿嫁给一个她所喜欢的穷小子官大宝,而不愿嫁一家米铺的小老板作填房,而坚决地跑到礼拜堂,要求作姑姑。就在这时,她被日本人掠走了,受了日本人的糟践,得了严重的花柳病。但后来由于为人民作了情报工作,使敌人受到了打击,这时她初步地认识到自己工作的巨大意义,因而使她逐步地树立了革命的人生观,为革命事业而忍受一切痛苦,为革命事业而希望更有意义地活下去。

> 人大约总是这样,那怕到了更坏的地方,还不是只得这样硬着头皮挺着腰肢过下去,难道死了不成。后来我同咱们自己人有了联系,更不怕了。我看见日本鬼子在我搞鬼以后,吃败仗,游击队四处活动,人心一天天好起来,我想吃点苦也划得来,我总得找活路,还要活得有意思,除非万不得已。
>
> 只有今年秋天的时候,那才厉害,人家说我肚子里面烂了,又赶上有一个消息要立刻送回来,找不到一个代替的人。那晚上摸黑路我一个人来回走了三十里,走一步,痛一步,只想坐着

不走了,要是别的不关要紧的事我一定不回去了,可是这不行哪、唉!又怕鬼子认出我来,又怕误了时间,后来整整睡了一个星期,才又拖着起了身,一条命要死,好像也不大容易,你说是么?

正因为她内心是纯洁的,而且具有一般人所没有的那种为革命而献身的崇高品质,所以她才能像作者所说的"有热情的,有血肉的,有快乐有忧愁,却又是明朗性格的人",她这种优良的品质,到后来又具体表现在她拒绝了官大宝对她的求婚,她所以拒绝的原因是:

我总觉我已经是一个有病的人了……是一个不干净的人了,既然已经有了缺憾,就不想再有福气。我觉得活在不认识的人面前,忙忙碌碌比活在家里,活在有亲人的地方好些。

而最值得注意的,是她对生活的理解,对革命的体会。

到了××,还另有一番新气象,我还可以再重新作一个人。人也不一定就是爹娘的,或自己的,别人说我年轻,见识短,脾气别扭,我也不辩,有些事情那能让人人都知道呢?

这从一个没有什么文化,没有多少阅历的一个十八岁的女孩子的口中,说出这样的话来,的确是了不起的。这正如冯雪峰同志所说的:

《我在霞村的时候》作者所探究的一个灵魂,原是一个并不深奥的平常而不过有少许特征的灵魂罢了。但在非常的革命展开,和非常事件的遭遇下,都展开出了她的丰富和有光芒的伟大。这灵魂遭受着破坏损伤,但就在被破坏和损伤中,展开她的像反射于沙漠似的那种光,清水似的清,刚刚被暴风刮过了以后的沙地似的那般广。而从她身内又不断地在生长出新的东西来,那可是更非庸庸俗俗,温温瞰瞰的人们所再能换进去的新的力量和新的生命。(《丁玲文集后记》)

贞贞的形象的社会意义,即在于作者能够敏锐地发现并及时地反映在无产阶级领导的革命的影响下,在党的教育与培养下,农村中新的品质的萌芽与生长。从这里也就说明了作者的政治水平,与艺术水平,已达到了新的水平,获得了新的成就。而这种新的成就,也就给她第三阶段的创作,作了很好的准备,打下了坚实的基础。

三、一九四二年后响应了毛主席的号召,深入了群众的火热斗争,产生了反映农民反封建的土地革命斗争的胜利杰作——《太阳照在桑干河上》,一九五一年由于这部作品的巨大成就,荣获了斯大林文学奖金二等奖,下边有专节论述。

第二节 反映农民反封建的革命运动土地改革的杰作《太阳照在桑乾河上》

《太阳照在桑乾河上》是一部反映农民反封建革命运动土地改革的杰作。书中主要的人物就人物表来看,达三十六人之多。这代表了当时农村中各个阶级、各个阶层的人物。其中有党的领导干部章品,土改工作组干部文采、杨亮等,有村干部张裕民、程仁、张正典等,有雇农(李宝堂)、贫农(钱文富)、中农(顾长生娘)、富裕中农(顾涌)、小资产阶级知识分子(刘教员任国忠),有各种类型的地主,有幕后操纵指挥的地主当权派钱文贵,有当权的地主江世荣,有只知坐吃有时还不免被人捉弄的地主李子俊。在妇女中,有贫农的积极分子董桂花、周月英,有受人压迫但由于亲属关系而受到农民歧视怀疑的黑妮,还有委屈求全、企图躲过土革的风流的地主李子俊的女人。就从这些人物的活动中,显示出当时社会阶级关系的复杂性与矛盾斗争剧烈性。作者非常细致而生动的从这一伟大运动的开展中,从各个人物的阶级出身、生平遭遇、个人当前的切身利害、思想意识以及具体的言动,刻画出各个人物的面貌、个性与阶级特征,因而每个人物是具体的、鲜明的,这是作者在创作上最成功的所在。下边试对书中的主要人物加以概括的分析。

一、村干部的形象——张裕民、程仁、张正典

张裕民是一个雇工出身(早年曾在李子俊家揽过活),暖水屯在敌伪统治时期,他因甲长江世荣派他给八路军送给养,才了解八路军是很讲义气、打富济贫的。自此以后和八路熟了,他已往受过多少艰难困苦,受到压迫和委屈,到现在才算遇到了像亲人似的对他关心的八路。他于是就参加了党,在村子里由他逐步地发展了一些党员。解放后他成了村子上的党支部书记。他是立场坚定、有一定斗争经验的人,但是土改工作组到后,组中的干部具有小资产阶级知识分子气味的文采,由于随便相信了张正典的话,于是就疏远了他。但他是能团结群众,走群众路线的,他了解群众所最憎恶的是钱文贵,他又很清楚地看出张正典是有意识地在想办法来掩护他的丈人钱文贵,他一次在合作社同几个党员在一起时,就这样讲:

这次该斗谁呢?说老实话,咱们也凭不了自个儿的恩仇去说话,咱们只能找庄户主大伙儿乐意的。他们不恨的人,你们要斗争,也斗不起来。他们恨的人,咱们要包庇,也包庇不来。他把眼睛去睃了一下张正典。

接着他就给张正典一个警告:"咱们里面谁要想出卖咱们,咱们谁也不饶他。"另外是程仁,他是农会主任,但因为他与钱文贵的侄女黑妮的关系,他在这次运动中,表现也不够积极。所以一次张裕民因为农民向李子俊老婆要红契,结果打了个败仗,红契也没要就回来啦。张裕民同程仁讲:

不,女人是不拿枪打仗的,女人的本领可多呢!人常说英雄难过美人关,嘿……哼!这次是给人家拿眼泪鼻涕迷糊过了。……咱们还没有一条心嘛,就出马,打个屌仗!

这又是让程仁听的。总起来说,这个人物的特点是立场坚定。为了彻底斗垮群众的主要敌人钱文贵,他向张正典同程仁都曾进行过侧面的教育和斗争。他善于联系群众,走群众路线,因而在群众中有一定的威信。同时他认识问题比较深刻,斗争钱文贵是他提出的,这是由于他了解群众对钱文贵最恨,而且顾虑最大的缘故。在作风上他是能够以身作则,大公无私的,过去曾经斗过许有武、侯殿魁,他就没分地。后来只分一石粮食,早已吃光,但后来又分果实时,他什么都没说。因之村干部以及群众在他的领导下,终于取得了斗争的胜利。

张正典是一个背叛了自己阶级,而倒向地主一边的坏分子。不过他最初并不如此,是受了地主钱文贵的腐蚀后,逐渐堕落到那个样的。他因为娶了钱文贵女儿作老婆,因而对钱文贵就有着深切的同情。群众由于他和钱文贵的关系,以及他对钱文贵的态度,于是就丧失了对他的信任,渐渐地疏远了他。后来在村中他与刘福为土地问题,发生冲突,同时钱文贵可成群众斗争的目标,这样就更促使他同钱文贵走到一条道路上去。他接受钱文贵的指示,为了维护他丈人和他个人的地位和利益,于是在文采跟前挑拨是非,为了转移目标,指出李子俊作为斗争的对象。同时他反倒打一耙,说什么老百姓放着封建地主不敢斗,乃是由于干部太私情。直到斗争发展到高峰,快到揭盖的时候,他还企图蒙混别人,为他丈人作耳目。但他在群众雪亮的眼睛跟前,他的阴谋彻底失败了。

程仁也是雇工出身,当他在钱文贵家当长工时,曾和钱文贵的侄女黑妮有过恋爱的关系。但钱文贵看出了他们中间的关系,于是就停了程仁的工,让他种地,因而他们的关系也就中断了。暖水屯解放后,他就有意地疏远了黑妮。程仁是一个善良的农民,他恨钱文贵,同时他也深知道大家也都恨钱文贵,钱文贵是群众的死对头。但他不愿在自己斗争钱文贵时,牵涉到黑妮。他同情黑妮,他深知黑妮也是被压迫者,这样他对斗争钱文贵的积极性就降低了,因而也就引起了别人对他的误会,不谅解。但他的立场基本上是劳动人民的立场,所以在钱文贵被扣以后,钱文贵的老婆就偷偷地送他几十亩的地契和其他东西,可是他不仅严词的拒绝了她,并且把她驱逐走了。在斗争钱文贵时,他首先向钱文贵进行了斗争,并作了自我检讨,当场揭发了钱文贵老婆对他所用的阴谋诡计,这样一个巨大的转变,对群众的斗争起了极大的推进作用。所以在村干部中张裕民、张正典、程仁代表了三种类型,一个是立场坚定的;一个是叛变了革命的,彻底被地主拉下水去的;一个是最初有点消极,最后终于积极了起来。这三个人物形象,都非常突出,给读者以极其深刻的印象。

二、农民侯全忠的形象

侯全忠是一个老年农民,他的意识是比较落后的,他生平受尽了地主的折磨。自己早年也很有雄心,想打算创业,但计划都失败了。到老来成为一个死心塌地听天由命的宿命论者。他不只自己相信,并且向群众宣传一些因果报应的思想。斗争地主侯殿魁时,他过去吃尽了侯殿魁的苦头,可是他不但不敢带头斗争,并且当分配胜利果实时,分给他的地,他又原样地退还给侯殿魁。但他的儿子侯清槐,却非常的积极。他呢,管教他儿子不准乱动,甚至把儿子锁到屋里,后来他老婆开了门,把他儿子放了出去。在全村斗了钱文贵以后,侯殿魁亲自跑上他的门来,送来了地契,让他救侯殿魁,只要不斗侯殿魁。他不接,侯殿魁就要给他下跪。这时候,他才真正觉得时代变了,他才真正觉悟过来啦,他说:"不,我给农会去,我要告诉他们,我要告诉许多人,这世道真个翻了呀,哈!……"现实的教训,就是再顽固落后的农民,也会使他彻底地明白过来,转变过来。

三、小资产阶级知识分子文采的形象

文采是土改工作队中的一个领导干部,是一个典型的小资产阶级知识分子。主观主义、脱离实际、教条主义、片面地从现象上看问题,这从他对农民的报告,对张裕民、张正典的看法,对地主钱文贵的看法上,都说明了以上各点。而这些对革命是带来不少的损失的。幸亏有具有工作经验、能够深入群众的杨亮,以及后来上级领导章品的适时的到来,作了重要的决策,这才使这个运动没有走弯路,没有遭受大的失败。而这位小资产阶级知识分子,从实际教训中也有不小的进步,认识了群众智慧和群众的力量,对他的偏见有了极大的纠正。

四、阴险狡猾的地主钱文贵的形象

钱文贵是暖水屯地主中最阴险、最狡猾、最容易蒙混没有工作经验的干部的家伙。但人民群众恨之刺骨,称他是八大尖中的第一个尖。从书中的刻画,我们可以看出他是怎样地诡诈多端。(一)在解放前他不做乡长甲长,但他是幕后人,他是太上的乡长甲长,因为这些人都得听他的。而一般老百姓都得恭维他，给他送钱，送东西。他是被人认做一个摇鹅毛扇的，是唱傀儡戏提线的人。因此他的土地虽不很多，但是他的生活却同城市人一样的阔绰。（二）在解放后，村上作过乡长的许有武以及地主侯殿魁都被斗了，可是他逍遥自在，没有人砸他一根毛，原因是他让他的儿子参了军，他成了抗属，他把女儿嫁给村治安员张正典，同有些村干部拉上了关系。他是这样善于投机，善于顺风转舵，结果他的成分完全由地主变成中农，竟使他安全地渡过了几次风浪。特别是在工作组到了暖水屯以后，地主富农的菜园都被看起来了，而他的竟被漏掉了。这使地主李子俊的女人就恨得咬牙。（三）他非常的敏感，当他的亲戚顾涌去探望他的女儿，回来拉回一辆胶轮大车以后，他就预感到情势要有变化。这时他首先尽一切力量从各方面来探听消息，特别是工作组到了以后。（四）当土改运动正在开展的时候，他运用了各种方法，来进行破坏。他的办法：甲、通过与他接近的人，来散布谣言，宣传变天思想，这样来增加群众对斗争的顾虑；乙、指示他的女婿张正典，在工作组跟前替他粉饰，暗示出应该斗争像李子俊那样的地主，来转移目标；丙、唆使与他靠近的小学教员任国忠，打听消息，并私自改写黑板报，造成工作组内部的混乱；丁、打算利用黑妮来拉程仁，只要程仁有点动摇，他至少可以利用治安委员来鼓动群众，反转来把农会主任打倒，这样便给阵容扰乱了。甚至治安员可以从中争取到群众和村干部。但是这一些阴谋诡计，有些根本没有行通，有的虽已照办了，可是最后被揭发了。其结果是彻底地暴露了他的原形。

其次是他的毒辣，这种罪恶在群众斗争中都遭到了揭发。最典型的是把刘满一家弄得家败人亡。家弄穷了，刘满的父亲气死了，他的大哥被抓去当兵，死到外边，他的二哥当甲长，气疯了。而这些事没有不是他从中捣鬼作弄的结果。

另外他也是荒淫无耻的，他的儿子参军了，他的媳妇留在家里，他对外说他同他的儿子媳妇分开家了，但他还要让他媳妇伺候他，他想当爬灰头，调戏他的媳妇。

所以钱文贵这种地主恶霸,乃是善于借刀杀人、拐弯使钱的地主恶霸,因而群众也就最恨这种地主恶霸。但倘若领导干部不能深入群众,就不会了解这种情况,就极容易为现象所迷惑,而使他漏了网。因为他的地又不怎样多,又没有显著的血债,又是抗属,文采就是被这种表面现象所迷惑的一个干部。同时不走群众路线,也不容易来把他作为斗争目标,其结果就不可能真正发动起群众。所以过去斗许有武、斗侯殿魁,群众都没彻底地发动起来。但斗争了钱文贵后,就连极落后的农民侯全忠也都彻底觉悟了。

总之这些人物都是现实中存在的人物,而且是具有典型性的人物。作者从实际生活的体验中,集中概括了这些人物的特点,以传神之笔,给以刻画,于是就成了活生生的有血有肉的人物了。

其次,就结构而论,这部书也是相当紧密的,这本是反映土地改革的伟大运动的作品,人物相当地多,故事情节又相当地复杂,但是作者非常有计划地给它进行了组织和安排,所以事件的发展尽管是迂回曲折,但仍是一步紧一步,由农民最初的觉悟不够,到逐步地觉悟了起来,由低落的斗争情绪,到逐步地高涨了起来。干部们由意见分歧,对斗争对象不能确定,到逐步明确了斗争对象,意见逐渐一致了起来。这样一步步地发展中间,由于斗争李子俊女人,去同她算账,打算要出地契,结果吃了败仗。后来在第二次去找江世荣,清算的时候,取得了初步胜利,而管制果树园的措施,不但鼓舞了群众的斗争情绪,同时这也是一个缓兵之计,而这竟使赛诸葛钱文贵也自认为他没有事了。但又一转,遂使运动走上了高潮,终于打倒了八大尖中的第一个尖,使全村农民觉悟普遍地提高了起来。

全书的关键,在于写出这次反封建的土地改革主要在打倒阴险诡诈、为人民所深恶痛绝的地主钱文贵。所以作者一开始把顾涌从他亲家胡泰那里拉回一辆胶轮大车作为事件的开端,到第三段就点出了钱文贵,以后这个斗争就开始了。一面是钱文贵在积极地探听消息,设定计谋,调兵遣将。一面是工作组的到来,发动群众,组织群众。既然敌人在防御,在破坏,而村干部的分子又不纯,同时工作组同志水平也不一致，这就决定了运动不可能是直线的发展，中间必然要走一些迂回屈折的道路。不过这些道路也并非完全是白废，即如向李子俊女人进行清算，向江世荣进行清算，以及管制地富们的果树园等。这些过程也就锻炼了干部，鼓舞了群众，使他们获得了经验和教训，为以后的大胜利打下了基础。至于敌人尽管在破坏、干部的意见尽管有纷歧，但由于有党的正确领导，及时地给以指示，并作了主要的决策，广大群众对敌人的憎恨以及对获得土地的渴望，和党的坚决来组织他们，为他们撑腰，这样就使胜利成为必然的。所以运动到最后终于转到了为首的敌人钱文贵，而取得了巨大的胜利。所以事情虽复杂，但一一地有着脉络可寻，总是有条不紊。

这种谨严的结构，不仅表现在对事件发展、各个情节安排的互相衔接上，同时也表现在对人物故事的前后照应上。而如一开始写顾涌的亲戚胡泰听说要土改，他非常地害怕，深恐他的车子被别人分了去，于是就把车子托付给他的亲戚拉走。及至故事结束时，胡泰又亲自来了，说他只献出了一些地，其他都没动，他要把车子拉走。这样顾涌也放下了心，觉得胡泰尚且没问题，他不如胡泰，自然更不会有啥问题了。其次，写侯全忠过去的落后、顽固，后边又写了他的觉悟。对于黑妮，在程仁的心上总是惦记着她。后来在分果实时，他发现她同她二叔钱文富在一起搬那口分到的缸，这时他的心也放下了。这都说明了作者对人物故事是有着缜密的布局的。

在表现手法上，作者对人物的刻画以及景物和故事的描述不大用夸张的写法，总是根据具体情况，恰如其分给以描绘，因而令读者感到亲切与真实。于是也就克服了一般作家所常犯的公式化与概念化的毛病。这种成就，一方面应该归功于她对人民群众生活的熟悉，善于发现和掌握现实中事物发展的规律，特别是关于人物思想性格的发展。另一面则主要归功于她的较高的艺术技巧的修养，而这也正是她为一般作家所不及的。

这部作品另一较突出的特点，即作者喜欢在对人物的遭遇叙述与心理的分析时，给以富有诗意的刻画。即如写董桂花的丈夫具有

变天思想,劝她不要太积极,凡事要留后路的时候,她想来想去,也想不出一条路,书中这样地写道:

  她又回想着自己过去的痛苦,她这一生就像水上的一根烂木头,东飘西飘,浪里去浪里来,越流越没有下场了。

还有写侯全忠早年的遭遇:

  他在家里憋不住这口闷气,跑到口外,帮人拉骆驼,成年累月在沙漠地里跑。他开始还幻想着另打江山,发笔财回家。可是望不断的白云,走不尽的沙邱,月亮圆了又缺了,大雁飞去又飞回,整整五个年头,侯全忠的蓝布褂子穿破了,老羊皮短袄没有了袖子,家里带了信来,娘躺在炕上等他回来咽气呢。

另外像"果树园闹腾起来了",简直是诗的散文。

我们再从这部作品的气氛和情绪上看,就会发现作者是怎样善于从外界事物与群众思想这种相互的刺激与反应的关系上,写出这一翻天覆地运动的发展。书中从第一章"胶皮大车",这是初步引起了这个屯上人心的变化。一面是疑惧,一面是盼望,拿中国一句古诗来说是"一叶落知天下秋"。接着到第十一章"从区上来的人",工作组到了,于是气氛更加紧张了,作者从这里写出在这种阶级斗争中,任何人都不能置身于事外,都与这一运动息息相关,不论是地主和农民,不管是先进与落后,都要从个人情况、个人利害,总之是个人的立场上来考虑问题。从这里形成了极其复杂错综的矛盾与斗争。但尽管如何的错综复杂,仍不外是革命的与反动的斗争,正确路线与错误思想的斗争。气氛逐渐紧张起来了,于是构成了古诗中所说的"山雨欲来风满楼"的形势。到了第四十一章"打桑乾河涉水过来的人们",这是第三个阶段,由于党的领导人的到来,对运动的正确决定,于是团结党员干部,扣押了钱文贵,于是群众情绪沸腾起来了,把运动推上了高涨。

全书写出了人民群众如何在革命中一面在改造客观世界,一面也改造了自己的主观世界。消极的,积极了;落后的,觉悟了。这个翻天覆地的大变动,不只是在经济上、政治上是如此,即在精神上也是如此。作者以饱满愉快的心情,来歌颂这一伟大的变革,她的情绪与人民群众完全是一致的。我们从"果树园闹腾起来了"以及"翻身乐"等章中,可以看出作者是怎样地写人民群众的欢欣愉快情绪,特别是长期给地主看园子的李宝堂,过去像不知道果子是又香又甜似的,像拿着的是土块,是砖石,那末的毫无喜悦之感。可是今天呢,他的嗅觉也和大地一同苏醒了过来,像第一次才发现了葱郁的茂盛的丰厚的环境,如同一个乞丐忽然发现许多金元一样,果子都发亮了,都直对他眨着眼睛。这是多么深刻的描绘啊,所以全书无处不是充满着乐观的气氛的。

就语言来说,作者是掌握了群众的语言的,特别是在对人物的刻画上,是运用了通过语言突出人物性格这一手法的,这确是作者巨大的成就。不过在叙事写景中,语言就不够大众化,即如第十五章"文采同志"中对文采的介绍,以及三十七章"果树园闹腾起来了"里边的一些写景的地方,恐怕都不容易为一般群众所理解。所以这篇作品在群众文化还没有提高到一定水平的时候,它只能是一般干部与知识分子的读物。但这应该说是无损于这部作品真实地反映了这一伟大斗争运动的价值的,因为在群众文化水平提高后,是一定能够欣赏它的。不过就目前的"普及"角度来看,这不能不说是一个缺点。

就这部作品整个的内容来说,冯雪峰同志的批评我觉得还是很中肯的,现节录于后作为本节的结束语。

  作者的中心意图,是写农民,但更正确地说就是写农民怎样在斗争,克服自己思想中的弱点,而发展和成长起来。在这里,在深广的基础上,写了农民因自觉而发展的力量。……作者对农村社会与阶级关系,及农民思想,有深刻的了解。对党、对土地改革中群众路线的指示,也有深切的体会。所以从土地的关系,决定了农村的阶级关系这一根本点出发,关于人们对于土地依存性的深刻,关于地主阶级从各方面对于农民的影响与束缚,关于农民的斗争的出发点,及其力量的来源,以及关于各阶级各阶层的人们相互关系的复杂性,都能够有具体而深入的分析与描写。……她在社会的历史的深广基础上和生活的复杂关系中去看阶级斗争,及农民自身思想斗争的展开,于是农民群众的面目,及其很实际的力量,就亲切地展开在我们面前了,使我们只觉其真实,而找不出其夸张或虚假的地方。(《〈太阳照在桑乾河上〉在我们文学发展上的意义》)

第三节　从批判的现实主义到社会主义现实主义

丁玲在第一期的创作方法,很显然的是批判的现实主义。她在《我的创作生活》中讲:

> 我那时为什么写小说,我以为是因为寂寞,对社会的不满,自己生活的无出路,有许多话要说出来,却找不到人听,很想做些事又找不到机会,于是为了方便,便提起了笔,要代替自己来给这社会一个分析,因为我那时是一个很会牢骚的人,所以"在黑暗中"不觉的也染上了一层伤感,因为我只预备来分析,所以社会的一面是写出了,却看不到应有的出路。

不过这种对社会的分析,只是从小资产阶级不满于客观现实的角度上去分析的,而眼界也不够开阔,认识也往往限于片面。即如《梦珂》、《莎菲女士日记》与《阿毛姑娘》,固然在一定程度上也反映了现实中一部分的真实情况,但因具有感伤的情调与灰色的结局,因而就降低了它的批判的作用。冯雪峰曾拿《莎菲女士日记》来比鲁迅的《伤逝》(《丁玲文集后记》),我认为它们之间是很少共同之处的。因为这不只是在深广的程度上,不能相比,而在它们对读者所起的影响来说,也是绝然不同的。《伤逝》中的两个青年,由于实现自己的真正的爱情的结合,一个失了业,一个脱离了家庭。由于现实生活的压迫,活活又把他们拆散了。这种反封建社会制度的倾向,是多么的鲜明啊!而莎菲女士的思想,基本上是应该批判的。但当读者缺乏批判能力的时候,就会感到人生永远是现实与理想的矛盾,觉得前途是一片灰色,而走向伤感颓唐的路上去。前者让人进行积极的战斗,而后者则让人走上消极的颓唐,这如何能相提并论呢。

但是当作者转入第二期,写出《水》的时候,在创作方法上已经向前跨进了一大步。这种进步,一方面是在取材上抛弃了素来自己所惯于刻画的人物故事,而转移到广大的劳动人民所受的巨大苦难上面来了,这不是一二人物心理的分析,而是群众的具体行动的开展。另一方面,同时也是最主要的,是从阶级斗争的观点来从事创作,在立场观点上已转到无产阶级这一面。尽管它存在了不少的缺点,但这一新的方向的开端,是值得我们重视的。

而这个开端也就是对社会主义现实主义创作方法的一个尝试。不过这仅仅还是一个过渡,一直到她进入到解放区写《东村事件》的时候,还没有完全克服掉在《水》里边所存在的概念化的缺点,主要原因,是作者还没有很好的深入现实的斗争生活,专凭第二手的材料,就很难写出有血有肉的人物来。但后来当她写自己所亲自接触过的人物时,已经是分析得深刻入微了,像这一个时期的末尾《我在霞村的时候》中的贞贞,就是一个很好的证明。这个发展是由于从站在人民行列的外边,而逐渐地走进人民行列的中间的缘故。

延安文艺座谈会以后,作者遵照了毛主席的指示,参加了群众的斗争行列,1946年参加了怀来土改工作团,后来转到涿鹿,这就孕育了她的第三期的作品《太阳照在桑乾河上》。以后时作时辍,为了很好的完成这部作品,她又在1947,1948两年中参加了两次极长时期的土改工作,所以她的成功并不是偶然的。从创作方法来说,作者在这时所刻画的劳动妇女的形象,像董桂花,像周月英,她们都是那样淳朴爽直,热爱劳动,她们没那么多的幻想、那么多的欲望和那么多的小心眼。拿她们来与作者第一期所刻画的阿毛姑娘的形象比起来,是更真实,更接近劳动妇女的本质。所以这一时期的作者,不但能正确地理解劳动人民,而且也能真实地刻画出了他们或她们的形象。这种巨大成就,原因在哪里?主要即在于作者已掌握了社会主义现实主义的创作方法,冯雪峰同志曾经分析这部作品所以能够写

得成功的原因:

第一,对于人民的生活与斗争的深入的观察,体验,与研究出发,对于社会能够在复杂和深广的基础上进行具体的和比较全面的分析,而排斥那从概念(不管那一类概念)出发,以及概念化的道路。第二,从写真实的生活,和社会的要求出发,对社会的内在的矛盾斗争的复杂关系,进行具体的分析。同时也分析人的思想与行动,及相互的关系,以写真实的人,从而奠定了现实主义的写人和写典型的基础。第三,艺术表现能力已达到了相当优秀的程度。(同上)

而这几点,正是对社会主义现实主义创作方法的具体运用。因此这是一部比较成功的社会主义现实主义的作品,而这种成功,也就是毛泽东文艺方针的一个巨大的胜利。

本章主要参考书

一、《丁玲短篇小说选集》(丁玲)

二、《太阳照在桑乾河上》(丁玲)

第十九章 社会主义现实主义人民小说家(下)赵树理

第一节 生 平

赵树理(1903~　),山西沁水县人,生长于一个贫农家庭,家中经受着高利贷的剥削,因而他深知农民的痛苦。幼年时参加劳动,曾经放过牛,担过炭,后来入长治山西省立四师读书。大革命时,接受了革命思想,同当时一般青年学生参加过打倒军阀的运动。北伐革命失败后,他被学校的反动当局开除了学籍,继而被捕坐牢。出狱后一直过着流亡的生活。

抗日战争爆发,他的家乡成为人民革命力量的抗日根据地。由于他过去喜爱文艺,经常写作,他最初作华北新华日报的校对,后来作了一种小报名叫《中国人》的副刊编辑。

1943年由于当时农村中发生了一桩突出的事件,给他以强烈的刺激,使他不能不写了《小二黑结婚》这个短篇小说。发表后,立刻受到广大群众的欢迎,仅在太行山一个区就销行了三四万册。同年十月,又写成《李有才板话》,反映了当时农村中在减租退押与建立人民政权的过程中,农民对地主所进行的激烈地斗争运动。1945年沁水解放,他回到家乡,看到地方在敌伪时期人民所受的蹂躏以及解放后人民的翻身情况,写了《李家庄的变迁》,反映了人民群众在沦陷后一直同敌伪以及蒋匪帮进行的斗争经过。

1949年全国解放,赵树理参加了全国文联的领导工作,继续发表了《传家宝》、《福贵》、《罗汉钱》等作品。

1953年党发布了过渡时期的总路线,同年召开了全国第二届文代会,周扬部长号召作家们要以社会主义思想来教育群众。赵树理在1951年就回到山西农村,参加党对农村进行的合作化的实验工作,1954年发表了《三里湾》,这是反映农村社会主义革命中的新的矛盾、新的斗争与新的胜利的优秀作品,现任全国作协青年作家工作委员会委员。

第二节　两个时期的代表作品

赵树理是一九四二年后新起的最有成就的作家。他的作品非常生动而真实地反映了中国农村在近十几年中的巨大变化与发展。根据中国革命发展的道路,其第一步为新民主主义的革命,其目的在彻底推翻农村中的封建土地所有制,而代之以农民土地所有制。其第二步为社会主义革命,在农村中就是把分散的小农经济,通过合作化的道路,实现农业集体化。赵树理在一九五三年以前的作品,基本上是反映了在新民主主义革命时期的农村情况,因之把这一时期的作品作为他的第一期的作品。而《三里湾》乃是反映社会主义革命时期的农村情况,所以把它算作第二期的作品。

一、反映新民主主义革命时期的农民面貌的代表作——《小二黑结婚》、《李有才板话》、《传家宝》。

《小二黑结婚》,就赵树理来说,是他的最早的而且是最优秀的作品,就中国文学发展来说,它又是一篇划时代的作品。篇中刻画了三类人物,一、进步的,二、落后的,三、反动的。

小二黑同小芹,都是农村中农民的青年一代,他们所受旧社会的坏影响较浅,他们易于接受新思想,没有多少顾虑,所以也特别具有反抗性。小二黑是一个漂亮而又勇敢的小伙子,同敌人打过仗,并且打死过两个敌人。他虽在幼年受过他父亲二诸葛的迷信教育,但很快地就证实了那一套是鬼话,不信他了。他父亲给他弄到一个童养媳,他同他父亲吵了几天,最后说:"你愿意,你就养着,反正我不要。"因为他同小芹接近,地方恶霸金旺吃他的醋,借他没有参加武委会训练作理由,捆了他送到机关,要斗争他。但小二黑坚决不承认,后来由于村长的开明,把他释放啦。这时小二黑就反问金旺:"无故捆人犯法不犯?"后来又由于小二黑同小芹在一个窑里商量婚事,金旺就来拿双,但小二黑始终和他们顶着,丝毫也不怯懦说:"你说去那里,咱就去那里,到区政府,你也不能把谁怎么样,走!"小芹同小二黑一样,具有强烈的斗争性,她同不怀好意的金旺进行斗争,同时为婚姻问题,又同她母亲三仙姑进行斗争,终于和小二黑获得了美满的结合。

二诸葛和三仙姑都是作者所批判旧农村中落后人物的典型。二诸葛相信阴阳五行、占卜算命那一套东西。对儿子的婚姻,只是相信命相,自己还要包办,但对外非常的怕事。实际他那一套早已成为村上的"话把",就连他的老婆同儿子都不信了。但他总还要坚持他那一套,一直到他碰了区长的钉子,他的神课也不灵了,这时他才收起了他那老一套。三仙姑原来是借下神可以招蜂引蝶。后来又为财礼,要把女儿许给一个退职军官,遭了小芹的坚决反对。后来因为金旺拿双,一直把事情闹到区上,她遭受了群众的嘲笑和区长的奚落与教训,于是才有了转变。

金旺、兴旺兄弟实际是地方上的土匪恶霸,过去无恶不作,八路军来后最初农民不敢出头,他们乘机掌握了村政权,通过小二黑与小芹的事件,越发显出了他们是怎样地横行霸道,终于把他押了起来,经过调查,送县判刑。

这篇作品就这样歌颂了进步的,批判了愚昧和落后的,并鞭挞了那些反动的。至于主题思想,在表面上好像是讴歌自由恋爱的胜利,实际并不单纯是为此,正如周扬同志所说的:

作者是在这里讴歌自由恋爱的胜利吗?不是的。(他们开始掌握了自己的命运,懂得为更好的命运斗争)。他歌颂农民中间开明进步的因素,对愚昧落后迷信等等因素的胜利,最后也最关重要,讴歌农民对恶霸势力的胜利,作者对二孔明三仙姑的描写,算得是够讽刺的了,但当我们看到这两位神仙为自己儿女的事情弄得那样狼狈不堪的时候,我们真有点可怜起他们来。待到后来看到他们的转变,简直要喜欢起他们来了。原来作者攻击的对象并不是他们,而是金旺兄弟,那些横行乡里的恶霸们。(《论赵树理的创作》)。

《李有才板话》这部作品也是作者独特的创作。通过一个对黑暗现实敢于揭发批评的群众诗人李有才的创作活动,展开了农村中农民对地主进行斗争的壮丽图景。至于这部作品的人物形象,进步的、敢于斗争的,以李有才为首团结起来的小字辈的人,小顺、小宝、小明等,地主方面以阎恒元为首的广聚、得贵、家祥等,另外还有腐化变质的陈小元,左右摇摆的有马凤鸣、张启昌等。故事的开端是由于最初章工作员工作的不深入,光看表面现象,把一个地主依然当权,农民仍旧被剥削压迫的阎家山当做了模范村,直接检查督促秋收工作的老杨同志到那里后,才发现工作的不实在,经过他的调查研究,才了解了真实情况,又经过他的组织发动,才算领导了农民彻底斗倒了阎恒元,树立了人民政权,实现了减租退押,获得了巨大的胜利。这一些一般读者都很熟悉,就不多述了。

作者写这篇作品的意图,主要是通过农民的斗争地主运动,来向一般领导农村工作的干部,进行政策教育,作者在《也算经验》中讲:

> 再谈谈决定主题,我在作群众工作的过程中,遇到了非解决不可,而又不是轻易能解决了的问题,往往就变成所要写的主题。……如有某很热心的青年同事,不了解农村中的实际情况,为表面上的工作成绩所迷惑,我便写《李有才板话》……

所以这篇作品中章工作员与老杨同志两人的工作作风与工作方法,成为一个极其鲜明的对比,前者就是浮光掠影,粗枝大叶,不了解情况,还不深入群众,这样就必然为表面的工作成绩所迷惑。他认为丈地的工作搞的很快,武装会受训的人也选出来啦,因此,认为各干部工作积极,细致,完成任务甚为迅速,堪称各村模范,传令嘉奖,后来八一检阅民兵,服装又最整齐,又是模范,主任又得了奖。这一些都是表面的工作成绩,实际村中在秋收时连个互助组都没成立,更不要说什么减租退押。因为政权还是原封不动的在地主手里。直到老杨同志到后,首先发现工作不实在,经过同农民真正的接触谈心,才了解了真实情况,这才领导了农民,向阎恒元进行了斗争,使阎家山的面貌为之一变。章工作员与老杨同志两个人物的对比,这就给一般青年干部指出了搞工作的明确道路,那就是要深入群众,了解群众,走群众路线,工作才能成功,否则就必然失败。

《传家宝》这篇作品主要表现了农村在土改后妇女翻了身,从家庭中解放了出来,不但参加了社会活动,而且参加了生产上的主要劳动。但由于几千年来封建思想对农民长期地束缚,一些老一辈的人虽然已经处在新的时代,但思想上并未得到彻底解放,这样就形成了新旧思想二者间的矛盾。篇中突出地刻画了两个人物形象,一个是金桂,是一个女劳动英雄,同时又是妇联会主席,农忙时下地工作,农闲时赶集卖煤。又因为她丈夫是区干部经常不在家,因此家事多半由她来主持。这样就引起了她婆婆李成娘的不满。李成娘也是一个劳动妇女,但她受旧社会的封建思想的流毒较久,较深,解放了,但她仍拿旧的眼光来看新的事物,因之她对金桂的一举一动,都觉着不顺眼,主要原因是金桂能够独立自主了,作婆婆的不能再在媳妇跟前行使威权,她心里很不服。这种心情,从她对她女儿小娥的诉苦中,可以看出来。

> 不提媳妇不生气,古话说"娶个媳妇过继出个儿",媳妇也有本事,孩子也有本事,谁还把娘当个人啦。

所以她要处处找金桂的岔儿,来出出她的闷气,这就是老一套的封建家长制的思想在作祟。作者在后边特别地指出:

> 她说金桂不做活,浪费,还不都是很重要的问题,最要紧的,是恨金桂不该替她作了当家人,弄得她失掉了领导权,她又是越

说越带气:"这是我的家,她是我娶来的媳妇,先有我来,先有她来?"

她的女婿劝她说她上年纪了,如今新事情你有些摸不清,管不了。她就说:

管不了?娶过媳妇才一年啊,从前没有媳妇,我也活了这么大,她有本事,叫她过日子去,我不图沾她的光。大小事不跟我通一通风,买个驴都不跟我商量,叫她先把我灭了吧!

好在,这种矛盾只不过是新旧思想意识上的矛盾,所以中间经过女儿女婿的劝解,经过实际的考验,她深知那么多事体她是闹不清楚的,最后不得不认输,承认自己管不了,而愿意吃上个清净饭拉倒。

这篇作品的巨大意义,既在于不仅反映了妇女解放后在家庭中所发生的婆媳问题,而且也同样说明了几千年来中国封建家庭中一般作媳妇的往往遭到不幸的结局的原因。过去的《孔雀东南飞》的故事,南宋大诗人陆放翁同他夫人中途的离异,这都是在封建社会制度下,在"天下无不是的父母"的纲常伦纪下兰芝同唐氏都是不幸的牺牲者。金桂的时代,是一个新的时代,新的力量取得了领导的地位,这样才有可能抵制旧思想,战胜旧思想。

总之,赵树理前一时期的创作,基本上反映了新民主主义革命时代的中国农村生活,农民在中国共产党的领导下,从政治上、经济上打垮了封建统治阶级,而得到了解放,得到了翻身的时代。在思想上新的思想也同封建思想进行了斗争,打垮了封建思想,使一般人从旧思想中解放了出来,广大的妇女才算获得了彻底的翻身。

二、反映社会主义革命时期农村面貌的优秀作品——《三里湾》。

"《三里湾》是反映我国农村经过民主革命,而进一步走上社会主义革命新阶段的优秀作品。"作者于一九五一年春又去到他所熟悉的太行山里长治专区,参加当地所试办的农业合作社的动员与协助建社的工作。一九五二年又到他原来参加过试办的老社,帮助他们进行生产、分配、并社、扩社等工作。一九五三年开始动笔,一九五四年春写成了这部巨作。(《三里湾写作前后》,见一九五五年十九号

《文艺报》）

"三里湾是反映中国社会主义革命时期农村的新面貌的作品。作者从农民各方面生活的描述,与各种类型人物的刻画,写出了农村面貌的变化"。书中的主要人物有党的领导干部王金生、农民中的发明家王玉生、新的农民知识分子范灵芝、落后的老农民马多寿。

王金生是三里湾的党支部书记,是一个具有领导才能与优良品质的领导干部,这种品质和才能,就表现在他能够把社里的领导工作放在第一位,个人的生产放在第二位,经常为了会议,为了计划,为了解决个别问题……而废寝忘食。特别是在秋收中对换将的措施,显示出他对工作计划的周详与处理的恰当。他对蜕化分子范登高会内会外的尖锐批评,显示出他对走社会主义道路的坚定信心和对资本主义自发倾向的不妥协的斗争。至论辩在接受马家的分单上,更表现了他对付问题的灵活与远见,终于解决了全书中为了开渠必须解决的刀把上地的这个中心问题,把斗争引导到一个新的胜利。

王玉生是农村中在社会主义的思想教育下涌现出的新的人物,他的特点不只是能够始终不懈地钻研技术,继承三里湾老一代的发明家万实全和史不得的传统,而更加以发展,尤其重要的是他全心全意来钻研技术,提高技术,为社会主义事业服务的精神以及他对未来永远抱着更美丽、更光明的理想。他很少个人打算,他甚至为事业可以暂时放下离婚大事,即使在激动得说出"如果不让主婚,我就只好当个没出息人,连夜逃出三里湾"一类话的情况下,一经党指出他当前工作的紧迫性,他很快就平静下来,丢开了个人的私事。这个人物形象体现了我国劳动人民的智慧、创造和追求美好事物的性格。他有着为社会主义事业全力以赴的火热精神,在今天广大的农村中,掀起社会主义高潮的时代,是有着普遍的代表性的。

范灵芝是蜕化变质的党员范登高的女儿,初中毕业,青年团员,她的思想是进步的,而且是在逐步发展中,她平时不大满意她父亲的个人经营的那些措施,经常向他进行批评,并且制定了帮助她父亲改造的计划,她在婚姻问题上,最初她是以村中唯一初中毕业的同学马有翼作对象的,但到后来,她逐渐发现马有翼的软弱无能,是个窝囊废,他受他家庭的辖制,一点也不敢反抗,同时她又发现了王玉生虽然文化水平不高,但却有刻苦钻研技术和追求社会主义的积极性,于是她的旧的看法改变了,就和王玉生发生了恋爱,终于得到了结合。从这里说明农村中的青年在社会主义觉悟提高之后,对于婚姻问题所持的一种更新的态度,而作者自己讲,他所以要写这样的人物,乃是由于他们有不产生于农村的普通的科学文化知识,有青年人特有的朝气,很少有,甚而没有一般农民传统的缺点。而这种力量,在一个由半社会主义性质的农业生产组织逐渐向着完全社会主义化方面发展的现在,是应该重视的。

马多寿是书中所批评的人物,他是老中农的典型,是倾向资本主义一面的,他千方百计地为个人打算,合作社计划着要在他的刀把上那块地开渠,他怎样也不肯答应,后来由于他儿子的婚姻问题,闹得他儿子马有翼要同他分家,他外边参军的儿子也要把他分得的地入社,这样他这家庭便瓦解了,终于他也不能不入社,这是社会主义思想与资本主义思想斗争的一个巨大胜利。

范登高也是一个被批判的人物。他解放后翻了身,入了党,生活优裕了,因而资本主义的思想萌芽发展了,他是一个党员,但在党号召社会主义改造的时候,他却要独立经营,走资本主义的道路,后来由于党对他的教育,他的女儿对他的帮助,在现实中碰了钉,才逐步地转变了。

至于这部书的主题思想,正如周扬同志所说:

> 作者以他特有的关于农村的丰富知识,热情和幽默真实地描写了农村中社会主义先进力量和落后力量之间的斗争,农民在生产关系、家庭关系和恋爱关系上的种种矛盾和冲突,显示了农村新生活的风光。(《建设社会主义文学的任务》)。

这部作品虽然有着这样巨大的成就,但是在内容上并不是没有一些缺点的,主要的有以下两点:

(一)没有写出农民的革命潜力一经和工人的社会主义思想相结

合而发生出的翻天覆地的力量,不但能推翻几千年来的封建土地所有制,而且能够抛弃土地的个体所有制,而坚决地走上社会主义道路。这种缺点最具体地表现在人物的刻画上,就是一些先进人物形象也染上了一些作者主观的理想色彩,而并没有完全表现出人物的实在力量,因而在作品中所展开的农民内部和他们内心中的矛盾就都不是很严重,很尖锐,这样矛盾的解决也都比较容易。

(二)作品中许多情节都没有得到充分开展,故事就匆匆地结束了,影响了主题的鲜明性和尖锐性,影响了结构的完整和集中,使作品在思想和艺术上没有能取得更大的成就。

至于形成这些缺点的原因,作者在自我检查中说得很清楚:(一)重事轻人,常常写一大串人,但结果只有几个人写得周到一点,其余的在故事中一下就放过去,给人一些零碎的印象。(二)旧的多,新的少。对旧人旧事了解得深,对新人新事了解得浅。所有写旧人旧事容易生活化,写新人新事不觉概念化。(三)有多少写多少,本来应有尽有,因要求速效,于是把脑中所没有的人和事,都省略了(《三里湾写作前后》)。

关于赵树理两个时期的代表作已如上述,至于这两个时期的作品内容上究竟有什么显著的不同,这是值得我们比较研究的。就我个人的看法,首先前一时期的作品,在内容上所反映的矛盾斗争,基本上是民主主义与封建主义的矛盾和斗争,这表现在政治上、经济上、思想上都是如此。而后期作品中所反映的矛盾斗争,主要是社会主义思想与资本主义思想的矛盾斗争,三里湾中群众对范登高、马多寿、袁天成等人的斗争都是这类性质的斗争。

其次,前一期作品中所表现的先进人物乃是为了农民的翻身,为了求得个人的解放,敢于同反动势力作斗争,像小二黑、小芹以及李有才等。后一期作品中的先进人物,如王金生、王玉生,乃是忘我地为建设社会主义而奋斗的精神的具体体现。自然他们勇敢地同落后倾向作斗争,也是其中之一。但显然单纯地这样已经不够了,王玉生、王玉梅,都是有着社会主义新品质的青年。

（三）青年们对婚姻问题的看法，以及选择对象的标准，也有所不同。在前一期是要争取婚姻自由，青年们向着束缚婚姻自由的封建势力作斗争，像小二黑、小芹、燕燕、艾艾等。但在新的时代一般说婚姻自由已不成问题，当然也有想包办儿女婚姻的老糊涂，如马多寿夫妇，但这是比较个别的。所以这时青年们对于婚姻问题所要考虑的，是选择对象的标准问题，比较具有先进思想的青年，就会把具有社会主义思想觉悟的人，作为首要的条件。《三里湾》中的范灵芝，丢开了马有翼，而最后选定了王玉生，就是从这样认识出发的。

由此可见，社会变化了，作为反映社会生活的文学作品，也必然随之而内容有所变化，从赵树理这两个时期作品内容上的发展上，充分地说明这个道理。

第三节　写作特点与艺术成就

赵树理的作品是最受人民群众欢迎的，这种欢迎不是偶然的，原因即在于他的作品正像毛主席所说的"具有中国作风与中国气派"的缘故。而其所以能"具有中国作风与中国气派"，主要在于他在写作上具有以下这一些特点。

一、在刻画人物上，他主要是通过对人物的介绍、人物的活动以及人物的语言，来显示人物的阶级特征与个性特征的。他很少作人物的心理分析，有时他在说明人物的内心打算时，也是非常简单的。即如《登记》中写小飞蛾回娘家，打听向她女儿求婚的人家的情况，后来因为她在那家门外听到人家在议论她娘俩的话后，就赌气地溜走了。接着作者就说明她在晚上睡不着觉，心中所想的一些事。可知有时对人物内心情况的说明，是小说创作不能避免的。但赵树理是竭力地不多作，甚至于完全不作这种心理分析。

二、在叙事写景上，叙事总是用说故事的方法来作起头。即如《小二黑结婚》一开始是：

刘家峧有两个神仙，一个是前庄上的二孔明，一个是后庄上的三仙姑。

《李有才板话》一开始：

阎家山有个李有才,外号叫气不死。

《传家宝》一开始：

有个区干部叫李成,全家一共三口。

这种说故事的写法,不仅在小说的开头是这样,即在整个故事的叙述上,也都贯串着说故事的精神。

其次,在写景上作者自己讲我们通常所见的小说,是把叙述故事融化在描写情景中的,而中国评书式的小说,即是把描写情景融化在叙述故事中的。而他所采取的,乃是后一种方法。他认为最好是把描写放在展开故事以后的叙述中——写风景往往要从故事中人物眼中看出,描写一个人物的细部,往往要从另一些人物的眼中看出。这种写法,从赵树理作品中,随时都可以找到,例如《三里湾》中的第十二章"船头起",从张信同志带领着何科长出发,下边就从他们两人的眼中以及谈话里,展开对外界景物的描写。至于人物的服装模样,也是从另一个人物的眼中看出来写的。如《李有才板话》中老杨同志到阎家山的村公所时,他的衣着,从广聚小元的眼中,写出"他头上箍着块白手巾,白小布衫,深蓝裤,脚上穿着半旧的破鞋,至少也有二斤半"。

三、语言上的彻底大变化,在这方面赵树理是有着他的卓越成就的。首先,他的语言是精炼的语言,运用得非常的巧妙,正如周扬同志所说的：

在他的作品中,他几乎很少用方言、土语、歇后语这些;他决不为了炫耀自己的语言知识,和为了装饰自己的作品,来滥用它们。他尽量用普通的平常的话语,但求每句话都能适合每个人物的特殊身份、状态和心理。……同时他又采用了许多从群众的生活和斗争中不断产生出来的新的语言,他的人物的对话是很生动的,漂亮的;话一到他的人物的嘴上,就活了,有了生命,发出光辉。(《论赵树理的创作》)

其次,他最不同于五四以来的作家的,是那些作家在当写人物的对话时,用合乎人物身份的语言,但到叙事写景时,则是用的自己的语言。而赵树理则不然,他就在作叙述描写时,也同样是用的群众的语言。周扬同志也曾经指出这一点,而加以表扬。

总之,赵树理在刻画人物、叙事写景以及语言的运用上,都有他自己独特的方法,他运用了这些方法来反映他所熟悉的新时代中农民群众的斗争生活,因而就构成了他的丰富多采而又通俗易懂、为人民群众所喜闻乐见的独特风格。这就是赵树理在艺术创作上的巨大成就。

第四节　赵树理作品的出现在中国人民文学的发展上的巨大意义

赵树理作品的出现,标志着中国人民文学一九四二年后,在毛泽东文艺方针指导下的光辉成就。由于他长期地生长在农村,熟悉农民群众的生活,而且又是置身于农民的斗争之中来从事创作的,因而他这些作品就彻底地克服了一九四二年前一般革命作家所常犯的缺点,即"衣服是工农兵,面貌是小资产阶级"。同时又由于他继承了中国文学的优良传统,特别是从民间文学中吸取了一些写作方法,这样就使他的作品在民族形式的创作上有着崭新的成就,而达到毛主席所提出的"具有中国作风与中国气派,为老百姓所喜闻乐见"的新的风格。因为如此,所以周扬部长给他的作品以极高的评价,他说:

> 他不满意于新文艺与群众脱离的状态,他在创作上有自己的路线和主张,同时他对于群众生活是熟悉的,因此他的成功并不是偶然的。这正是他实践了毛泽东同志的文艺方向的结果。他有意识地将他这些作品通叫做通俗故事,当然这些并不是普通的通俗故事,而是真正的艺术品,它把艺术性和大众性,相当高度的结合了起来。

他又说:

文艺座谈会以后,艺术各部门都达到了重要的收获,开创了新的局面。赵树理同志的作品,是文学创作上的一个重要收获,是毛泽东文艺思想在创作实践上的一个胜利,我欢迎这个胜利拥护这个胜利。(《论赵树理的创作》)

这样的评价也就在创作上给所有的作家树立了旗帜,指出了方向。

本章参考书

一、《赵树理选集》

二、《三里湾》

第二十章 总　　结

第一节　中国革命与中国现代文学

中国从一八四二年鸦片战争以后,中国的社会即开始由封建社会改变为半封建半殖民地社会,此后在中国曾经暴发了多次的革命运动,中间由于辛亥革命的失败及第一次世界大战中苏联十月革命的胜利,这样就决定了中国革命的领导力量,必须是无产阶级。"而中国革命的方向和步骤,其第一步必须为新民主主义的革命,改变半封建半殖民地社会形态,成为一个独立的民主主义社会,其第二步又必须是社会主义革命,使社会向前发展,建立成一个社会主义社会"。从五四以后,中国三十多年来革命的发展,正是沿着这样的方向道路前进的。从一九四九年起,中国已经胜利地完成了新民主主义革命,而开始步入到社会主义革命的新时代了。

中国革命现实的发展,已如上述。作为反映现实生活的中国现代文学,在发展上不论是理论还是由理论所指导下的创作,不但反映了中国人民的新民主主义以及由新民主主义过渡到社会主义的伟大革命运动,并且由于马克思列宁主义与中国共产党的正确领导,使它积极地为革命事业而服务,成为帮助革命,推进社会的有力武器,尽管在最初有了一些资产阶级、封建法西斯以及各色各样伪装马克思主义的文艺混进到队伍中来,但在整个发展中,都受到了彻底的揭穿、批判和抨击,使现代文学更健康地繁荣滋长起来。

中国的现代文学,即是反映人民革命斗争的文学,所以在创作主题上,不是揭发封建势力与帝国主义对人民群众所进行的残酷的剥削和压迫,就是表现了人民群众如何不甘于永远过着奴隶的悲惨生活,为了自由解放,向着反动的封建势力与帝国主义所进行的激烈的斗争。同时从这样的创作主题中,充分地发挥了这一些杰出作家先进的创作思想、爱国主义与人道主义,在政治倾向上的革命民主主义与社会主义的思想。

至于创作方法,由于中国的社会性质以及基于这种性质所决定的中国革命的方向和步骤,再加上中国革命的领导力量,这样就决定了中国现代文学的创作方法,必然地是向着社会主义现实主义的方向迈进的,在五四时代的一些杰出作家的作品,如鲁迅、郭沫若的小说和诗歌,已具有社会主义现实主义的因素。一九三〇年左联成立后,中国革命文学即已出现了属于社会主义现实主义范畴的作品,像茅盾、丁玲的小说,殷夫的诗,特别是鲁迅的杂文,已成为社会主义现实主义极其成功的作品了。一九四二年毛主席《在延安文艺座谈会上的讲话》发布之后,解放区作者基本上都踏上这一创作道路,使中国现代文学,步入了一个崭新的新时代。一九四九年全国解放、一九五三年党在过渡时期总路线的发布,鲜明地标志出中国革命已走入到社会主义革命的伟大的新时代。为了正确地反映这个伟大的新时代的面貌,社会主义现实主义已成为全国文艺工作者必须遵循的唯一的创作道路了,中国新的人民文艺,也正因在这样正确的创作道路上进行创作竞赛,才能够呈现出千岩竞秀、万壑争流的壮观。

第二节　马克思列宁主义、毛泽东文艺思想、中国共产党与中国现代文学

五四时代的"文学革命"与五卅后的"革命文学"都是在马克思列宁主义的领导下与腐朽的封建文学及资产阶级文学进行了严重的

斗争,才获得辉煌的胜利。九一八前夜,左联的成立、中国无产阶级文艺的发展,又是在中国共产党的领导下,与反动的法西斯文学及"自由人"与"第三种人"文艺思想的激烈战斗中,获得伟大的成绩的。一九四二年延安文艺座谈会,又由于英明的中国人民领袖毛泽东主席天才的总结性的讲话,不但给中国人民文艺指出了正确的方向,给作家指出了明确的道路,而且对一切非无产阶级的文艺思想也进行了严正的尖锐的批判,使中国新的文学革命,获得了伟大的胜利。一九四九年以后,无产阶级文艺在党的领导下,进行了一系列的对资产阶级文艺思想的批判,特别是对伪装马克思主义的胡风反革命小集团的揭发与破获,不仅是中国无产阶级文艺的伟大胜利,而且是中国共产党与中国人民革命的伟大胜利,周扬同志讲:"我们的革命文学史,就是一种和各种反动的'理论'和'派别'作斗争的历史。"(《建设社会主义文学的任务》)由此可见,中国现代文学的发展,是和作为它的领导力量与思想的马克思列宁主义、毛泽东文艺思想、中国共产党,是肉血相关,不可分的,没有这种领导,中国现代文学的面貌,是不可想象的。所以中国现代文学,在发展中的伟大成就,也就标志着马克思列宁主义、毛泽东文艺思想、中国共产党,对中国革命的领导的伟大胜利。

从五四以后,中国共产党的成立与发展,与中国文学的发展,说明了现代文学惟有在中国共产党的领导下,才是正确的,才能有着无限光辉而灿烂的道路,否则就没有不失败的。

从五四以后,所有的文艺工作者,只有自觉的主动的靠近人民,靠近中国共产党,接受马克思列宁主义的理论,改造自己的思想,转变自己的阶级,才会有光辉的成就与远大的前途,否则,就必然为人民所遗弃,为时代所遗弃,而成为一个一文不值的可怜虫。

第三节　中国古典文学、民间文学、外国文学特别是苏联文学与中国现代文学

"中国古典文学和民间文学,都是我们民族极其宝贵的文学遗产,都是我们新的人民文艺在创作上应该继承并借鉴的资料。"而尤其是后者,应该为主要的资料,"同时也只有在这继承并发扬古典文学的优良传统,与吸取民间文学新的内容与形式,并给以改造与提高的基础上来反映伟大的现实生活,才能使我们文学有着更进一步的发展与繁荣,呈现出百花齐放的盛况来,三千年来,古典文学的发展,告诉了我们这个道理,近三十年来现代文学的发展,同样地告诉了我们这个道理"。所以今后的作者,必须了解这一规律,有批判地向古人学习,尤其是要向广大的人民群众学习。

"五四时代的'文学革命',以及五卅后'革命文学'运动的发生,同时这两个时期一般作家在创作上的凭藉,都曾经受到外国文学、特别是苏联文学的极大影响。"没有外国文学的影响,尤其是没有苏联文学的影响,则这两次运动以及一般作家在创作上都不可能有着这样迅速的发展与卓越的成就,这就说明了我们中国新的人民文学的成长、壮大,是需要外国文学的滋养的。过去如此,今后还是如此。特别是苏联文学,由于我国历史突飞猛进的发展,已经进入到社会主义革命的高潮的新时代,苏联作家们的先进经验以及在社会主义现实主义创作方法上的伟大成就,是我国文学光辉榜样,应该在今后作为我们主要的学习和努力的方向。

第四节　总结过去,展望将来

基于三十多年来现代文学在发展中给我们展示的规律,充分地说明了今后我们人民文学的发展与繁荣,首先,就整个文艺事业来说:

1. 文艺必须在党的正确领导下,组织并扩大文艺大军,对老作家进行帮助,在思想上作进一步的改造与提高,并大力地培养新生力量,组织创作,奖励创作,贯彻"百花齐放、百家争鸣"的方针,使理论有着进一步的提高,使创作有着进一步的繁荣。

2. 对资产阶级思想,进行长期的不懈的持久的斗争,也只有打垮资产阶级思想的腐蚀,才能捍卫无产阶级文艺的顺利发展。

3. 有计划、有组织的对古典文学进行分析和批判,对民间文学进行搜集和整理,对外国文学与苏联文学进行翻译和评介,以便于作家们的学习与借鉴。

其次,就作家来说:

1. 要系统的深入的学习马克思列宁主义、毛泽东文艺思想,树立共产主义的世界观和革命的人生观。

2. 要靠近党,进一步地加入党,在党的教育与领导下,深入群众,领会政策,结合实际,反映生活。

3. 继续贯彻毛泽东文艺路线,为工农兵服务。

4. "要有计划地向我国古典文学学习,尤其是要向民间文学学习,向外国文学学习,特别是要向苏联文学学习"。在学习中要有分别的有批判的继承与吸取,"能如此,才能创造出无愧于当前伟大时代的作品来,才能使我们祖国的文学更加繁荣兴盛起来!"

一九五七、三、八、改写竟于开封师院